COLLECTION NATHAN-UNIVERSITÉ
CRÉÉE PAR HENRI MITTERAND, PROFESSEUR À L'UNIVERSITÉ DE PARIS III

RENÉ GIRAULT
Professeur
à l'université de Paris I
Sorbonne

MARC FERRO
Codirecteur des Annales
Directeur d'études
à l'École des Hautes Études
en Sciences Sociales

DE LA RUSSIE A L'U.R.S.S.

L'HISTOIRE DE LA RUSSIE DE 1850 A NOS JOURS

Nouvelle édition
mise à jour et augmentée

NATHAN

PRÉFACE

Depuis la prise du pouvoir par les soviets, en 1917, l'histoire de l'URSS nous concerne directement et rien de ce qui concerne la Russie ancienne ne nous est plus indifférent. La révolution d'Octobre, le régime communiste, la naissance d'une société nouvelle ont exercé une telle fascination que jusqu'à aujourd'hui, ses adversaires et ses admirateurs scrutent ses origines, ses transformations, ses succès, ses échecs.

Analysant l'histoire de la Russie et de l'URSS, ceux qui stigmatisent le régime actuel sont portés à réduire ses mérites, à nier les malheurs de l'ancienne Russie, à insister sur ses progrès à la fin du siècle dernier. Au contraire, les admirateurs du régime soviétique tendraient à n'accorder qu'une attention négligeable à ce qu'ils appellent ses accidents de parcours : l'insurrection de Kronstadt, la terreur à l'époque de Staline, sinon avant.

Dans ce livre, les auteurs n'ont caché, ni le noir après Octobre, ni le rose avant. Ils ont également peint le rose après Octobre et le noir qu'il recouvrait. Cela ne signifie pas qu'ils ont cherché à ménager le pope ou le commissaire, mais simplement qu'ils ont voulu faire œuvre d'historiens.

Ils se sont efforcés de replacer l'évolution de ce pays dans un contexte spécifiquement russe, ou soviétique, sans oublier qu'il n'est pas d'histoire nationale à l'abri des influences extérieures. Surtout, ils ont eu le souci constant de retrouver dans la trame de l'histoire récente l'action des hommes de ce pays. En effet pour eux, il n'existe pas d'histoire bâtie selon des schémas préétablis. Même si la logique de l'histoire conduit à privilégier certains facteurs pour la compréhension des faits anciens, le passé est l'œuvre des hommes; aux historiens de le ressusciter, de le reconstruire, de l'analyser.

Les chapitres 1, 2, 3, 4, 7, 8 et 9 ont été écrits par René Girault. Les chapitres 5 et 6 ont été rédigés par Marc Ferro. Le chapitre 10 a été écrit conjointement par René Girault pour la politique intérieure et Marc Ferro pour la politique extérieure. Le chapitre 11 a été écrit par René Girault pour la politique extérieure, par Marc Ferro pour la perestroïka.

La translittération internationale n'a pas été utilisée dans cet ouvrage destiné à des non-spécialistes. Pour la traduction des termes russes également, on a retenu une transcription phonétique francisée plus simple.

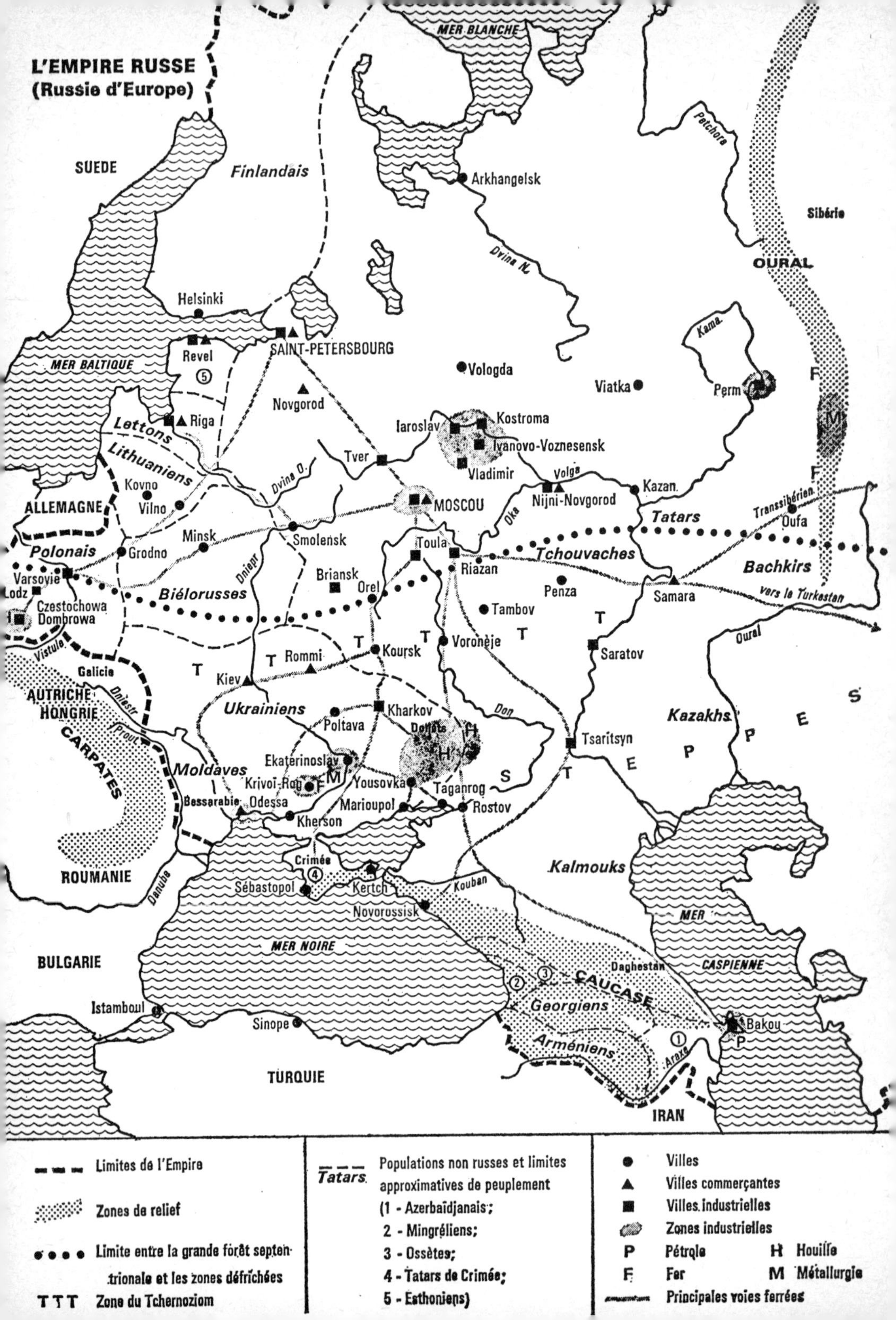
L'EMPIRE RUSSE
(Russie d'Europe)
MER BLANCHE
SUEDE
Finlandais
Arkhangelsk
Petchora
Sibérie
OURAL
Dvina N.
Helsinki
MER BALTIQUE
SAINT-PETERSBOURG
Revel
5
Novgorod
Vologda
Viatka
Kama
Perm
F
M
F
Lettons
Riga
Iaroslav
Kostroma
Ivanovo-Voznesensk
Vladimir
Tver
Lithuaniens
Kovno
Vilno
Dvina O.
Volga
Kazan
MOSCOU
Nijni-Novgorod
Oka
Transsibérien
Oufa
ALLEMAGNE
Tatars
Minsk
Smolensk
Polonais
Grodno
Toula
Tchouvaches
Varsovie
Lodz
Briansk
Riazan
Bachkirs
Samara
Czestochowa
Dombrowa
Biélorusses
Dniepr
Orel
Penza
Vers le Turkestan
Tambov
Vistule
Voronèje
Saratov
Oural
Koursk
Rommi
Galicie
Kiev
AUTRICHE
HONGRIE
Dniestr
Ukrainiens
Kharkov
Don
Poltava
H
Kazakhs
STEPPES
Prout
CARPATES
Ekaterinoslav
H
Tsaritsyn
Moldaves
Krivoï-Rog
F
M
Yousovka
Taganrog
Bessarabie
Odessa
Marioupol
Rostov
Kherson
Crimée
4
Kalmouks
ROUMANIE
Danube
Sébastopol
Kertch
Kouban
Novorossisk
MER
MER NOIRE
BULGARIE
Daghestan
CASPIENNE
2
3
CAUCASE
Istamboul
Georgiens
Bakou
P
Sinope
Arméniens
1
Araxe
TURQUIE
IRAN
Limites de l'Empire
Zones de relief
Limite entre la grande forêt septentrionale et les zones défrichées
TTT Zone du Tchernoziom
Tatars Populations non russes et limites approximatives de peuplement
(1 - Azerbaïdjanais;
2 - Mingréliens;
3 - Ossètes;
4 - Tatars de Crimée;
5 - Esthoniens)
Villes
Villes commerçantes
Villes industrielles
Zones industrielles
P Pétrole
H Houille
F Fer
M Métallurgie
Principales voies ferrées

Première Partie

LA RUSSIE TSARISTE

1.
Le monde russe vers le milieu du 19e siècle

I. — LES RÉALITÉS RUSSES — HOMMES ET PAYSAGES

Les paysages.

L'empire russe est si vaste qu'il constitue un monde à lui seul. Ce monde possède sa propre unité; si des différences sensibles séparent les provinces occidentales des lointaines steppes de l'Asie centrale, si la froide forêt du Nord s'apparente mal aux rivages ensoleillés de la mer Noire, aucun Russe n'éprouve de doute sur la réalité d'un monde qui est le sien dès qu'il a franchi les frontières de l'Empire; la terre russe, la patrie russe sont des entités familières à tous les habitants de l'Empire.

Certes des paysages multiples apparaissent dans l'immense Russie, puisque vers 1850 l'Empire couvre plus de 21 millions de kilomètres carrés, mais dans l'ensemble le domaine des tsars peut être divisé en trois zones distinctes. Au Nord et dans la majeure partie de la Sibérie, c'est le royaume de la taïga, forêt aux essences diverses selon les rigueurs relatives de l'hiver; au Centre et au Sud de vastes plaines, plutôt steppiques, mollement ondulées, pénéplaines de vieux terrains primaires, ont des teintes qui vont du noir au blanc selon la couverture des sols; enfin à l'extrême Sud se dressent les montagnes, en Crimée, dans le Caucase, ou aux frontières de la Chine ; en vérité ces montagnes échappent largement à la véritable Russie; lorsqu'un voyageur russe pénètre dans le Caucase, il se sent tout à la fois attiré par ce monde étranger et mal à son aise parce que la nature semble ici perdre la retenue et la modération qu'elle conserve toujours dans la vieille Russie : de Pouchkine à Tolstoï, quel écrivain russe dans la première moitié du XIXe siècle n'a pas été chercher l'exotisme dans le Caucase?

Ces zones montagneuses ne sont pas le refuge de ce que certains appellent l'âme russe. Tandis que la Sibérie demeure un vaste réservoir pour le futur, un mythe de la richesse et de la liberté, les paysans russes, qui constituent encore plus de 90 % de la population au milieu du XIXe siècle, sont avant tout des gens de la forêt ou de la steppe [1]. En Russie d'Europe la grande forêt russe s'étend sur environ 44 % du sol au début du

1. En 1850 la population de l'Empire est estimée à 68 ou 69 millions d'habitants.

XIXe siècle : composée de conifères au nord de la ligne Saint-Pétersbourg — Kazan, mêlant bouleaux et hêtres dans une grande partie du bassin de Moscou et dans les provinces occidentales, la forêt tend à reculer vers le Nord devant les essartages et défrichements qui la mordent au sud du bassin de Moscou ou vers la moyenne-Volga. Dans ces régions de transition, où les restes de la forêt témoignent du passé tandis que l'avenir appartient aux terrains défrichés, le véritable paysage russe semble s'épanouir : Tourgueniev en brosse de minutieux tableaux dans ses *Récits d'un Chasseur*; lorsque vers 1820-1830 le peintre A. G. Venetsianov rénove le genre pictural russe, jusque-là cantonné dans la peinture religieuse, le portrait ou l'allégorie antique, pour évoquer la nature russe il peint tout naturellement des paysages tirés de ces régions mixtes; dès les premières pages des *Ames Mortes*, Gogol pense à celles-ci pour décrire le monotone décor du paysage russe.

La vie à la campagne.

Une véritable « civilisation du bois » s'est constituée dans les régions forestières; toute la vie quotidienne en dépend; mœurs, croyances en portent la marque conséquente; les maisons (*isbas*) sont construites en gros rondins de bois assemblés selon une technique éprouvée, les églises conservent coupoles et bulbes, mais en utilisant ce matériau particulier elles deviennent des édifices graciles et festonnés. Dans ces pays aux longs hivers enneigés (le dégel ne débute guère avant la mi-avril, les premières neiges tombent à la fin octobre) comment combattre le froid sans utiliser les grosses bûches stockées dans le pré voisin de l'isba, comment vaincre l'ennui et la misère sans tailler dans le bois de multiples objets tournés (rouets, peignes, jouets, tabatières, coffrets) qu'on ira vendre aux foires du printemps ou aux grands pèlerinages. (Le monastère de la Trinité-Saint-Serge à Zagorsk conserve encore aujourd'hui la trace de ce passé, en abritant le musée du jouet en bois.) Pour travailler le sol on fabrique une *sokha*, araire en bois qui gratte le maigre sol récupéré sur les brûlis; pour se chausser on tresse les lanières en bois qui donneront naissance aux *lapti* (chaussures); pour se nourrir en été, on ira cueillir les baies sauvages dans les sous-bois, tandis que le bétail, squelettique en mai, y trouvera enfin sa pitance. Toute usine, tout atelier pourra compter sur l'énergie fournie par le bois : est-ce un hasard si les industries cotonnières s'installent dans cette zone forestière, au nord de Moscou, au débouché de la voie fluviale de la Volga par laquelle le coton asiatique peut être transporté? Toute l'imagination de ces populations forestières se développe dans ce milieu : proverbes, chansons, contes russes en portent de multiples témoignages : la forêt est une véritable compagne qui fournit aux schismatiques religieux, les *raskolniki* (Vieux-Croyants) par exemple le refuge pour échapper aux persécutions, aux brigands des repaires rêvés pour se protéger, à tous les faibles la possibilité de la fuite vis-à-vis des puissants. Nombreux sont ceux qui chérissent la liberté de l'ombre forestière.

Cependant la liberté est ici synonyme de misère, car que cultiver sur les sols cendreux de la taïga? Les steppes sont bien préférables, surtout lorsqu'un équilibre naturel entre évaporation et pluviosité donne naissance à cette terre noire (*tchernoziom*), bande de limon fertile qui court de l'Ouest à l'Est depuis le Sud polonais jusqu'au sud de l'Oural. Voici le second paysage russe : la grande plaine monotone, calme, légèrement ondulée, coupée çà et là par des restes forestiers et où de lentes rivières somnolent en serpentant; la lassante répétition de vallons aux larges flancs qui procurent trop rarement la possibilité de dominer la contrée, l'horizon toujours bas, écrasent le paysan comme le voyageur qui doit ici multiplier par 10 les distances habituelles entre les villes de l'Occident européen. Pourtant c'est dans ce paysage que le moujik se sent le mieux chez lui ; quittant à l'aurore la *khata*, sa maison en pisé et au toit de chaume, alignée comme toutes ses voisines au long de la large rue du village empoussiérée et grise l'été, rivière boueuse au printemps et à l'automne, le paysan s'en va aux champs d'un pas lent, adapté au rythme d'une vie dominée par le retour des deux grandes saisons, l'hiver froid, sec, franc, l'été chaud, humide, incertain. Pourquoi se hâter puisque demain comme hier on sera pauvre, sans terre, soumis à la corvée ou à de lourdes redevances ? L'habitude conduit à la résignation, entrecoupée parfois de soulèvements violents où les vieilles haines s'assouvissent, avant de retomber dans la routine et la misère. Le rêve du bonheur peut-il se trouver ailleurs que dans la *vodka* ou le *kvass* (boisson à base de céréale) puisque, comme le dit le proverbe, « Dieu est si haut et le Tsar si loin » (*do Boga vissoko, do tsaria daleko*) ?

Techniquement, l'agriculture russe conserve un visage traditionnel : tandis que la culture sur brûlis, en petites exploitations, domine dans la zone forestière et que des cultures itinérantes, temporaires, sont le lot des vastes propriétés dans les steppes méridionales, l'assolement triennal l'emporte presque partout ailleurs ; la trilogie des cultures est bien établie : une première sole porte le seigle d'hiver (rarement du froment) ; de l'orge, de l'avoine, des pois, du chanvre ou du lin poussent sur la seconde sole, le reste demeurant en jachères ; peu ou pas de fumure car peu de bétail ; comment en effet nourrir un gros troupeau pendant le long hiver ? Les champs, théoriquement en lanières, sont cultivés en fait par grands ensembles, car les pratiques communautaires dominent les rythmes du travail et la vie du village ; en outre pour éviter de trop grandes inégalités la communauté villageoise redistribue périodiquement les lots morcelés, concédés aux paysans ; chacun demeure donc prisonnier des habitudes des voisins ; routine, traditions sont génératrices de scléroses aussi bien chez les paysans que chez les propriétaires, malgré quelques timides essais de rénovation au XIXe siècle. Prisonniers des usages (dont on trouve la trace dans une multitude de proverbes), propriétaires et paysans vivent de la même manière depuis des générations : le propriétaire passe l'hiver dans sa demeure urbaine et vient de temps à autre en été toucher ses revenus, rendre la justice parmi ses serfs, chasser, ou tromper passagèrement son ennui en prétendant rénover ses exploitations ; en fait pareilles volontés sont rarement tenaces [1]. Amoureux de la nature, mais paresseux, inconstants, buveurs, souvent peu cultivés, même s'ils s'expriment volontiers en français, tels paraissent les *pomeschtchiki* (propriétaires) dans les romans russes de Gogol, Tourgueniev ou Gontcharov. Aussi l'intendant continue comme à l'ordinaire à diriger les cultures ; il fait rentrer les redevances, non sans mettre de son côté une partie appréciable des revenus ; avec l'aubergiste du village (*traktirchtchik*) et quelques villageois rusés ou avares, il constitue « l'élite » villageoise parmi laquelle l'assemblée du village recrute pour trois années « l'ancien » (*starosta*), véritable maire rural. Ce dernier a de larges responsabilités : il assure la police locale, il peut désigner les recrues pour l'armée et surtout il préside les réunions des chefs de famille ; toute famille (prise au sens large) constitue un *dvor* (feu) ; le plus souvent ce dvor se matérialise par un enclos (*ousadba*) sur lequel s'élèvent des bâtiments agricoles, le bâtiment d'habitation, tandis que le petit terrain attenant sert de potager, d'aire de battage et de pâture pour la basse-cour. Ce monde traditionaliste ne peut guère bien augurer pour l'avenir.

1. A noter toutefois quelques changements çà et là : machinisme dans le Sud, spécialisations régionales, sucreries (1 en 1820, 206 en 1844), économie laitière dans les provinces baltiques.

Voies d'eau et villes.

Pour reprendre confiance, peut-être faudrait-il être au courant des nouveautés, c'est-à-dire vivre le long des chemins qui marchent, les rivières ; les porteurs de toutes les idées nouvelles sont toujours passés par ces grands axes naturels de déplacement, dans un pays où les chemins de fer demeurent encore jouets princiers, à l'exception de la toute récente « magistrale » Saint-Pétersbourg — Moscou (inaugurée en 1851) ; la vie russe économique et politique s'est organisée depuis des siècles le long des voies d'eau, au point que les confluences ou les zones de portage entre les rivières ont donné naissance aux rares cités commerçantes comme Nijni-Novgorod ou Novgorod-la-Grande ; à quel destin s'est élevée Moscou, la ville fortifiée, placée par la nature à la confluence de plusieurs voies d'eau ! Parmi ces rivières, la Volga se détache : « puissante », « belle », « bonne », « large », « magnifique », « profonde », « libre », ces adjectifs reviennent à l'envi parmi les écrivains russes pour qualifier la Volga ; le long de ses rives, environ 400 000 hâleurs (les *bourlaki*, qui fournissent au peintre I.E. Repin le sujet d'un des tableaux russes les plus connus) mènent une vie rude, mais attirante, car ils font partie de ces masses détachées du sol de leur canton natal, prêtes à recevoir et à transmettre les idées nouvelles : lors de la dernière grande révolte populaire du XVIIIe siècle, son chef E. Pougatchev a trouvé de nombreuses troupes parmi les continuels migrants des bords de la Volga. Pourquoi l'université de Kazan compte-t-elle parmi les plus indisciplinées de l'Empire ? N'est-ce pas parmi les marchands des villes proches de la Volga que M. Gorki fera ses Universités vers la fin du siècle ?

S'il existe une classe marchande russe, plus soucieuse de profits que de libertés, entreprenante quoique primitive, il faut aller la chercher dans ces villes bâties le long des fleuves, là où le passage d'une rive à l'autre est possible. Maisons en bois, basses ou avec un étage, serrées les unes contre les autres, ruelles mal pavées ou en terre, étalages en plein vent des paysans venus des environs, quelques rares bâtiments de pierre à usage administratif, quelques églises aux 5 ou 7 bulbes font des villes russes plutôt de grands villages poussés trop vite que des cités à l'occidentale. Ainsi Moscou vers 1830 compte environ 300 000 habitants, mais plus de 160 000 personnes sont officiellement considérées comme des paysans employés dans les ateliers, les échoppes ou comme domestiques ; venus pour un moment en ville, ils restent pour la plupart des ruraux transplantés et ne s'assimilent pas vraiment à la ville. De toute manière numériquement les villes comptent peu dans l'Empire puisqu'en 1851, 3 482 000 habitants y demeurent, soit 7,8 % de la population. Pourtant une vie nouvelle semble possible uniquement dans ces médiocres centres urbains.

Le cas de Saint-Pétersbourg, la capitale administrative, est exceptionnel (Moscou reste capitale spirituelle et sentimentale pour la majorité des Russes). Première ville de l'Empire par le nombre (environ 480 000 habitants vers le milieu du siècle contre 370 000 à Moscou), par la « qualité » de ses habitants, puisque la vie administrative de toute la Russie en dépend, et surtout par la présence de l'Empereur dans ses murs, la belle et froide cité du Nord est comme un corps étranger dans l'Empire ; sans doute ses visiteurs sont sensibles à l'harmonie des lignes géométriques tracées par les avenues et perspectives ; on en admire les palais aux teintes vertes, construits le plus souvent depuis quelques années, on subit le charme étrange des nuits blanches au bord de la Neva ; cependant on y ressent l'impression d'une création factice, artificielle, hétérogène à la

Russie. Peut-on vraiment sentir vivre le peuple russe depuis sa capitale? La réponse n'est pas douteuse, elle est négative. Or celui qui incarne la nation et le peuple russes, le tsar, qui gouverne seul, vit dans cette capitale irréelle conseillé par des hommes de plus en plus inhibés par le milieu pétersbourgeois. Curieux régime où la tête est séparée du corps !

Les Nationalités.

Les peuples slaves et orthodoxes constituent l'essentiel de ce corps ; sans recensement précis avant 1897, il est difficile de déterminer pour 1850 le nombre exact de Grands-Russiens, Biélo-russiens, Ukrainiens ; toutefois les pourcentages de répartition linguistique, cités en 1897, peuvent être admis comme des bases également valables au milieu du siècle, aucune annexion territoriale de grande importance n'ayant modifié l'équilibre ethnique entre ces deux dates : pour une population totale de 70 millions d'habitants, les Grands-Russiens seraient environ 30,3 millions, les Ukrainiens (officiellement appelés Petits-Russiens) 11,3 millions, les Biélo-russiens 3,2 millions, soit ensemble 44,8 millions. Sans doute est-il un peu artificiel de rassembler des populations selon le seul critère linguistique ; ainsi dans les villes ukrainiennes, la langue de la bourgeoisie et des classes dirigeantes est plus le russe que l'ukrainien, même si justement en ce milieu du siècle le poète Tarass Chevtchenko donne à la langue ukrainienne un éclat nécessaire pour s'affirmer et procure aux masses ukrainiennes un aliment pour leur conscience nationale ; « le livre de la Genèse du peuple ukrainien » (*Knyhi Bytia ukrainskoho naroda*), écrit par un groupe de jeunes intellectuels vers 1846, inquiète la police russe, mais il ne peut être tenu comme l'indice d'un nationalisme profondément développé parmi les habitants de l'Ukraine.

Incontestablement Petits-Russiens comme Grands-Russiens se sentent également sujets de l'Empereur ; leur loyalisme n'est pas en cause, pas plus que celui des populations russes, installées aux marges de l'Empire aux XVIIe et XVIIIe siècles, les fameux Cosaques ; ces « hommes libres », exempts de corvée et d'impôts contre l'obligation du service militaire, s'administrent eux-mêmes et gardent de solides traditions d'indépendance ; toutefois vers 1850 ils sont de plus en plus sédentarisés, dominés par une aristocratie terrienne locale, englués dans une discipline militaire imitée du drill prussien, bien que par le vêtement, les mœurs et les traditions ils continuent de représenter l'aventure pour les autres Russes. En réalité ils sont déjà un vestige du passé. Si la Sibérie peut apparaître comme un gage d'expansion future, si vers 1850 elle n'est encore qu'une réserve pour un peuplement à faire, ceux qui acceptent de partir pour ce lointain pays n'entendent point pour autant quitter leurs coutumes russes ; *sibiriak* peut-être, c'est-à-dire fier de sa liberté, de sa force et de sa relative aisance, russe certainement puisque les migrants officiels ou clandestins cherchent au-delà de l'Oural à reconstituer en mieux les coutumes agraires, les habitudes de vie, les mœurs qu'ils ont connues avant leur départ. On comprend alors que d'un bout à l'autre de l'Empire on puisse ressentir l'impression d'une réelle unité ethnique et culturelle.

Cependant cette unité est seulement apparente ; le tiers de la population de l'Empire est composé de races non slaves et non orthodoxes ; à côté des Russes, on trouve des groupements polonais, finlandais, turcs, géorgiens, des minorités allemandes ou juives diffuses dans l'Empire. Orthodoxes, musulmans, catholiques, luthériens, animistes, bouddhistes se côtoient. Les genres de vie s'opposent : comment comparer les nomades

des steppes du Sud-Est ou de l'Asie centrale et les sédentaires de la forêt ou du tchernoziom? L'Empire russe est déjà un État multinational.

Toutefois le gouvernement tsariste, inspiré par une idéologie unitaire qui pourrait se résumer dans la formule « un tsar, une foi, une langue », pense profitable de russifier tous ses sujets ; une telle volonté heurte évidemment les populations non russes ; leur résistance à cette uniformisation sera d'autant plus déterminée que leur nationalité s'appuie sur des caractères bien marqués : langue, religion, passé historique, civilisation. Les Polonais, englobés dans l'Empire à la fin du XVIIIe siècle lors des trois partages, sont certainement les moins assimilés parmi les populations non russes : en 1815, Alexandre Ier leur avait concédé une Constitution reconnaissant leur spécificité ; cette concession ne suffit pas à désarmer les Polonais catholiques, volontiers tournés vers l'Occident : une première révolte en 1831 se termine par le rétablissement « de l'ordre à Varsovie » et par la suppression de tous les privilèges. La situation des Finlandais est plus enviable : cédés par la Suède à l'Empire depuis 1809, ils conservent leurs coutumes et certains privilèges, tel celui de servir seulement dans des régiments finlandais ; sans doute leur faible nombre, leur implantation géographiquement excentrique, leur genre de vie et leur luthéranisme les préservent de l'assimilation ; la Finlande reste un milieu particulier aux portes de la capitale.

La situation des populations musulmanes est beaucoup plus complexe ; tout d'abord on peut distinguer entre les peuples de race turque depuis longtemps mêlés à la vie de l'Empire, tels les Tatars de la vallée de la Volga (région de Kazan) et ceux de même race qui ont été peu à peu conquis aux XVIIIe et XIXe siècles, comme les Bachkirs de la vallée de l'Oural, les Tatars de Crimée (annexée en 1783), les « Turcs » de Caucasie (actuel Azerbaïdjan — conquis entre 1805 et 1813) ; les premiers sont déjà partiellement intégrés dans le milieu russe, différents des paysans russes par la langue, la sobriété, la religion, mais comparables dans la sédentarité, la misère, le servage ; les seconds appartiennent plus nettement aux peuples coloniaux de l'Empire ; tout comme les populations africaines ou asiatiques des colonies britanniques ou françaises, ils sont considérés par les Russes comme des êtres mineurs, attachants par leur bravoure et leurs coutumes étrangères, mais destinés à être « civilisés » par leurs conquérants ; de même on pense en Russie que les autres populations musulmanes, animistes ou bouddhistes de l'Empire, de race iranienne (dans le Caucase), de race mongole (dans le Kazakhstan et l'Asie centrale), de races caucasiennes (montagnards du Daghestan, Ossètes, Mingréliens, etc.), dont la conquête est en cours au milieu du XIXe siècle, ont beaucoup à espérer de la pénétration civilisatrice de la Russie ; la lutte entreprise depuis 1834 contre Châmyl et les Muridistes dans le Daghestan n'est pas sans analogie avec les luttes menées alors par les Français, soit contre Abd-el-Kader, soit contre les montagnards de Kabylie ; la seule différence provient du fait que l'expansion russe se fait non par la mer, mais par voie terrestre, comme une large tache d'huile qui, vers 1850, a déjà submergé le Kazakhstan actuel et la Transcaucasie. Chemin faisant, cette pénétration englobe des populations chrétiennes au genre de vie différent des populations nomades comme les Géorgiens ou les Arméniens, mais ces particularités ne modifient pas les rapports entre le peuple conquérant et les peuples conquis ; au XIXe siècle l'action russe en Asie est celle d'un État européen qui réalise une conquête coloniale.

Si, aux yeux des Européens, l'Empire russe fait figure de puissance déjà asiatique, aux yeux des Asiatiques il est puissance européenne. En vérité n'est-il pas seulement Empire russe, c'est-à-dire État unique dans son essence comme dans son existence?

II. — LE RÉGIME POLITIQUE ET ADMINISTRATIF

L'autocratie russe.

La Russie moderne date de Pierre le Grand dont l'action se situe aux frontières du XVIIe et du XVIIIe siècle ; l'œuvre de Pierre porte les empreintes du temps et du lieu existants lors de son élaboration ; pays arriéré, immense et immobile, il fallait pour le mettre en marche vers le futur une volonté hors du commun, s'appuyant sur deux legs du passé, d'une part une tradition de gouvernement personnalisé, d'autre part une déïfication religieuse de la personnalité gouvernante : Pierre le Grand utilisa son rôle de *batiouchka-tsar* pour devenir *tsar-imperator*. Les deux termes méritent explication car ils permettent de poser clairement l'essence de l'autocratie russe.

Depuis le Moyen Age russe, le maître unique (César-autocrate) de la Russie gouverne l'Empire comme un intercesseur entre Dieu et les habitants ; il est source de vie, grand justicier, protecteur du faible, modèle de vertus pour les fils de la Terre russe qui révèrent en lui « le petit-père » (*batiouchka*) ; le surnaturel imprègne le mythe tsariste ; de là la possibilité de voir se lever des usurpateurs qui se proclament revêtus de ladite puissance et qui, par des filiations assez problématiques, cherchent à s'entourer de l'aura propre aux tsars; où est alors le juste? Pierre le Grand a modifié fondamentalement l'idée attachée à la fonction autocratique tout en conservant l'image. Si le tsar demeure un être semi-mythique, souvent inaccessible et pourtant toujours immédiatement présent par personnes interposées, il n'agit plus selon son seul bon plaisir, sans dépendance hormis celle de Dieu ; désormais le pouvoir du tsar est au service des intérêts et du bien de l'État ; l'État domine le tsar qui n'est plus que l'incarnation de l'Empire (*tsar-imperator*). Dès lors les réalités gouvernementales doivent couvrir toutes les formes de la vie ; l'État, c'est-à-dire le tsar, sera tout à la fois administrateur des biens et des âmes, commerçant, industriel, promoteur social, éducateur, etc., avec pour ressort fondamental non la tradition, mais la raison. Dans ces conditions, s'opposer au tsar ou à ses représentants équivaudrait à refuser les lois de la raison ; on ne le peut pas, on ne le doit pas ; seule est concevable une obéissance de tous les instants, à l'instar de l'obéissance due par les militaires à leurs supérieurs. D'ailleurs le système est viable, puisque le despote est éclairé par la raison.

Noblesse et administration.

Poussant jusqu'au bout la logique d'une pareille abstraction, Pierre le Grand en vint à organiser la vie de ses sujets comme la vie d'un régiment : le *tchin* (ou table des rangs, codifiée en 1722) était né. On a souvent tendance à comparer la noblesse russe à ses homologues occidentales ; rien n'est plus faux. La noblesse russe existait avant Pierre le Grand ; la filiation suffisait à prouver ses lettres de noblesse, les plus élevés se réclamant simplement d'une même origine, « les fils de Rurik » ; après Pierre le Grand, la noblesse s'accroche à la fonction ; sur les 14 rangs du tchin, seuls les 8 premiers procurent la noblesse héréditaire ; y parvenir, y rester, devient donc l'idéal majeur des « administrateurs ». En 1858 la Russie compte 610 000 nobles héréditaires et 277 000 nobles à titre personnel. Comme l'écrit le critique marquis de Custine en 1839 : « Le

Czar Pierre a inoculé la fièvre de l'ambition à tout son peuple pour le rendre plus pliable et le gouverner à sa guise. » Cependant vers 1850 tout noble russe n'est plus nécessairement fonctionnaire ; depuis 1762, Pierre III et Catherine II, pour faciliter leur maintien sur le trône impérial, ont libéré la noblesse russe de l'obligation de servir. Un certain nombre de nobles en ont profité pour s'établir sur leurs domaines où ils mènent la vie retirée et monotone du propriétaire-terrien, grand chasseur, grand buveur et grand maître des « âmes », serfs ou paysans libres. Souvent, pour redorer le blason, pour renflouer les dettes, ces nobles doivent confier un fils, un neveu au service du tsar ou marier leurs filles à ces conseillers ou titulaires de collège dont s'est tant gaussé Gogol (cf. *Le Revizor*, joué en 1836).

On imagine facilement les conséquences psychologiques et humaines d'une telle organisation. Au lieu d'une administration véritable, on trouve en Russie des cadres administratifs bureaucratisés, c'est-à-dire des fonctionnaires qui figent de manière immuable ce qu'ils devraient organiser pour le mouvement ; ces hommes, par souci d'éviter un blâme personnel ou un contretemps dans leur carrière, agissent mécaniquement, sans penser, d'autant plus qu'ils sont formés depuis leur enfance à une obéissance militaire. Combien de portraits de ces *tchinovniki* sans joies, sans horizons, sans murmures, obséquieux vis-à-vis des supérieurs, hautains vis-à-vis des subalternes, ont été dépeints par les écrivains russes, de Gogol à Tolstoï ou Tchekhov ! Même ceux qui ont pu gravir les plus hauts échelons du tchin restent sclérosés ; habitués à obéir sans beaucoup connaître les réalités, lorsque ces gens parviennent aux sommets, ils construisent des schémas théoriques ; ignorants des faits, ils produisent lois et décrets ignorés du peuple et même de la basse-administration. Sur le papier une harmonieuse organisation pyramidale ayant le tsar au sommet régente l'administration tsariste ; dans la vie quotidienne chevauchements d'administrations, luttes d'influences, méconnaissances des rouages voisins, interprétations divergentes des règlements complexes et contradictoires caractérisent cette machine qui compte environ 4 à 500 000 membres dans la seconde moitié du XIXe siècle.

On conçoit aisément que de pareilles conditions soulèvent le désir de réformes profondes dans l'esprit de chaque Russe ; les classes populaires voudraient au moins pouvoir s'y reconnaître dans le dédale administratif et par exemple être sûres que les oboles *na tchai* (les gratifications « pour le thé » sont les pourboires) servent à quelque chose, chacun étant à l'avance bien persuadé que la coutume du pot-de-vin est indéracinable en Russie. Les nobles ou les intellectuels voudraient retirer à l'administration ses pouvoirs arbitraires et sans limites. Peut-on parler ici de revendications politiques ? Il faut distinguer vie administrative et vie politique : la première existe, la seconde est impossible. Aussi les nombreux plans de réformes présentés aux tsars pendant les XVIIIe et XIXe siècles par des nobles, des administrateurs ou des intellectuels, suggèrent-ils le plus souvent des modifications de type administratif afin d'améliorer la gestion de l'Empire ; sans aborder franchement les conséquences politiques de leurs propositions, ils mènent à des conclusions évidentes : tout progrès de la machine bureaucratique suppose une refonte au moins partielle de l'autocratie ; or l'autocratie se refuse à pareille amputation.

Un certain nombre de jeunes officiers, influencés par la vision de l'Occident européen acquise à l'occasion des guerres napoléoniennes (surtout grâce à « l'occupation » en France en 1814-1815), déçus par la rigidité impériale, tentent en 1825, au moment de la succession au trône, d'imposer des réformes profondes : c'est le mouvement décembriste. En lui-même simple accident de parcours, puisqu'en 24 heures les officiers et les troupes rebelles sont matés (27 novembre 1825), le soulèvement décembriste, qui entraîne en juillet 1826 plus d'une centaine de condamnations, devient vite le symbole de l'inadéquation du régime tsariste : jeunes officiers nobles pour la plupart, les Décembristes n'ont jamais eu conscience de manquer de loyalisme vis-à-vis du monarque ; ils ne remettent pas en cause les fondements du régime (sauf le plus « avancé » parmi eux, le républicain P.I. Pestel), mais ils ont le sentiment que le monarque ne gouverne pas l'État pour l'État, mais pour lui-même ; pour échapper à cette fâcheuse tendance, il faut d'abord que la liberté individuelle soit assurée pour que l'individu ait sa dignité, son honneur, sa liberté de pensée et pour que les élites soient ensuite en mesure de surveiller la conduite du tsar, afin de l'obliger à travailler pour la nation, base véritable de l'État.

Ici se dégage la principale contradiction du tsarisme autocratique : depuis Pierre le Grand le tsar incarne l'État, mais le développement économique et social postérieur, le mouvement des idées au XVIIIe siècle et au début du XIXe siècle ont abouti en Russie à la constitution de l'idée de nation, renforcée au surplus en 1812, lors de l'invasion napoléonienne, par une défense populaire nationale ; dès lors l'État n'est-il pas la nation? Dans l'affirmative, le tsar devrait admettre que son pouvoir absolu soit limité par les représentants de la nation, et qu'en particulier son administration ne soit pas un corps mettant la nation à son service ; cependant quels seront les représentants de la nation? Ici les avis divergent : très rares sont ceux qui évoquent dans la première moitié du siècle une démocratie parlementaire où toutes les catégories sociales seraient représentées ; les plus nombreux pensent à des systèmes variés de représentations des classes aisées, nobles, propriétaires terriens, bourgeois, paysans riches, qui contrebalanceraient le pouvoir autocratique.

Mais, au fond, que souhaite vraiment la masse paysanne, et serait-elle en mesure de faire entendre une voix politique raisonnée? Les intellectuels auront alors tendance à vouloir incarner une conscience nationale d'autant plus difficile à définir qu'on ignore les sentiments profonds de la majorité du peuple russe. Les propositions réformatrices sont donc construites sur des bases abstraites, quoique tous soient persuadés de l'incohérence du système tsariste.

III. — LE PROBLÈME DU SERVAGE

Les serfs russes : nombre et statut.

Lors du 10e recensement de la population russe en 1858 [1], l'Empire compte 74 556 300 sujets, dont 59,4 millions vivent en Russie d'Europe, 4,76 millions en Pologne, 4,32 millions en Sibérie, 4,30 millions dans le Caucase ; 92,8 % de la population est agricole ; en Russie d'Europe près de la moitié des paysans (42 %) sont des serfs ; officiellement face à 20 050 000 paysans libres, 20 173 000 hommes et femmes sont serfs de domaines privés, 2 019 000 serfs des domaines impériaux, 518 000 serfs dits de « possession »,

1. *Depuis 1718, pour des motifs fiscaux, le gouvernement russe fait procéder à intervalles irréguliers au recensement des « âmes de révision »* (revizskie douchi) *; comme il s'agit de la révision des rôles d'impôts pour la capitation, la marge d'erreurs, volontaires ou non, est assez sensible ; cependant on dispose ainsi de renseignements acceptables pour connaître l'évolution de la population et sa répartition.*

c'est-à-dire théoriquement libres, mais pratiquement attachés à une usine qu'ils ne peuvent quitter, même en cas de changement de propriétaire ; au total 22,7 millions de Russes vivent dans le servage. La répartition du servage n'est pas uniforme dans toute la Russie d'Europe ; certaines régions ont été « libérées », telles la Pologne ou les provinces de la Baltique (416 000 serfs y ont été émancipés en 1816-1817) ; les provinces les plus dépendantes du servage correspondent en gros à la Haute-Volga, au centre-sud du bassin de Moscou, à une large bande sur la rive droite du Dniepr, de Smolensk à Kiev ; les régions où l'on compte le plus grand nombre de libres (plus de 80 % des paysans) sont sur la rive gauche de la Volga depuis Kazan, dans les steppes du Kouban, en Crimée, en Bessarabie, c'est-à-dire aux marges périphériques de l'Empire en Europe.

Le servage correspond en Russie à une institution relativement récente ; on considère en effet que son installation réelle date de 1580, lorsqu'un oukaze d'Ivan le Terrible a interdit le libre départ des paysans afin de maintenir une faible population rurale sur les terres des propriétaires ; d'autres textes législatifs de Basile Chouïski en 1607, l'*Oulojenié* (Code des lois) de 1649 renforcent ensuite cette fixation au sol ; au XVIIIe siècle, Catherine II, qui se pique de philosophie et se prétend éclairée par les lumières de la raison, augmente encore le nombre des *kholopi* (paysans) par des dons généreux à ses favoris et aux nobles en général (800 000 « libres » ont été « cédés » pendant son règne) ; de 1762 à 1796, elle étend le servage à des régions jusque-là préservées (Ukraine, Tauride, boucle du Don). Au XIXe siècle, Alexandre Ier, malgré quelques velléités (en 1803 il autorise le rachat de leur liberté par les paysans si le seigneur en est d'accord [1]), puis Nicolas Ier n'ont pas modifié l'état de choses, bien qu'ils aient tous deux réuni de nombreuses commissions à ce sujet. Par comparaison, les paysans libres ont été l'objet de réformes bien plus sensibles entre 1837 et 1856, lorsque le comte P.D. Kiselev a été placé à la tête du ministère des Domaines.

Au milieu du XIXe siècle le serf reste un type humain très répandu en Russie d'Europe (ils sont peu nombreux en Sibérie) ; juridiquement et moralement il dépend complètement de son maître. Sans doute en théorie un léger progrès a été accompli en 1832 lorsque la nouvelle rédaction du Code des lois, élaborée sous l'autorité de M. Speransky, a limité à 40 coups de knout ou à 2 mois d'emprisonnement les peines maxima infligeables par le pomeschtchik (propriétaire) à ses serfs ; en fait, depuis 1767, le serf ne peut faire appel au tsar et, de toute manière, le serf sait qu'en cas de litige il sera toujours puni, sans compter les moyens indirects de se débarrasser des fortes têtes, fut-ce par exemple par l'envoi autoritaire en Sibérie ou par l'envoi à l'armée. Les seules limites réelles à la tyrannie la plus absolue sont celles fournies par le caractère du seigneur et par son intérêt bien compris qui l'incite à ne pas sévir excessivement, car il ruinerait alors sa propre exploitation ; dans l'ensemble les rapports sont donc fort dépendants des revenus seigneuriaux et des caractères individuels ; du côté paysan la résignation semble être l'attitude habituelle pourvu que le maître en reste à une « autorité paternelle » supportable (I.S. Tourgueniev le montre bien dans ses *Récits d'un Chasseur ;* réciproquement la férocité du père de Dostoïevski lui vaudra d'être assassiné par ses paysans). La variété des situations locales ne masque cependant pas la dureté de la condition serve.

D'ailleurs une autre habitude témoigne des cruels rapports existants : non seulement l'hypothèque des serfs ou leur vente comme un quelconque bétail subsistent en plein

1. En 1858, 1,5 % des serfs ont pu bénéficier de cette libération. A noter qu'environ 1,5 million de serfs sont dvorovie lioudi, *c'est-à-dire que, travaillant comme domestiques dans les demeures des propriétaires, ils ne sont pas serfs de la glèbe.*

milieu du XIXe siècle, mais cet usage tend à se répandre malgré des oukazes de 1833 et 1841 qui interdisent la vente des parents sans les enfants (en principe depuis 1808 il est interdit de vendre les serfs dans les foires ou d'en faire l'annonce dans les journaux, mais en fait la presse continue à annoncer les ventes de « services de serfs » !). En 1823, 2,1 millions de serfs (soit 20,2 % des serfs mâles) sont hypothéqués, en 1843 6,4 millions (soit 52,4 % des serfs mâles) ; en 1856 6,6 millions ont subi le même sort (soit 61 % des serfs mâles) ; le procédé est utilisé sur une échelle considérable dans les zones touchées par la baisse des revenus : en 1856 71,3 % des serfs de la zone agricole centrale sont hypothéqués. S'il a manqué une Mrs. Beecher-Stowe pour indigner ou faire pleurer les généreuses âmes occidentales sur les serfs russes, leur sort n'est pas plus enviable vers 1850 que celui des esclaves noirs aux États-Unis.

Les rapports serfs-propriétaires.

« Mon dos est à toi, barine, mais la terre est à moi. » Cette expression célèbre rend assez bien compte des difficultés suscitées par le problème du servage. En effet, si le serf semble tolérer sa situation juridique inférieure, il se rebelle volontiers contre le système de possession du sol et contre les conséquences pratiques qui en découlent. En principe les terres d'un domaine seigneurial devraient être partagées entre le seigneur et ses paysans, le premier comme possesseur du sol, les seconds comme détenteurs de la force de travail ; en réalité le propriétaire domine largement les exploitants ; souvent sa part contient les 2/3 du sol et, pour abandonner le lot restant, ou bien il se fait payer une redevance en nature (l'*obrok*), ou bien il oblige les serfs à la corvée (la *barchtchina*). Il a choisi les formes les plus appropriées à l'économie régionale : ainsi au XIXe siècle, dans les zones de forêt où le paysan peut plus facilement obtenir des ressources d'appoint par le travail du bois ou par l'industrie textile à domicile, les propriétaires gardent peu de terres et ont tendance à s'en remettre à l'obrok, car ils peuvent alors prélever un revenu non seulement sur le travail du sol, mais sur les ressources complémentaires des paysans (cas des régions de Moscou, de Vladimir, de Kostroma); au contraire, dans les zones de production de blé, de lin ou de chanvre, comme les ventes sur les marchés nationaux ou internationaux ont tendance à augmenter, les propriétaires vont agrandir leur lot de terres et imposer des corvées nombreuses sur ces terres, quitte parfois à nourrir partiellement les serfs, première étape vers un salariat agricole de type capitaliste, forme dite de la *mesiachina* (cas des terres noires, des régions ukrainiennes, des steppes du Kouban, de la Biélorussie).

Cependant la différenciation entre ces deux formes principales de paiement paraît obéir également à des considérations variées : habitudes paysannes, mentalités collectives, taille des propriétés (le grand propriétaire a plutôt tendance à se tourner vers la barchtchina) ; enfin sur une même propriété, on peut trouver l'utilisation conjointe de la corvée et de la redevance. Dans les deux cas, le serf est misérable : ou bien les corvées l'accaparent (Tourgueniev cite le cas de paysans de la région de Toula réduits au travail nocturne sur leur lopin personnel), ou bien l'obrok est trop onéreux lors des années de mauvaises récoltes, d'où un endettement dont on ne parvient plus à s'échapper même en année normale.

Le servage est un frein considérable pour l'agriculture; dans les zones à obrok il empêche l'épanouissement de nouvelles formes d'exploitations agricoles où se mêlent cultures et petite industrie artisanale ; là, le propriétaire est prêt à abandonner ses propriétés contre indemnités, mais il veut faire payer très cher la libération de ses serfs ; dans les zones à barchtchina, le maintien des servitudes personnelles n'a pas grand sens puisque les propriétaires veulent surtout récupérer les terres et développer un salariat agricole ; là, le propriétaire est prêt à libérer ses serfs, mais en gardant les terres. L'attitude seigneuriale est ainsi fondamentalement différente vis-à-vis des solutions acceptables ; l'immobilisme gouvernemental reflète ces contradictions jugées insurmontables. Pourtant le temps presse ; les soulèvements paysans se multiplient dans tout l'Empire ; comme le prouvent les statistiques officielles du ministère de l'Intérieur : 1826-1829 : 85 soulèvements ; 1830-1834 : 60 ; 1835-1839 : 78 ; 1840-1844 : 138 ; 1845-1849 : 207 ; 1850-1854 : 141 ; 1855-1861 : 474 ; près de la moitié des soulèvements sont dus à l'annonce « anticipée » de l'abolition du servage ; les intendants, ceux qui donnent les ordres (*prikaztchik*), sont les plus attaqués ; l'armée doit souvent intervenir, une atmosphère d'insécurité se développe à la campagne surtout dans le bassin de Moscou, ou encore vers Kiev et Kherson (particulièrement en 1854-1856). Vers 1850, le retour des grandes crises révolutionnaires des XVIIe et XVIIIe siècles paraît probable aux fonctionnaires impériaux et le spectre de la Pougatchevchtchina hante les nuits des propriétaires. Il est grand temps de donner une solution à ce problème.

IV. — LE DÉVELOPPEMENT INDUSTRIEL ET COMMERCIAL

L'évolution industrielle de la Russie dans la première moitié du XIXe siècle.

L'un des sujets les plus controversés de l'historiographie soviétique contemporaine concerne le développement industriel russe au XIXe siècle : quand peut-on situer les réels débuts de l'industrialisation russe ? Sans doute faut-il définir ce que l'on entend par industrialisation ; cela suppose la constitution de vastes ensembles industriels, utilisateurs pour leur développement des procédés techniques récents, exploitant une main-d'œuvre sinon toujours experte, du moins largement séparée de son milieu rural originel, et susceptibles de vendre au loin leur production. Jusque vers 1825, l'industrie russe ne se développe guère ; elle reste comparable à ce qu'elle était à la fin du XVIIIe siècle : à côté de l'industrie métallurgique ouralienne, assez primitive, travaillant au bois et vendant de plus en plus difficilement sa production à l'étranger, les centres textiles moscovites ou de la haute-vallée de la Volga (Ivanovo, Vladimir) demeurent actifs. La métallurgie de transformation implantée à Saint-Pétersbourg subsiste grâce à l'importation de fontes anglaises ; les industries polonaises (textiles de Lodz et Varsovie) profitent, pour se moderniser, de leur position « occidentale » et des avantages commerciaux octroyés en 1815, mais elles demeurent marginales pour l'Empire.

Un premier éveil apparaît dans les années trente : certaines modifications techniques relancent l'industrie textile (surtout pour le tissage et les impressions sur tissus) où la production cotonnière prend une place de choix grâce à une mécanisation accélérée de la filature qui donne naissance à quelques grandes usines modernes ; vers 1835, les 200 000 ouvriers du textile représentent 70 % des ouvriers d'usine russes et dans la production textile les cotonnades occupent le premier rang (45,4 %). Dans les années quarante, tandis que l'industrie lainière moscovite se modernise partiellement (inventions dans les procédés chimiques de teinture), souvent grâce à l'activité des Vieux-Croyants (la famille Goutchkov commence alors une ascension économique et sociale qui durera jusqu'en 1917), les novations proviennent plutôt de l'Ukraine où de nombreuses raffineries et distilleries sucrières introduisent partiellement un secteur industriel dans les campagnes; les propriétaires russes, polonais ou juifs qui ont su à temps s'adapter à cette évolution, bâtissent de rapides fortunes (Joseph Günzbourg commence ainsi en Ukraine une brillante carrière qui le conduira après 1850 dans la banque et dans les sociétés d'assurances) ; dès les années 50 on envisage des comités d'organisations, des cartels dans cette industrie en constante expansion.

Pourtant cette mutation reste insuffisante pour que l'on puisse parler d'un véritable démarrage industriel en Russie avant 1850 ; d'une part, malgré son expansion, l'industrie textile reste encore de type artisanal ; vers 1850, dans un secteur essentiel comme le travail du lin, pour un ouvrier d'usine on dénombre trois paysans travaillant à domicile [1] ; de même dans le secteur lainier, à l'exception de la région moscovite, les ateliers sont installés par de grands propriétaires qui font travailler leurs serfs dans des conditions techniques archaïques. D'autre part, les mines et la métallurgie, secteurs de base, seuls susceptibles de faire démarrer la grande industrie, demeurent endormis ; le charbon du Donets ou le pétrole de Bakou continuent d'attendre les exploitants. L'Oural, région lointaine, peu efficace, conserve dans l'industrie lourde une prépondérance incontestable : 85 % de la production des fers en proviennent vers 1860. L'indispensable mutation industrielle reste à faire. L'industrialisation russe n'a pas encore vraiment commencé.

Dans ces conditions, le retard économique de la Russie par rapport à l'Europe s'accentue : alors que vers 1820 la Russie produisait plus de fonte que la France, les États-Unis ou la Prusse et qu'elle représentait le tiers de la production britannique, en 1860 la Grande-Bretagne produit 10 fois plus qu'elle, les États-Unis 3 fois plus, la France 2 fois et ½ et même la petite Prusse dépasse le vaste empire des tsars. Le XIXe siècle est le siècle du charbon : en 1857 la Russie extrait 51 700 tonnes de son sol contre 67 millions de tonnes à la Grande-Bretagne, 14,8 millions en Prusse, 14,6 millions aux États-Unis et même 3,9 millions en France.

Les causes du retard industriel russe.

Pourquoi ce retard et surtout son aggravation relative ? Les historiens hésitent entre plusieurs interprétations, mais en fait plusieurs causes concordantes semblent à la base de ce déclin ; trois facteurs fondamentaux expliquent le phénomène : la passivité de l'État en matière économique —, l'insuffisance du marché national avec pour corollaire l'insuffisance de l'accumulation nationale —, l'état archaïque de la société russe, bloquée à bien des égards.

Depuis Pierre le Grand, l'État a toujours joué en Russie un rôle dirigeant en matière économique ; l'insuffisance des ressources privées, l'étroitesse primitive du marché national ont conduit les tsars à entreprendre les fondations d'usines, quitte à en laisser ensuite la gestion aux entrepreneurs privés ; la naissance de l'industrie ouralienne s'est

1. En 1850 la valeur de la production linière dépasse celle du coton et de la laine réunis.

ainsi faite. Or au XIXe siècle, l'État russe sombre dans l'immobilisme : les dépenses militaires excessives n'ont jamais permis de dégager des ressources budgétaires suffisantes[1] ; de plus les dirigeants sont souvent persuadés de l'inutilité d'une action étatique. Ainsi malgré l'intérêt que Nicolas Ier manifeste pour les voies ferrées, il faut près de 10 années pour que la ligne Saint-Pétersbourg — Moscou soit réalisée (1842-1851); en 1851, la Russie compte 1 000 km de chemins de fer, 1 626 km en 1860 (dont Varsovie — Saint-Pétersbourg). Or dans un aussi vaste pays, toute amélioration économique réelle, toute organisation d'un marché national important supposent l'épanouissement du réseau des transports : entre 1825 et 1861, 8 500 km de routes empierrées (« chaussées ») ont été ouvertes, mais de vastes régions, surtout dans le Sud, demeurent difficilement accessibles ; les voies d'eau et les canaux subsistent donc comme les seuls moyens véritables de transport, avec leur emploi limité dans l'année et la lenteur de leurs déplacements (en 1860, 339 bateaux à vapeur pour tout l'Empire). Toutefois entre 1840 et 1860 de nouvelles voies d'eau sont aménagées entre Moscou, Saint-Pétersbourg, les rives de la Baltique ou vers le Nord ; la navigation sur la Volga est améliorée. L'infrastructure des transports n'est donc pas réalisée, ce qui augmente le prix de vente des produits agricoles ou industriels et entrave la constitution d'un marché national ; sauf exceptions (Nijni-Novgorod, Romni, Kharkov, Irbit), les foires demeurent régionales ; économiquement, la Russie ressemble encore à un assemblage informe de parties dissemblables.

L'insuffisance de l'action gouvernementale serait secondaire si les entreprises privées se multipliaient à l'intérieur de l'Empire ; là encore le bilan reste mince. On peut toujours mettre en avant les exemples exceptionnels de certaines réussites ; ainsi les « serfs-millionnaires » d'Ivanovo (les Grachev, les Garelin, les Iamanovski), qui bénéficient de la tolérance intéressée de leurs maîtres, les comtes Cheremetiev, pour se lancer dans l'industrie textile et y construire de durables fortunes ; ou bien encore la douzaine de marchands-industriels millionnaires de Moscou, tels les Konovalov, Morozov ou Gouchkov, tous dirigeants moscovites de la secte des Vieux-Croyants grâce à laquelle se constitue une association comparable à une société de réassurance interne [2] ; les uns et les autres bâtissent des fortunes durables et jusqu'à la révolution d'octobre ils demeureront les fondateurs et les fondements de la bourgeoisie industrielle russe ; mais ce sont des cas extraordinaires.

Les structures bancaires elles-mêmes expliquent ce retard autant qu'elles en sont la conséquence : les premières Caisses d'Épargne (*sbirigatelnaïa kassa*) sont apparues çà et là vers 1840-1850, mais leurs dépôts restent faibles ; des banques à petite audience régionale, cantonnées dans le prêt sur hypothèques, sans grands moyens en capitaux, se constituent après 1830 ; même la Banque Commerciale d'État (*Gosoudarstvennii kommertcheskii bank*), créée en 1817 et qui depuis 1824 peut faire des prêts à des industriels, manque à ses devoirs, car elle dispense l'essentiel de ses ressources en des prêts à des nobles, non point pour relancer le commerce ou l'industrie, mais pour combler des dettes, souvent dites « d'honneur ». Pour que l'économie russe puisse se développer harmonieusement, il faudrait aussi que la circulation monétaire soit stable et solide ; entre 1838 et

1. Si la dette publique russe sextuple entre 1832 et 1861 (de 213 à 1 264 millions de roubles), c'est dans une large mesure pour financer les dépenses militaires qui, à elles seules, représentent environ 40 % des dépenses de l'État entre 1830 et 1853 (période de paix relative).

2. On notera la similitude entre Vieux-Croyants russes au XIXe siècle et Protestants français au XVIIIe siècle.

1842, Kankrin a tenté et réussi une opération de stabilisation du rouble par l'échange de roubles-papier, les assignats, contre des roubles-métalliques (1 rouble métallique contre 3,55 assignats), mais cette opération, bénéfique pour le commerce extérieur, n'a pas de suites durables, car dès 1848 la planche à billets se remet à fonctionner intensément ; à chaque crise majeure, la masse des billets en circulation s'accroît massivement (en particulier pour la guerre de Crimée) ; on imagine la suite : la valeur du rouble s'affaisse, bien que l'on fasse à nouveau largement appel aux crédits extérieurs pour gager les nouvelles émissions de roubles. En somme, vers 1860, la Russie est à nouveau très proche de la banqueroute financière.

Tous les éléments négatifs en matière économique rapportés jusqu'à maintenant ne doivent cependant pas masquer quelques modifications structurelles significatives ; elles concernent surtout le commerce extérieur et intérieur. Pour les échanges avec l'étranger, si les tarifs douaniers très protecteurs de 1822 ont eu des effets partiellement heureux, en évitant à l'industrie russe d'être submergée par la concurrence anglaise (mais en même temps les prix des produits industriels sont restés très élevés en Russie), le changement provient plutôt de l'augmentation sensible des exportations de céréales russes après 1845 ; l'accélération de la demande britannique et allemande et la baisse relative des prix de vente russes sur le marché mondial en sont la cause ; désormais la Russie se classe parmi les grands fournisseurs en céréales de l'Europe ; les ports d'exportation des blés comme Riga et surtout Odessa en tirent des avantages considérables ; Odessa, port franc depuis 1817, par lequel transitent les 2/3 des céréales vers 1840-1850, devient une des villes les plus actives et les plus peuplées de l'Empire, passant de 50 000 habitants vers 1840 à 119 000 en 1863. Nijni-Novgorod, Irbit, Riga, Vilno, Kharkov, Kiev, Kichinev, Odessa, Kazan et surtout les deux capitales fixent l'essentiel du commerce intérieur.

Les bourgeois russes.

Les conséquences sociales sont nettes : des quartiers urbains se transforment comme à l'est du Kremlin de Moscou, dans le Gostinnii Dvor où les marchands se regroupent en longues rangées de boutiques (les *riadi*), avant que les plus riches d'entre eux, vers 1860, ne contribuent à fonder ces « passages » couverts dont on retrouve la trace jusqu'à nos jours dans la configuration des grands magasins moscovites (cf. le *Goum*). La croissance des villes russes dans la première moitié du XIXe siècle (de 2,7 millions d'habitants en 1811 à 5,5 en 1858) traduit davantage l'expansion commerciale que la croissance industrielle (sauf dans quelques cas exceptionnels, comme Ivanovo).

La composition sociale des cités russes confirme-t-elle cette remarque ? Pour y répondre, il faudrait donner un sens précis aux trois mots qui définissent le statut juridique du plus grand nombre des bourgeois dans les cités : le *koupets*, le *mechtchanin* et le *raznotchinets*. Le koupets est moins un marchand qu'un bourgeois ; en effet pour accéder à l'une des trois guildes de marchands, il faut être en mesure de payer une taxe particulière et posséder une fortune reconnue (pour la première guilde, par exemple, il fallait déclarer un capital de 15 000 roubles vers 1850) ; selon sa guilde, le koupets peut commercer au loin, à l'étranger, ou se contenter du commerce de détail, faire de la banque ou de l'industrie (1re guilde seulement) ; en fait le koupets tend à ne plus être le marchand vêtu de noir, à la longue barbe, vivant dans son bazar, mais le grand ou le moyen bourgeois qui s'occidentalise. Plus traditionnel est le mechtchanin : en théorie celui-ci est l'homme de rang moyen (*srednii roda lioudei*) ; en pratique, depuis 1814, on distingue dans cette catégorie les petits patrons et les commerçants ; on serait tenté de voir en eux la petite bourgeoisie, encore mal séparée du prolétariat urbain, sans culture, illettrée, souvent très croyante, sans cesse préoccupée du lendemain.

Enfin le raznotchinets est quasi indéfinissable : son seul critère distinctif est sa liberté personnelle, car on en trouve aussi bien dans les bas emplois administratifs que dans des emplois commerciaux ; un paysan libre peut facilement devenir raznotchinets, mais s'il s'intègre à un atelier il peut également appartenir à la catégorie particulière des gens des corporations, les *tsekhi*. La multiplicité des statuts et la variété des situations réelles au sein d'une même appartenance juridique rendent problématique une stricte répartition socio-professionnelle parmi les habitants des villes ; cependant il semble bien qu'entre 1810 et 1860, la population urbaine russe tende à voir se renforcer sa partie commerçante : ainsi les mechtchanie, catégorie la plus représentative du moyen et petit commerce, passent de 949 900 en 1811 à 3 051 000 en 1858.

V. — LE MOUVEMENT DES IDÉES

Les conditions de la vie intellectuelle en Russie.

Au point de vue intellectuel, le XVIIIe siècle russe avait été une période de préparation et de découvertes ; au début du XIXe siècle plusieurs acquisitions considérables permettent aux savants, aux artistes et aux auteurs russes d'aborder le monde nouveau dans de bonnes conditions. Tout d'abord la langue russe est devenue majeure ; elle trouve chez un historien, Karamzine, et surtout chez Pouchkine deux illustrateurs de la langue russe moderne ; désormais la langue parlée et la langue écrite se rejoignent ; le monde russe possède un véhicule adéquat pour la diffusion de sa pensée. Ensuite les grandes œuvres de la culture occidentale, après avoir largement pénétré sous la forme française pendant la seconde moitié du XVIIIe siècle, puis au début du XIXe siècle sous des formes anglaise (le roman ou les poètes lakists) et germanique (philosophie de Schelling, Hegel et Feuerbach), ont été « digérées » par les intellectuels, c'est-à-dire que les traditions nationales, étayées par le nationalisme ou l'orthodoxie religieuse, ont abouti à la production en Russie d'œuvres littéraires majeures qui ne sont plus des copies plus ou moins réussies de l'Occident. Peut-être est-il possible de constater le maintien plus net des influences étrangères en matière artistique : l'embellissement de Saint-Pétersbourg ou de Moscou est souvent dû à des artistes étrangers comme l'Italien Ch. Rossi (1819-1847), le Français Ricard de Montferrand (1818-1858) ou l'Allemand Constantin Thon (1838-1849) ; cependant Zakharov à Saint-Pétersbourg (Palais de l'Amirauté en 1823) ou Kazakov à Moscou montrent que l'art russe tend également à s'émanciper.

Un troisième élément favorable intervient : un groupe social capable de lire, d'acheter des livres, de faire vivre écrivains ou artistes, s'est constitué dans l'Empire ; on se met à lire non seulement dans les capitales ou dans les villes, mais encore à la campagne. Ce milieu d'amateurs ou de lecteurs est en train de donner naissance à l'*intelligentsia*. Qu'est-ce qu'un *intelligent?* La traduction française « intellectuel » ne rend pas exactement compte de la notion russe ; l'intelligent est non seulement un intellectuel, mais un intellectuel engagé, c'est-à-dire un penseur, écrivain ou artiste qui s'efforce de bâtir pour le monde futur en analysant le monde actuel avec esprit critique ; tous les artistes ne font pas partie de l'intelligentsia, tous les intelligenti ne sont pas des artistes. Mais les uns et les autres constituent une élite cultivée qui bien que numériquement minoritaire (et parce que minoritaire) assume la réalité de la pensée russe, alors que les 9/10 des hommes sont des illettrés. Celle-ci se veut conscience d'une masse encore balbutiante.

La diffusion de la culture se heurte à de sérieux obstacles dans la Russie de Nicolas Ier. L'une des bases du développement culturel, l'école, fait cruellement défaut ; à cet égard le bilan impérial est dérisoire : en 1825 la Russie compte 69 629 élèves et étudiants répartis en 7 universités [1], 3 lycées, 57 gymnases (école secondaire de type germanique), 370 écoles de district et environ 600 écoles paroissiales, auxquels on peut adjoindre les élèves des 360 écoles privées ou professionnelles. Les ministres de l'Instruction publique du règne de Nicolas Ier sont presque tous célèbres pour leur répugnance à diffuser l'instruction parmi les masses russes. Le comte S.S. Ouvarov prend ici figure de symbole ; en 1843 il définit l'esprit qui, selon lui, doit présider à l'enseignement russe ; trois valeurs doivent l'inspirer : « orthodoxie, autocratie et nationalisme » ; l'enseignement, fait pour défendre le régime et le prémunir contre les influences délétères de l'étranger, s'appuiera sur l'instruction religieuse conçue comme la défense de l'ordre établi. D'ailleurs pour éliminer les risques de contagion révolutionnaire dans les écoles et universités, mieux vaut développer les écoles purement techniques, où l'horizon intellectuel est limité aux stricts besoins utilitaires de la profession ; à cet égard les écoles militaires où l'on apprend à obéir sont un modèle révéré : vers 1840, 170 000 enfants reçoivent ainsi une instruction à base militaire.

La surveillance policière n'a jamais cessé de s'exercer sur les universités, au point que tout esprit curieux va faire ses classes réelles dans les universités étrangères, surtout en Prusse ; l'Université de Berlin vers 1830-1840 forme plus les grands esprits russes que son homologue moscovite, moins par faiblesse du corps professoral à Moscou que par impossibilité de s'y exprimer et d'y enseigner véritablement. Tourgueniev donne dans une lettre la mesure du désespoir des jeunes intelligenti vers 1848 : « La concussion est florissante ; le servage se dresse comme un rocher à pic ; une caserne au premier plan, pas de tribunaux ; des bruits circulent sur la fermeture des Universités dont les effectifs sont réduits à 300 ; les voyages à l'étranger deviennent impossibles ; on ne peut plus songer à faire venir un livre convenable ; une sorte de nuage noir est suspendu sur tout ce qu'on appelle département des arts et lettres, et à cela s'ajoutent les dénonciations

1. Les Universités existantes en 1825 sont : Moscou (créée en 1755), Kazan (1804), Kharkov (1804), Varsovie (1818), Saint-Pétersbourg (1819), Vilno (1579 — sera fermée en 1831 après l'insurrection polonaise) ; Dorpat, créée en 1632, a tous ses enseignements dispensés en langue allemande. L'université de Kiev sera créée en 1834, celle d'Odessa en 1865.

qui rampent vers nous en sifflant. Rien qui unisse les jeunes ; chez tous de l'effroi, de l'humilité à vous faire lever les bras de désespoir [1]. »

Dans de telles conditions, la presse russe demeure désespérément vide ; lorsqu'on veut aborder un problème à résonance politique, les censures se déchaînent : chaque ministère en possède une, toute grande administration aussi, sans compter celle encore plus redoutable de la Gendarmerie (3e Section). Sans doute on prend vite l'habitude de lire entre les lignes, mais comment avoir une revue véritable dans la Russie de Nicolas Ier ? La revue de Pouchkine, *Le Contemporain* (*Sovremennik*), a bien du mal à survivre, même lorsque Nekrasov la rachète et que Bielinski y écrit des articles de critique fort justement réputés. Puisque le journalisme est un art difficile, les idées cheminent lors de discussions privées, dans des cercles (*kroujki*) en principe sélectionnés, mais en fait vite noyautés par la police secrète. Vers 1850, ceux qui, en Russie, se veulent la conscience de leur pays, sont réduits au silence ou à l'exil.

On ne doit donc point se leurrer sur la portée véritable de la division qui, dans les années 40, cantonne les intellectuels russes dans deux groupes opposés ; Slavophiles et Occidentaux sont séparés par leurs idées, mais tous sont réduits au même état d'impuissance vis-à-vis des masses, tant les premiers, inspirés par les doctrines socialisantes des penseurs utopiques allemands ou français (surtout Saint-Simon, Fourier, P. Leroux ou Cabet), que les seconds qui cherchent dans le passé ante-pétrovien les moyens de régénérer la Russie. Sans doute sur le plan idéologique les divergences des Slavophiles et des Occidentaux sont importantes, car les uns et les autres vont finalement engager la pensée russe sur des voies divergentes : mysticisme, sentiment religieux, amour du passé national (*narodnost*), défiance pour ce qui vient d'un Occident perverti marquent les frères Aksakov, les frères Kireevski, A. Khomiakov, peut-être Gogol ; science, progrès, amour des hommes, reconnaissance des leçons que l'on peut tirer de l'enseignement occidental sont les idéaux défendus par Bielinski, Tourgueniev et Herzen ; mais les uns et les autres, unis dans une même critique du servage, sont incapables d'aboutir à des manifestations politiques réelles. La génération des années 60 essaiera de sortir de cet impuissant isolement, mais tant que subsistera l'ignorance des masses paysannes russes, la vie politique russe restera jeux d'intellectuels ; l'éducation politique est à faire ; il faut éveiller la Russie.

L'Église.

En ce domaine on ne peut compter sur une action de l'Église orthodoxe ; celle-ci a perdu depuis Pierre le Grand toute liberté de mouvement, voire même de pensée ; les tsars l'ont cloîtrée dans un rôle de gardienne de l'ordre et des traditions ; même si des individualités peuvent çà et là montrer par l'exemple les vertus d'une morale austère et rigoureuse, le tableau d'ensemble du clergé russe est d'une affligeante banalité d'esprit et d'une consternante médiocrité de vie. Pour le clergé séculier, dit clergé blanc (vers 1840, 116 000 membres), vie misérable, crasse, ivrognerie, quête plus ou moins licite de revenus spirituels ; pour le clergé régulier, dit clergé noir (15 000 membres), vie d'isolement, compilations pour les uns, recherche de carrières distinguées pour les

1. *Cité par H. Granjard,* I. Tourgueniev et les courants politiques et sociaux de son temps.

autres, influence spirituelle limitée. Les popes sont des paysans à peine dégrossis, objets de moqueries railleuses pour leurs ouailles, craints dans les mauvais moments ; eux-mêmes sentent souvent la faiblesse de leur situation ; aussi leurs enfants (le mariage est obligatoire pour les popes), s'ils n'entrent pas dans la carrière, sont parfois les plus déterminés des opposants au régime socio-politique en place : Dobrolioubov et Tchernychevski, véritables maîtres à penser de la jeune génération, sont fils de pope. La beauté du rituel orthodoxe qui séduit souvent les étrangers, ne doit pas masquer l'apathie intellectuelle du clergé russe au XIXe siècle. D'ailleurs, pouvait-il en être autrement alors que toute l'organisation de l'Église orthodoxe est calquée sur l'organisation administrative afin qu'à tous les échelons un représentant du pouvoir impérial soit en mesure de surveiller l'obéissance et le zèle des desservants ? Ainsi, auprès des 60 diocèses de l'Empire, se trouve un représentant du procureur du Saint-Synode, personnage laïc nommé par le tsar, chargé d'approuver toutes les décisions prises par le Synode, assemblée des métropolites, archevêques, évêques ou abbés nommés par le tsar ; même le métropolite de Moscou, la ville sainte, paraît être un simple exécutant du tsar. Peut-être est-il possible de s'expliquer ainsi la grande faiblesse du rôle joué par l'Église en Russie, alors que la foi religieuse est très vive dans la population ; la spiritualité personnelle se combine à l'impuissance des cadres de l'Église officielle.

Cette discordance entre vie spirituelle et cadres religieux aboutit à une autre conséquence : la multiplication des sectes orthodoxes. Sans prétendre donner une énumération de toutes les sectes, on peut noter l'existence des *doukhobors* (« illuminés »), *des molokistes* (buveurs de lait durant le jeûne), des *khlesti* (flagellants), des *skoptsi* (châtrés) et en particulier du groupe assez nombreux des *raskolniki*, les Vieux-Croyants ; surtout implantés à Moscou et dans la zone des forêts, ceux-ci mènent une vie austère, s'appuyant sur un rituel immuable et sur un mysticisme profond ; si au XIXe siècle, les persécutions de l'État perdent de leur intensité, la persistance de ce schisme, mené par des personnages sévères, sobres, profondément solidaires entre eux, rompus aux affaires, témoigne du malaise ressenti par des fidèles devant la servilité de l'Église orthodoxe officielle et montre à quelles conséquences économiques et sociales peut aboutir une rupture qui dure depuis 1667 : des quartiers de Moscou, des districts miniers de l'Oural, des districts forestiers vers Viatka, Vologda ou Perm obéissent beaucoup à la vieille foi et peu au tsar. Vers le milieu du XIXe siècle, l'État russe n'est pas prêt à manifester de la tolérance à leur égard, pas plus qu'envers les autres sectes ; s'il tolère ici ou là le catholicisme, l'islamisme ou certaines formes du protestantisme, c'est surtout pour tenir compte des réalités existantes dans des régions nouvellement entrées dans l'Empire : le luthéranisme finlandais, le catholicisme polonais, la foi musulmane des Tatars sont admis pour ces régions (et pour les exilés de ces régions d'où, en Sibérie, des églises catholiques pour les Polonais condamnés !), mais non comme religions possibles pour l'Empire. Jamais les tsars n'ont abandonné leur vision autoritaire et centralisatrice de la foi religieuse : un tsar, un Empire, une foi. Les Juifs de l'Empire, qui n'ont pas d'implantation véritablement régionale, sont là pour prouver que la tolérance n'est pas le fort du tsarisme ; en outre le bouc émissaire est bien commode pour détourner la colère populaire ; l'antisémitisme profond des paysans russes s'exprime de temps à autre dans une nouvelle flambée de violences, mais le seul bénéficiaire réel des pogroms est le tsarisme ; vers la fin du siècle le pogrom sera élevé à la hauteur d'une institution. Quoi qu'il en soit, vers le milieu du XIXe siècle, l'esprit de tolérance n'a pas encore pénétré la Russie ; sur ce point encore toute une éducation reste à faire.

VI. — LE CHOC DE LA GUERRE DE CRIMÉE

La puissance russe au XIXᵉ siècle.

Empire multinational, mais où l'État mène une politique unitariste, autocratie bureaucratique inefficace, société bloquée par le statut juridique archaïque du servage, économie rurale désuète à peine sollicitée par l'expansion commerciale ou industrielle, communauté illettrée où une petite élite s'efforce de s'exprimer au nom de tous, la Russie paraît pourtant une grande puissance au milieu du XIXᵉ siècle. Son poids dans les relations internationales est considérable.

Cet apparent paradoxe peut s'expliquer aisément ; dans une Europe très morcelée (ni l'Italie, ni l'Allemagne n'ont encore réalisé leur unité), la masse de l'Empire russe fait impression ; de plus, lors des guerres napoléoniennes qui ont fixé la destinée de l'Europe pour près d'un demi-siècle, la Russie a joué un rôle décisif : chacun se souvient que la retraite de Russie en 1812 fut pour Napoléon le commencement de la fin. Lorsque les monarques européens ont ensuite senti les effets indirects des idées révolutionnaires dans leurs États, la Russie a été sans conteste la garantie de l'ordre établi ; « gendarme » de l'Europe, symbole de l'autorité au point que le réactionnaire marquis de Custine y vient en 1839, persuadé d'y trouver un exemple à méditer, la Russie s'est illustrée comme défenseur de l'ordre monarchique entre 1815 et 1850 ; Nicolas Iᵉʳ, militaire rigide, a montré en 1831 en Pologne ou en 1848-1849 en Hongrie que sa volonté ne fléchissait pas : « Soumettez-vous, peuples, car Dieu est avec nous » (déclaration du 27 mars 1848).

L'image d'une armée solide, disciplinée, fait beaucoup pour inspirer une crainte non feinte de la Russie aux autres États européens. Même si l'armement demeure traditionnel, dans une période où l'infanterie et la cavalerie sont reines des batailles, qui peut le disputer à ces soldats, professionnels de la guerre puisqu'ils étaient levés pour 25 ans par la conscription, astreints à un service d'une rare dureté physique, ou à ces Cosaques, sabreurs ou lanciers émérites ? En outre la masse des réserves paraît inépuisable, tant est grande l'immense Russie ! Seule la flotte impériale paraît un peu faible pour ce grand corps, surtout après que la Convention des Détroits (signée en 1841) a fermé les passages naturels vers la mer Méditerranée, immobilisant la principale flotte russe dans la mer Noire. Toutefois, malgré cette réserve, la Russie demeure vers 1850 une autorité incontestée parmi les grands de ce monde.

La politique extérieure menée par les tsars n'a pas varié depuis Catherine II ; puissance continentale nordique, la Russie s'efforce d'étendre son emprise vers le Sud et vers les mers. Pierre le Grand avait ouvert la façade sur la Baltique, Catherine II l'a élargie ; Pierre avait atteint la mer d'Azov, Catherine a conquis les côtes de la mer Noire depuis le Dniepr jusqu'au détroit de Kertch. Alexandre Iᵉʳ et Nicolas Iᵉʳ ont ensuite acquis la Finlande, la Bessarabie (1812), le Caucase (à l'exception des chaînes les plus élevées qui seront « pacifiées » vers 1860), donnant ainsi à l'Empire une configuration européenne qui subsistera jusqu'à nos jours, hormis les régions polonaises. Déjà sous Catherine II une politique active vers les Balkans avait été entreprise, soit sous le prétexte de venir en aide aux peuples slaves placés sous le joug turc, soit dans le désir réel de placer la seconde Rome, Byzance, sous l'autorité de la troisième Rome, Moscou ; Alexandre et Nicolas ont continué dans la même voie : la Turquie reste l'ennemi à vaincre afin de faire sauter les verrous méridionaux. Vers 1848-1850, seules les puissances occidentales, Grande-Bretagne et France, peuvent interdire à Nicolas Ier de réaliser ses objectifs, qui sont d'achever « l'homme malade de l'Europe » (expression de Nicolas Ier lui-même). La puissante Russie tolérera-t-elle de se voir ainsi stoppée dans son expansion ?

La guerre de Crimée, un révélateur des réalités russes.

La guerre de Crimée non seulement allait fournir une réponse claire à cette question, mais encore elle allait montrer crûment la réalité des forces russes, donc le poids véritable de l'Empire tsariste dans le concert européen. Depuis qu'il a sauvé l'Autriche d'un désastre interne en 1849 par son intervention contre Kossuth et les Hongrois, Nicolas Ier est convaincu qu'il peut agir dans les Balkans à la condition de s'entendre avec la Grande-Bretagne, la France étant minée par sa révolution républicaine. En janvier 1853, il propose aux Anglais un plan de partage : Moldavie et Valachie passeraient sous contrôle russe, Serbie et Bulgarie seraient libres, la Grande-Bretagne obtiendrait l'Égypte et même la Crète ; en même temps, l'empereur dépêche à Constantinople un ambassadeur extraordinaire, Menchikov, chargé de présenter au Sultan une demande de protection par la Russie des Lieux-Saints orthodoxes et plus généralement de toutes les populations orthodoxes habitant l'Empire turc (nombreuses dans les Balkans). La Grande-Bretagne repousse la proposition de partage et fait repousser par le Sultan la proposition de protection : Nicolas Ier veut alors montrer ses forces pour intimider les Turcs ; ceux-ci, épaulés par la Grande-Bretagne et par Napoléon III qui brûle du désir de donner un lustre guerrier à son Empire, sont prêts à répondre militairement aux initiatives russes. Puisque de part et d'autre on est décidé à se battre, l'inévitable se produit : fin juin 1853 les troupes russes franchissent le Danube, fin novembre l'amiral Nakhimov vient couler la flotte turque embossée dans le port de Sinope.

Le déroulement de la guerre est significatif : en février 1854, Anglais et Français demandent l'évacuation par les Russes des provinces danubiennes ; un mois plus tard ils engagent les hostilités contre les forces russes. Rarement guerre a été conduite avec plus de médiocrité par les généraux chargés de la mener ; l'imagerie populaire a magnifié les cruelles et inutiles boucheries qui jalonnent la campagne pour Sébastopol, entamée en septembre 1854 lorsque les états-majors ont enfin déterminé où les forces expéditionnaires alliées frapperaient l'ennemi ; de fait, si l'héroïsme des combattants est grand, l'insuffisance des commandements est considérable ; Français et Anglais mettent près d'un an (jusqu'en août 1855) à se saisir de la base maritime défendue par un ingénieur militaire russe, Todleben, qui, en faisant honnêtement son métier, déroute ses adversaires, trop mous pour entreprendre, trop limités pour concevoir ; épidémies, maladies, mauvais ravitaillement, déciment les troupes des deux camps (aux 100 000 morts des troupes alliées répondent les 300 000 morts russes).

La constatation la plus alarmante doit cependant être portée au compte des Russes : alors que leur territoire est envahi, le gouvernement se révèle incapable de porter de réels secours à ses troupes assiégées ; de plus, les moyens financiers susceptibles de combler les pertes en matériel sont insuffisants ; pendant les trois années du conflit, la dette publique croît avec une grande vitesse, la planche à billets fonctionne intensément, les emprunts à l'extérieur sont souscrits à des prix onéreux, et pourtant les faiblesses de l'armée russe subsistent ; un témoin, le jeune Tolstoï, assiégé dans Sébastopol, écrit : « Nous n'avons pas d'armée, mais une foule d'esclaves abrutis de discipline, soumis aux ordres des voleurs et des marchands d'hommes. Cette foule ne constitue pas une armée, parce qu'il n'y a en elle ni attachement réel à la foi, au tsar, à la patrie, ni courage chevaleresque, ni dignité militaire. Il y a en tout et pour tout, d'un côté la patience et le mécontentement refoulé, de l'autre la cruauté, l'asservissement et la concussion. » (Mars 1855, projet de réforme de l'armée.) L'état moral du pays est en cause ; la guerre de Crimée, qui souligne à plein les concussions administratives, l'incurie bureaucratique, la faiblesse des cadres dirigeants, sonne le glas des espérances de Nicolas Ier. Comme en un drame bien conçu, le principal acteur meurt avant le baisser du rideau : le 2 mars 1855, usé, déçu, conscient tardivement du déclin de l'Empire et peut-être même conscient des réformes indispensables, mais incapable de s'attaquer à un ensemble fragile mais cohérent, le symbole de l'autocratie rigoureuse s'éteint.

Pendant quelques mois son successeur, Alexandre II, se refuse à admettre la défaite russe et plus encore l'impuissance d'un État incapable de déplacer aisément ses troupes ; même après la chute de Sébastopol, le nouvel Empereur se croit encore capable de soulever les énergies nationales contre les ennemis ; il faut que l'Autriche adresse un ultimatum à la Russie en décembre 1855 à propos de visées russes sur les Balkans pour que le tsar prenne enfin conscience des réalités, telles qu'un rapport secret du ministre de la guerre, V.A. Dolgoroukov, les présente : l'armée russe n'a pas de véritables réserves, le nombre des officiers est insuffisant, l'industrie russe est incapable de réarmer de nouvelles troupes et de les équiper ; la médiocrité des communications rend illusoire une défense efficace des vastes frontières, enfin les possibilités financières sont réduites à rien. Puisqu'on ne peut continuer la guerre, il faut faire la paix ; mais il faut également réformer profondément l'armée, ce qui suppose sans doute d'autres réformes.

En attendant de réaliser ces réformes, Alexandre II doit s'efforcer de sortir la Russie du mauvais pas diplomatique où la guerre de Crimée l'a engagée. Le nouveau ministre des Affaires étrangères, Alexandre M. Gortchakov (il restera en poste jusqu'en 1882), peut obtenir des conditions de paix honorables en utilisant les rivalités qui divisent les puissances européennes ; au Congrès de Paris (février-mars 1856), la mer Noire est neutralisée, l'Empire ottoman est garanti par les puissances, la Moldavie et la Valachie obtiennent leur indépendance et la Russie ne perd qu'un maigre territoire au nord des bouches du Danube. Toutefois la Russie a besoin de convalescence, donc de paix ; elle doit renoncer pour un temps à jouer un rôle actif dans les Balkans et en Europe ; tout au plus peut-elle se lier au plus offrant ou au plus utile : en 1859, un projet d'accord avec Napoléon III paraît prêt à aboutir, en 1863 Bismarck jette les bases d'un rapprochement en soutenant la répression tsariste contre les Polonais révoltés (convention Alvensleben). La défaite française en 1870 modifiera encore l'équilibre européen [1], mais la Russie, pendant près de 20 ans, ne se manifestera pas en Europe. Ses énergies guerrières, ses forces militaires trouveront à s'employer en Asie, surtout dans le Turkestan et sur les rives de l'Amour ; ce faisant n'est-elle point en passe de devenir une puissance surtout asiatique ? Pour être en mesure d'agir résolument en Europe, il lui faut procéder à de profondes réformes internes. Sans mutations profondes, le déclin de l'Empire russe est assuré.

1. La Russie saisit l'occasion pour désavouer les clauses du traité de Paris qui neutralisaient la mer Noire. Sébastopol est à nouveau fortifié.

2.

Le règne d'Alexandre II, despotisme éclairé et autocratie (1855-1881).

I. — L'ABOLITION DU SERVAGE

Le rôle personnel d'Alexandre II.

Le 19 février 1861, le tsar Alexandre II signait le Manifeste « octroyant aux serfs les droits des sujets ruraux libres » ainsi que divers textes législatifs d'application ; cette décision touchait les serfs des domaines privés, mais quelques temps après d'autres mesures similaires libéraient les serfs de possession, si bien qu'on put dès lors admettre le servage comme totalement aboli en Russie. (En réalité, les régions transcaucasiennes comme la Géorgie conservèrent des formes de servage jusqu'en 1912.) Les manuels scolaires de l'Empire pouvaient ensuite saluer le tsar comme « libérateur » (*osvoboditel*) ; jusqu'à la révolution de 1917, Alexandre II incarnait officiellement un tsarisme rénové, capable de s'adapter à son temps. Pourtant le même Alexandre II devait mourir assassiné par des Russes en 1881 après plusieurs tentatives vaines, et, de nos jours, le geste accompli en février 1861 ne suffit pas à faire considérer ce tsar comme un personnage « positif » par l'historiographie soviétique.

Sans doute le règne d'Alexandre II est assez long (1855-1881) pour qu'on puisse facilement distinguer des périodes différentes : peut-être aurait-on plus de déférence pour le « libérateur » si sa carrière s'était arrêtée vers 1866, avant qu'il ne devienne véritablement le symbole de l'autoritarisme autocratique ? Mais ces spéculations sont vaines, car Alexandre II n'a pas été un personnage énigmatique, brusquement transformé par la révolte polonaise de 1863 ou par le premier attentat commis contre lui (celui de Karakozov en 1866) ; si l'homme a évolué comme les événements, dans l'action de ce tsar on peut suivre une pensée constante, celle de rénover la Russie afin d'effacer la tache imprimée par la défaite en Crimée au début du règne. Cette rénovation s'accomplira sans que la base même du régime soit sensiblement modifiée : c'est en autocrate réaliste qu'Alexandre II impose à sa noblesse l'abolition du servage ; il n'a point le désir de faire accéder les paysans russes au statut de citoyens véritables, pourvus du droit d'élire ou d'agir. Comme l'a bien montré l'historien américain Alfred Rieber, les motivations d'Alexandre II sont essentiellement d'ordre militaire : la guerre de Crimée a révélé les faiblesses russes, il faut remodeler l'armée et l'Empire, ce qui suppose certaines mesures d'adaptation de la société russe au monde moderne, en particulier par l'abolition du servage.

Alexandre II mérite d'être rangé parmi les tsars autocrates du XIXe siècle. Comme son père, il est profondément persuadé de la grandeur de sa mission et, s'il se résout à accomplir des réformes, jamais il ne se convertira à un régime constitutionnel ; à tous ses proches il avoue qu'une constitution serait pour la Russie le signal d'une dissolution ; l'Empire unitaire éclaterait ; l'autocratie est donc une nécessité vitale pour l'Empire. Sur ce point il suit fidèlement les traditions de son père, dont il copie au surplus le goût des armes ; ce tsar affectionne les défilés et revues militaires, comme ses aïeux, avec la seule différence de la taille et surtout de l'apparence physique car, sous des dehors qui se veulent imposants, Alexandre II a l'allure bourgeoise. Certains voient en ce goût de la vie de garnison le reflet des origines allemandes de la dynastie des Romanov depuis Catherine II ; en fait, il n'est point besoin de rechercher au loin les raisons de ce militarisme ; l'Empire autocrate de Russie a deux fondements essentiels, la puissance religieuse et la puissance militaire ; au milieu du XIXe siècle, le « petit père » nimbé de son autorité semi-divine peut encore compter sur la fidélité de ses humbles sujets, mais pour s'imposer vis-à-vis de la noblesse, puis de tous les autres corps intermédiaires représentatifs de la nouvelle Russie, la force des armées impériales devient une réelle nécessité ; le militarisme de l'autocratie russe n'a pas besoin d'antécédents germaniques, il est l'essence de l'autocratie.

L'abolition du servage n'obéit pas seulement à des motifs militaires. En fait toute l'économie de la Russie, toute la société russe réclament cette abolition ; pour devenir un État moderne la Russie a besoin de faire sauter le verrou du servage. Au fond les dirigeants de l'État en sont conscients, de même que la noblesse. Qui oserait réfuter la célèbre affirmation d'Herzen : « ... et vous et moi nous sentons et nous savons que la libération des serfs est nécessaire, inéluctable et qu'elle ne peut être différée » (début d'une lettre d'A.I. Herzen du 20 juillet 1853) ? Le tsar Nicolas Ier a eu conscience du problème, même s'il a reculé devant l'ampleur des réformes à accomplir ; aussi a-t-il chargé en 1848 son fils Alexandre de présider un des Comités secrets chargés de s'occuper de la situation des serfs; lorsque le tsar Alexandre II monte sur le trône, il est déjà familiarisé avec la question du servage; à 37 ans, il n'est plus le timide et jeune souverain qu'on présente trop souvent, il a derrière lui quelques années d'administration et une familiarité certaine avec le sujet ; dans l'action entreprise par le nouveau tsar, pas d'illumination subite, pas d'influences d'idées libérales qui lui auraient été transmises dans sa jeunesse par son précepteur, le poète Joukovski, mais la claire conscience que les circonstances exigent d'en finir avec cette plaie. Alexandre II n'est pas un « libérateur », mais un réaliste dont le véritable mérite est d'avoir eu une volonté persistante d'agir contre les multiples forces d'inertie russes ; il faut se garder d'en faire un homme épris de liberté ou de justice.

La préparation de l'Acte d'abolition.

Une déclaration faite par le tsar devant la noblesse de Moscou en mars 1856 sur la nécessité de supprimer le servage a actualisé la question de l'abolition ; dans ce pays où tout part du tsar et revient au tsar, chaque Russe y voit le signal d'un prochain changement. Pour ceux qui réclament depuis longtemps cette mesure, la déclaration impériale est un encouragement ; d'ailleurs la presse russe, rendue plus critique par les multiples scandales soulevés par la défaite en Crimée, ose plus ouvertement aborder ce problème tabou. M. Katkov, brillant journaliste, évoque la question dans une nouvelle revue, *Le Messager russe* (*Rousskii Vestnik*), créée en 1856, mais il a moins d'audience que les maîtres à penser de la jeune génération, N.G. Tchernychevsky (1828-1889) et N.A. Dobrolioubov (1836-1861), rédacteurs au *Contemporain* (*Sovremennik*), moins encore que le célèbre exilé londonien, A.I. Herzen. Celui-ci a volontairement quitté la Russie en 1847 afin de pouvoir s'exprimer librement; en 1853 il a fondé la *Libre typographie russe* (*Vol' naïa rousskaïa tipografia*), qui a d'abord imprimé tracts et brochures, avant d'éditer en 1855 *L'Etoile Polaire* (*Poliarnaïa zvezda*) ; en 1856 N.P. Ogarev rejoint Herzen à Londres et tous deux pendant dix ans (1857-1867), vont publier *La Cloche* (*Kolokol*), mensuel d'une dizaine de pages dont l'influence en Russie se mesure à l'acharnement et au zèle déployés dans toute l'Europe par la police russe pour en empêcher la diffusion; la légende veut que le tsar lui-même en ait été un fidèle lecteur ; en réalité, au moins jusqu'au soulèvement polonais de 1863, aucun Russe n'échappe à l'attirance des publications d'Herzen ; sous le pseudonyme d'Iskander, ce dernier révèle à toute la Russie les méfaits ou les ignominies qui ont lieu en Russie et qui lui sont communiqués par des lettres de correspondants bénévoles. Le rôle d'Herzen fut moins de fournir des solutions théoriques aux problèmes russes que d'être le miroir dans lequel se reflétaient les tares de la Russie tsariste et servile. Sur le plan des idées, le libéralisme et le socialisme utopique d'Herzen, confiant dans les vertus de la communauté villageoise, seront vite dépassés ; comme révélateur d'une situation, le journaliste fut irremplaçable.

Une meilleure connaissance de leurs propres plaies et le signal venu d'en haut sont insuffisants pour faire évoluer la majorité des propriétaires terriens. Tout en ayant conscience de la nécessité de changements, la noblesse russe se résigne mal à perdre ses privilèges ; plus exactement elle n'entend point faire les frais de la vaste opération de rénovation de l'Empire. Cependant un premier pas véritable a lieu pendant l'hiver 1857-1858 ; il est dû à une initiative de la noblesse des trois provinces polono-lithuaniennes (Vilno, Kovno, Grodno), qui voudrait se dégager d'un système réglementaire particulier, celui des « inventaires » (un inventaire serré des biens réciproques des maîtres et des serfs conduit à une série d'obligations précises pour les propriétaires, d'où leur désir d'échapper à cette tutelle administrative) ; la noblesse de ces trois gouvernements demande donc au pouvoir central la liberté d'imaginer de nouveaux rapports entre serfs et propriétaires. En réponse le tsar autorise la noblesse à constituer dans chaque gouvernement un Comité local d'études qui aurait à œuvrer, en se fondant sur trois principes : le rachat de leur enclos par les paysans dans un délai maximum de douze années, la constitution de communautés paysannes soumises au pouvoir de police du pomeschtchik, la jouissance laissée aux paysans d'un lot convenable de terres pour leur subsistance contre paiement d'une redevance ou d'une corvée au maître qui garde la propriété du sol (rescrit du 20 novembre 1857). Afin de bien montrer à l'ensemble de la noblesse russe combien sont vifs les désirs impériaux d'un changement, le rescrit est transmis pour avis à d'autres gouvernements (Saint-Pétersbourg, Nijni-Novgorod) ; peu à peu d'autres comités locaux vont se créer, tandis que le Comité secret (créé en janvier 1857 pour préparer les voies de la réforme) sort de l'ombre en février 1858 pour devenir le Comité principal des affaires paysannes, coordinateur des projets locaux. Si la noblesse russe veut elle-même défendre ses intérêts, il est temps qu'elle sorte de sa léthargie ou de son immobilisme, puisque la direction de la volonté impériale a été désormais clairement indiquée, malgré la fluidité des moyens d'action; mais la noblesse propriétaire est divisée, indécise. Le tsarisme va en profiter.

L'action des réformateurs.

On en eut la preuve lorsque quelques hauts fonctionnaires partisans résolus de changements, appuyés par Alexandre II, décidèrent de « faire la synthèse » des propositions nobiliaires dans des commissions de rédaction, créées en mars 1859 ; en fait ils utilisèrent les contradictions entre propriétaires pour aller de l'avant. Quatre personnalités mènent le jeu : le ministre de l'Intérieur, S.S. Lanskoj, deux de ses adjoints au ministère, J.A. Soloviev et surtout Nicolas A. Milioutine, enfin le président des Commissions de rédaction, Jakov I. Rostovtsev [1]. Dans les commissions de rédaction, Milioutine, intelligent, volontaire et efficace, s'impose inlassablement aux opposants traditionalistes ou aux fonctionnaires timorés et sceptiques; Rostovtsev, semi-Décembriste (il a abandonné la conjuration à la dernière minute), mais surtout administrateur logique et tenace, est devenu l'homme de confiance du tsar lorsqu'il lui a proposé en août-septembre 1858 un plan de réforme du servage relativement simple et cohérent ; l'affranchissement devrait se faire en octroyant une parcelle (*nadel*) de terre aux serfs affranchis contre une indemnité, payée aux propriétaires par les paysans avec l'aide de l'État; les paysans devraient également rester étroitement unis au sein d'une communauté rurale afin d'éviter un éclatement du monde rural ; perte relative de terres pour les nobles, liberté relative pour les paysans.

Fin 1858-début 1859, le branle est donné ; l'essentiel des discussions porte sur la quotité de terres à laisser à chaque dvor, étant admis que le propriétaire conservera au minimum le tiers de ses propriétés. Les représentants de la noblesse dans les Commissions de rédaction freinent au maximum le processus engagé ; ils reprennent même espoir lorsque Rostovtsev meurt brutalement le 20 février 1860, car son remplaçant, le comte Panine, est un vieux serviteur, à l'esprit étroit, hostile à la réforme ; mais habitué à l'obéissance celui-ci laisse agir les réalistes. Souvent ceux-ci brandissent la menace de l'agitation paysanne ; selon eux une solution trop favorable aux propriétaires donnerait le signal de vastes soulèvements paysans ; de fait, en ces années 1857-1860, l'agitation à la campagne s'intensifie; en particulier, en 1859, un curieux mouvement a montré l'ampleur et la profondeur de l'émotion populaire : excédés par les abus commis par les employés des débits de boissons (la vente des spiritueux est affermée), les paysans ont entrepris une campagne de tempérance (*Trezvennoe dvijenie*), détruisant ici ou là les cabarets (*kabaki*), rossant les employés, s'opposant parfois aux forces de l'armée ; le mouvement, parti de Lithuanie, a peu à peu gagné toute la Russie d'Europe. Le régime tsariste n'est sans doute pas menacé par un tel mouvement, mais celui-ci prouve combien, en cette veille de réformes, la masse paysanne est tendue et mobilisable. Plus l'attente dure, plus la tension monte ; le gouvernement tsariste est loin de l'ignorer ; Rostovtsev agite à plusieurs reprises le spectre de la *Pougatchevchtchina* devant les membres des Commissions. « Retrancher la terre des paysans, c'est mettre le feu à la Russie » (18 juin 1859). A cette menace, certains nobles répondent par la menace encore plus grave d'un vagabondage généralisé des paysans, si on les délivre du servage qui les cloue au sol ; mais alors, rétorquent les fonctionnaires « libéraux », « attachez-les au sol en leur laissant une parcelle et en les liant à la communauté agraire ! »

1. Deux membres de la famille impériale, la grande-duchesse Hélène Pavlovna, tante de l'Empereur, et le frère cadet d'Alexandre, Constantin Nicolaïevitch, semblent avoir grandement aidé ce clan « libéral » ou « réaliste ».

Peu à peu cependant, les obstacles sont franchis par les réalistes : en octobre 1860 les Commissions de rédaction sont dissoutes, après avoir rédigé un projet de statut ; celui-ci, qui reprend les principaux principes du plan Rostovtsev, est présenté devant le Comité principal qui se borne à diminuer la dimension des parcelles qui seront laissées aux paysans ; le Conseil d'État convoqué ensuite (janvier 1861) va dans la même direction que le Comité principal à propos du *nadel*, mais de plus il accepte une proposition du prince Gagarine selon laquelle le propriétaire pourrait conserver les 3/4 de ses terres (au lieu du 1/3) à condition d'abandonner gratuitement le dernier quart à ses serfs ; bon moyen de rogner la part des villageois ! Toutefois, Alexandre, qui avait ouvert la dernière séance du Comité principal par ces mots significatifs : « Je désire, j'exige et j'ordonne que tout soit terminé au 15 février », peut enfin le 19 février 1861 apposer sa signature au bas du manifeste d'émancipation. L'un des principaux actes des tsars autocrates vient de s'accomplir sur le plan juridique ; il reste à en mesurer les conséquences sur le plan pratique. Le servage a vécu en Russie, mais la manière de régler ce problème permet-elle à la Russie d'entrer véritablement dans le monde contemporain ?

L'application de la réforme.

L'ensemble des textes législatifs dits par commodité *Statut des paysans libérés du servage* est considérable (un gros volume d'environ 400 pages) ; en effet le *Règlement général sur les paysans relevés des liens féodaux*, promulgué le 19 février 1861 et entrant en vigueur le 5 mars 1861, fut accompagné de seize lois d'application, car les administrateurs tsaristes avaient eu le souci de calibrer pour chaque région les principes généraux contenus dans le texte principal [1] ; ainsi des arrêtés particuliers concernent la Grande-Russie, la Russie Blanche, l'Ukraine, la Lithuanie [2] ; à l'intérieur de la Grande-Russie des distinctions sont établies entre la zone de la forêt, celle du tchernoziom, celle des steppes et même à l'intérieur de ces zones. Nous nous bornerons ici à l'analyse des conditions générales faites aux anciens serfs et à leurs propriétaires.

L'économie générale du *Statut* semble obéir à trois objectifs principaux :

1. Tout en accordant d'un coup la liberté personnelle juridique aux serfs, passer progressivement d'un village dépendant du seigneur à un village autonome mais dépendant de l'État ;

2. Accorder aux nouveaux libres le minimum de terres compatible avec leurs besoins futurs d'existence et de contribuables, afin de mécontenter le moins possible les propriétaires ;

3. Au sein d'une société divisée en castes, maintenir les paysans à leur place en interdisant toute manifestation d'individualisme, la communauté villageoise servant d'écran vis-à-vis du monde extérieur.

1. D'autres textes sont publiés en 1865-1866 pour les serfs des Domaines et des Apanages, qui depuis 1858 possédaient la liberté personnelle, mais non la terre.

2. En 1864-1866 sont publiés des textes propres à la Géorgie, en 1868 à la Moldavie, en 1870 à l'Arménie et l'Azerbaïdjan.

Pour le serf quitter sa servitude ce n'est pas accéder à l'égalité avec tous les autres Russes, c'est obtenir son insertion parmi les autres paysans qui sont et demeurent des êtres mineurs.

Le 5 mars 1861 tous les serfs des domaines privés deviennent théoriquement libres [1]; dans la réalité concrète, l'ancien serf peut jouir des mêmes droits civils que les autres paysans : il peut se marier sans le consentement du maître, travailler dans l'industrie, faire du commerce, acheter ou vendre des biens meubles, aller réclamer justice aux tribunaux, etc., mais il ne peut se déplacer sans l'accord du propriétaire puisque celui-ci conserve des droits de police (délivrance du passeport), au moins pendant encore les deux années de la période de transition ; de même le pomeschtchik peut intervenir dans l'instruction des plaintes soumises aux « tribunaux réguliers ». En outre la terre dont le serf aura la jouissance ne sera jamais sienne ; elle sera propriété de la communauté villageoise (*sel'skoïe obchtchestvo*) lorsqu'aura été signée la charte réglementaire (*öustavnaïa gramota*) définissant les nouveaux rapports entre le propriétaire et les paysans lotis sur ses terres ; cette charte fixera aussi les terres qui restent définitivement au premier et celles qui sont accordées aux seconds. Un délai maximum de deux années est laissé au propriétaire et à ses paysans pour rédiger cette charte, simple application localisée des directions énoncées dans les textes législatifs.

Le législateur se bornait à définir les deux catégories de biens cessibles aux serfs par le propriétaire : d'une part, sans précision quantitative, les *ousadbas* (l'habitation rurale prise au sens large, c'est-à-dire bâtiments d'habitation, d'exploitation, granges, enclos), d'autre part le lot accordé à chaque âme (*douchevoï nadel*) en fonction de la région, de la nature des sols, de la population du village et de la bonne volonté du maître. Dans chaque région une valeur moyenne du lot a été précisée par la loi : de 3 à 4 déciatines, [1 déciatine = 1,09 hectare] dans le tchernoziom, jusqu'à 12 déciatines dans les zones infertiles, mais le propriétaire peut obtenir de laisser moins à ses serfs à condition de baisser le prix de vente des biens ; évidemment les nouveaux usufruitiers du sol doivent, contre jouissance du lot, verser au propriétaire des prestations en argent ou en travail (l'un *ou* l'autre sans possibilité de changement futur), variables selon les régions, les sols ou les rapports personnels serfs-maître ; ces derniers passent obligatoirement par l'intermédiaire de l'administration villageoise, le *mir*. Dans la nouvelle organisation le mir représente surtout une courroie de transmission, placée aux mains d'une petite minorité de paysans, souvent enrichis, plus enclins à défendre des privilèges locaux qu'à répartir également les rigueurs des corvées ou des impôts. Sans doute l'assemblée villageoise (*sel'skii-skhod*) rassemble tous les chefs d'exploitation, mais le pouvoir réel est remis entre les mains du maire (*starosta*), élu pour trois ans, et de ses assesseurs ; sous leur autorité le mir répartit les lots de terre ; il fait payer les redevances, il perçoit les impôts de l'État, il fait exécuter les lois, il fournit les listes de conscrits ; mais pour le cas où les paysans voudraient s'opposer aux ordres de l'État ou simplement aux désirs du propriétaire qui reste dominant pour la période de transition, le mir est désarmé. Si certains ont pu espérer un « self-government » paysan, il leur faut perdre leurs illusions ; en vérité le mir tient davantage de l'organe d'exécution, chargé de faire appliquer les règlements, de lever les impôts de l'État et les redevances du propriétaire, que de l'assemblée primaire, maîtresse de son destin.

1. A noter que les serfs domestiques, tout en devenant immédiatement libres, doivent continuer à servir leur maître pendant une période de transition de deux ans.

Les réactions des Russes devant l'abolition. La position des propriétaires.

Pas plus que les paysans, les nobles ne se sentirent comblés : tout d'abord on les dépossédait de leur pouvoir absolu, puisque même pendant la période transitoire, où des pouvoirs de surveillance leur étaient encore confiés, les paysans pouvaient faire appel à un nouveau personnage, l'arbitre de paix (*mirovoi posrednik*). La loi avait innové sur ce point : dans chaque *volost* (canton), un noble héréditaire, possédant au moins 500 déciatines (donc grand ou moyen propriétaire), désigné par le gouvernement pour trois ans, serait chargé d'abord de trancher dans tous les litiges entre paysans et propriétaires, puis de légaliser les contrats passés entre eux, enfin de surveiller la bonne gestion des assemblées communales ; bien que ces arbitres fussent des nobles, les propriétaires terriens furent mécontents de cette méfiance à leur égard.

Ce mécontentement nobiliaire fut encore bien plus marqué lorsqu'on apprit comment serait réalisé le règlement définitif des rachats de terres par les communautés villageoises. L'espoir des propriétaires de renflouer leurs finances délabrées par des ventes de parcelles fut vite perdu ; tout d'abord l'État se remboursa en priorité des dettes souscrites envers lui par les propriétaires (sur 543 millions de roubles versés entre 1861 et 1871, 248 millions revinrent ainsi à l'État) ; de plus, les anciens propriétaires touchèrent fort peu d'espèces sonnantes et trébuchantes ; en effet le mir acquittait le 1/5 de la dette soit en espèces, soit en corvées, et pour les 4/5 restants, l'État servait d'intermédiaire; or l'État payait en billets d'État à 5 % d'intérêt, négociables en bourse, et surtout en certificats nominatifs à 5 %, convertibles en billets par l'État dans un délai de quinze années mais actuellement invendables ; en revanche les mirs devaient annuellement rembourser 6 % de l'avance faite par l'État pendant quarante neuf ans. (Pour une avance de 1 000 roubles, un mir paiera effectivement 2 940 roubles.) En somme l'État se tirait assez facilement d'une situation financière délicate, puisqu'il rejetait partiellement sur le futur le paiement réel de l'abolition du servage ; mais en attendant les propriétaires endettés ou dépensiers se sentaient frustrés, perdant leurs terres sans trouver la richesse. Dans l'ensemble l'abolition du servage n'enrichit point sensiblement la noblesse, qui peu à peu céda ses terres à d'autres : entre 1863 et 1872 environ 5,6 millions de déciatines changèrent de mains au profit des non-nobles.

La situation et les réactions paysannes.

Cependant la déception paysanne dépassait la mauvaise humeur nobiliaire. L'annonce des clauses du Statut ne souleva aucun enthousiasme parmi le monde rural ; bon nombre de serfs attendirent une seconde réforme, qui serait la vraie réforme. Leur désillusion était compréhensible : ils avaient eu l'espoir d'acquérir la terre à bas prix, voire gratuitement, on les obligeait à de forts versements pour de maigres parcelles ; en outre comment ces êtres incultes, placés devant une administration plus soucieuse d'ordre que de justice, menacés d'interventions militaires en cas de manifestations, encore largement dépendants de l'ex-seigneur dans leur vie quotidienne, auraient-ils pu se sentir véritablement libres et majeurs ? Même si les arbitres de paix semblent avoir souvent montré le désir d'empêcher de criantes injustices, même si de nombreux propriétaires continuèrent à vivre en bons rapports « paternels » avec leurs anciens sujets, l'aggravation de la situation paysanne dans la majorité des provinces est patente.

On la constate par exemple en considérant la diminution effective des lots de terres cultivés par une famille dans la plupart des provinces. Sur 43 provinces en Russie d'Europe touchées par l'abolition, les terres mises à la disposition des paysans-serfs auraient baissé de 4,1 % ; en retranchant de ce total les huit provinces occidentales de l'Empire où pour des raisons politiques (hostilité à l'égard des propriétaires polonais) et géographiques (sols médiocres), la partie laissée aux serfs a eu plutôt tendance à augmenter, le pourcentage de la baisse pour les 35 autres provinces atteint 13 %; enfin dans les seules 16 provinces du tchernoziom et du Sud, il dépasse 23 %. Plus les sols sont bons et moins les parcelles paysannes sont vastes ; le propriétaire réagit d'abord en exploitant.

Le résultat de cet accaparement des terres par les propriétaires est évident : le lot laissé à chaque famille est nettement inférieur au minimum nécessaire pour la vie d'un paysan moyen ; ainsi dans les zones de terre-noire il faudrait 5 déciatines pour faire vivre une famille paysanne, or à Poltava la moyenne des parcelles atteint 1,9 déciatine, 2,2 à Voronèje, 2,5 à Tambov et Penza, 2,8 à Saratov ; plus au Nord, dans la zone forestière, pour 8 déciatines nécessaires, on attribue 3 déciatines à Moscou, 3,8 à Tver, à Iaroslav, 5,3 à Volodga, 5,8 à Novgorod. Une statistique établie en 1880 montre que, sur les 10 millions de serfs qui reçurent des parcelles, 46 % obtinrent 3 ou moins de 3 déciatines[1]. Alors même que la population russe s'accroissait rapidement (en 1871 elle dépasse 85 millions d'habitants en 1881 elle atteindra les 100 millions), les lots de terres se révélaient insuffisants ! Comment les assemblées villageoises auraient-elles pu ensuite répartir de nouvelles terres aux fils de gens déjà misérablement pourvus ?

Pourtant les serfs avaient payé fort cher ces maigres parcelles ; non seulement ces hommes et femmes souvent sans avoirs, sans réserves, soumis aux caprices des saisons, devaient verser de lourdes sommes, mais en fait (comme l'a montré un historien russe, Lositsky), les prix de rachat furent sensiblement plus élevés que les prix payés sur le marché des transactions libres, pourtant alors en hausse nette.

Région	Prix qu'auraient dû payer les paysans sur le marché libre (en millions de roubles)		Prix des rachats	% de majoration
	en 1854-58	en 1863-72		
Provinces occidentales	170	184	183	0
Terres Noires	219	284	342	+ 20 %
Zone du Nord-forêts	155	180	342	+ 90 % [2]

1. Il faut cependant signaler que les anciens serfs des apanages ou de l'État ont eu des parcelles plus vastes ; la moitié d'entre eux ont obtenu un lot supérieur à la normale. La moyenne des parcelles des paysans d'État atteint 6,7 déciatines, celle des apanages 4,9, celle des autres paysans 3,5 déciatines environ.

2. Cette très forte majoration peut s'expliquer par le fait qu'en vendant la terre le propriétaire de ces régions à obrok entend monnayer la liberté personnelle donnée à ses serfs.

Dès lors l'endettement des paysans devenait considérable; dans une Russie encore soumise à la capitation (qui frappe essentiellement les paysans) et à de nombreux impôts indirects (sur le sel, sur le sucre, sur le tabac, sur l'alcool) qui pèsent surtout sur la masse paysanne, la conjonction d'une fiscalité écrasante et d'une libération très onéreuse réduisait à néant les rêves d'affranchissement de la paysannerie. Comment les paysans russes pourraient-ils trouver les ressources nécessaires pour le simple démarrage de leurs exploitations ? Sans doute les grands propriétaires des Terres-Noires pouvaient-ils, eux, mettre en branle une agriculture plus rationnelle, tournée pour l'essentiel vers l'exportation, mais cette minorité enrichie, dynamique, ne pouvait masquer l'échec de la rénovation agraire russe. Loin de faire accéder un plus grand nombre de ruraux à un niveau de vie supérieur, l'abolition du servage contribuait en définitive à l'engourdissement de la grande masse rurale.

Même la communauté rurale, dont certains avaient fait une panacée, devait se révéler finalement néfaste : le perpétuel brassage des petits champs en lanières aboutissait à l'indifférence du paysan pour le sol cultivé qui, demain, irait à un autre; d'autre part la nécessité de votes acquis aux 2/3 des voix ne contribuait pas à faciliter le dégel des situations ; une sorte de prime à la passivité paraissait être donnée. Sans doute, économiquement, en donnant à une petite minorité la possibilité d'agir, en contraignant un grand nombre de paysans à un salariat sous-payé, l'abolition du servage ouvrait la porte à une économie capitaliste dans le monde rural, mais psychologiquement et socialement, en maintenant à la campagne une société hiérarchisée, enchaînée, hostile à l'initiative individuelle, l'abolition tournait le dos à une agriculture capitaliste, « à l'américaine ». Les immenses plaines russes ne connaîtraient pas le destin des grandes plaines américaines.

Les réactions politiques.

Dans les rangs de l'opposition qui perçoit le désarroi paysan, on espère donc utiliser les fautes du pouvoir. A cet égard, l'évolution d'Herzen est significative; jusqu'au manifeste impérial du 19 février, l'émigré londonien avait continué à accorder au tsar une certaine confiance; ce crédit vis-à-vis d'Alexandre se change en hostilité devant les clauses du Statut et devant la répression qui accable des soulèvements paysans à Kandeevska et Bezdna (provinces de Penza et de Kazan) [1] : le tsar n'a pas répondu aux espoirs placés en lui. Que suggèrent alors Herzen et Ogarev à leurs lecteurs ? Ils rejoignent les plus radicaux qui, à l'instigation de Tchernychevski et des rédacteurs du *Sovremennik*, ont créé une société secrète, qui en août 1862 prend le nom de Terre et Liberté (*Zemlia i Volia*); le manifeste de cette organisation, publié dans le *Kolokol*, propose à tous les mécontents de se rapprocher du peuple, c'est-à-dire des paysans; tous les moyens doivent être utilisés, depuis l'organisation d'écoles du soir jusqu'au soutien d'actions directes; il faut obtenir une véritable libération paysanne, confirmer les paysans dans la possession des terres dont ils jouissaient précédemment, rembourser les nobles avec l'argent de

1. La « dispersion » de 5 000 manifestants paysans à Bezdna fait 51 morts et 77 blessés, à Kandeevska 8 morts, 27 blessés pour 10 000 insurgés.

l'État, réformer l'armée et la bureaucratie, instituer un régime représentatif en Russie. Ce programme ambitieux, qui mêle réforme agraire et démocratie, suppose comme condition nécessaire l'alliance étroite de l'intelligentsia et des paysans [1].

La Russie paraît en effet mûre pour une révolution ; l'année 1861 a été particulièrement agitée ; du côté des paysans, on a souvent cru que les propriétaires ou les fonctionnaires falsifiaient volontairement les décisions impériales pour empêcher l'attribution de terres aux serfs : des soulèvements spontanés, localisés, matés le plus souvent par des colonnes volantes de l'armée, se produisent un peu partout (selon la Gendarmerie, 1 176 « incidents » auraient eu lieu en 1861, dont 337 auraient obligé à recourir à l'armée et 191 auraient entraîné des affrontements divers). En fait ces réactions primaires traduisent plus un espoir déçu qu'une volonté politique de prendre en main son destin ; on continue à croire en une seconde réforme ; les paysans vont ensuite être accaparés par les discussions avec le propriétaire ou l'arbitre de paix, afin de rédiger la meilleure charte réglementaire possible ; dès 1862-1863 l'agitation à la campagne diminue.

Or, juste à ce moment, les révolutionnaires russes espèrent trouver un appui décisif à la campagne ; en 1861 des incidents sérieux dans les universités de Kazan, de Saint-Pétersbourg, de Moscou (septembre-octobre) ont montré l'impatience et la soif de justice des étudiants [2] ; des proclamations, des brochures réclamant plus de justice et de liberté, rencontrent de grands échos parmi l'intelligentsia, qui plus que jamais suit les directives de Tchernychevski ; des écoles populaires du dimanche (*voskresnie narodnie chkoli*) sont animées par de jeunes intelligents. 1861 paraît avoir été une répétition générale ; 1862 verra sonner l'heure de la révolution. En fait le gouvernement tsariste a très vite répliqué à l'agitation par la force ; dès octobre 1861 les universités remuantes ont été fermées ; en 1862 les arrestations se multiplient (Tchernychevski, Pisarev en juillet 1862), les revues sont saisies, interdites ; les écoles populaires sont fermées pendant l'été 1862 ; mais surtout la paysannerie reste fermée aux propositions d'actions violentes venues de l'intelligentsia ; à la défiance traditionnelle du paysan illettré pour l'homme des villes lettré, qui a toujours été pour lui symbole d'oppression, se mêle une incompréhension complète des désirs véritables des paysans russes vers 1860 : ceux-ci ne sont pas alors des démocrates, épris de liberté, de tolérance et d'esprit communautaire ; parce qu'ils veulent pour eux la terre qu'ils travaillent, ces paysans ont soif de changements personnels, mais pour la vie collective ils restent engoncés dans le réseau des autorités traditionnelles, tsar, administrateurs de l'État ou de la communauté, popes, armée et même gendarmes ; au fond, à ce moment, le paysan réclame d'être traité avec justice par les autorités de tutelle, il n'est pas prêt à se débarrasser de ces autorités ; la crédibilité en un tsar bon et sage persiste dans la masse paysanne ; une religiosité fataliste, un horizon limité à son village où il faut bien s'entendre avec le barine, le starosta ou le *kabaktchik* (cabaretier) car on peut

1. *On peut rapprocher l'action concomitante de jeunes peintres qui en 1863 décident de rompre avec l'académisme et d'aller organiser des expositions itinérantes pour se rapprocher du peuple ; ces* Peredvijniki *(les Ambulants) vont contribuer à fixer la peinture russe dans le genre socialement « utile », et plus tard dans le genre patriotique. Cf. Repine, Sourikov, Kramskoï ou Gay.*

2. *Une mutation sensible se produit dans le corps estudiantin : aux fils de nobles se mêlent davantage de fils de la classe moyenne (bourgeois, popes, raznotchintsi, officiers) qui doutent de leur avenir dans une Russie toujours cloisonnée.*

avoir besoin d'eux en cas de mauvaise récolte, une défiance pour ce qui vient de l'extérieur, mènent à la résignation. Vers 1860-1865, le paysan russe peut être un révolté, il n'est pas un révolutionnaire.

En somme, quelques années après l'abolition du servage, le gouvernement tsariste peut s'estimer satisfait ; il a enfin supprimé la servitude de millions de paysans, effaçant ainsi une tare ancienne ; il a sans doute mécontenté les deux parties en présence, mais, en disposant de l'autorité centrale, de l'armée, il a évité un soulèvement généralisé des paysans, tout en apparaissant aux propriétaires comme leur seule garantie. La Russie n'a pas connu la guerre de Sécession qui divise au même moment esclavagistes et émancipateurs aux États-Unis. Cependant si à court terme le tsarisme a plutôt renforcé ses positions, même vis-à-vis de la noblesse, à long terme, en sacrifiant la paysannerie au profit d'une noblesse en général sclérosée, le pouvoir impérial n'a pas donné à la Russie des moyens adéquats pour une réelle modernisation. Cette « révolution par en haut » n'est pas (et ne pouvait pas être) une révolution bourgeoise, ouvrant largement la voie vers le capitalisme ; l'abolition du servage par Alexandre II est une tentative maladroite d'adaptation au XIXe siècle, car elle n'est en définitive qu'une tardive manifestation de despotisme éclairé.

II. — LES AUTRES RÉFORMES : ADMINISTRATIVE, JUDICIAIRE, UNIVERSITAIRE, MILITAIRE, FINANCIÈRE

Le sens des réformes.

La période qui suit l'abolition du servage est marquée par une série importante de réformes ; en suivant un ordre purement chronologique, on note successivement :

1862	Organisation et publication d'un budget de l'État
1863	Nouvelle assise de l'impôt
18 juin 1863	Réforme des Universités
1863-1864	Réorganisation du commandement militaire
1er janvier 1864	Création des assemblées provinciales, les *Zemstva*
14 juillet 1864	Organisation des écoles primaires publiques
19 novembre 1864	Organisation des lycées (*gimnasii*)
20 novembre 1864	Réforme judiciaire
1864	Réorganisation du contrôle d'état sur les finances et le Trésor
	Préparation de la réforme urbaine promulguée le 16 juin 1870
6 avril 1865	Réorganisation de la Censure

N.B. La réforme de la conscription, promulguée le 1er janvier 1874, appartient à une période différente.

On a souvent l'habitude de présenter cet enchaînement de réformes comme l'indice évident d'une libéralisation du régime tsariste ; celle-ci serait due à l'esprit compréhensif du tsar Alexandre II qui aurait subi l'heureuse influence de ministres libéraux, tels A. Golovnine à l'Instruction publique, Zamiatnine à la Justice, ou de ministres réalistes comme Dimitri Milioutine (frère de Nicolas) à la Guerre, ou P.A. Valouev, remplaçant de Lanskoy à l'Intérieur ; de hauts fonctionnaires auraient su adapter certaines pratiques occidentales à la Russie tsariste afin de la moderniser ; la révolte polonaise de 1863 n'aurait pas stoppé le tsar dans son élan réformateur et seul l'attentat manqué du Russe Karakozov, le 4 avril 1866, aurait fait basculer ce tsar libéral dans le camp de l'ordre et de l'immobilisme.

Pareille interprétation suppose chez le tsar une volonté de changements politiques, car toute libéralisation, même partielle, implique pour résultat de modifier l'essence même du régime ; or une contradiction évidente existe entre libéralisme et autocratie : Alexandre II n'a jamais prétendu abandonner son pouvoir autocratique, fut-ce même pour accorder une minuscule autorité à sa noblesse ; lors de la préparation de l'abolition du servage, des commissions locales ont demandé la participation, au moins consultative, des représentants des propriétaires à l'élaboration des lois; Alexandre II s'y est toujours refusé ; pour lui, le pouvoir du monarque est absolu et doit le rester. En avril 1863 le ministre de l'Intérieur, Valouev, propose en vain de réformer le Conseil d'Empire sur le modèle du Reichsrat autrichien, afin d'y introduire une représentation des futurs zemstva. Alexandre II demeure ainsi fidèle à l'idée fondamentale de son règne : régénérer le tsarisme autocratique afin de le renforcer. En même temps qu'il abolit le servage, Alexandre II fait préparer les modifications qui compléteront la nouvelle organisation administrative et sociale de l'Empire Russe. Tout un pan de l'édifice traditionnel s'effondre avec la disparition du servage ; l'immense masse serve va échapper à l'autorité absolue du seigneur-propriétaire, jusque-là recruteur pour l'armée impériale, policier et justicier dans son domaine, animateur de la vie sociale et économique ; il faut donc réorganiser le système judiciaire local, ce qui suppose une refonte des organes juridiques supérieurs, dont au demeurant l'efficacité est notoirement insuffisante ; il faut également trouver un moyen d'animer la vie régionale sur le plan économique ou social en faisant appel à l'énergie commune, aux ressources locales, tout en laissant une place privilégiée aux anciens propriétaires mécontents ; les villes, déjà en expansion et qui seront inévitablement destinées à grossir, peuvent aussi contribuer à leur propre gestion, au moins pour des aspects techniques. Ainsi l'essentiel est sauvegardé : la vie politique, c'est-à-dire la direction du pays, restera entre les mains du tsarisme. Alexandre II souhaite des réformes génératrices d'améliorations pratiques (on serait tenté de parler d'un meilleur rendement), il refuse toute modification politique réelle. Mais peut-on séparer l'une des autres ?

Dès l'abolition du servage le tsar a montré clairement les limites de l'évolution entreprise ; deux des principaux organisateurs de la réforme, N. Milioutine et Lanskoy, mal vus de la Cour qui les accuse de penchants libéraux excessifs, sont remerciés par le tsar ; des gouverneurs de province qui avaient montré les mêmes dispositions sont également relevés de leurs fonctions. Le ministre de l'Instruction publique, E. Kovalevski, partisan de l'autonomie universitaire, qui s'oppose à de nouvelles mesures restrictives pour l'entrée dans les universités lorsque des troubles éclatent dans certaines universités en juillet 1861, est aussitôt remplacé par un amiral, Poutiatine, bon officier et bon diplomate, mais totalement ignorant des problèmes de son département ; la manière forte et l'augmentation des droits universitaires donnent les résultats escomptables dans tout milieu universitaire : l'agitation gagne toutes les universités ; l'amiral-ministre cède bientôt la place à un administrateur plus adroit, Golovnine, qui reçoit mission de rénover l'Université sans pour autant succomber au libéralisme. Cependant l'attentat de 1866 servira de prétexte pour éloigner Golovnine de son poste où il est remplacé par le procureur général du Saint-Synode, le comte D.A. Tolstoï, véritable symbole de l'obscurantisme ; il n'est pas nécessaire alors de remodeler les nouvelles structures universitaires pour les rendre à nouveau étouffantes, il suffit de les réglementer de manière stricte.

Ces changements de personnalités apparaissent ainsi comme révélateurs de l'état d'esprit du tsar et des sphères dirigeantes : pour réaliser une réforme nécessaire, on fait appel à des novateurs, à des réalistes, mais, si ceux-ci versent dans le libéralisme, ou même dans la tolérance, on les rejette sans appel ; N. Milioutine, remercié en 1861, est rappelé en 1863 pour superviser en Lithuanie les formalités de rachat des terres par les serfs : on peut laisser faire son « libéralisme », puisqu'il s'agit alors de châtier la noblesse catholique polonaise de cette région qui a pris part au soulèvement contre le tsar, tandis que la paysannerie, le plus souvent petite-russienne et orthodoxe, avait observé dans le même temps le plus grand calme. Remarquable utilisation des compétences !

Dans ces conditions, le train de réformes des années 1861-1865 doit être compris pour ce qu'il voulait être : un ajustement de structures administratives dépassées et inefficaces ; néanmoins tout mouvement, même limité dans ses buts, conduit vers du nouveau, donc vers l'inconnu.

La nouvelle administration locale.

La réforme la plus importante fut la création des zemstva (au singulier, *zemstvo*). Dès 1859 les commissions de rédaction avaient eu à régler le problème de l'administration locale ; une commission spéciale avait alors été créée à ce sujet sous l'autorité de N. Milioutine ; le départ de ce dernier avait ralenti la marche de la réforme, mais Valouev avait finalement proposé en 1863 au Conseil d'Empire le projet qui devait donner naissance aux zemstva en janvier 1864.

L'ukaze impérial décidait de créer progressivement dans les gouvernements (*goubernii*) et les districts (*ouezdi*) des assemblées, soumises au droit commun (comme des sociétés ou des personnalités privées) et chargées, sous la responsabilité de l'État, de gérer certains services publics. Ces assemblées n'auront pas de pouvoir administratif, policier ou de justice, c'est-à-dire qu'elles ne seront pas des organes de transmission du pouvoir central ; celui-ci continuera d'agir par ses intermédiaires normaux, du gouverneur aux divers fonctionnaires habituels (en 1860 une réforme administrative a fait de l'*ispravnik*, chef de police du district, un fonctionnaire nommé par l'État : il n'est plus choisi par la noblesse locale). En certains domaines, équipement économique, transports régionaux, santé publique, instruction publique, prévoyance sociale, les zemstva auront le droit (et le devoir) de décision et de gestion ; à la différence des Conseils généraux français qui ont le pouvoir de répartir les crédits du département entre divers services publics, mais n'en assurent pas la gestion, les zemstva pourront engager du personnel à leur service ; par exemple les écoles créées sur leur initiative relèveront de leur seule compétence financière et pédagogique. Toutefois chaque décision sera subordonnée à l'accord du gouverneur à l'échelon de l'ouezd, à l'agrément du gouvernement pour le zemstvo de goubernia, une possibilité d'arbitrage final étant laissée au Sénat d'Empire pour le cas où les Assemblées persisteraient dans leurs résolutions.

Les modalités d'élection à ces assemblées favorisaient les gens riches. En effet, pour le zemstvo de district on utilisait un système censitaire ; on classait les électeurs en trois catégories distinctes, selon leurs activités et surtout selon leur richesse ; les propriétaires fonciers étaient surreprésentés par rapport aux paysans, les ouvriers totalement exclus. Comme dans un système aussi complexe les moyens de pression étaient fort aisés à l'échelon local, il devint habituel que dans les zemstva l'influence déterminante fut celle des propriétaires terriens ou celle de la bourgeoisie urbaine ; d'ailleurs dans la mesure où ces assemblées locales étaient les premières représentations de la société rurale russe, il était naturel que les cadres traditionnels de cette société conservent la direction de ces nouveaux organismes. N'a-t-il pas fallu près d'un siècle en France pour que les notables perdent une influence électorale disproportionnée par rapport à leur nombre ?

En 1867, environ une trentaine de gouvernements possédaient des zemstva de district ; les nobles y détenaient 42 % des sièges, les paysans 38 %, les marchands 10,5%, les membres du clergé 6,5% ; en moyenne les nobles représentaient 41 % des électeurs, leur proportion variant d'un district à l'autre ; au niveau des zemstva de gouvernement les nobles occupaient 74 % des sièges, les paysans 11% seulement ! Pour bon nombre de hobereaux, de bourgeois, d'intellectuels, ces assemblées étaient le premier lieu où un simulacre de pouvoir les initiait à la vie parlementaire ; les zemstva étaient en fait des antichambres de la vie politique.

Pourtant le gouvernement avait pris les plus grandes précautions pour qu'il n'en fût point ainsi ; les sessions étaient courtes, le président n'était pas désigné par ses collègues, mais automatiquement le maréchal de la Noblesse du district ou du gouvernement occupait ce poste ; les délégations permanentes chargées d'appliquer les décisions prises entre les sessions, élues par les zemstva, ne pouvaient exister sans l'accord du gouverneur ou du gouvernement ; enfin toute discussion politique devait être bannie de ces assemblées. Évidemment ce rôle restreint des zemstva mécontenta bon nombre de nobles ; ils furent surtout sensibles à l'absence d'un sommet à la pyramide des assemblées locales et régionales : dès février 1862 la noblesse de Tver, réputée pour son « libéralisme », avait réclamé un parlement constitué par les diverses classes de la nation, reconstitution du *Zemskii Sobor* des XVIe et XVIIe siècles [1] ; plus modérées, les noblesses de Moscou, de Novgorod, de Smolensk, de Toula, de Saint-Pétersbourg avaient émis l'idée d'une assemblée nobiliaire nationale. La réponse fut naturellement négative. Plus tard, en janvier 1865, la noblesse de Moscou revint à la charge ; le tsar répliqua qu'une telle demande allait directement à l'encontre de sa volonté. En 1867 le Sénat déclara illégales les relations entre les zemstva de gouvernement. Aucune assemblée nationale ne devait voir le jour avant 1906. Pour les affaires locales, l'autocratie acceptait de s'appuyer sur les classes dirigeantes, elle refusait de partager son pouvoir.

La réforme des assemblées municipales (*gorodskie doumi*), qui intervint en 1870 seulement, avait été préparée dès 1862-1864 selon les mêmes principes : élections censitaires « à la prussienne », c'est-à-dire en divisant les électeurs selon la quotité d'impôts payés, en trois catégories numériquement inégales ; les simples locataires ou ceux qui ne

1. Le Zemskii Sobor *peut être comparé aux états généraux de l'Ancien Régime en France.*

payaient pas de patentes étaient exclus du vote, ce qui s'appliquait évidemment aux ouvriers. Les autorités municipales devaient être confirmées dans leurs fonctions par le gouvernement. La police des villes échappait au commandement du maire (*gorodskaya golova*) ; transports, éclairage, santé publique, approvisionnements entraient par contre dans la compétence des *doumi*, élevées pour les huit plus grandes villes de l'Empire au rang de zemstva de Gouvernement. Tout comme pour les zemstva, ces assemblées municipales devaient néanmoins être les premiers centres d'une vie politique publique en Russie.

La réforme judiciaire.

Sur le papier, cette réforme paraît profonde et rationnelle ; elle a été préparée avec soin ; s'inspirant des exemples étrangers, une commission de juristes, menée par Zaroudny, a préparé en 1861-1862 un rapport sur les nouveaux fondements de la justice russe ; celui-ci ayant été approuvé par le tsar et par le Conseil d'Empire, en 1863-1864 les mesures d'application sont mises au point ; l'ensemble des textes est promulgué en novembre 1864, mais il faut encore beaucoup de persévérance au ministre de la justice Zamiatnine pour mettre progressivement en place les institutions nouvelles et surtout pour trouver les hommes capables de les faire fonctionner. En effet les nouveaux textes laissent en place la codification accomplie sous Nicolas Ier, mais ils bouleversent les cadres judiciaires existants.

A la base de l'organisation, au niveau du canton (*volost*), siège un juge de paix (*mirovoi soud'ia*) ; élu pour trois ans par les zemstva de district ou par les doumi municipales, cet homme doit être grand propriétaire de terrains ou d'immeubles, il juge les délits mineurs (amendes maxima de 300 roubles, un an de prison maximum). Dans la pratique l'institution devait bien fonctionner et rendre de réels services, mais dans le principe, le critère de richesse retenu comme seule condition nécessaire pour être élu faussait l'égalité de tous devant la loi ; pouvait-il en être autrement dans un pays où les notables restent tout-puissants ? En vérité le juge de paix représentait un progrès par rapport à la justice féodale antérieure.

De même pour les échelons supérieurs, la réforme introduisait une amélioration certaine ; tout d'abord elle simplifiait l'organisation des Cours de justice : dans chaque province siège un tribunal (*okroujnii soud*) (une chambre civile et une chambre criminelle) avec au-dessus 10 Cours d'Appel (*soudebnaia palata*) et une Cour de Cassation, représentée par un département du Sénat d'Empire. On supprimait enfin des juridictions enchevêtrées et concurrentes ; cependant les Cours militaires et les tribunaux ecclésiastiques subsistaient pour les délits concernant l'armée ou le clergé. Deux autres innovations transformaient la vie judiciaire russe : d'une part les juges des tribunaux devenaient inamovibles, indépendants du pouvoir politique, d'autre part en matière criminelle la culpabilité de l'accusé dépendait d'un jury choisi sur des listes présentées par les zemstva parmi les hommes de 25 à 70 ans, sachant lire et écrire et acquittant une certaine quotité d'impôt. Par ces deux transformations les usages judiciaires russes allaient se rapprocher sensiblement des usages occidentaux ; les prévarications, les pots-de-vin, tellement en honneur dans le passé, seraient beaucoup moins nombreux (voire impossibles lorsqu'une nouvelle génération d'hommes de loi aura fixé les nouvelles coutumes). Comme les accusés pouvaient recourir au service d'avocats spécialisés, que d'autre part les tribunaux tenaient désormais des séances publiques, la ressemblance avec l'Occident s'accentuait. Dans une Russie privée de tribunes politiques, les Cours de justice allaient souvent servir de places privilégiées pour exprimer des sentiments interdits par le pouvoir tsariste ; de plus, les jurys devaient se révéler moins malléables que les anciens administrateurs judiciaires, les avis des jurés dépendant surtout des convictions traditionnelles des gens aisés. En théorie, le troisième pouvoir échappait désormais à la servitude du pouvoir exécutif.

En théorie seulement, tant le tsarisme craignait de voir son autorité amoindrie ; en effet le code de procédure criminelle prévoyait que les autorités administratives étaient libres, « dans la forme prescrite par la loi », de prendre des mesures de sauvegarde pour *prévenir* les actes criminels ou délictueux ; ces mesures consistaient légalement à bannir sans jugement dans d'autres régions de l'Empire toute personne suspecte aux yeux de l'administration (en fait de la police) ; « l'arrestation administrative » ne cessa jamais d'être largement employée, même à l'égard de personnes déjà jugées et acquittées par les tribunaux. En réalité le régime tsariste pouvait reprendre d'une main ce qu'il avait accordé de l'autre ; tandis que certains commentateurs zélés insistaient sur le « libéralisme » des institutions judiciaires russes, d'autres observateurs continuaient de constater le maintien de déportations vers la Sibérie ou vers les provinces reculées de la Russie d'Europe. Dans le régime tsariste la légalité restait toujours sujette aux circonstances.

Les réformes de l'enseignement.

Les circonstances édulcorèrent également les réformes de l'enseignement. L'agitation permanente dans les universités vers 1858-1861 provenait à la fois de difficultés extérieures à l'Université (remous dus à l'abolition du servage, à la censure, à l'action des groupes politiques) et de causes propres au système universitaire ; sur ce point le rapport de Golovnine au tsar qui servit de base de réflexion au Conseil d'Empire en 1863 était fort net : le corps professoral était médiocre. De leur côté, les enseignants rejetaient les fautes sur leurs autorités de tutelle : les curateurs des Universités ou les inspecteurs du gouvernement exerçaient un pouvoir tyrannique, soucieux avant tout d'ordre et fermés à tout changement pédagogique ; toute réforme devrait d'abord accorder aux universités une réelle autonomie. Enfin l'intelligentsia intervenait dans le débat en soulignant combien la vie intellectuelle des universités était limités non seulement par les rigueurs administratives, mais encore par des traditions d'un enseignement scholastique trop spécialisé.

La réforme des universités réalisée en juin 1863 constitue un pas en avant. Administrativement elle leur accorde une assez large autonomie; désormais la direction des universités est assurée par le Conseil des Professeurs qui élisent leur recteur pour quatre ans, les doyens des Facultés et choisissent leurs nouveaux enseignants ; les pouvoirs des inspecteurs et des curateurs sont fortement réduits. Toutefois, s'inspirant de l'exemple napoléonien, les programmes d'enseignement sont partout identiques et surtout le ministre de l'Instruction publique demeure libre de confirmer ou d'infirmer les choix personnels faits par les professeurs ; avec Golovnine ce pouvoir discrétionnaire devait être libéralement utilisé, mais son successeur, le comte Tolstoï plus autoritaire, pourra à nouveau museler l'enseignement supérieur. Les universités sont placées en liberté surveillée.

L'opinion éclairée dénonçait dans l'enseignement secondaire un enseignement traditionaliste, faisant la part trop belle aux langues anciennes, à l'instruction religieuse ; elle réclamait l'ouverture des écoles aux sciences, tout particulièrement aux sciences naturelles, véritable antichambre du monde réel ; de même il convenait de substituer l'étude des langues modernes au grec ou au vieux slavon. La réforme de novembre 1864 parut satisfaire les « modernes » par rapport aux « classiques » : à côté des *Gimnasii*, lycées classiques où l'enseignement reste à dominante littéraire-classique, des *Gimnasii realnie* (cf. *Realschulen* allemandes) sont créés, où les mathématiques, les sciences naturelles, le dessin, les langues modernes ont la meilleure part ; en outre, pour répondre aux besoins des enfants des gens trop pauvres pour assurer les huit années d'études des Gimnasii, des *Progimnasii*, à quatre années d'études, sont institués. Cependant l'accès sans examen aux universités sera réservé aux seuls élèves des Gimnasii classiques, dont le nombre reste le quadruple des Realschulen. En fait cette réforme témoigne bien des secousses qui ébranlent les classes dirigeantes russes : certains, conscients des besoins du monde moderne, prônent des réformes qui permettent l'adaptation au présent de la jeunesse russe leur mentalité de bourgeois ou de nobles éclairés est comparable à celle des « philosophes français » du XVIIIe siècle ; les autres au contraire voient dans cette adaptation l'introduction de venins étrangers, corrupteurs et révolutionnaires. La querelle des programmes a de profondes résonances politiques.

De même la question de la laïcité dans l'enseignement primaire dépend étroitement de choix politiques ; Golovnine aurait souhaité créer un enseignement primaire laïque ; le clergé orthodoxe, la majorité des milieux dirigeants considèrent que seul l'enseignement confessionnel peut donner des garanties nécessaires. Le statut de juillet 1864 coupe la poire en deux : la création et la gestion matérielle des écoles dépendent des zemstva, tandis que la gestion pédagogique relève d'un conseil des écoles du district où le gouverneur, l'évêque, le directeur de l'Enseignement provincial siègent aux côtés de deux représentants des zemstva. Le gouvernement central se débarrasse ainsi d'un lourd fardeau financier, laissant aux initiatives locales le soin de lutter contre l'analphabétisme. L'œuvre des zemstva sera d'ailleurs assez remarquable sur ce plan, puisqu'à la fin du règne d'Alexandre II, sur 22 700 écoles créées en Russie, 11 000 étaient à porter à leur crédit. Mais décidément comme en d'autres domaines, l'œuvre d'éducation d'Alexandre II ressemblait largement à l'œuvre d'organisation d'un autre despote éclairé, Napoléon Ier : créer un bon corps de fonctionnaires vaut mieux qu'instruire le peuple.

Les réformes financières.

Il est probable que la ressemblance entre l'œuvre de Napoléon Ier et celle d'Alexandre II aurait été encore plus grande si les tentatives de rétablissement financier avaient réussi, car, comme son devancier, le tsar-despote éclairé créa la Banque d'État en 1860 (cf. la création de la Banque de France en 1800), mais, à la différence du Premier Consul, il ne put établir une monnaie saine et ne put réformer le système de perception des impôts. Au moment où la réforme du servage réclamait un assainissement dans la situation financière de l'État russe, les mesures prises pour le Trésor se révélèrent insuffisantes, incomplètes ; cette lacune traduit les limites de la réorganisation impériale russe, peut-être mieux que tout autre échec.

Pourtant les efforts n'avaient pas manqué. A l'origine de la création de la Banque d'État (*Gossoudarstvenii Bank*) se trouvait la crise financière et économique qui avait suivi la guerre de Crimée ; pour résorber le déficit et relancer l'économie, de 1856 à 1859 on avait utilisé le double système classique de l'inflation du papier-monnaie et du recours à l'emprunt extérieur ; or, en 1859, une crise économique européenne avait stoppé net ce dernier expédient. Une commission d'enquête réunie pour trouver de nouvelles solutions, sous la direction du ministre des Finances M. Kh. Reutern, administrateur avisé et tenace, préconisa de créer une Banque de Russie, sur le modèle français ou anglais, c'est-à-dire indépendante de l'État, régulatrice du crédit et de la monnaie ; en réalité on créa une banque d'un type différent puisque dépendante de l'État, sa direction et sa surveillance relevant du Conseil d'Empire ; toutefois son rôle fut copié sur le rôle des banques centrales occidentales : le Trésor russe restait distinct de la Banque d'État ; celle-ci faisait l'escompte, recevait des dépôts, pouvait émettre les emprunts d'État ou les bons du Trésor, ses deux buts essentiels étant de régulariser la circulation monétaire et d'« activer le commerce et l'industrie » par le crédit à court terme ; Reutern n'avait pas hésité à offrir la direction de la Banque au plus riche et au plus actif des banquiers russes, le baron A. Stieglitz, très lié aux milieux bancaires et industriels français et prussiens ; on espérait ainsi une soudaine relance des affaires et une rapide stabilisation du rouble. Stieglitz n'avait-il pas été l'un des promoteurs de la Grande Société des chemins de fer russes, créée en 1856 avec l'appui du Crédit Mobilier des frères Péreire et des grandes banques étrangères Baring (Londres) et Hope (Amsterdam)?

Malgré un tel parrainage, le reste du plan de rénovation financière fut un échec. On ne put créer une monnaie solide ; l'adjoint de Stieglitz à la Banque d'État, E.F. Lamansky, avait proposé un plan d'échange progressif du rouble-papier contre un nouveau rouble métallique, grâce à un fonds d'échange financé par un emprunt étranger. L'opération commença bien en mai 1862, avec une dépréciation de 10 % environ, mais l'insurrection polonaise en 1863 et le manque de confiance du public étranger obligèrent à stopper l'échange dès novembre 1863. Le rouble-or disparut et le rouble-papier continua à se déprécier en fonction des conditions économiques russes et étrangères ; les crises ébranlèrent la monnaie ; en cas de besoins extraordinaires, il fallut recourir à de nouvelles émissions de papier-monnaie. Jusqu'en 1896 le rouble devait demeurer une monnaie faible.

Cette absence de base monétaire saine rejaillit sur le reste des finances russes et en particulier sur le budget de l'État. Une réforme de la fiscalité avait été entamée vers 1862-1863 : dans les villes le vieil impôt de la capitation était remplacé par un impôt foncier en 1863 ; chacun pensait que Reutern allait s'attaquer au vétuste système fiscal ; en fait il n'alla pas plus loin, le passage de la perception des impôts gouvernementaux du seigneur au zemstvo pouvant à peine passer pour une réelle amélioration. Les impôts indirects continuèrent donc à être les principaux fournisseurs des recettes de l'État (56% contre 21 % aux impôts directs en 1866).

Les réformes administratives concernant la gestion budgétaire (réunion de tous les budgets ministériels dans un seul compte géré par le ministère des Finances, publication des prévisions budgétaires en 1862, réorganisation du Contrôle d'État en 1864, publication des comptes budgétaires en 1866) ne pouvaient véritablement améliorer la vie du

Trésor public, même si l'on se rapprochait ainsi des usages occidentaux. L'État se montrait incapable de jouer un rôle d'incitateur économique puisqu'il n'avait pas des ressources suffisantes à sa disposition ; en revanche, la pression des impôts indirects continuait à peser très lourdement sur les classes pauvres. Faiblesse monétaire, déséquilibres budgétaires, fiscalité pénible et impuissante, le bilan financier du régime tsariste des années 60 est nettement négatif.

Conclusions.

Faut-il conclure cependant que l'ensemble des réformes accomplies lors des années 1860-1866 ont été seulement des demi-mesures, sans portée pratique sur la vie russe? Ce serait sans doute commettre la même erreur que d'y voir une politique délibérée de libéralisation. L'effort de mise à jour de la Russie par une administration réaliste débouche sur un résultat d'ensemble significatif : *avec 60 ans de retard l'Empire tsariste entre dans le XIX*e *siècle.* En effet les réformes doivent permettre une certaine mutation sociale ; la classe nobiliaire dominante devra composer avec la bourgeoisie rurale et urbaine au sein des zemstva ou des instances judiciaires, tandis que l'élargissement de l'instruction secondaire peut conduire à une modification de la puissante caste des fonctionnaires ; en outre, à la campagne, malgré le mir, des différenciations économiques vont apparaître puisque désormais l'appropriation du sol est susceptible de changements plus rapides. Le train des réformes entraîne ainsi la Russie vers un monde où capitalisme et bourgeoisie trouveront une place beaucoup plus vaste ; l'avènement au pouvoir de la bourgeoisie russe n'est pourtant pas encore réalisable comme en Occident, d'une part à cause de la faiblesse relative de l'industrialisation, d'autre part parce que, comme dans toute l'Europe orientale, les notables traditionnels demeurent encore assez puissants. Aux yeux de l'historien, la contradiction de l'attitude prise par Alexandre II est nette : moderniser la Russie c'est, à terme, la conduire vers le capitalisme libéral ; conduire au capitalisme libéral, c'est, à terme, condamner l'autocratie. Alexandre II a-t-il pris conscience de ce dilemme?

III. — DU MOUVEMENT A L'IMMOBILISME : LES MÉCONTENTEMENTS

Le visage traditionnel de la Russie a changé au début des années 60, quelle que soit la portée réelle des réformes ; un mouvement de rénovation s'accomplit ; or tout mouvement est vecteur de mécontentements puisque certains trouvent que l'on va trop loin tandis que d'autres déplorent la faiblesse des transformations ; les premiers, proches de la Cour, membres de l'administration, freinent au maximum l'action entreprise ; les seconds, souvent radicalisés par les demi-mesures adoptées, n'hésitent pas à déborder leurs devanciers par l'action ou par la pensée. Une coupure plus nette que par le passé se réalise ainsi dans la société russe ; pourtant en recourant à des mesures d'autorité, le tsarisme semble facilement triompher des obstacles révolutionnaires et refaire l'unité à son profit : en Pologne, en Russie, l'autocratie, un instant ébranlée, rétablit son pouvoir ; mais la force des armes suffit-elle à résoudre les problèmes ? Les « succès » des années 60-70 ne sont-ils pas porteurs de germes de destruction qui s'épanouiront au XXe siècle?

La révolte polonaise.

L'exemple polonais est révélateur. Le royaume de Pologne diffère sensiblement du reste de l'Empire au milieu du XIXe siècle : la Pologne, déjà plus industrialisée, plus urbanisée que la Russie (1 164 000 habitants dans les villes, dont 511 000 Juifs, sur une population totale de 4 764 000 habitants), comprend dans ses cités (surtout à Varsovie) une élite intellectuelle et des cadres militaires autochtones qui refusent l'assimilation à la nation russe ; l'histoire magnifiée du passé polonais et le catholicisme ardent des populations polonaises sont à la base de ce refus ; les échecs des soulèvements précédents n'ont pas atténué l'hostilité de ces cadres dirigeants vis-à-vis de la Russie ; bien au contraire, la rigoureuse politique menée par les fonctionnaires russes locaux a pour effet d'aviver les ressentiments. En outre, la noblesse polonaise, propriétaire de la majorité du sol, se demande avec angoisse quelles répercussions la réforme du servage russe aura sur place, car, bien que les paysans polonais soient juridiquement libres, pour l'essentiel ils continuent à travailler par corvées les terres seigneuriales ; l'inquiétude sur le futur pousse bon nombre de nobles polonais à souhaiter une séparation plus marquée d'avec la Russie ; les moins enclins à se soulever au nom du nationalisme polonais seraient ainsi les paysans ; toutefois, même ces derniers considèrent comme des occupants étrangers les administrateurs russes dont ils sont séparés par la langue et les croyances ; un malaise général existe en Pologne russe au début du règne d'Alexandre II.

Les autorités russes ont conscience de ce malaise dont elles cherchent à limiter l'ampleur par des concessions limitées ; un nouveau gouverneur, le prince M. Gortchakov laisse ainsi se créer une Société d'Agriculture en novembre 1857 ; la majorité de cette société, menée par un noble modéré, le comte A. Zamoyski, semble prête à un accord avec le gouvernement russe sous condition de réformes allant vers une plus large autonomie, mais en février 1861 des événements graves vont faire basculer bon nombre de ces modérés vers les révolutionnaires : en effet deux manifestations de commémoration de révoltes antérieures sont brutalement dispersées par l'armée russe (5 morts). L'unité se fait aussitôt parmi les classes dirigeantes polonaises : il faut reconnaître à la Pologne sa langue, sa religion et lui donner une juridiction spécifique. Alexandre II croit trouver une parade en acceptant de nommer un autre noble polonais, le comte Wielopolski, à la tête d'un nouvel organisme politique, la Commission de l'Instruction Publique et des Cultes (6 mars 1861). Wielopolski, acquis à la collaboration avec la Russie, se retrouve immédiatement isolé ; tandis qu'il s'efforce de réaliser des réformes économiques (conversion des corvées en impôts fonciers) ou politiques (création d'un Conseil d'État), il doit faire face à des manifestations de plus en plus fréquentes qui, en octobre 1861, dégénèrent en une vaste démonstration d'occupation des églises au nom du catholicisme et de la nation polonaise ; les troupes russes « dégagent » les églises, que les autorités religieuses ferment alors pour protester ; la loi martiale est proclamée, le général russe Soukhozanets l'applique avec fermeté. Wielopolski est rappelé à Saint-Pétersbourg.

Pendant plusieurs mois la méthode forte l'emporte ; le calme revenu, Alexandre II tente à nouveau d'accomplir quelques réformes : en mai 1862 Wielopolski retourne à Varsovie, tandis que le frère du tsar, le grand-duc Constantin, réputé libéral, devient gouverneur général. En fait l'apaisement est superficiel ; les attentats reprennent en juin ; Wielopolski ne parvient pas à s'imposer malgré quelques réformes concernant les écoles polonaises ; excédé d'une résistance qui paraît surtout provenir des milieux universitaires, il décide en septembre 1862 de faire procéder à la conscription non plus par tirage au sort, mais par listes composées par l'administration : tous les récalcitrants seront ainsi envoyés dans des garnisons plus ou moins éloignées de la Pologne. Cette « conscription devenue proscription » (le mot est de Lord Russel) suscite immédiatement une réaction classique en pays occupé : les jeunes Polonais « prennent le maquis », fournissant ainsi des troupes au Comité Central National occulte qui depuis le début de l'année 1862, s'efforce d'organiser une résistance armée ; pendant quelques semaines encore le Comité Central prépare un soulèvement généralisé ; celui-ci éclate le 22 janvier 1863.

Pendant presque toute l'année 1863, la Pologne et la Lithuanie se trouvent engagées dans une guerre de partisans. En fait, plusieurs causes condamnent les insurgés polonais à la défaite : tout d'abord l'importance de la répression, menée par des administrateurs russes résolus (tel le général Berg à Varsovie ou le comte N.M. Mouraviov en Lithuanie), rend difficile la poursuite des combats ; ensuite les profondes divisions internes du Comité Central rendent sa conduite politique hésitante : les « Rouges » voudraient étendre le combat aux masses paysannes par des réformes profondes, les « Blancs », majoritaires, entendent mener un combat purement national sans changer les structures existantes ; dans l'ensemble les ruraux observeront donc une simple neutralité bienveillante vis-à-vis des insurgés ; de plus, en mai 1863, le Comité National s'est proclamé gouvernement national non seulement de Pologne, mais de Lithuanie et de Ruthénie, soulevant ainsi le problème des futures frontières de l'État polonais : jamais l'Empire tsariste n'admettra de voir se reconstituer une grande Pologne dont les visées annexionnistes vers l'Ukraine sont bien connues depuis le XVIIe siècle. Enfin pour des raisons diverses, les pays européens occidentaux se sont gardés d'intervenir réellement dans ce conflit, malgré une sympathie déclarée des milieux libéraux parisiens ou londoniens pour les « héroïques » révolutionnaires polonais : ni l'Angleterre victorienne, ni la France napoléonienne ne vont faire la guerre pour libérer la Pologne ; ni l'Autriche, ni la Prusse ne vont accepter la renaissance polonaise alors qu'elles possèdent elles-mêmes des minorités polonaises. Ainsi, malgré l'héroïsme déployé par les insurgés, souvent aidés par le clergé catholique, la cause est rapidement entendue : au début de l'année 1864 l'ordre règne sur les territoires polonais de l'Empire.

Avait-on ainsi réglé la question polonaise ? En fait le problème restait entier : malgré les réformes agraires accomplies en mars 1864 (on accordait la terre aux paysans dans des conditions bien meilleures que celles faites aux moujiks russes), les rapports entre l'administration russe et les administrés polonais ne s'améliorèrent point. Persuadés que la manière forte était finalement préférable, les gouvernants russes devaient amorcer une politique de russification, pourtant très inadaptée à un pays de langue, de religion et même de civilisation différentes ; loin de tirer des leçons pour le futur, le tsarisme tournait le dos à une politique multinationale dans un empire aux populations si diverses.

L'Évolution de l'opposition politique : les nihilistes, l'attentat de Karakozov (1866).

Les désillusions et les réactions qui ont suivi l'abolition du servage ont une grave conséquence : la rupture entre l'intelligentsia et le tsarisme paraît totale. Malgré sa condamnation et sa déportation en 1864, Tchernychevski maintient son audience sur sa génération ; ses vues exprimées dans *Que faire* ? (1862) ouvrent des voies nouvelles : la révolution sera possible seulement avec la participation de la paysannerie ; les révolutionnaires doivent donc réaliser une alliance avec les masses rurales pour lesquelles il est nécessaire de constituer de véritables communes rurales, afin de les faire échapper à une prolétarisation inévitable ; Tchernychevski dépasse le socialisme utopique de la génération d'Herzen par une analyse plus stricte des conditions économiques. Cependant bien des aspects utopiques demeurent dans la pensée de Tchernychevski : son homme nouveau, révolutionnaire dévoué corps et âme à la cause révolutionnaire au point de posséder des vertus surhumaines, manque de réalité concrète, même s'il devient l'idéal à atteindre pour la jeunesse des années 70 ; des désillusions viendront également plus tard vers 1873-1874 lorsqu'on constatera combien la paysannerie russe diffère du tableau peint dans les livres. Toutefois au travers des écrits de Tchernychevski ou de Dobrolioubov dans *Le Contemporain*, dans ceux de D.I. Pisarev (1840-1868) publiés dans une autre revue, *Russkoe Slovo* (Le Mot russe), des lignes de force de la pensée révolutionnaire russe de la seconde moitié du siècle sont tracées : nécessité d'une révolution sociale, nécessité de consacrer sa vie et son talent à la cause révolutionnaire, donc nécessité d'un art engagé au service du peuple. On comprend combien la rupture est grande avec la génération précédente, plus idéaliste, plus portée à attendre du tsarisme le renouveau. Même si le mot de « nihilistes », créé par Tourgueniev pour dépeindre cette nouvelle génération, peut être discuté, son analyse dans *Pères et Fils* (1861) de l'opposition des deux générations est profondément juste. Un nouveau mouvement révolutionnaire russe a vraiment pris naissance dans l'intelligentsia.

A partir de 1864 l'intelligentsia en Russie est réduite au silence. La réforme de la censure de 1865 (6 avril) a certes libéralisé les publications des journaux et des périodiques dans les deux capitales, mais en Russie, à côté de la loi existe toujours l'usage : les écrivains politiques ou les journalistes engagés sont emprisonnés ou contraints au silence, à l'exception de M. Katkov qui, après la révolte polonaise, se tourne délibérément vers l'apologie de l'autoritarisme et du nationalisme. Avant 1865 le maintien d'une politique autoritaire vis-à-vis de la presse avait conduit naturellement à la multiplication de brochures clandestines extrémistes : déjà en 1861, un pamphlet *A la jeune génération* (*K molodomou pokoleniiou*) rédigé par M. Mikhailov, et en 1862 un *Appel à la Jeune Russie* (*Molodaya Rossia*) écrit par deux jeunes étudiants nobles (P. Zaitchnevski et P. Argyropoulo) appelaient à l'insurrection contre le tsarisme ; les termes de ces brochures étaient volontairement violents ; par un « hasard providentiel » un gigantesque incendie dans deux quartiers de Saint-Pétersbourg, porté au compte de ces « nihilistes », permit d'activer la répression en les isolant de la population ; mais ce procédé confirma d'autres étudiants dans leur conviction qu'en face d'un tel adversaire tous les moyens étaient bons. Dès lors, parallèlement, se développèrent une critique fort voilée dans des revues autorisées et une action violente de petits groupes clandestins. D.V. Karakozov, ancien étudiant de Kazan, membre d'une organisation moscovite mais agissant seul, pensa que l'assassinat du tsar secouerait le pays et éveillerait les masses paysannes ; il échoua dans son entreprise (4 avril 1866) ; contrairement à son attente les classes populaires demeurèrent amorphes, plutôt choquées du crime de lèse-majesté. Les conséquences de l'attentat ne furent toutefois pas négligeables.

Du côté de l'administration tsariste, devant la vague d'épuration par en haut qui suivit l'attentat (plusieurs ministres perdent leur poste), chaque fonctionnaire comprit que désormais un zèle rigoureux serait bien considéré par ses supérieurs : ses « modèles » furent le comte P. Chouvalov, chef des gendarmes de 1866 à 1874, nouveau favori du tsar, ou le comte D. Tolstoï qui rétablit l'ordre et le « classicisme » dans les universités et dans l'enseignement secondaire. D'ailleurs le tsar lui-même n'a-t-il pas donné le ton dans le rescrit adressé le 13 mai 1866 au prince Gagarine, président du conseil des ministres : « Pour assurer le succès définitif des mesures adoptées contre les funestes doctrines qui se sont développées dans la société... tous les chefs des grandes administrations de l'État doivent avoir en vue le concours de ces éléments conservateurs, de ces forces vives et saines dont la Russie a été, de tous temps, et est encore, grâce à Dieu, l'abondant foyer. » Voici la Russie, à nouveau rempart de l'ordre et figée dans le conservatisme.

Seul le ministre de la Guerre, Dimitri Milioutine, put continuer, non sans difficultés, à mener à bien des réformes, car celles-ci avaient pour but de renforcer l'organisation administrative militaire et d'augmenter les forces des armées de réserve : réduire le temps de service légal de 25 à 6 ans (loi de janvier 1874), diminuer le nombre d'exemptés, réduire à 6 mois la durée du service pour les universitaires (à 2 ans pour les élèves des gimnasii) n'attaquait pas les principes fondamentaux de l'autocratie. Le réalisme en cette matière prévalait d'autant plus que la guerre franco-prussienne de 1870-1871 avait montré la nécessité de posséder une armée moderne. Mais, cette exception notée, il faut constater combien à partir de 1866 la machine administrative russe va fonctionner dans un esprit de stricte observation des règlements ; pour ceux qui avaient toujours refusé le changement, l'attentat était un bon prétexte à l'immobilisme.

Pour l'intelligentsia l'attentat fut un exemple à méditer ; la réflexion se dirigea dans deux directions : les modérés, souvent inspirés par le slavophilisme ou le nationalisme rejetèrent l'esprit révolutionnaire « nihiliste » ou « anarchiste-occidental » (bien que l'audience de Bakounine fut très limitée en Russie), parfois même le caricaturèrent, tel Dostoïevski dans *Les Possédés*. Sur le plan purement littéraire, la postérité a retenu surtout les deux géants du moment, F. Dostoïevski et L. Tolstoï ; préoccupés par leur salut individuel et appliqués à dégager une morale spécifiquement adaptée à la mentalité russe, analystes rigoureux de leur temps ou du passé proche, ces deux écrivains dominèrent alors leur période, produisant en quelques années (1865-1875) plusieurs œuvres maîtresses du roman russe du XIXe siècle [1] ; Mais sur le plan politique l'audience de ces deux maîtres fut faible à court terme. L. Tolstoï s'orienta de plus en plus vers un mysticisme rousseauiste, Dostoïevski ébaucha une doctrine qui le rapprochait sensiblement des doctrines nationalistes pan-slavistes.

L'un comme l'autre n'offraient donc pas de solutions politiques aux jeunes intelligents des années 1870. Aussi leurs maîtres à penser furent bien plus S. Netchaev (1847-1882), P. N. Tkatchev (1844-1885) et P.L. Lavrov (1823-1900), c'est-à-dire les « engagés » de l'intelligentsia. Le premier, propangandiste intrépide, montre, au besoin par un exemple violent, la nécessité de créer des groupes d'action révolutionnaire impénétrables à la police ; le second, exilé à Genève, où il publie *Le Tocsin* (*Nabat*), insiste sur l'urgence d'une action révolutionnaire ; alors que la bourgeoisie n'est pas encore assez forte pour renverser le tsarisme, une révolution menée par un groupe résolu doit s'emparer du pouvoir pour réaliser ses objectifs sociaux ; enfin Lavrov, militaire et mathématicien devenu

1. *L. Tolstoï (1828-1910) :* Guerre et Paix *(1865-1869)*, Anna Karénine *(1875-1877).*
F. Dostoïevski (1821-1881) : Crime et Châtiment *(1866)*, l'Idiot *(1868-1869)*, Les Possédés *(1871-1872).*

révolutionnaire exilé, souligne que tout groupe d'intelliguents révolutionnaires doit développer sa propagande dans les masses s'il veut triompher ; seule l'éducation politique populaire sera créatrice d'une situation favorable à la révolution. Ainsi trois idées-force du mouvement révolutionnaire russe au XIXe siècle sont explicitées vers 1870 : un parti révolutionnaire russe doit être une stricte organisation secrète de militants totalement dévoués ; son but doit être la prise du pouvoir par la force ; son moyen de vaincre doit être de trouver une large audience dans des masses encore incultes. L'attentat d'un homme isolé est donc un contresens. De plus, tous ces penseurs se rejoignent sur un autre point très important : l'action révolutionnaire ne doit pas se donner pour but la réalisation d'un régime plus libéral avec des formes politiques plus ou moins proches du parlementarisme occidental ; la Russie s'ouvrirait ainsi plus radicalement au capitalisme bourgeois, ce qui ne peut être le but des révolutionnaires russes pour lesquels la réalisation du socialisme demeure l'objectif primordial. A la limite, un simple changement du régime politique n'aurait pas de valeur.

L'éclosion du populisme.

Pour trouver les modèles de nouvelle société harmonieuse, Lavrov proposait de se tourner vers l'*obchtchina*, la commune rurale, en insistant sur la chance laissée à la Russie par l'évolution économique, puisque celle-ci échappait encore à l'industrialisation, donc à l'embourgeoisement. Il convenait donc d'aller vers les campagnes, non seulement pour en faire des auxiliaires des mouvements intellectuels, mais encore pour s'inspirer des leçons du monde rural. Fort logiquement, en 1873, des groupes révolutionnaires décidèrent donc d'aller au peuple : *khojdenie v narod* (marche vers le peuple) d'où leur nom de *narodniki* (populistes) [1]. Deux aspects du mouvement populiste méritent de retenir l'attention : d'une part le sympathique et stérile départ de centaines de jeunes vers les villages, d'autre part la maturation d'une nouvelle doctrine politique qui, jusqu'à la fin du siècle, va le disputer au marxisme dans les milieux intellectuels russes. La grande migration vers les campagnes pendant les étés 1873-1874 a frappé l'imagination des contemporains comme celle des historiens (« Rousseauisme collectif », selon Franco Venturi) ; en fait, malgré l'enthousiasme des militants, leur désir de bien faire, leur prosélytisme sincère, l'échec de ce « retour aux sources » fut complet ; dénoncés par certains paysans, incompris par la plupart des ruraux, ces fils ou filles de nobles, de fonctionnaires, de popes, de gens des villes, passèrent en jugement en 1877-1878 souvent après quatre années de détention préventive ; 1611 propagandistes furent arrêtés entre 1873 et 1877 ; parmi les 844 condamnés, 279 étaient fils de nobles, 197 fils de popes, 117 fils de fonctionnaires non-nobles, 125 fils de *koupstsi* (marchands) ou de *mechtchanie* (catégorie très difficile à définir, proche des artisans et petits bourgeois) et seulement 138 fils de paysans. Ces jugements publics donnèrent l'occasion aux populistes de faire connaître leurs doctrines au grand public ; de ce point de vue leur action ne fut donc pas purement négative ; en outre elle levait l'hypothèque d'une prétendue leçon à recevoir de l'*obchtchina*. Mais, à court terme, l'échec était caractérisé.

1. Certains populistes inspirés par Bakounine vont à la campagne pour soulever la colère paysanne et passer rapidement à l'action directe. Leurs buts diffèrent des « lavrovistes ». Bakounine est beaucoup plus anarchiste que populiste.

La doctrine du populisme (*narodnichestvo*) dont on trouve de bonnes illustrations dans les œuvres de Lavrov (*Lettres philosophiques*, 1869), de N.C. Mikhaïlovski (*Qu'est-ce que le Progrès?* 1869), mais qui a évolué au fil des années et des événements, a pu être analysée comme une idéologie typique des pays sous-développés. En effet dans un pays où l'industrialisation n'a pas encore abouti à la création d'une bourgeoisie et d'un prolétariat, l'intelligentsia démocratique joue un rôle de conscience nationale ; les intellectuels ont alors à « incarner » le monde paysan où le genre de vie est communautaire, alors qu'eux-mêmes sont des individualistes résolus ; pour sortir de cette contradiction, ils se tournent vers le peuple par une approche physique ; on en connaît les résultats en Russie. Certains penseurs, tels Netchaev ou Bakounine, inférèrent de cet échec l'idée d'une faillite générale des individualités dominées par le scientisme et les universités ; mais pour la plupart des populistes la leçon à tirer fut différente : pour faire le bien du peuple qui ne voit pas encore clairement comment la Russie peut parvenir au socialisme, il faut créer une organisation secrète solide qui, par des « permanences » à la campagne, « collera » aux revendications pratiques paysannes, mais ne négligera plus la lutte purement politique contre l'autocratie en la menant sur d'autres bases (programme du groupe *Zemlia i Volia*, reconstitué en 1876) ; en somme mêler les actions ponctuelles parmi les masses rurales avec une action politique d'ensemble contre les fondements de l'autocratie.

Le terrorisme et la fin du règne (1877-1881).

Un grand changement intervient ainsi dans les dernières années du règne d'Alexandre II parmi les révolutionnaires russes : ils recourent de nouveau à une action politique directe sous des formes secrètes et terroristes. Entre 1866 et 1877, le mouvement populiste s'est refusé à réagir violemment contre l'oppression tsariste ; sans doute, après 1866, la police est suffisamment forte pour prévenir d'éventuels actes de violence et pour « noyauter » les organisations révolutionnaires ; toutefois la relative passivité de l'intelligentsia, face aux persécutions, provient surtout d'une volonté de mener la lutte révolutionnaire sans se préoccuper fondamentalement des formes politiques du pouvoir en Russie : libéralisme bourgeois ou autocratie, c'est tout un. A partir de 1877 les conceptions changent : les condamnations dans les procès de 1877 ont modifié la situation tout comme les échecs à la campagne ; la liberté personnelle est trop menacée ; l'indifférence paysanne conduit les plus impatients à vouloir faire seuls le bonheur de tous, la répression conduit les plus ardents à vouloir venger leurs malheureux camarades. Tous les populistes ne s'engagent pas dans cette voie périlleuse et isolée ; après les premiers attentats (1878-1879), une minorité d'adhérents de *Zemlia i Volia* réclame un congrès de l'organisation pour condamner ces nouvelles « pratiques » ; le « Congrès » de Voronèje (en juin 1879) se range du côté des terroristes, mais les conceptions des deux tendances sont tellement divergentes qu'une scission se produit : d'un côté S. Kravtchinsky, A. Mikhaïlov, Sophie Perovskaïa, A. Soloviev, A. Jeliabov constituent une nouvelle organisation secrète qui prétend incarner « la volonté populaire » de rétablir la liberté populaire (*Narodnaya Volia*) [1] en exécutant les chefs de la police et le chef suprême, le tsar Alexandre II ; de

1. Narodnaya volia *signifie aussi bien « volonté populaire » que « liberté populaire ».*

l'autre, G. Plekhanov, Vera Zassoulitch, P. Axelrod veulent demeurer fidèles à l'idéal populiste, propagande et action dans le milieu rural, avec pour but le partage des terres parmi les paysans, le « Partage Noir » (*Tchërnii peredel*). Cette seconde organisation va rapidement se disloquer, soit parce que ses membres sont contraints à l'exil, soit parce que pour certains, tel Plekhanov, va jouer l'attirance des théories marxistes. Ces divergences témoignent de l'embarras de l'intelligentsia devant une Russie qui évolue.

Cependant l'attention des dirigeants russes, de même que celle des contemporains, se fixe plus sur les attentats qui se multiplient à partir de 1878 que sur les premières manifestations ouvrières à Saint-Pétersbourg, organisées par des associations secrètes (Union des Ouvriers du nord de la Russie). Le spectaculaire l'emporte sur le fondamental ; il est vrai que le courage intrépide, la foi révolutionnaire de ces jeunes terroristes méritent l'attention : en janvier 1878, au lendemain d'un procès qui a globalement condamné 193 populistes pour leur action à la campagne en 1874, une jeune inconnue Vera Zassoulitch, tire sur le chef de la police pétersbourgeoise, le général Trépov, qui a frappé un étudiant emprisonné ; malgré les blessures de Trépov, en avril le jury du tribunal acquitte Vera Zassoulitch (qui peut échapper à la police à l'issue du procès). L'opinion publique semble manifester ainsi son accord avec les vengeurs ; pourtant les attentats postérieurs n'entraînent pas l'adhésion populaire ; on peut même penser que la condamnation à mort du tsar par *Zemlia i Volia* en août 1879 est une erreur politique dans la mesure où le tsar demeure aux yeux des masses russes un personnage respecté, voire révéré.

La décision prise sera exécutée le 1er mars 1881 après trois tentatives manquées pendant les années 1879 et 1880 (attentat de Soloviev, train impérial qui saute, explosion dans le Palais d'Hiver) et bien que la police ait employé tous les moyens pour disloquer *Narodnaya Volia ;* rentrant d'une revue dominicale, le tsar Alexandre II échappe à une première bombe lancée contre sa voiture, mais succombe à une seconde jetée contre lui. Quelques heures plus tard, la foule acclame le nouveau tsar Alexandre III. L'assassinat d'Alexandre II était-il donc parfaitement inutile pour les révolutionnaires ? Dans l'immédiat sans aucun doute : en grande majorité les Russes restaient encore des sujets fidèles du tsar ; pour le futur la réponse est plus nuancée : éclairés par les réactions négatives des masses, certains révolutionnaires vont concevoir clairement l'inutilité d'actions d'éclat qui ne seraient pas comprises dans le peuple. Au terrorisme d'isolés, qui se pensent en avance sur leur temps, succédera l'œuvre de propagandistes qui pensent à s'attacher les masses urbaines ou rurales. Abattre le tsarisme reste l'objectif, mais les moyens pour y parvenir vont totalement changer.

En attendant, le tsarisme restait assez fort au début des années 1880 pour éviter toute crise, fût-elle minime, lors de la succession d'Alexandre II ; cette force démontrait-elle la sagacité de la politique réformatrice menée par le tsar-réaliste ? On a parfois écrit qu'à la veille de sa mort, Alexandre II allait accepter une réorganisation libérale des organismes gouvernementaux, proposée par le général Loris-Melikov, qui était investi de tous les pouvoirs depuis février 1880 pour diriger une lutte résolue contre le terrorisme ; Loris-Melikov est également présenté comme un « libéral » pour avoir supprimé la trop fameuse 3e section (Gendarmerie politique) et pour avoir remplacé le comte D. Tolstoï au ministère. En fait Alexandre II n'a pas changé de ligne politique : Loris-Melikov avait simplement rattaché la 3e section au ministère de l'Intérieur sur lequel il avait la haute main et le choix de K. Pobiedonostsev pour remplacer D. Tolstoï comme procureur du Saint-Synode ne témoignait pas d'une ouverture vers le libéralisme ; en outre, les changements administratifs envisagés se limitaient à la création de deux Commissions consultatives, formées d'experts choisis par le gouvernement et d'élus des zemstva et des doumi qui, sous l'autorité d'une Commission générale, élue par les mêmes organismes, émettraient des avis sur les projets de lois gouvernementaux (la proposition complémentaire d'augmenter le Conseil d'Empire par des délégués des zemstva semblait devoir être repoussée par Alexandre II) ; on est loin d'une constitution et même de la libéralisation du régime réclamée vers 1880 par la bourgeoisie moscovite. Bien entendu la mort d'Alexandre II fit avorter ces maigres velléités ; dès le 29 avril 1881, Alexandre III exprimera dans un manifeste son attachement à l'autocratie : « Nous entendons la voix de Dieu qui nous commande de nous maintenir fortement au pouvoir en pleine confiance dans la divine providence, dans la foi de la force et de la vérité du pouvoir autocratique que nous sommes appelé à exercer pour le bien du peuple. »

Le but profond de l'action d'Alexandre II était de permettre au pouvoir impérial de tirer le meilleur parti possible des forces profondes de l'Empire ; à l'extérieur, le règne commencé par une défaite contre les Turcs se terminait par une victoire sur les Turcs (guerre balkanique de 1877-1878) ; à l'intérieur, l'industrialisation, le développement des chemins de fer, l'exportation massive de céréales, prouvaient l'utilité des efforts de mise à jour des années 60. Mais la seule réorganisation des administrations impériales et l'abolition d'un certain passé par l'abolition du servage suffiraient-elles à contenter durablement les Russes ?

3.
L'immobilisme gouvernemental face au développement du capitalisme en Russie (1881-1905).

I. — L'EXPANSION ÉCONOMIQUE RUSSE DANS LA SECONDE MOITIÉ DU XIXᵉ SIÈCLE

L'évolution démographique.

Un fait indéniable et clairement perceptible caractérise l'évolution économique russe de la fin du XIXᵉ siècle : l'expansion est généralisée ; tous les chiffres de production sont en hausse nette entre 1865 et 1914 (tableau p. 57) ; des écarts sont certes perceptibles entre les rythmes de la production agricole et ceux de la production industrielle, la progression par secteurs n'est pas uniforme, elle subit des vicissitudes marquées par moments, mais l'ensemble de la vie économique envisagée sur le long terme prouve le démarrage économique de la Russie tsariste. Dans ces conditions plusieurs questions se posent : la Russie, pays sous-développé, connaît-elle en cette fin de siècle ce décollage (*take off*) cher aux économistes ? Dans l'affirmative, quelles causes fondamentales sont à l'origine de ce fait ? En remarquant l'extraordinaire progression des secteurs industriels, peut-on assurer que la Russie soit alors pénétrée par la « révolution industrielle » ? Enfin sur un plan plus qualitatif, l'expansion, surtout considérée par secteurs, traduit-elle le passage d'une économie où l'autoconsommation était dominante, vers une économie de marché, c'est-à-dire vers un système économique de capitalisme libéral ?

Un premier phénomène doit retenir l'attention : pendant toute cette période la population de l'Empire croît à un rythme très rapide permettant tout à la fois le peuplement de nouvelles régions et le développement urbain (en 1897 12,76 % de la population vit dans les villes, 15,5 % en 1913 contre 9,94 % en 1865). Cet accroissement provient d'un excédent naturel élevé, car la forte mortalité, due au bas niveau de vie, est largement dépassée par une puissante natalité, typique des pays agricoles sous-développés ; pendant la fin du XIXᵉ siècle et au début du XXᵉ siècle la Russie demeure ainsi un pays de jeunes.

Taux de natalité		Taux de mortalité	Excédent naturel	
1861-1870	51,9 %	38,7 %	13,2 %	soit une progression annuelle d'environ 1 million d'hab.
1871-1880	49,1 %	35,5 %	13,6 %	
1881-1890	48,7 %	34,2 %	14,5 %	
1891-1900	48,7 %	32,8 %	15,9 %	
1901-1905	47,7 %	31 %	16,7 %	
1907-1910	45,3 %	29,2 %	16,1 %	
1911-1913	44,1 %	27,2 %	16,9 %	soit une progression annuelle de 2,4 millions d'habitants.

Cette démographie de plus en plus galopante aggrave les problèmes de nourriture, d'emploi et de logement [1]. Si l'homme est la principale richesse d'une nation, la Russie, tenue à l'extérieur pour un réservoir humain inépuisable, est bien pourvue ; en réalité la pression démographique n'apporte pas beaucoup d'avantages à l'Empire, car, si elle rend la main-d'œuvre bon marché, elle permet aussi de maintenir un bas niveau de vie finalement néfaste au développement de l'Empire ; du seul point de vue du ravitaillement, il serait nécessaire que le rythme de production des produits de première nécessité augmente et soit supérieur au rythme du peuplement ; or la production céréalière progresse en moyenne juste suffisamment pour maintenir le bas niveau déjà acquis dans les années 70 ; dans ces conditions les années de disettes ou de famines (1875, 1885, 1889, surtout 1891-1892, 1897, 1901 et 1906) se résorbent lentement ; socialement les effets des crises frumentaires sont durables dans cet Empire où l'économie rurale occupe largement la première place. Par comparaison avec l'Europe occidentale, on peut dire que la Russie à la fin du XIXe siècle connaît encore des crises économiques d'ancien régime.

La physionomie générale de l'Empire est encore peu changée ; la Russie demeure une campagne ouverte, avec de gros villages aux isbas primitives, travaillant selon un assolement triennal ; des transformations techniques, comme l'emploi plus généralisé des charrues en fer ou la multiplication de machines agricoles surtout dans le sud, altèrent un peu le tableau de l'agriculture russe, mais pour l'essentiel la vie à la campagne et les productions agricoles russes baignent dans le passé.

L'évolution industrielle.

Pourtant le monde moderne prend corps dans l'Empire ; très rapidement le capitalisme s'installe sous des formes évoluées. Un repère commode de cette évolution peut être fourni par le tableau (page 59) qui a trait aux créations de nouvelles sociétés par actions. On remarque le rythme inégal de la croissance des sociétés ; peu avant l'abolition du servage, de puissantes sociétés se constituent

1. Les mouvements migratoires, importants à l'intérieur de l'Empire (surtout vers la Sibérie qui passe de 4,3 millions d'habitants en 1859 à 8,1 en 1897 et à 14,5 en 1914) sont encore assez faibles vers l'extérieur, sauf pour les populations non russes, sujettes de l'Empire, tels les Juifs, les Polonais ou les Arméniens.

LA PRODUCTION ÉCONOMIQUE RUSSE DE 1865 A 1917

D'après Khromov-Ekonomitcheskoe razvitie Rossii

ANNÉES	POPULATION en millions d'habitants	AGRICULTURE Céréales (en millions d'hectolitres)	AGRICULTURE Sucre (en millions de tonnes)	ÉLEVAGE (en millions de têtes) bovins	ovins	chevaux	INDUSTRIE (en millions de tonnes) coton	charbon	pétrole	fonte	fers marchands	Voies ferrées en service en milliers de km	COMMERCE exportations (en millions de roubles)	solde de la balance commerciale
1865	75,1	380	6,3	20,9	44,1	15,5	—	0,38	—	0,30	—	3,8	209	+ 45
1870	84,5	580	10,4	—	—	—	—	0,69	—	0,35	—	10,7	359	+ 24
1875	90,2	434	13,0	—	—	—	—	1,68	—	0,42	—	19,0	381	— 150
1880	97,7	560	20,5	22,1	45,5	15,5	—	3,27	—	0,45	—	22,9	498	— 124
1885	108,8	560	34,2	23,0	45,3	15,7	—	4,25	1,88	0,52	0,5	26,0	537	+ 102
1890	117,8	600	40,3	25,5	46,0	19,7	0,11	6,01	3,70	0,88	0,7	30,6	692	+ 284
		en millions de tonnes												
1895	123,9	42,0	52,9	24,5	38,2	17,0	0,17	8,9	5,78	1,4	1,3	37	689	+ 163
1900	132,9	49,0	69,5	31,6	47,6	19,7	0,23	16,1	10,34	2,9	2,7	53,2	716	+ 90
1903	139,1	52,4	78,3	31,8	47,8	20,3	0,25	17,8	10,34	2,4	2,1	58,4	1001	+ 320
1905	143,9	47,5	71	31,1	46,4	20,7	0,24	18,6	7,46	2,7	2,5	61,1	1077	+ 432
1907	149,1	47,5	128	29,6	42,1	20,4	0,28	25,8	8,57	2,8	2,5	65,5	1053	+ 206
1909	157,1	62,1	112	30,4	40,2	21,3	0,31	25,8	9,23	2,9	2,7	66,3	1427	+ 521
1911	163,9	45,8	187	31,0	40,1	21,8	0,33	28,4	9,20	3,6	3,3	68,9	1591	+ 430
1913	170,9 [1]	68,7	124	31,9	41,4	22,7	—	35,9	9,22	4,6	4,0	70,2	1520	+ 146
1915	178,9	57,2	171	—	—	—	—	30,2	9,40	3,7	3,2	75,9	401	— 736
1917	184,6	42,5	—	—	—	—	—	28,6	8,20	3,3	—	81,1	463	— 1852
Progression														
1890/1865	156 %	158 % [2]	560 %	122 %	104 %	127 %	—	1600 % [5]	—	293 %	—	805 %	331 %	
1913/1890	145 %	163 %	290 %	125 %	90 % [3]	115 %	300 % [4]	588 %	250 %	522 %	570 %	229 %	219 %	

1. 159,2 sur le territoire actuel de l'U.R.S.S.
2. Les pourcentages en matière agricole ont une valeur relative dans la mesure où ils sont calculés par rapport à des années précises et non par rapport à des moyennes mobiles. On les a cependant conservés pour obtenir une vue d'ensemble.
3 .Seul exemple de baisse.
4. Calculé sur les années 1890-1911.
5. Certains pourcentages perdent leur valeur lorsque la base de référence est par trop faible.

(surtout entre 1857 et 1860) ; ce sont les premières compagnies ferroviaires, les premières banques, les premières concentrations de l'industrie textile. Puis vient la période des « fondateurs » (les Russes utilisent le mot allemand, *gründer*) ; pendant les années 1870 à 1873 les créations se multiplient aussi bien dans la métallurgie ou les mines (fondation des premières grandes entreprises du Donets ou du bassin de Dombrowa en Pologne) que dans la métallurgie différenciée (dans les ports de la Baltique ou à Moscou) ; toutes ces nouvelles sociétés réclament une forte puissance en capitaux, d'où le chiffre élevé du capital moyen des entreprises. Les investissements étrangers demeurent encore faibles (à peine 100 millions de roubles en 1870, dont 26,5 dans des sociétés par actions), concentrés sur des compagnies de chemins de fer ou des installations en Pologne russe (surtout des capitalistes allemands) ; le Gallois Hughes fonde en 1869 la première grande usine métallurgique du Donets [1]. On peut donc penser que l'argent amassé par les propriétaires terriens lors des achats de terres par les communautés paysannes a partiellement servi au développement industriel ; il a certainement facilité la multiplication des organismes bancaires en Russie (73 banques sont créées entre 1861 et 1873) ; en 1861 banques et établissements de crédit totalisaient 350 millions de roubles en dépôts et comptes courants, 2 753 millions y sont déposés en 1873. Pour la première fois en Russie la misérable masse paysanne permet le financement de l'essor industriel ; on reverra plusieurs fois ce phénomène.

Le décollage est-il réalisé ? La réponse doit être négative : tout d'abord la vulnérabilité de la nouvelle économie russe saute aux yeux lorsque la crise européenne de 1873 atteint la jeune industrie ; les créations de sociétés diminuent à partir de 1876, et surtout désormais le chiffre moyen du capital des entreprises se réduit sensiblement ; pourtant la concordance des variations cycliques russes avec la conjoncture internationale témoigne déjà du passage de la Russie à un stade plus évolué du capitalisme ; désormais le destin de l'économie russe est lié aux vicissitudes conjoncturelles internationales, mais, dans la mesure où cette économie reste à dominante rurale, la Russie combinera des récessions ou des crises industrielles de type moderne aux crises frumentaires de type ancien.

En fait le grand bond en avant industriel commence à la fin du siècle, après que la décennie 1886-1895 ait assisté à « l'assainissement » de l'économie tsariste ; comme on peut le noter, les liquidations de sociétés représentent alors en capital les 3/4 des créations de cette décennie. De nombreuses petites sociétés périclitent, disparaissent ou sont absorbées par les puissants du jour ; le phénomène de la concentration s'accélère ; dès 1890 il apparaît dans les charbonnages : dans le Donets 5 sociétés extraient 54 % du charbon tandis que 71 autres sociétés fournissent 5,3 % de ce charbon. En 1890, 32 254 entreprises existaient en Russie, employant 1 424 000 ouvriers et produisant un revenu de 1 502 millions de roubles ; en 1900 le nombre des entreprises a progressé seulement de 15 %, mais le nombre d'ouvriers a augmenté de 66 % (2 373 000 ouvriers), et le revenu a doublé (3 005 millions de roubles) ; en 1901, 46,7 % des ouvriers russes travaillent dans des entreprises de plus de 500 ouvriers. Le grossissement de la taille des entreprises et l'augmentation de la productivité ouvrière prouvent la modification qualitative de l'industrie.

1. La ville voisine de l'usine porte le nom « russifié » de W. Hughes, Yousovka ; l'usine conservera le 1er rang parmi les usines métallurgiques du Donets jusqu'en 1917. Yousovka sera ensuite débaptisée pour s'appeler Stalino ; elle s'appelle Donetsk depuis 1961.

ANNÉES		Nombre de sociétés créées	Capital total en (millions de roubles)	Capital moyen de la Société en (millions de roubles)	Nombre de sociétés liquidées	Capital total en (millions de roubles)
par 10 ans	1846-1855	27	29	1,00	8	9,2
	1856-1865	139	305	2,12	26	18,5
	1866-1875	385 (1866-1870 : 85 ; 1871-1875 : 300)	803	2,08	15	13,3
	1876-1885	236	364	1,54	19	11,0
	1886-1895	378 (1886-1890 : 122 ; 1891-1895 : 256)	435	1,17	96	336,0
par 5 ans	1896-1900	640	1146	1,78	0	0
	1901-1905	237	219	0,92	177	237,0
	1906-1910	396	461	1,16	157	206,0
	1911-1915	981	1405	1,42	22	23

d'après L.E. Chepelev, « Aktsionernoe outchreditelstvo v Rossii, dans le Recueil *Iz istorii imperializma v Rossii*, Léningrad, 1962.

L'avenir est aux grandes unités ; la mode du gigantisme défraie la chronique industrielle et boursière entre 1896 et 1900 ; à grand renfort de capitaux étrangers, des entreprises géantes se fondent dans les secteurs de base, mines ou métallurgie. La silhouette du capitalisme industriel russe prend forme : de grosses unités de production faisant un large appel aux soutiens bancaires, souvent venus de l'étranger, dominent les secteurs dynamiques, c'est-à-dire les industries lourdes ou nouvelles (chimie, électricité), tandis que les secteurs de l'industrie différenciée, comme les textiles, la petite métallurgie, les cuirs et les peaux, où les capitaux étrangers pénètrent peu, progressent plus lentement en conservant des formes plus traditionnelles par petites unités de production souvent artisanales (*koustarii*). Désormais on peut dire que le démarrage industriel de la Russie a eu lieu. Sans doute la crise économique de 1901-1903 (reflet accentué d'une récession internationale) suivie d'une violente secousse politique en 1905-1906, freine ensuite le développement, mais les bases de transformation sont jetées qui permettront une prodigieuse expansion dans les années de l'immédiat avant guerre.

Le développement des transports.

Parmi les principales causes de cette expansion, deux facteurs sont à retenir : la formation d'un marché pour tout l'Empire, l'action du gouvernement. En Russie les ressources fondamentales pour un développement industriel sont excentriques par rapport aux vieux centres vitaux du pays : le fer de l'Oural ou de Krivoï Rog, le charbon du Donets ou de Dombrowa, le pétrole de Bakou, le coton du Turkestan doivent parcourir des milliers de kilomètres pour activer Saint-Pétersbourg ou Moscou (cf. carte p. 122) ;

pour tirer parti de ces ressources ou pour exporter les céréales du tchernoziom, un réseau ferroviaire assez dense doit être constitué. Vers 1890 le réseau des chemins de fer russe atteint 30 000 km, coordonnant correctement les deux capitales aux centres industriels du Sud et de l'Ouest polonais ; les principaux centres de consommation sont ainsi liés entre eux, mais il est significatif de comparer la situation du développement ferroviaire en Allemagne, en France ou aux États-Unis au même moment : l'Empire allemand possède 40 000 km de chemins de fer, la France 27 000 km et les États-Unis 270 000 km ! Quand on pense à l'étendue de l'Empire, aux difficiles conditions de circulation dues au climat, on mesure le retard du développement russe comparé à l'autre géant, confronté à de semblables problèmes ; un énorme effort doit être accompli. En 10 années (de 1892 à 1902) la progression est spectaculaire (23 000 km en plus), grâce surtout à la construction du transsibérien, commencé en mai 1891 et achevé pratiquement en 1902. Cependant vers 1900, en dehors de la Pologne, des régions ukrainiennes et du bassin de Moscou, la densité du tissu ferroviaire demeure insuffisante ; mais l'impulsion est donnée ; un marché national unique est en formation : les produits agricoles de la zone du tchernoziom peuvent facilement être exportés par les ports du Sud ou par la Baltique, à Moscou la fonte ou l'acier du Sud coûtent moins cher que les produits anglais importés ; la circulation intérieure est considérablement activée ; la circulation des produits et des passagers triple entre 1890 et 1900 ; les déplacements de main-d'œuvre sont facilités ; les grandes foires traditionnelles perdent leur utilité et leur importance décroît au profit des villes qui voient naître des quartiers industriels et commerçants autour des gares [1] ; Vers 1900, 70 % des transports intérieurs sont faits par la voie ferrée, qui pour les 2/3 est aux mains de l'État.

Le rôle de l'État.

L'Empire tsariste présente en effet la particularité d'être un État où l'économie capitaliste libérale domine, mais qui contient aussi des secteurs économiques sinon nationalisés, du moins partiellement étatisés ; de vastes forêts domaniales, des entreprises métallurgiques d'État (dans l'armement) et surtout les chemins de fer en sont des exemples probants. Dans la plupart des cas l'action de l'État n'a pas obéi au départ à une pétition de principe, mais à des exigences circonstancielles : ainsi bon nombre de compagnies ferroviaires constituées hâtivement vers 1860-1870 ont connu vers 1880 de graves déficits ; l'État a d'abord consenti des avances, puis devant la persistance du marasme il a fini par racheter les lignes. Entre 1886 et 1902 66,7 % des lignes passent aux mains de l'État, qui se fait également constructeur ; cette politique d'étatisation esquissée par les ministres des finances K.H. Bounge (1881-1886) et I.A. Wichnegradski (1886-1892) connaît son zénith sous leur successeur le comte S.I. Witte (1892-1903). Chez ce dernier cette action n'est qu'un des aspects d'un plan d'ensemble plus général : faire du Trésor public le grand initiateur du développement économique national ; on en revient à la tradition pétrovienne.

Witte s'est comparé lui-même à Pierre le Grand ; sans verser dans la mégalomanie de cet « ours mal équarri » (le mot est de Joseph Caillaux), on doit cependant prêter une

1. Au début du siècle les cheminots russes sont plus d'un demi-million, formant ainsi une catégorie sociale active et neuve, une des bases du nouveau prolétariat russe.

réelle attention à l'un des grands hommes d'État russes de la fin du régime. Par ses origines S. Witte (1849-1915) appartenait au milieu nobiliaire de service ; par sa formation scientifique et par son passage dans les cadres de compagnies ferroviaires privées, il fait un peu figure de technocrate, tranchant ainsi sur son milieu d'origine ; lorsqu'il devient directeur du département des voies ferrées au ministère des Finances en 1889, puis ministre des Communications en 1892, cet homme brutal, énergique, actif, a l'avantage de bien connaître les problèmes de l'industrialisation ; il a également la chance d'arriver au ministère des Finances en septembre 1892, peu après la grande famine et peu avant le renversement de la conjoncture internationale : la famine a prouvé la nécessité de diversifier l'économie russe, la conjoncture favorisera l'expansion. Peu à peu Witte dégage une ligne de conduite sans doute inspirée par les théories de l'économiste allemand Fr. List et qui accentue les tendances déjà imprimées par ses prédécesseurs ; en mettant la Russie à l'abri de la concurrence étrangère par un protectionnisme renforcé (les tarifs douaniers furent considérablement relevés en 1881, 1885, 1887 et surtout 1891), en assainissant la situation budgétaire et monétaire grâce à une balance des comptes positive, l'État crée les conditions favorables à l'industrialisation ; celle-ci se réalise grâce aux commandes de l'État constructeur de voies ferrées, d'autre part grâce à l'appel aux capitaux étrangers. De toute manière l'industrialisation repose sur les sacrifices imposés à l'agriculture ; en effet Witte, ayant volontairement opté pour l'industrie, doit prélever sur les disponibilités nationales les fonds nécessaires au financement des commandes, à la construction des chemins de fer, au rétablissement monétaire ; deux moyens sont alors utilisés : d'une part un système fiscal reposant pour l'essentiel sur les impôts indirects, tout particulièrement sur la vente des alcools, monopole de l'État depuis 1893-1894 (les débits de vodka sont florissants à la campagne, car plus le paysan boit, plus il aide l'État!) [1]; d'autre part une balance commerciale presque constamment créditrice grâce aux ventes de céréales à l'étranger, même si le peuple russe ne mange pas à sa faim. Le recours aux disponibilités étrangères sous des formes diverses (emprunts d'État, emprunts, de chemin de fer, faveurs aux investissements étrangers), qu'il faut ensuite rembourser ou racheter, est conçu comme temporaire : lorsque l'industrie russe sera majeure, elle fournira le pays en biens peu coûteux, ce qui permettra une modernisation de l'agriculture, d'où un enrichissement de ses masses paysannes, qui pourront alors prendre le relais du capitalisme étranger. L'accumulation nationale, insuffisante à la fin du XIXe siècle, deviendra suffisante au XXe siècle pour assurer la croissance industrielle russe ; on pourra alors relâcher le protectionnisme et se dispenser de l'aide étrangère. L'action de S. Witte en faveur de l'industrie n'a pas fait de lui le « père » de l'industrialisation russe, puisque celle-ci dépendait de conditions générales nationales et internationales, mais il est certain que les choix faits par ce technocrate, monarchiste convaincu, ont accéléré le processus d'industrialisation en Russie.

1. On mesure le poids de la fiscalité indirecte et le rôle de l'ivrognerie comme source de revenus en indiquant les pourcentages des principales recettes budgétaires ordinaires pour la période de 1893-1899.

Ventes et droits sur les boissons	*Revenus d'exploitation des voies ferrées*	*Douanes*	*Droits d'accises (tabac, sucre, pétroles, allumettes)*	*Impôts sur le revenu*	*Droits commerciaux*
24,5 %	*19 %*	*14 %*	*8,2 %*	*4,3 %*	*3 %*

Le capitalisme étranger.

Que représente le capitalisme étranger en Russie ? Il est assez délicat de le préciser, car il faut pouvoir démêler dans des sociétés par actions à nationalités différentes le capital réellement versé par des étrangers et celui apporté par des Russes ; en outre il convient de déterminer qui dans une société possède la majorité relative susceptible d'en assurer le contrôle ; on peut facilement diriger une entreprise avec 30 % du capital. Cependant des tendances assez nettes apparaissent au travers de statistiques variées : entre 1890 et 1900 la participation étrangère s'accroît sensiblement dans les entreprises établies en Russie. En 1890, selon un économiste contemporain, Ol, le capital étranger atteindrait le tiers des sommes engagées dans des sociétés par actions, en 1900 la moitié ; ce chiffre paraît exagéré puisque un historien soviétique, Voronov, estime cette participation en 1900 à 28,8 %, un autre historien, Kritchman, à 15 %. En fait la sectorisation des investissements et leur évolution dans la décennie 1890-1900 sont plus révélatrices ; selon l'historien soviétique Liachtchenko, les investissements étrangers dans les mines quintuplent et atteignent 70 % du capital investi en 1900 ; dans l'industrie métallurgique ils sont multipliés par 3,5 et représentent 42 % du capital investi en 1900 ; l'industrie chimique et l'industrie électrique attirent également les placements étrangers ; les textiles et les industries alimentaires demeurent aux mains des Russes. Parmi les investisseurs étrangers, les Français et les Belges se taillent la part du lion avec environ 57,3 % du capital versé ; l'Allemagne en possède 24 %, la Grande-Bretagne 15 % (il est très difficile de séparer les placements français et belges, compte tenu des étroites liaisons financières qui existent alors entre ces deux capitalismes, d'autant plus que, pour éviter le fisc français, bon nombre de sociétés véritablement françaises sont domiciliées à Bruxelles ou à Liège) ; le seul flux de capitaux français venus en Russie quadruple entre 1890 et 1901, dépassant alors 1 milliard de francs. On peut donc conclure à l'arrivée massive de capitaux étrangers en Russie, au point de dominer nettement les secteurs d'industrie de base. Pouvait-on l'éviter ? Dans le système du capitalisme libéral, alors seul en place, étant donné les structures sociales internes et l'insuffisance de l'accumulation nationale, la dépendance relative de l'économie russe par rapport aux capitalismes étrangers était inévitable. Pour s'en consoler Witte ajoutait que « la Russie, ce n'était pas la Chine », marquant ainsi la différence de dépendance entre un Empire vassalisé et un Empire indépendant ; mais le processus d'intervention étrangère en Russie ne laissait point indifférent l'ensemble de la population et en particulier la bourgeoisie en formation.

II. — TABLEAU DE L'ÉCONOMIE RUSSE A LA FIN DU SIÈCLE

L'agriculture.

L'agriculture russe a lentement évolué depuis l'abolition du servage. La médiocrité subsiste sur le plan technique ; la productivité reste faible : vers 1864-1866 la production annuelle de blé par cultivateur était de 2,21 pouds [1], en 1885-1894 elle passe à 2,57 pouds, en 1900-1905, à 2,81 pouds soit une progression totale de 27 % ; de nombreuses raisons expliquent cette faible augmentation ; le système d'assolement triennal demeure employé

1. *Un poud = 16,38 kg.*

sous des formes archaïques sans utilisation appréciable d'engrais, aussi bien naturels, car la nourriture de troupeaux plus nombreux pose des problèmes insolubles, que chimiques, car ceux-ci coûtent encore trop cher ; en outre les divisions du terroir en soles minuscules lors des attributions par le mir, aboutissent à la culture de lopins trop exigus ; seules certaines cultures spécialisées comme les pommes de terre peuvent se développer sensiblement dans ce contexte (la production globale double entre 1885-1890 et 1900-1905). Pour la majorité des cultivateurs, les techniques culturales utilisées ne changent guère : la *sokha* demeure en bois, la traction animale est insuffisante (en 1890 sur environ 10,1 millions de feux à la campagne, 5,6 millions possèdent moins de 2 chevaux) ; on continue à gratter le sol ou à pratiquer l'essartage itinérant (*perelog*). En fait la misère très répandue à la campagne est engendrée par un surpeuplement relatif dû lui-même au système de possession du sol issu de la réforme de 1861 ; vers 1880, un tiers des paysans dispose de 1 à 2 déciatines de terres, la moitié a moins de 4 déciatines ; en 1900 en Russie d'Europe 59,5 % des paysans sont « officiellement » considérés comme pauvres (*biednaki*), 22 % comme paysans moyens (*seredniaki*), 18,5 % comme riches (*Koulaki*) [1] ; une enquête officielle de 1905 montre l'extrême inégalité de la répartition des terres : sur les terres communales, la moitié des paysans possède moins de 8 déciatines de terres, lot insuffisant pour vivre correctement ; leurs possessions représentent 20 % de ces terres ; au contraire 10 % des paysans ont chacun plus de 20 déciatines, totalisant 35 % du sol cultivé ; enfin la grande et la très grande propriété accaparent une notable partie des terres comme le prouve le tableau suivant (d'après Lénine, *Le programme agraire de la Social-démocratie*, 1907) :

Propriétés	Superficie en déciatines	en millions de déciatines	en %
très petites propriétés	moins de 8 ou 10	32,35	14,3
petites et moyennes propriétés	entre 8-10 déciatines minimum[2] et 30 ou 50 déciatines	78,33	34,7
grandes propriétés	+ de 30 ou 50 à 500 déciatines	50,01	22,1
très grandes propriétés	+ de 500 déciatines	65,60	28,9
	total des terres [3]	226,30	100

1. Le Koulak est un paysan qui tient les autres paysans dans son poing (en russe Koulak*) soit par les avances qu'il leur consent, soit par l'emploi qu'il leur assure.*

2. Les statistiques de 1905 n'utilisaient pas les mêmes critères pour les terres communales et les propriétés privées, d'où l'imprécision de cette rubrique. En outre une même superficie au Nord et au Sud, dans la steppe ou le tchernoziom, permet un niveau de vie fort différent.

3. Ce total représente une partie seulement des terres cultivées en Russie d'Europe. Environ 100 millions de déciatines du Nord sont inutilisables ; 45 millions appartiennent à la Couronne ou à de grandes institutions.

On peut caractériser la Russie agricole au début du XXe siècle comme un pays où se mêlent latifundia et microfundia. L'opposition entre ces deux formes antithétiques tend à s'accentuer dans certaines régions, donnant naissance à deux mondes ruraux socialement hostiles et économiquement contradictoires ; la diminution du lot moyen paysan a été particulièrement ressentie dans les zones de fort peuplement et de bonnes terres ; la pression démographique et le désir des grands exploitants d'agrandir leur exploitation en profitant de l'absence de réserves financières chez le petit paysan expliquent ainsi que le lot du paysan moyen ukrainien baisse de 3,3 déciatines en 1860 à 1,7 en 1890, celui du paysan du Sud-Ouest de 2,9 à 1,4 déciatines. Les latifundia existent non seulement dans l'Est (9 compagnies possèdent près d'1,5 million de déciatines dans la région de Perm) ou dans les steppes du Sud-Est, mais encore ils se multiplient en Esthonie ou Lettonie, pays de grand élevage laitier, dans les régions proches des rives de la mer Noire, pays exportateurs de céréales, voire dans la zone de Nijni-Novgorod et de Vladimir, où les réserves forestières sont nécessaires à la bonne marche des usines textiles. En fait ici une agriculture capitaliste s'affirme aux dépens de l'agriculture traditionnelle ; la première améliore ses rendements, travaille pour des ventes à l'extérieur, exploite une main-d'œuvre salariée bon marché (1,8 million d'ouvriers agricoles en 1897), utilise du matériel agricole moderne ; toutefois son aire d'expansion se situe surtout dans les régions périphériques de l'Empire, là où le poids du passé servile est le plus faible. Ailleurs la différenciation entre la petite exploitation impuissante et attardée et l'exploitation rationnelle et rentable se produit plus lentement, mais ce processus est perceptible. Peu à peu dans le village du centre de la Russie, une minorité de koulaks commence à racheter des terres, à louer du matériel, à employer temporairement les plus pauvres, à prêter pour assurer la soudure ; pour réaliser une évolution rapide vers un type d'exploitation capitaliste équilibré, il aurait fallu qu'un réseau bancaire cohérent supplée à l'usure locale, qu'un réseau ferroviaire plus dense active les échanges et surtout que le marché de consommation urbain s'amplifie nettement ; or les villes russes consistaient encore en de grands rassemblements de bidonvilles misérables autour de quelque centre commerçant (56 % des maisons sont en bois) ; en 1900, leur population se gonflait l'hiver de nombreux paysans venus travailler en usine, puis elle se réduisait à la belle saison, ces mêmes migrants retournant dans leur campagne pour les grands travaux des champs ; vers qui les producteurs moyens auraient-ils pu se tourner pour vendre ? Vers 1900, les paysans moyens (ou même les koulaks) ne formaient pas encore une bourgeoisie rurale ; pas même l'amorce d'un monde rural mieux équilibré.

L'industrie.

Une nouvelle carte économique de l'Empire se forme peu à peu : pour la fabrication de l'acier ou de la fonte la vieille région industrielle de l'Oural perd sa prééminence au profit du jeune Donets ou même de la Pologne russe ; deux mondes industriels s'opposent : dans les lointaines forêts ouraliennes des forges au bois à faible rendement produisent des fabrications médiocres, peu exportables ; « l'Oural dort » (Mendeleïev) ; sur les steppes du Sud ukrainien, depuis 1880-1890, naissent d'énormes villes minières empoussiérées et enfumées (Yousovka compte 50 000 habitants vers 1905) ; hauts fourneaux, laminoirs, chevalements de mines transforment les paysages. La productivité de ces régions est remarquable ; leur rôle dans le développement industriel russe est primordial : entre

1890 et 1900 la part de la production charbonnière du Donets dans la production impériale passe de 49 % à 69 %, celle du fer de Krivoï Rog de 21 % à 57 % ; la production de fonte du Midi de 24,3 % à 51,8 %, la production d'acier du Midi de 17,8 % à 44 %. Une certaine rationalisation du travail industriel se réalise en Russie d'Europe : les mines de charbon du Donets, le fer de Krivoï Rog reliés depuis 1885 par la ligne Catherine entre Ekaterinoslav et le Donets, donnent naissance aux complexes métallurgiques géants du Donets ou de la vallée du Dniepr ; les voies ferrées et la Volga permettent le transport des produits bruts ou semi-finis vers les centres industriels du bassin de Moscou (Toula, Riazan, Briansk), vers Kharkov ou vers les villes des bords de la Volga (Tsaritsin, Saratov, Nijni-Novgorod), qui utilisent aussi le « mazout » de Bakou comme source énergétique (Bakou est le plus gros producteur mondial de pétrole vers 1900) ; la Pologne russe autour de Dombrowa, Czestochowa et Lodz réalise un certain équilibre entre les industries lourdes et de transformation (métallurgie différenciée, textiles) ; les ports de la Baltique, Riga, Reval et Saint-Pétersbourg accueillent des industries de transformation qui requièrent une main-d'œuvre plus experte (industrie d'appareillage électrique, armement, mécanique de précision) ; les ports de la mer Noire voient se développer les cimenteries (Novorossisk, Kherson), les industries chimiques, la sidérurgie sur l'eau (Marioupol, Taganrog) et des industries alimentaires (Odessa). Enfin Moscou combine les textiles, les cuirs et peaux, les industries alimentaires avec la métallurgie différenciée, tandis que le haut bassin de la Volga (Iaroslav, Tver, Kostroma) continue à dominer la production textile. Vers 1900 la carte industrielle de la Russie d'Europe préfigure déjà la carte actuelle.

Le monde urbain : ouvriers et patrons.

Ces modifications géographiques conduisent naturellement à des transformations sensibles dans la population urbaine et dans la classe ouvrière. En 1900, sept villes dépassent 200 000 habitants (Saint-Pétersbourg 1,2 million, Moscou 1 million, Varsovie 638 000, Odessa 400 000, Lodz 315 000, Riga 287 000, Kiev 247 000), 9 autres dépassent 100 000 habitants (dont Kharkov, Bakou et Ekaterinoslav, villes spécifiquement industrielles), 30 autres villes ont plus de 50 000 habitants. Toute cette population urbaine est loin d'être uniformément ouvrière; à Moscou, par exemple, on estime le nombre des ouvriers à 100 000 ; elle est composite, plus ou moins marquée par les activités essentielles du centre urbain concerné : le secteur tertiaire, commerce et services, domine à Saint-Pétersbourg, à Kiev ou à Odessa ; néanmoins, des signes évidents de prolétarisation apparaissent : des quartiers lépreux formés de corons ouvriers, de courrées sordides, de bidonvilles, de casernes ouvrières à l'intérieur des usines ceinturent les villes (quartiers Presnia, Khamovniki, Rogoski, Lefortovo à Moscou ; Vyborg, Nevski, Narvski à Saint-Pétersbourg); peu à peu dans ces « rayons », la solidarité ouvrière, née dans la misère, débouche sur une conscience de classe. Celle-ci est loin d'être uniforme à l'intérieur d'un même centre : à Moscou, les cheminots ou les ouvriers métallurgistes de chez Goujon se considèrent comme plus évolués, plus formés que les migrants qui, l'hiver, s'engagent dans les industries alimentaires ou dans les peausseries ; à Saint-Pétersbourg les *Poutilovski* (ouvriers de la plus grosse entreprise industrielle russe) et les ouvriers des chantiers navals, souvent ouvriers qualifiés, sont les mieux organisés, les plus proches des groupes socialistes ; à Bakou, les rivalités ethniques entre travailleurs arméniens, turcs, perses, caucasiens rendent difficile toute organisation ouvrière. Dans l'ensemble, les centres industriels récents ont une population ouvrière plus malléable, moins structurée politiquement ; environ le tiers des ouvriers vit hors des centres urbains traditionnels, soit près d'usines isolées le long de voies de communication, soit auprès des sources énergétiques, dans des rassemblements qui sont de simples campements pendant des années.

La masse ouvrière grossit rapidement : même en tenant compte de l'imprécision des estimations, on peut retenir une progression des 2/3 entre 1890 et 1900, puisqu'en 1900 la Russie comptera 2 343 000 ouvriers d'usine contre 1 424 000 dix ans plus tôt ; selon le recensement de 1897, 621 000 ouvriers travailleraient dans le textile, 236 000 comme métallurgistes ; mais pour tenir compte des familles ouvrières, il faudrait sans doute multiplier ces données par 4 ou 5. Lénine, dans son ouvrage *Le développement du capitalisme en Russie*, utilisant des statistiques officielles, aboutit pour 1902-1903 à un chiffre total de 2 792 374 ouvriers, dont 1,5 million dans les fabriques et usines, 626 000 dans les mines et la métallurgie, 655 000 dans les chemins de fer [1]. D'après le recensement de 1897 les travailleurs de l'industrie avec leurs familles composeraient un groupe de 12,4 millions d'individus contre 93,7 millions de ruraux, 5 millions de commerçants, 1,9 million d'employés des transports et 5,8 millions dans les services, la domesticité et les emplois journaliers ; ainsi un peu moins de 10 % de la population russe pourrait appartenir à la classe ouvrière. Depuis le milieu du siècle cette classe a quintuplé ; plus que le changement quantitatif importe la modification qualitative : un monde nouveau est né en Russie tsariste.

Une nouvelle catégorie bourgeoise, le bourgeois d'affaires russe, se crée également au début du siècle : à la place du maître de forge qui faisait fortune, tel un Demidov dans l'Oural, apparaît l'entrepreneur polyvalent, membre de nombreux conseils d'administration, qui passe de l'industrie à la banque, comme Riabouchinski à Moscou, Poutilov à Saint-Pétersbourg, Yasoukovitch ou Avdakov dans le Donets. Encore peu nombreuse, la grande bourgeoisie capitaliste prend forme en Russie au début du siècle. Elle constitue un monde assez fermé, distinct socialement de la Société pétersbourgeoise, mais souvent lié économiquement aux principaux *tchinovniki* [2] par lesquels on obtient les précieuses commandes gouvernementales. A Moscou, des industriels, de grands commerçants, quelques banquiers forment un groupe compact, nationaliste, souvent vieux-croyant, parfois ouvert aux influences artistiques occidentales les plus avancées (d'où les nombreux achats de toiles cubistes dans les collections privées) ; dans le Sud, le capitaine d'industrie audacieux, le pionnier autodidacte font penser aux hommes de l'Ouest américain ; à Saint-Pétersbourg, la même catégorie sociale est plus cosmopolite, plus liée aux capitalismes étrangers, plus habituée à la spéculation boursière et à l'agiotage : la grande banque y constitue comme une aristocratie.

Il est vrai que la concentration bancaire russe se fait au profit de la capitale administrative : les banques russes se sont multipliées assez tôt avant la crise des années 1873-1878, mais elles ont atteint leur plénitude dans l'action seulement à la fin du siècle ; en

1. L'économiste russe Tugan-Baranovski estime à 3 millions le nombre des ouvriers en 1900, dont 550 000 dans les textiles, 500 000 dans les mines et la métallurgie, 400 000 cheminots. L'historien L.A. Sidorov retient le chiffre de 3,5 millions d'ouvriers en 1904-1905.

2. Exactement membres du tchin, hiérarchie des rangs ; en fait mot usuel pour désigner les fonctionnaires russes.

Russie, en 1900, 43 banques privées existent, mais les six principales, qui font près de la moitié des opérations et qui disposent de la moitié des fonds, sont pétersbourgeoises ; leur réseau de succursales irrigue peu à peu tout le pays ; leur proximité des autorités gouvernementales les sert ; leurs larges facilités vis-à-vis des industriels les mettent en mesure de s'assurer la haute main sur les principales activités économiques russes ; alors débute un phénomène qui va ensuite s'accélérer dans la période de crises des années 1901-1906, la domination de la concentration bancaire pétersbourgeoise sur l'économie tsariste (comparable au rôle de la concentration bancaire parisienne en France).

III. — LA POLITIQUE GOUVERNEMENTALE A LA FIN DU SIÈCLE ET LES MOUVEMENTS D'OPPOSITION

L'autocratie "maintenue". Alexandre III, Nicolas II et leurs conseillers.

A 36 ans, Alexandre III succède à son père Alexandre II. Si ce dernier peut paraître un personnage complexe et divers, son fils est tout d'une pièce : géant honnête, laborieux, préoccupé par les questions militaires comme tous les Romanov du XIXe siècle, ce bon mari (il a épousé une princesse danoise), ce bon père de famille, fidèle dans ses amitiés, n'est pas torturé par le doute ; confiant dans les conseils que lui suggère son ancien précepteur, Constantin Pobiedonostsev, le nouveau monarque n'hésite pas à suivre une ligne de conduite rigide et simple : maintenir l'autocratie contre vents et marées, en obéissant aux traditionnels principes du pouvoir tsariste, « un tsar, une foi, une nation » ; la lutte contre les religions non orthodoxes ou contre les schismatiques, un antisémitisme avoué forment les fondements religieux de cette doctrine, de même que la russification des provinces allogènes constitue l'aspect unificateur de cette politique ; en réalité toutes ces options proviennent d'une idée force, le rejet de toute démocratie. Les soubresauts intervenus en Russie après les premières réformes, l'évolution « alarmante » de la France impériale vers la pourriture républicaine ont pu renforcer les convictions du monarque, mais le pessimisme profond du mentor, Pobiedonostsev, est plus déterminant.

Rarement une personnalité exprime avec plus de rigueur (et même de fanatisme) les vertus du pouvoir autoritaire que ce professeur de droit devenu procureur général du Saint-Synode en 1880 ; jusqu'à sa mort, en 1907, l'influence de cet administrateur intelligent, consciencieux, érudit en matière juridique, est considérable en Russie ; non seulement ce ministre manœuvre avec habileté pour placer ses « disciples » aux postes de responsabilité, mais encore, comme sa volumineuse correspondance en porte témoignage, il n'est guère de domaines, politique, religieux, littéraire, artistique, scientifique, économique même, où il n'intervienne avec fougue et souvent brutalité ; ses démêlés avec Léon Tolstoï, dont il fait interdire certaines œuvres, ses interventions contre les schismatiques tels les Doukhobors, en 1894, sont restés célèbres ; on connaît moins ses conceptions favorables à l'expansion du capitalisme. Mais l'essentiel de ses idées est exprimé dans son *Recueil Moscovite* (*Moskovski sbornik*), publié en 1896 : l'homme est un enfant qu'il faut conduire dans le droit chemin en évitant de laisser s'installer la corruption ou la loi d'une minorité par le biais de la démocratie ; les parlements représentent seulement « la tyrannie des masses », médiatisée par des arrivistes, des politiciens ou des ambitieux ; la presse est aux mains d'agitateurs ; pour assurer le salut du peuple russe, une direction ferme doit le guider, en suivant les inspirations divines et en se montrant intolérante à l'égard de tous ceux qui s'écartent du bien commun ; donc toute dissidence politique, religieuse ou intellectuelle est punissable ; on aboutit à un totalitarisme conscient. On pourrait résumer pareil raisonnement en une formule simple : éviter à la Russie la contagion démocratique-occidentale ; Pobiedonostsev rejoint ici la pensée de Dostoïevski vieillissant : l'auteur des *Frères Karamazov* (1879-1880) se tourne dans les années 70 vers un slavophilisme réactionnaire, hostile aux influences occidentales aussi bien en matière judiciaire (Dostoïevski mène campagne contre la justice russe issue des dernières réformes) qu'en matière intellectuelle (le darwinisme, le socialisme, le capitalisme, les religions occidentales sont uniformément rejetés). Évidemment, au fil des années, cette théorie totalitaire devra transiger devant la montée des périls intérieurs, mais le pragmatisme de Pobiedonostsev lui-même ne fait pas illusion : le maintien de l'ordre établi demeure la pierre angulaire de son idéal politique comme celui de ses deux élèves, Alexandre III le père, Nicolas II le fils.

Car la mort d'Alexandre III en 1884 (à 50 ans) ne modifie point la situation. Pour la première fois dans ce siècle un tsar succède à son père dans le calme [1] ; la première déclaration politique faite en public par le nouvel empereur est claire ; en réponse à une députation du zemstvo de Tver venue demander une douma, Nicolas II répond : « Faites « savoir à tous que, me dévouant de toutes mes forces au bien de mon peuple, je maintien- « drai le principe de l'autocratie aussi fermement et aussi inflexiblement que feu mon « inoubliable père. » (15 janvier 1895.) La voie était tracée, on continuera à la suivre . Dès lors, peu importent les divergences physiques entre les deux derniers tsars (le fils paraît chétif face au colosse paternel), leurs concordances psychologiques (Nicolas mène une vie personnelle apparemment rangée, il est ennemi d'un luxe ostentatoire), leurs différences dans leurs rapports avec leur entourage (Nicolas est timoré, cauteleux, dissimulé) ; tous deux sont hostiles à toute transformation politique ; ce sont des conservateurs.

Fort logiquement ils vont donc s'entourer de ministres de ce type. Dès avril 1881, les « réalistes » du règne précédent, Loris-Melikov, le général Milioutine sont obligés de remettre leur démission ; le successeur de Loris-Melikov, le comte N. Ignatiev, dont le nationalisme intransigeant paraît de bon augure au véritable maître du jeu, commet l'erreur d'assimiler slavophilie et retour à la tradition du *Zemskii Sobor* ; Pobiedonostsev horrifié fait écarter ce « constitutionnaliste » (mai 1882) pour le remplacer par le comte Dimitri Tolstoï ; désormais on est à l'abri des « réformateurs ». Les deux piliers de l'autocratie reçoivent l'appui de deux journalistes, le prince Metcherski et Michel Katkov, qui désormais donnent le ton à la presse russe. Leurs journaux, le *Grajdanin* (le Citoyen) et le *Rousskii Vestnik* (Le Messager russe) n'ont pas à souffrir du renforcement de la censure (décret d'août 1892) ; ne voit-on pas Katkov triompher lourdement dans son journal, lorsqu'en 1884, un nouveau statut universitaire renforce les pouvoirs de surveillance de l'administration et replace tout le corps universitaire dans la main du ministre ?

1. Nicolas Ier eut à affronter la révolte décembriste en 1825 ; à son avènement Alexandre II devait reconnaître la défaite en Crimée ; Alexandre III était appelé au trône brutalement par l'assassinat de son père.

La politique gouvernementale conservatrice.

Il est vrai que les efforts de ce ministre de l'Instruction publique Delianov, pendant son long ministère (1882-1898), sont orientés vers le renforcement de l'autorité ; non seulement les universités sont « contrôlées », mais, pour éviter la propagation de mauvaises idées et le développement d'une intelligentsia faite de « déracinés sociaux », d'une part on confie surtout à des écoles religieuses l'enseignement primaire, d'autre part on ferme l'enseignement secondaire à tous ceux qui, par leurs origines familiales, n'ont pas un « environnement » compatible avec des études : une circulaire du 18 juin 1887 cite nommément les fils de cochers, servantes, blanchisseuses et cuisiniers, d'où par dérision son surnom de « circulaire-des-enfants-de-cuisiniers » (O *Koukharnikikh detiakh*). Les résultats de cette politique sont désastreux : le nombre d'élèves stagne dans l'enseignement secondaire (il baisse même légèrement entre 1882 et 1895). Dans l'enseignement primaire la progression numérique est plus marquée (les enfants fréquentant des écoles religieuses passent de 100 000 en 1882 à près de un million en 1895 et 1,9 million en 1904), mais, tant pour la qualité que pour la quantité, les efforts du gouvernement tsariste sont nettement insuffisants : lors du recensement de 1897, 78,9 % des Russes sont considérés comme illettrés (dans le groupe d'âge de 10 à 19 ans 33 % seulement des jeunes sont instruits) [1] ; 1 144 977 jeunes Russes suivent l'école secondaire, dont 172 000 dans des écoles secondaires militaires ou spéciales) ; 73 % des lycéens sont fils de nobles ou de fonctionnaires ; enfin, 104 321 étudiants (dont 6 360 femmes) travaillent dans les établissements supérieurs. Par la faute du gouvernement tsariste, la Russie aborde le XXe siècle avec le lourd passif de l'analphabétisme. Si en cette fin de siècle, la Russie apporte sur le plan littéraire ou artistique une remarquable contribution à la culture mondiale, grâce aux œuvres littéraires de Tolstoï, de Dostoïevski, ou de Tchékhov [2], grâce aux compositions musicales de P. Tchaïkovski (1840-1893) et du groupe des cinq M. Balakirev (1837-1910), M. Moussorgski (1839-1881), A. Borodine (1833-1887), N. Rimski-Korsakov (1844-1908), C. Cui (1835-1918), tandis que la revue *Mir Iskousstva* (Le monde de l'art) fondée par Diaghilev en 1899 prépare le renouvellement de la peinture russe, du ballet et de la décoration scénique, il convient de replacer cette éclosion artistique dans le contexte intellectuel réel de la Russie : un jeune Russe sur trois, un homme russe sur cinq, une femme russe sur huit environ peut lire Tolstoï ! Plus prosaïquement, que peut être le devenir technologique d'un pays aussi arriéré ? Un immense effort reste à accomplir.

Le gouvernement compte-t-il encore sur les zemstva pour une telle entreprise ? En tout cas il a maintenu toutes dispositions pour que ces assemblées aient un rôle politique très restreint ; dans la pratique courante, les fonctionnaires gouvernementaux retirent le maximum d'affaires de la compétence des assemblées régionales ; en 1890, on modifie le droit de vote des paysans dans un sens restrictif ; en 1892 celui des doumi municipales ; on place le personnel relevant des zemstva sous la tutelle des autorités d'État.

1. L'analphabétisme varie selon les régions : les régions baltes, Moscou et Saint-Pétersbourg sont les plus favorisées (+ de 40 % de gens instruits) ; les femmes instruites sont beaucoup moins nombreuses que les hommes (13 % contre 30 % pour les hommes).

2. Tchékhov (1860-1904) contribue par ses pièces La Mouette, *(1896),* Oncle Vania *(1900),* La Cerisaie *(1904), à l'épanouissement du théâtre russe rénové par de grands metteurs en scène comme Stanislavski, Nemirovitch-Dontchenko (Théâtre artistique de Moscou créé en 1898).*

Dans les mêmes intentions on a précédemment réformé l'organisation judiciaire locale et l'administration cantonale : en juillet 1889, tous les juges de paix qui n'étaient pas désignés par le pouvoir central sont supprimés (sauf dans les 8 plus grandes villes de l'Empire) et leurs pouvoirs sont transférés à de nouveaux fonctionnaires, les chefs ruraux, *Zemskie natchalniki.* Ceux-ci doivent appartenir à la noblesse héréditaire, posséder une certaine quotité de terres ou de biens ; ils sont choisis par les gouverneurs sur des listes dressées par les Maréchaux de la noblesse. Le zemskii natchalnik est pourvu de pouvoirs judiciaires et de pouvoirs administratifs (il surveille et approuve ou non les décisions des assemblées villageoises). Ainsi à l'échelon local, de district ou de province, le self-gouvernement est réduit au minimum possible ; par rapport à la réforme de 1864 ceci représente un net recul.

Le gouvernement espérait cependant obtenir une acceptation de cette politique ultra-conservatrice en favorisant délibérément la « fidèle » noblesse. Pour commémorer le centenaire de la charte accordée à la noblesse en 1785 par Catherine II, un manifeste rédigé par Pobiedonostsev vise à rassurer la noblesse : première par la volonté des monarques dans le commandement militaire, dans les administrations de l'État, dans les institutions locales, dans l'organisation judiciaire, la noblesse russe se voit assigner le rôle d'exemple pour les autres catégories sociales, tant pour la conservation des bonnes mœurs que pour le maintien des principes de foi orthodoxe et de loyalisme monarchique ; en contrepartie une Banque de la Noblesse, créée par l'État (1883), facilitera les activités économiques de la classe privilégiée, soit par des prêts avantageux, soit par des avances à bon compte [1]. En somme le tsarisme cherche un allié dans une classe sociale à laquelle il restitue certains privilèges ; mais cette classe est-elle encore assez riche et assez puissante pour imposer ses vues et surtout est-elle prête à partager avec l'autocratie les risques d'une situation sur laquelle elle ne possède, en définitive, que peu de moyens d'action ?

Les oppositions politiques en Russie tsariste à la fin du XIXe siècle.

L'autocratie russe n'était pas totalement isolée de la population russe à la fin du XIXe siècle. Un réseau complexe de relations fondées sur les satisfactions personnelles, sur les convictions religieuses, sur les craintes vis-à-vis des étrangers ou des allogènes, parfois même sur la survivance de concepts d'attachements quasi-féodaux à la personne du tsar-petit-père, aboutissait à rassembler autour du trône un certain nombre de fidèles ou d'obligés. Toutefois la grande majorité de la population russe souhaitait des changements et malgré la censure, la police, l'armée ou l'administration, tout observateur attentif avait tôt fait de percevoir la multitude des opposants et la multiplicité de leurs propositions de changements.

Au risque de simplifier la variété des situations, on pouvait distinguer quatre principaux courants d'opposition contre l'autocratie maintenue : 1. Un courant libéral modéré

1. *En réalité cette banque exige des intérêts trop élevés pour ses prêts, ce qui explique la permanence des ventes de terres nobiliaires.*

où dominent grands bourgeois et grands propriétaires, qui réclament un partage réel des responsabilités gouvernementales ; 2. Un courant libéral tendant vers une démocratie parlementaire prônée par des intellectuels ou des bourgeois, hostiles au pouvoir absolu et inquiets devant le problème agraire et ouvrier ; 3. Un premier courant révolutionnaire, issu du populisme, tourné vers le monde rural, prêt à donner la terre aux paysans ; 4. Un second courant révolutionnaire, tourné vers le monde urbain, d'inspiration marxiste, les deux derniers courants étant également décidés à balayer le régime tsariste par la création de partis révolutionnaires structurés. Étant donné l'absence d'élections ou de presse libres, et compte tenu du caractère obligatoirement clandestin de tout mouvement politique d'opposition en Russie, l'historien ne peut chiffrer exactement l'influence réciproque de ces quatre courants, mais un fait est net : l'autocratie est mise en cause par la majeure partie de la Russie pensante, l'autocratie est sur la défensive au début du XXe siècle.

Les libéraux.

La tendance libérale recrute ses principaux tenants parmi les membres des zemstva. Bien que le système électoral de ces assemblées aboutisse à une présence massive de privilégiés parmi elles, l'opposition s'y développe néanmoins ; le rôle trop restreint accordé par le pouvoir central à ces élus provinciaux finit par choquer même les plus déférents d'entre eux ; en particulier la famine et le choléra des années 1891-1892 ont obligé les autorités impériales à faire appel à l'aide des zemstva dans l'organisation des secours aux paysans affamés ; on a toléré alors la constitution de groupes d'études des questions agraires ; le contact a été pris avec les paysans et bientôt l'idée originelle de mieux connaître le monde rural a mené à l'idée complémentaire de réformer les principales injustices existantes dans l'Empire ; en un premier temps, des universitaires, des représentants des professions libérales, des propriétaires, rassemblent des matériaux statistiques largement utilisés par tous ceux qui veulent établir la réalité russe de la fin du siècle, à commencer par Lénine ; puis naissent des propositions réformatrices fondées sur le désir d'améliorer le bien public ; les idées émises manifestent la modération naturelle de leurs auteurs : sans remettre en cause la toute-puissance du pouvoir impérial, la pyramide des zemstva devrait être couronnée par une assemblée nationale, consultée par le tsar pour toute grande décision. En 1894, le zemstvo de Tver a vainement réclamé cette réforme à Nicolas II ; en 1896, le président du zemstvo de Moscou, l'industriel D.N. Chipov, organise une réunion des présidents de zemstva à la foire de Nijni-Novgorod qui aboutit à la même demande, également repoussée. En 1902 Chipov présente même un véritable programme lors d'une réunion informelle de 60 présidents de zemstva venus pour travailler dans une Commission spéciale sur les besoins de l'industrie : égalité des droits civiques, développement de l'instruction publique, élargissement des pouvoirs des zemstva, liberté de la presse et surtout renaissance du Zemskii Sobor ; ce « programme » circule ensuite dans toute la Russie par l'intermédiaire de conférences locales réunies pour répertorier les besoins de l'industrie rurale ; plus de la moitié des conférences adhèrent à ce programme ! L'idée d'une Douma d'Empire se répand rapidement parmi les modérés. Le ministre de l'Intérieur Plehve croit-il briser ce mouvement en cassant l'élection de Chipov à la présidence du zemstvo de Moscou en 1903 ?

Les démocrates.

Pourtant Chipov est un grand bourgeois moscovite modéré, jugé bien trop timide par les représentants de la tendance démocratique de l'opposition. Ceux-ci appartiennent socialement à un milieu en rapide formation à la fin du siècle en Russie : la bourgeoisie urbaine ; s'il est difficile de ranger dans cette catégorie les 13,3 millions de mechtchanie recensés en 1897, puisque de nombreux petits artisans et des ouvriers sont rangés sous ce vocable au même titre que de petits entrepreneurs ou de riches commerçants, il faut tenir compte de la constitution progressive d'un milieu autonome, souvent instruit, à tout le moins éveillé à la vie moderne par la fréquentation commune des moyens matériels mis à la disposition des habitants des villes (habitations, transports, magasins, voire même salles de spectacles) ; certes entre les *kouptsi* (marchands) qui sont 281 000 en 1897, et les petits employés municipaux existent de profondes différences de salaires et de genre de vie, mais par rapport au monde rural, ils ont bon nombre de points communs ; politiquement il existe pour les uns comme pour les autres une attirance certaine vers des transformations politiques profondes, qui introduiraient en Russie un régime politique bourgeois. La majeure partie de l'intelligentsia gravite également dans ce milieu ; d'ailleurs l'intelligentsia elle-même a évolué depuis le milieu du siècle ; les professions libérales (avocats, médecins, ingénieurs) se sont fortement développées ; le corps professoral, les divers instituteurs, les employés des zemstva et des doumi sont désormais beaucoup plus nombreux ; on les surnomme alors le « troisième élément » (*tretii element*) (l'historien anglais Seton Watson estime leur nombre à 326 000 personnes). Il se constitue ainsi un monde susceptible de suivre des inspirations ou des mots d'ordre plus nettement démocratiques, liés à une condition politique jugée décevante ou insuffisante. Tous ces gens conçoivent l'inconfort intellectuel de la Russie tsariste et aspirent à de larges réformes.

Les congrès professionnels ou les associations culturelles vont jouer pour cette tendance le rôle joué par les zemstva pour la tendance précédente. Des comités pour le développement de la culture, la société d'Économie libre ou la société du Droit de Moscou rassemblent ainsi les opposants bourgeois ; leur idéal politique varie au départ, mais la répression accentuée de la fin du siècle (les étudiants de Pétersbourg en font les frais en 1899), la multiplication des grèves ouvrières et des rébellions paysannes, conduisent la majorité de ces opposants à adopter les mots d'ordre diffusés depuis janvier 1902 par une nouvelle revue imprimée à Stuttgart, *Osvobojdenié* (Libération), rédigée par un ancien marxiste, P.B. Strouve. Vers 1890, P. Strouve a été fortement influencé par le marxisme comme beaucoup d'intellectuels russes ; toutefois, s'il estime nécessaire et progressif le passage de la Russie par le stade capitaliste, s'il pense que son pays doit être inspiré par les expériences politiques occidentales, le souci de préserver avant tout la liberté individuelle écarte peu à peu Strouve du marxisme et le conduit à une conception « constitutionnaliste » de l'avenir : il faut à la Russie un régime démocratique, c'est-à-dire une constitution qui assure à chacun les libertés fondamentales et qui organise un régime à base parlementaire, par un suffrage universel, direct, secret, respectant les droits des minorités nationales.

Tout d'abord en Suisse, puis en janvier 1904 à Saint-Pétersbourg, un parti illégal est créé, « l'Union de Libération », qui rassemble des universitaires (le professeur d'histoire P.N. Milioukov), des membres des zemstva (P. Dolgoroukov, I. Pétrounkevitch), des avocats (V. Maklakov). A la différence des libéraux, ces gens sont pour la plupart prêts à lutter contre l'autocratie même selon des voies illégales, cependant en 1904 leur activité tend surtout à organiser un mouvement « constitutionnaliste » par la multiplication de banquets ; on pense à la France de 1847. Est-ce suffisant pour ébranler le tsarisme ? Ces opposants se refusent toutefois à utiliser la violence ; s'ils envisagent des transferts de propriétés à la campagne, ceux-ci doivent se faire contre paiement d'indemnités aux anciens propriétaires.

Les révolutionnaires.

Ces deux derniers points les séparent donc fondamentalement des sociaux-révolutionnaires qui représentent la première variante importante du courant révolutionnaire russe. On a souvent fait des S.R. les héritiers spirituels des populistes ; de fait certains *narodniki* (populistes) évolueront vers les thèses S. R., mais la génération terroriste des années 70 paraît assez différente des S.R. du début du XXe siècle. Tout d'abord les S.R. ont subi l'influence du marxisme, même s'ils l'ont renié pour la Russie ; en outre l'évolution économique et sociale de l'Empire a modifié le rapport des forces entre le tsarisme et la révolution : les groupes décidés à l'action se recrutent mieux en milieu urbain qu'en milieu rural, ce que les S.R. n'ignorent point. Pourtant les S.R. vont se distinguer avec netteté de leurs rivaux sociaux-démocrates à la fois par leur rejet de l'idéologie marxiste et par leur souci de trouver dans la paysannerie les forces nécessaires pour le triomphe de la révolution en Russie.

Le parti social-révolutionnaire procède de l'unification en 1902 de plusieurs groupes isolés, se réclamant d'une même analyse politique ; en effet, dès 1896-1897, des militants populistes, retour d'exil comme Catherine Brechko-Brechkovskaya, Götz ou Natanson, de jeunes intellectuels, comme G. Guerchouni à Minsk, V. Tchernov à Saratov, ont tenté de mettre sur pied de petites associations révolutionnaires secrètes ayant pour but immédiat l'obtention de la liberté politique par une constitution, et pour but lointain un changement de régime social et politique ; plusieurs moyens de lutte sont retenus : la propagande parmi les paysans et les ouvriers, l'action terroriste spectaculaire contre le tsarisme, l'organisation de grèves, le boycott des grands propriétaires, la lutte quotidienne contre la fiscalité et les exactions des fonctionnaires ; en somme, une pratique révolutionnaire plus déterminée par les circonstances que par une organisation de parti très structurée. Cette tactique explique la variété des formes révolutionnaires utilisées, mais elle explique aussi la relative indiscipline du parti S.R., rassemblement plus que parti, vite noyauté par la police lorsque les plus audacieux de ses membres décident de fonder une Organisation de Combat qui reprendra la tradition des attentats contre les ministres (le premier chef de l'Organisation, I. Azev, est aussi un policier !). Pourtant l'audience des S.R. dans les masses est réelle, car leur doctrine rassemble des idées un peu disparates, mais bien accordées avec les tendances socialisantes, humanitaires, voire anarchistes des masses russes.

Dans les journaux clandestins du parti, *La Russie Révolutionnaire* et *le Bulletin de la Révolution russe*, édités à l'étranger, Victor M. Tchernov (1872-1952) a exposé les principaux aspects de la doctrine S.R. : lorsque le tsarisme sera abattu, la Russie ne devra pas s'engager dans une évolution comparable à celle des pays occidentaux, c'est-à-dire laisser se développer le capitalisme industriel ; pays de cultivateurs, la Russie devra réaliser « son » socialisme en procédant à une vaste réforme agraire ; les anciennes propriétés seront toutes supprimées sans indemnités et redistribuées en parts égales à tous les producteurs volontaires ; ceux-ci produiront tout d'abord librement, l'administration maintenue à l'échelle locale voyant son rôle réduit au minimum ; l'expérience convaincra ensuite les producteurs indépendants de la nécessité d'un regroupement au sein de collectivités ; un équilibre rationnel sera alors atteint. Bien des lacunes subsistent dans ce plan « utopique » (ainsi, que deviendra l'industrie ?), mais sa simplicité, son adéquation aux désirs paysans (la terre à ceux qui la travaillent, l'égalité) expliquent le réel succès populaire des S.R. jusqu'en 1917 ; à la campagne les S.R . sont les plus écoutés. Cependant les structures assez lâches de leur parti entravent la coordination des mouvements paysans ; or, dans un pays où le droit de vote n'existe pas, comment le poids du nombre pourrait-il jouer efficacement sans une organisation solide pour mobiliser les *moujiks* ? Les attentats, actions individuelles, ou les rébellions paysannes localisées (avec saisie des biens, du bétail des propriétaires, sac et incendie des « châteaux ») sont-ils capables d'abattre le tsarisme ? Il est permis d'en douter. En définitive les S. R. paraissent plus refléter une situation pré-révolutionnaire que préparer le monde de demain. Mais en Russie qui pourra jamais être capable d'encadrer l'immense population paysanne ?

Au début du xxe siècle, les sociaux-démocrates ne cherchent pas à jouer ce rôle. Tant sur le plan doctrinal que dans l'action concrète, cette seconde tendance révolutionnaire est tournée vers la classe ouvrière ; la paysannerie, jugée passive par eux, voire même contre-révolutionnaire par certains, peut être au mieux une force d'appoint ; l'avenir proche appartient au capitalisme industriel que la Russie, comme les autres nations capitalistes, doit réaliser pour que sa mutation aboutisse à la constitution d'une puissante classe ouvrière, seule capable de briser effectivement le tsarisme et la domination bourgeoise, puis d'instaurer le socialisme. On reconnaît là un schéma marxiste classique : la Russie féodale doit passer par le stade capitaliste avant d'atteindre le socialisme. Dès les années 80, les introducteurs du marxisme en Russie se sont heurtés à propos de ce schéma avec les populistes ; la controverse a été particulièrement active entre Mikhaïlovski, Vorontsov du côté populiste, et Plekhanov, Strouve du côté marxiste; les premiers niaient la nécessité pour la Russie de suivre des États occidentaux avant de faire sa révolution et accusaient les seconds d'être des « démobilisateurs utopistes » (s'il fallait attendre cette évolution jugée inévitable et positive, à quoi bon se préparer immédiatement à faire la révolution, puisque celle-ci surviendrait au mieux dans une génération ?) ; les seconds insistaient sur le caractère inexorable de la mutation, accusant les premiers de myopie devant la réalité et de se nourrir d'utopies slavophilistes périmées, comme la glorification de la commune rurale. Les rapides transformations économiques des années 90 devaient contribuer au succès des marxistes en révélant à plein ce qu'ils avaient proclamé depuis des années : une Russie capitaliste était née.

La lutte idéologique change alors de sens ; pour un certain nombre de tenants du marxisme, apparaissent des distinctions entre le caractère objectif de la théorie qui met en lumière une évolution inexorable, et l'aspect révolutionnaire à tendance blanquiste de la prise du pouvoir par la classe ouvrière ; à cet égard l'itinéraire intellectuel de Strouve, de N. Ziber, et de tous ceux auxquels on donnera le surnom de marxistes-légaux (*legal'nie marksisti* [1]) est significatif ; à partir de 1893-1894 ces derniers tendent à faire du socialisme

1. Ce surnom provient de l'acceptation par Strouve de publier « légalement » en Russie une revue diffusant les théories marxistes.

le moyen inévitable de faire triompher la liberté ; ils abandonnent l'idée de lutte de classe, d'hégémonie du prolétariat et de prise révolutionnaire du pouvoir, pour y substituer des thèses évolutionnistes qui feraient du socialisme non une négation du capitalisme, mais un résultat inévitable du développement du capitalisme. Les marxistes « révolutionnaires », c'est-à-dire ceux qui conservaient l'idée fondamentale de la lutte des classes, refusèrent évidemment pareille interprétation : en particulier, un jeune avocat de Saint-Pétersbourg écrivit une réfutation de « l'objectivisme » de Strouve (1894) : Vladimir Illitch Oulianov faisait ainsi son entrée réelle parmi les théoriciens marxistes.

Les débuts de Lénine et la création du parti social-démocrate.

En 1888, jeune étudiant exclu de l'Université de Kazan pour agitation révolutionnaire, ce fils d'un noble de fonction découvre le marxisme comme beaucoup d'autres « intelliguents » (*Le Capital* a été traduit en 1872 par Natanson, le *Manifeste communiste* en 1882 par Plékhanov). Il milite dans des groupes d'études marxistes, qui, ici ou là en Russie, diffusent cette idéologie. Les principaux inspirateurs du mouvement sont déjà exilés pour écrire librement ; dès septembre 1883, G. V. Plékhanov, ex-officier d'esprit rigoureux et orgueilleux, P. B. Axelrod, inspiré par le mouvement ouvrier allemand, et V. Zassoulitch ont créé à Genève à la fois la *Bibliothèque du socialisme contemporain* pour diffuser les théories marxistes et une organisation politique destinée à appliquer concrètement ces théories, le « Groupe de libération du travail » (*Osvobojdenie Truda*) ; pendant quelques années l'essentiel de leurs activités a consisté dans la lutte idéologique contre les populistes. Les liaisons avec les groupes ouvriers qui, à Saint-Pétersbourg ou dans d'autres villes, s'efforcent par des grèves d'améliorer la condition ouvrière ne semblent pas avoir donné de résultats concrets avant les années 90 ; le mouvement ouvrier obéit alors aux réactions primaires de ceux qui souffrent, qui veulent augmenter les salaires et abaisser la durée de la journée de travail (elle atteint en moyenne 12 à 13 heures) ; en 1885, une grande grève des fabriques Morozov à Moscou semble avoir donné naissance à une première réforme légale de la législation du travail. Cependant, en 1891 à Saint-Pétersbourg, une manifestation ouvrière pour le 1er Mai témoigne d'une certaine transformation : les groupes d'études marxistes pénètrent peu à peu les milieux ouvriers des grandes villes.

Aussi, lorsqu'en 1892, le jeune avocat V.I. Oulianov s'installe à Saint-Pétersbourg après avoir obtenu sa licence en droit grâce à un travail personnel à l'extérieur des universités, la tâche à entreprendre lui apparaît nettement : organiser des groupes d'inspiration marxiste au sein de la classe ouvrière. Si, sur le plan idéologique, la lutte contre les populistes continue, si celle contre les marxistes-légaux se développe, l'essentiel consiste désormais dans la constitution d'un parti marxiste auquel les ouvriers n'hésiteront pas à adhérer ; lutte idéologique et lutte revendicative doivent être intimement liées. En 1895 Oulianov rencontre en Suisse Plékhanov et son groupe afin de réaliser la liaison entre les groupes marxistes de la capitale et le groupe de « Libération du Travail » ; à l'automne 1895, une nouvelle organisation secrète est fondée : l'« Union de Lutte pour la libération de la classe ouvrière » (*Soyouz Borb'i za osvobojdenie rabotchevo klassa*) ; la première version d'un parti social-démocrate prend forme.

Plusieurs années s'écouleront cependant avant la véritable naissance du parti social-démocrate russe ; différentes raisons expliquent cette lenteur : d'une part la police tsariste entrave considérablement, la mise sur pied de comités locaux par ses arrestations, d'autre part les futurs sociaux-démocrates se divisent rapidement à propos de la tactique révolutionnaire immédiate ; attaqué de l'extérieur, miné de l'intérieur, le mouvement social-démocrate a bien du mal à s'imposer. L'action répressive de la police aboutit dès décembre 1895 à l'arrestation de V.I. Oulianov ; condamné en 1896 à trois années de déportation en Sibérie, celui-ci en profite pour écrire un grand ouvrage sur *le Développement du capitalisme en Russie*, mais son autorité sur les militants pétersbourgeois est évidemment très réduite ; il en va de même pour un autre dirigeant, I.O. Martov, journaliste de talent, compagnon de déportation d'Oulianov ; de même, encore pour 8 des 9 membres du comité central du Parti Ouvrier Social-Démocrate Russe, élu par diverses organisations marxistes réunies lors d'un premier congrès constitutif tenu en mars 1898 à Minsk [1]. Seuls les émigrés peuvent continuer la lutte de propagande, mais l'agitation parmi les ouvriers russes paraît échapper aux propositions d'action de ces derniers. En fait les grèves à but économique se multiplient, en particulier dans les toutes dernières années du siècle ; en moyenne, entre 1890 et 1894, 24 000 ouvriers avaient chaque année cessé le travail, entre 1895 et 1899, 44 000 grévistes sont annuellement dénombrés ; dans les usines textiles, dans la métallurgie différenciée, chez les cheminots, la combativité est forte ; des résultats sont acquis : une loi de juin 1897 réduit à 11,5 heures la journée de travail diurne, à 10 heures le travail nocturne, des augmentations de salaires sont accordées (à noter que l'industrie russe connaît alors une expansion accélérée). Dès lors une nouvelle tendance, l'« économisme », apparaît au sein des milieux socialistes ; si le parti S.D. veut acquérir une large audience dans la classe ouvrière, il faut placer les revendications économiques des travailleurs au premier plan de la lutte; à certains il semble préférable d'abandonner pour le moment aux bourgeois libéraux la direction de la lutte contre l'autocratie ; en somme pénétrer largement dans les masses ouvrières en s'adaptant aux revendications à court terme. Bien entendu le groupe de Plékhanov-Axelrod d'un côté, celui de Martov-Oulianov de l'autre, attaquent nettement ce point de vue exprimé par un nouvel organe de presse du Parti, *Rabotchéïé Delo* (la Cause ouvrière) (1898-1900).

Pour venir à bout de l'économisme, Oulianov et Martov, une fois leur peine « purgée » en Sibérie, décident de quitter la Russie et de se joindre au groupe de Plékhanov; la liberté d'écrire conditionne la lutte politique. Une étape importante est franchie en décembre 1900, lorsque Plékhanov, Axelrod, V. Zassoulitch, Martov, Potressov et Oulianov-Lénine (Oulianov commence à signer sous ce pseudonyme en 1901) lancent à Munich un organe de presse rival, *Iskra* (L'étincelle). Désormais Lénine, qui tend à éclipser les autres fondateurs et à jouer le rôle d'un rédacteur en chef (non sans difficultés personnelles), formule avec netteté ses conceptions en matière d'organisation du Parti; par l'intermédiaire des diffuseurs de l'*Iskra*, qui constituent comme les premières véritables cellules primitives du parti S.D., l'audience de Lénine peut s'accroître au moment où la crise économique russe secoue durement le milieu ouvrier. Lénine formule également avec netteté sa stratégie révolutionnaire dans un ouvrage simple, rédigé pour un public ouvrier, *Que faire?* (mars 1902) ; Lénine s'efforce de montrer le rôle respectif des intellectuels et des ouvriers au sein du parti S.D. : les premiers doivent aider

1. Le Congrès de Minsk rassemblait les délégués du Bund, parti social-démocrate des ouvriers juifs en Russie, un groupe de Kiev et des comités de l'Union de Lutte des deux capitales, de Kiev et d'Ekatérinoslav ; le manifeste du Congrès fut rédigé par Strouve.

les seconds à distinguer le sens profond de la lutte politique quotidienne : elle consiste à abattre l'oppression politique en même temps que l'oppression économique, car les deux formes oppressives sont liées ; pour parvenir à une libération totale, il est nécessaire d'organiser un Parti qui sera une avant-garde de la classe ouvrière ; selon Lénine, dans les conditions particulières de la lutte en Russie tsariste, le Parti sera formé d'un noyau de révolutionnaires professionnels, parmi lesquels sera choisie une organisation stable de dirigeants, et d'une masse de militants qui assureront la diffusion des mots d'ordre et entretiendront les agitations nécessaires dans la conjoncture locale ; aux dirigeants il appartiendra de connaître et d'utiliser les réactions venues de la base afin de ne pas supprimer toute démocratie dans le Parti ; aux militants, trop facilement tentés par la seule action quotidienne spontanée, il appartiendra de suivre les directives venues du centre du Parti. Dès 1902, Lénine a ainsi formulé les conceptions qui seront l'année suivante à la base du parti bolchévik, fraction « majoritaire » du parti social-démocrate.

La rupture Bolchéviks-Menchéviks.

En effet, en 1903, le parti social-démocrate russe doit enfin prendre forme : le succès de la diffusion de l'*Iskra* élimine les publications rivales et peu à peu rassemble les ouvriers autour de ses diffuseurs ; il devient nécessaire de fixer le programme du Parti et de constituer régulièrement la tête du Parti, qui n'a pas de dirigeants depuis l'arrestation de son premier comité central. Non sans de grandes difficultés d'organisation, en juillet 1903 à Bruxelles, puis à Londres (la police belge ayant interdit les réunions) se tient le second congrès du P.O.S.D.R. ; or les 51 votants à ce congrès se divisent rapidement sur un point fondamental, le sens même de l'appartenance au parti (article 1 des statuts) ; Lénine propose une formule qui fait de l'adhérent non seulement un militant qui suit le programme du parti et en assure la réalisation sous le contrôle de ses dirigeants, mais également un participant personnel aux organisations du parti, c'est-à-dire un homme pleinement engagé dans la lutte révolutionnaire. Martov, jusque-là compagnon de lutte de Lénine, propose une rédaction différente de l'article 1, reprise des statuts du parti social-démocrate allemand : il suffit pour être membre du parti de travailler activement à la réalisation de son programme sous la direction de ses organes centraux. Sous la querelle de mots, deux conceptions s'affrontent : pour Lénine un parti structuré, discipliné, supposant un engagement total du militant, parti avec au besoin peu de monde, mais efficace ; pour Martov un vaste rassemblement de masse, comparable au parti S.D. allemand, afin d'attirer à soi le plus grand nombre possible d'ouvriers. On s'est parfois étonné de ce clivage, en apparence secondaire pour un parti encore dans les limbes, alors que l'autocratie est également combattue par tous ces révolutionnaires ; certains ont voulu y voir un goût prononcé de Lénine pour l'autoritarisme personnel, d'où cette volonté de rompre avec ceux qui, comme Martov ou Axelrod, ont encore une large audience parmi les militants ; en fait Lénine refuse de transiger sur un point fondamental de ses conceptions : dans une Russie arriérée (mentalement et économiquement), pour mener la classe ouvrière au pouvoir, il faut une avant-garde de révolutionnaires professionnels ; un parti de type occidental est un contresens.

La majorité des délégués ne le suivit point : 28 voix allèrent au projet Martov contre 23 pour le sien ; mais parmi les majoritaires siégeaient 5 délégués du Bund (parti social-démocrate des ouvriers juifs de Russie) qui réclamaient une autonomie au sein du parti ; celle-ci leur fut refusée par 41 voix ; ils quittèrent alors le congrès ; comme en outre 2 délégués, de tendance « économiste », les suivirent dans cette voie, à la fin du congrés la majorité revint aux partisans de Lénine; lors des élections au Comité Central, les léninistes eurent donc la majorité : ils formèrent la tendance *bolchévik* (*bol'che*, en russe = plus grand) ; Martov et les siens devinrent naturellement les *Menchéviks* (*men' che*, plus petit). En apparence cette division ne devait pas conduire à une scission ; Plékhanov, qui avait soutenu Lénine, Martov et Lénine restèrent ensemble à la direction de l'*Iskra ;* en fait la rupture était définitive : Lénine n'était pas homme à diriger un parti dont les statuts lui paraissaient mauvais, Martov n'était pas davantage prêt à suivre une ligne politique qu'il jugeait erronée. Dès 1904, Plékhanov s'étant rapproché de Martov, la majorité des rédacteurs de l'*Iskra* rompit avec Lénine ; celui-ci tenta vainement de conserver la direction de l'organe du parti en s'appuyant sur le comité central, puis il fonda son propre journal, *En avant* (*Vperiod*). En 1905, deux congrès distincts, l'un bolchévik tenu à Londres, l'autre menchévik, tenu en Suisse, démontrèrent avec netteté l'éclatement de la S.D. russe. A peine née, la social-démocratie russe se divisait ; à court terme la gravité de cette cassure allait apparaître pleinement : face à la révolution de 1905, le mouvement socialiste se présentait divisé, à la grande surprise de nombreux militants en Russie, qui saisissaient mal les raisons de cette division en un moment où l'unité paraissait plus nécessaire que jamais, face à une autocratie empêtrée dans une guerre coloniale impopulaire et coûteuse.

Les nationalités.

En somme, la diversité des oppositions pouvait servir un gouvernement habile : le libéralisme suffisait à satisfaire les uns, les autres attendaient l'occasion d'un affaiblissement pour réaliser des objectifs de démocratisation politique ; les révolutionnaires cherchaient, qui à la campagne, qui dans la masse ouvrière, ces forces profondes susceptibles de renverser l'autocratie, mais en désaccord entre eux sur le futur, ils semblaient plus aptes à suivre les manifestations spontanées de mécontentement qu'à encadrer et diriger ouvriers ou paysans. Même les nationalités opprimées paraissaient incapables de surmonter leurs divisions pour agir de concert ; ainsi en Pologne, l'industrialisation avait bien entraîné la naissance d'un mouvement socialiste ; dès 1892, le parti socialiste polonais naissait à Paris, mais bientôt les uns préconisaient le recours à l'insurrection, tandis que les autres voulaient copier les méthodes du socialisme occidental, sans compter une extrême-gauche, menée par Rosa Luxembourg, qui, par esprit internationaliste, refusait de poser comme une question préalable, la libération de la Pologne de l'autorité russe ; elle espérait voir se réaliser un jour la véritable libération des Polonais par la constitution de républiques socialistes en Allemagne, en Russie et en Autriche [1]. De même en Ukraine, dans les pays baltes, la russification soulève également de profondes oppositions, mais là encore des rivalités internes affaiblissent les partis nationalistes ; les agrariens ukrainiens sont souvent antisémites (la majorité de la bourgeoisie urbaine est

1. *Cette aile gauche forme en 1900 un second parti socialiste.*

juive dans le Sud-Ouest) ; des socialistes ukrainiens préfèrent l'autonomie au socialisme, d'autres le socialisme à l'autonomie, certains veulent ignorer le problème national ; malgré l'industrialisation, le parti socialiste ukrainien, divisé, manque d'audience. Dans les pays baltes, les propriétaires, les bourgeois, souvent de langue allemande, luthériens, sont plus hostiles au tsarisme que les paysans. Dans le Caucase, le régime russe peut jouer des oppositions entre les peuples caucasiens : à Bakou, les rixes et pogroms entre Arméniens, Turcs, Persans, Géorgiens, sont courants ; en Arménie le parti révolutionnaire, le *Dachnaktsioutioun* (l'Union), est beaucoup plus hostile à la Turquie qu'à la Russie après les grands massacres d'Arméniens en Turquie. En revanche les Tatars de Crimée se réclament de la Turquie et certains dirigeants, tel Ismaïl Bey Gaspirali, s'efforcent de faire renaître une véritable culture turque dans les zones musulmanes de l'Empire russe. Seuls peut-être les Finlandais forment un bloc uni dans l'opposition à la russification, maladroitement accélérée en 1899 (les lois russes doivent être substituées aux coutumes finnoises) et en 1903 (la langue russe et des administrateurs russes sont imposés) : la résistance passive est générale en Finlande.

Mais après tout, la concomitance de mécontentements, même s'ils ne s'accumulent pas tous, n'est-elle pas susceptible d'aboutir à un soulèvement général ? Pour en venir à bout, il fallait un minimum de souplesse politique ; le tsarisme en était-il capable ?

4.

La Russie entre dans le 20e siècle, révolution et mutation.

I. — LA RÉVOLUTION DE 1905 OU L'ESSAI MANQUÉ D'UNE MONARCHIE PARLEMENTAIRE

Les causes de la Révolution.

Nul ne songerait à nier la nécessité d'une profonde rénovation politique de la Russie au début du XXe siècle ; l'autocratie traditionnelle a fait son temps. Pour la remplacer, trois voies principales peuvent être suivies : 1. Une voie démocratique à l'occidentale, c'est-à-dire conduisant vers un régime parlementaire reposant sur le suffrage universel ; 2. Une voie libérale qui se contenterait de réformes limitées, pourvu que les cadres administratifs et sociaux périmés soient transformés. 3. Une voie révolutionnaire pour laquelle un changement politique n'a de sens que s'il s'accompagne d'une totale mutation économique. Au début du siècle le mécontentement est si général parmi la population russe que deux conditions particulières, la crise économique et la défaite militaire, semblent faciliter la tâche de tous ceux qui rêvent de changements.

En 1904, l'ambassadeur de France en Russie, M. Bompard, commence ainsi une dépêche sur la situation intérieure du pays allié [1] : « Toutes les classes de la société russe sont en effervescence » ; de fait les nombreux opposants au régime sentent venue l'heure d'agir ; les masses paysannes et ouvrières sont aisément mobilisables depuis la dernière crise économique, tandis que l'armée russe, soutien matériel du régime, est engluée en Mandchourie dans un conflit désastreux ; aux causes profondes d'une révolution s'adjoignent en effet deux causes directes, la crise économique de 1901-1903 et la guerre russo-japonaise de 1904-1905.

1. *Après avoir été liée aux deux empires d'Europe Centrale pendant l'ère bismarckienne, entre 1872 et 1890, la Russie tsariste, abandonnée par la nouvelle politique de Guillaume II, accepte de se rapprocher de la France républicaine en 1891 et conclut même une alliance militaire avec celle-ci en 1894.*

La crise économique de 1901-1903.

En 1900-1901, l'Europe occidentale et les U.S.A. ont connu une récession économique, consécutive à la grande poussée d'expansion des années 1895-1899 ; l'augmentation trop rapide de la production a fini par engorger les marchés ; la grande activité industrielle a conduit à un renchérissement du crédit, lorsque le ralentissement de la demande mondiale en produits ferroviaires, la guerre en Afrique du Sud et la surproduction industrielle en Allemagne ont fait sentir conjointement leurs effets. La Russie, liée à l'économie capitaliste par sa révolution industrielle, a connu à son tour les effets de cette crise de surproduction (ou de sous-consommation) ; l'Empire tsariste a même été l'un des pays les plus touchés, car la jeunesse de son développement industriel en faisait une proie facile ; de nombreuses sociétés s'étaient créées après 1895 pour profiter du boom économique en sollicitant des prêts bancaires ou par de larges appels à l'épargne publique, alléchée par de forts dividendes ; le crédit bancaire coûtait de plus en plus cher devant ces constants appels ; des usines à peine mises en route durent stopper ou ralentir fortement leur production en 1900-1901 ; dès l'automne 1899 un krach boursier à Saint-Pétersbourg et deux faillites retentissantes annoncèrent des temps difficiles. Comme l'État russe lui-même ralentissait ses commandes industrielles, le Transsibérien étant pratiquement achevé, les prix industriels chutèrent fortement en 1901 (le prix de la fonte baisse de 40 %, celui du pétrole brut de 75 %). Les conséquences classiques dans cette conjoncture se produisirent : sur le plan productif, « l'assainissement » du marché se réalisa surtout par la disparition des faibles (cf. tableau p. 59) et par une nette tendance à la cartellisation : ainsi en juillet 1902, sous l'impulsion de sociétés métallurgiques françaises ou belges, un cartel de vente de produits métallurgiques, Prodameta (proda*ja* meta*llurgitcheskikh zavodov*, vente des usines métallurgiques), rassembla les principaux producteurs du Donets ; en 1904 Produgol pour le charbon, Prodwagon pour le matériel ferroviaire, puis bien d'autres trusts, konzerns ou cartels montrèrent que l'industrie lourde russe était pleinement entrée dans la voie de la concentration. Sur le plan social, les licenciements de personnel entraînèrent une vague de chômage qui se traduisit souvent par un retour dans les villages des ouvriers récemment installés en ville ; à son tour le monde rural était touché.

Il devait l'être davantage par la mauvaise récolte de 1901, survenant après une récolte médiocre en 1900. Le surpeuplement rural en fut encore plus ressenti ; les salaires déjà misérables des ouvriers agricoles furent réduits ; l'endettement traditionnel des petits paysans s'accéléra auprès des usuriers locaux; même les grands propriétaires ressentirent la crise à leur façon : la chute des prix mondiaux des céréales diminuait leurs revenus sans que la consommation intérieure puisse prendre le relais. Tous les ruraux témoignèrent de leur mécontentement : les agrariens reprochèrent au gouvernement, et à Witte en particulier, d'avoir ruiné la campagne russe en la sacrifiant à une industrie qui se révélait incapable de résister aux coups venus du dehors. Lors des semailles, en 1902, des soulèvements locaux se produisirent dans les terres noires (régions de Kharkov, Poltava); on envoya l'armée ou les cosaques, mais l'agitation s'apaisa seulement en apparence; entre 1900 et 1904, 670 soulèvements paysans furent enregistrés par la scrupuleuse bureaucratie, contre 200 à 300 rébellions dans les précédentes périodes quinquennales ; les militants S.R. venus dans les campagnes pour politiser les moujiks trouvèrent un accueil attentif. Le manifeste impérial du 26 février 1903 proclamant l'immutabilité du lot communal, mais également le droit des paysans de créer des tenures extérieures à la communauté ne pouvait satisfaire les aspirations des paysans; « la terre à ceux qui la travaillent » devenait le mot d'ordre le plus répandu. Dès 1903 le feu couve sous la cendre dans les campagnes.

Dans les villes l'agitation s'accentue également en 1903 ; la résorption de la crise explique ce phénomène ; en effet tant que le chômage a été menaçant, les ouvriers pouvaient craindre de voir toute tentative de grève annihilée par un lock-out ou par l'utilisation de chômeurs ; mais à partir du printemps 1903, les commandes militaires ont repris en Russie (le futur conflit avec le Japon est évident), le crédit s'est desserré en Europe occidentale, d'où des facilités bancaires propres à accélérer la relance économique ; l'assainissement de la production enfin a ruiné les faibles, ce qui a permis de désengorger la production ; les prix ont alors remonté (en 1904 la fonte retrouve son prix de 1900) ; les valeurs boursières se sont relevées ; pour répondre à la demande en hausse, le chômage a fortement baissé ; l'instant est donc propice pour une action ouvrière. Les mouvements de grève se multiplient : en 1903, près de 200 000 grévistes sont dénombrés; à Bakou, un mouvement prolongé et partiellement victorieux témoigne du premier grand affrontement entre les misérables ouvriers du pétrole et les puissantes compagnies pétrolières. Le gouvernement tsariste autorise donc certains officiers du corps des gendarmes à organiser des syndicats ouvriers afin de « canaliser » leur mécontentement : à Moscou, à Minsk, à Odessa, à Saint-Pétersbourg des organisations ambiguës sont constituées. Obéissaient-elles finalement à leurs chefs, comme le colonel Serge V. Zoubatov, à leurs animateurs, tel le pope Gapone, orateur écouté et organisateur actif, ou à la poussée de leurs adhérents mécontents de leur sort? Les partis politiques socialistes ne noyautaient-ils pas ces formations tolérées par le gouvernement? Un mouvement revendicatif ouvrier pouvait-il en Russie prendre une forme légaliste? Le dimanche rouge devait apporter une sanglante réponse à ces questions. En tout cas, en 1904, la mobilisation des masses russes a déjà commencé.

La guerre russo-japonaise.

Faire une guerre impopulaire dans de telles conditions révèle bien peu de sens politique chez les dirigeants. Pourtant le ministre de l'Intérieur Plehve juge salutaire pour le régime « une petite guerre courte et victorieuse » ; comment l'issue pouvait-elle être différente face « aux Macaques » (Nicolas II *dixit*)? Le conflit contre le Japon était prévisible depuis qu'à la fin du XIXe siècle la politique coloniale russe avait choisi l'Extrême-Orient comme terrain d'application. Profitant de l'incapacité du gouvernement chinois à payer le tribut qu'il devait au Japon après sa défaite en 1895, le gouvernement russe avait offert à la dynastie mandchoue d'avancer l'argent nécessaire (grâce à un emprunt placé pour l'essentiel sur le marché français) ; ce service rendu avait permis d'obtenir dès 1895 le droit de constituer une compagnie ferroviaire du Transmandchourien (ou de l'Est-Chinois) ; celle-ci, utilisant une concession très large, devait permettre d'une part de construire une voie ferrée évitant un long détour le long de l'Amour pour atteindre Vladivostock, d'autre part d'exploiter librement les mines et ressources naturelles situées de part et d'autre de la voie ferrée (sur une bande de 50 km de large !). Désormais l'impérialisme russe naissant trouve une proie à sa mesure dans les confins septentrionaux de la Chine : en 1898, Witte obtient la cession à bail de Port-Arthur, port libre de glaces en hiver, où une base navale sera installée ; la guerre des Boxers donne l'occasion, en 1900 aux autorités russes de « protéger » la Mandchourie ; bientôt la Corée voisine paraît devoir subir le même destin ; sur ce sujet, à Witte, relativement modéré ou prudent, s'oppose un « clan coréen » mené par un aventurier, Bezobrazov, créateur d'une compagnie de développement de l'Est asiatique qui bientôt comptera Nicolas II lui-même parmi ses actionnaires ; malgré les représentations du Japon, depuis 1902 allié de la Grande-Bretagne, dont l'inquiétude est déjà grande face à l'avance russe dans les plaines d'Asie centrale, au début du XXe siècle les prétentions russes s'affirment en cette partie du monde. Le choc entre ces deux impérialismes coloniaux est inévitable, prévisible, préparé soigneusement du côté japonais, envisagé avec condescendance par l'« Européen »; de fait, les états-majors européens ne donnent pas cher des chances japonaises au début de 1904. Witte, qui tente d'ouvrir les yeux du tsar sur les dangers d'une escalade guerrière impréparée, est « remercié » en août 1903 ; la diplomatie tsariste dédaigne les tentatives japonaises de conciliation à l'automne 1903 ; l'issue du futur conflit ne fait pas de doute pour l'entourage tsariste.

La désillusion fut d'autant plus rude lorsque les Japonais attaquèrent brutalement le 8 février 1904 : en quelques mois la preuve fut administrée de l'incapacité et de l'impuissance tsaristes. L'achèvement du Transsibérien (en 1902) fut insuffisant pour le transport rapide des troupes et leur ravitaillement ; la direction des troupes, confiée à l'ex-ministre de la Guerre, le général Kouropatkin, se révéla rapidement incapable de s'adapter à la guerre moderne, menée par le commandement japonais : un matériel désuet, mal employé, des masses inorganisées, mal commandées, ne pouvaient que perdre peu à peu du terrain ; le siège de Port-Arthur (mai 1904 - janvier 1905) vu de loin paraissait refléter les vertus traditionnelles d'endurance du soldat russe ; sur place, gabegies, rapines, fuite des responsabilités parmi les chefs, prouvaient l'étendue de la gangrène au sein de l'armée et de l'administration russes. Le plus étonnant pour les observateurs étrangers fut de constater l'indifférence profonde du peuple russe pour les insuccès de l'Empire : les masses, sensibles aux misères physiques des troupes (le service de santé russe fut particulièrement déficient), ne se sentirent jamais concernées par cette expédition lointaine, inutile et coûteuse. Bien au contraire, les défaites apparurent aux opposants comme des signes encourageants pour la lutte contre le tsarisme ; la levée de nouvelles troupes par une conscription renforcée, le coût en argent marqué par une pression fiscale supérieure, la désorganisation qui atteint même la Russie d'Europe (une partie des récoltes pourrit dans les campagnes faute de transports pour être menée vers les ports) conduisent peu à peu de l'indifférence à l'hostilité : à l'automne 1904, la fuite devant les conscriptions dans certaines provinces témoigne de l'ampleur du malaise. En définitive le tsarisme avait commis une lourde faute : à un pays déjà exsangue, il imposait une charge supplémentaire sans que le ressort du sentiment national puisse faire accepter cette tension ; la guerre russo-japonaise n'aurait pas entraîné à elle seule une révolution, mais en s'ajoutant aux effets récents de la crise économique, elle devait en hâter la maturation [1].

1. Il ne nous a pas paru utile de retracer les principaux épisodes du conflit ; afin de mieux situer l'influence des défaites sur le déroulement de la révolution, il conviendra seulement de noter les dates des principaux revers : 12 avril 1904, : 1re défaite navale devant Port-Arthur (mort de l'amiral Makarov) ; — août 1904, 2e défaite navale dans la mer de Chine ; — août-septembre 1904, 1re bataille frontale devant Moukden ; — 2 janvier 1905, reddition de Port-Arthur ; — 18 février-10 mars 1905, défaite de Moukden ; — 27 mai 1905, défaite navale de Tsouchima essuyée par la flotte de la Baltique qui, dirigée par l'amiral Rojdestvenski, a fait le tour du Cap Bonne-Espérance pour atteindre la mer du Japon.

Le déroulement de la Révolution de 1905. Les débuts de la révolution (janvier-mars).

L'organisation de combat des S.R. avait repris les traditions terroristes abandonnées depuis une vingtaine d'années : le 28 juillet 1904 le ministre de l'Intérieur Plehve, ancien fonctionnaire de l'Okhrana et ancien gouverneur, à la réputation de policier intransigeant, est assassiné. Principal inspirateur d'une politique de force, il est remplacé par un homme réputé plus libéral, Sviatopolsk-Mirski. Celui-ci fait relâcher de nombreux exilés politiques en Sibérie, desserre un peu le carcan qui pèse sur la presse, laisse des réunions publiques se tenir plus librement ; ce renversement de politique policière est-il une tentative timide pour nouer un dialogue avec les opposants modérés, alors que les signes d'impatience se multiplient dans le pays ? L'indécision ou la faiblesse politique du tsar ne permettent pas d'en juger nettement ; en tout cas cette relative libéralisation encourage les opposants à formuler plus nettement leurs revendications ; en particulier les libéraux pensent leur heure venue ; à la fin novembre une conférence des zemstva réclame les libertés fondamentales, l'égalité des droits pour tous, la liberté totale de pensée ; des associations professionnelles suivent la même voie ; la bourgeoisie russe demande encore avec déférence à être associée au pouvoir. Le tsar refuse. Les membres des sociétés libérales, peut-être inspirés par l'exemple français de 1847, entament en décembre 1904 une véritable campagne des banquets : un peu partout en Russie des toasts sont portés « aux libertés » ; avocats, professeurs, médecins sont parmi les plus ardents.

Parallèlement le milieu ouvrier s'agite. En décembre 1904, des grèves violentes éclatent à Bakou, à Moscou, à Saint-Pétersbourg ; une manifestation politique mêle ouvriers et étudiants sur la perspective Nevski le 11 décembre. Début janvier, quatre ouvriers des Usines Poutilov sont licenciés par la direction ; le pope Gapone, président de la Société des Ouvriers Russes, conduit en vain une délégation auprès des dirigeants de l'usine pour réclamer leur réintégration ; le syndicat, bien qu'organisé avec la bénédiction de la police, ne peut reculer sans se discréditer auprès des nombreux ouvriers qui l'ont rejoint ; le 16 janvier, les 12 000 ouvriers de l'usine cessent le travail ; dans les jours qui suivent, le mouvement gagne les autres usines ; les revendications économiques se précisent (durée du travail, salaires, organisation du travail), mais déjà les groupes révolutionnaires peuvent facilement canaliser ce mécontentement vers des objectifs politiques. Le 21 janvier la grève est quasi-générale parmi les 220 000 ouvriers pétersbourgeois ; même les chemins de fer, les imprimeries sont atteints. Le pope Gapone, prisonnier de son personnage ou de son rôle, pense-t-il détourner le mouvement en un appel au tsar petit-père, prête-t-il la main à une gigantesque provocation, ou bien tout simplement est-il berné par des rivalités entre polices parallèles ? La vérité reste encore malaisée à établir ; en tout cas il organise pour le dimanche 22 janvier une gigantesque manifestation qui doit porter pacifiquement une supplique au tsar (cette supplique porte essentiellement sur des revendications politiques : libertés, assemblée constituante élue au suffrage universel, impôt sur le revenu, retour graduel de la terre au peuple). Le tsar est absent du Palais d'Hiver mais cependant les 100 000 manifestants, Gapone en tête, en habits sacerdotaux, entouré de porteurs d'icônes (il n'y a pas que des ouvriers parmi eux), après avoir subi une première fusillade près de la porte de Narva, se présentent, désarmés, vers la place du Palais d'Hiver ; les détachements de l'armée chargés de défendre le palais obéissent aux ordres, des salves et des charges de cavalerie couchent dans les jardins de l'amirauté et sur les avenues environnantes 2 à 300 morts et 1 000 à 2 000 blessés. Le Dimanche Rouge (*Krovovoe Voskresenie*) vient d'ouvrir la révolution de 1905.

Les effets de cette répression militaire (confirmée par le renvoi de Sviatopolsk-Mirski) sont doubles : d'une part le tsar a brisé lui-même l'image du batiouchka-tsar dans les masses russes, d'autre part la solidarité du peuple russe pour ses frères engage les ouvriers dans un large mouvement gréviste. A long terme, le premier effet est sans doute le plus important : ayant laissé (ou fait) tirer sur des suppliants désarmés, Nicolas II enlève chez le plus humble moujik la crédibilité en un « petit-père », parfois dur, parfois apparemment injuste car mal informé, mais toujours protecteur et défenseur des humbles. L'homme russe est abandonné à son sort. A court terme, une première vague révolutionnaire déferle sur la Russie : dans la plupart des centres urbains, à l'annonce du Dimanche Rouge, les ouvriers, surtout les cheminots, les métallurgistes et les ouvriers du textile, se mettent en grève ; plus que le nombre de grévistes (1 million ?), ce sont les conditions de ces grèves de février qui retiennent l'attention : les buts des grèves sont essentiellement politiques, la solidarité avec les travailleurs de Saint-Pétersbourg étant constamment affirmée ; la conscience d'une classe ouvrière russe fait de grands progrès dans le milieu urbain ; la bourgeoisie russe en prend-elle conscience, et croit-elle l'heure venue de prendre la tête de ce vaste mouvement ? En tout cas les *zemstva* renouvellent leurs demandes des libertés fondamentales ; les syndicats patronaux, les groupes de pression économiques, les milieux d'affaires, sans doute inquiétés par l'ampleur de la grève (dans le Donets les patrons envisagent un lock-out général), réclament du gouvernement l'abandon d'une politique de force, symbolisée par le nouveau gouverneur de Saint-Pétersbourg, le général D.F. Trepov, qui multiplie les arrestations (dont celle de Maxime Gorki, déjà reconnu comme l'un des géants de la littérature russe [1]). Bourgeoisie et peuple des villes se rejoignent pour exprimer des revendications politiques ; toutefois à côté de ces revendications politiques communes, dans certains cas (grèves des métallurgistes dans le Donets, des cheminots de Moscou et du centre de la Russie) les ouvriers manifestent des soucis plus « économiques » : augmentation des salaires, réduction des horaires de travail, représentation ouvrière. L'union tactique bourgeoisie-prolétariat urbain durera-t-elle ? Pour l'instant la grande masse rurale paraît endormie, mais quelles peuvent être ses formes d'action pendant le plein hiver ? Ce silence ne doit pas susciter d'illusions.

Le nouveau ministre de l'Intérieur Boulyguin ne devait pas en conserver beaucoup ; inquiet de troubles possibles lors de l'anniversaire de l'abolition du servage au début de mars, il crut suffisant pour désamorcer l'hostilité des libéraux de faire proclamer le désir du tsar de procéder à l'étude de réformes par des personnalités compétentes, réunies en une assemblée consultative, investie de la confiance populaire (rescrit du 1er mars).

1. Tolstoï, vieillissant, fait figure de patriarche original, apôtre d'une nouvelle morale religieuse (sa dernière œuvre, Résurrection, *a été publiée en 1899) ; il meurt en novembre 1910 à 82 ans. M. Gorki a connu la grande célébrité après la représentation des* Bas-Fonds *à Moscou en décembre 1902.* (F. Gordéïev, *1899,* L'oiseau des tempêtes, *1901.*)

Cette concession fut accompagnée d'une réaction significative à l'égard du prolétariat ouvrier ; en janvier le gouvernement avait accepté la réunion dans la capitale d'une commission ouvrière spéciale, présidée par un membre du Conseil d'Empire ; on espérait utiliser cette voie administrative pour « se pencher » sur les problèmes ouvriers, à condition d'obtenir la participation de délégués ouvriers modérés ; or les ouvriers de la capitale réclamèrent dès l'abord la liberté d'expression et de réunion pour leurs délégués ; le 3 mars la conférence fut dissoute, les « meneurs » furent arrêtés. En fait, le rescrit et la dissolution de la commission ne parvinrent pas à leurs buts ; l'opposition ne désarma pas ; ces mesures montraient seulement le désarroi d'un gouvernement, encore affaibli par la défaite militaire de Moukden (10 mars). Même les capitalistes étrangers commençaient à douter du régime : brutalement, le 11 mars, les banques françaises refusaient de signer un nouveau contrat d'emprunt.

Les troubles populaires du printemps.

L'arrivée du printemps mit en branle le mouvement paysan. Peu à peu les désordres se multiplièrent à la campagne, dans la région de Koursk, d'Orel, de Tchernigov, dans les provinces baltes, dans le Caucase ; les grands domaines étaient fauchés, labourés pour de nouvelles semailles, les réserves de céréales ou de foins partagées entre les paysans ; les bois des grands propriétaires ou de l'État étaient mis en coupe par les paysans pour leurs propres besoins ; on refusait les impôts et la levée de nouvelles recrues. Cependant les actions violentes restaient encore minoritaires, car les paysans avaient l'espoir d'obtenir légalement la reconnaissance de leurs droits ; en avril des commissions spéciales étaient réunies par le gouvernement (commission Goremkyne sur les mesures propres à agrandir les possessions paysannes, commission Witte sur les besoins de l'industrie agricole) ; allaient-elles calmer les impatiences paysannes ? En fait deux camps ou deux clans partageaient les milieux gouvernementaux : « les autoritaires » auraient volontiers confié un pouvoir dictatorial au général Trépov afin de rétablir l'ordre ; « les politiques » menés par Witte, conscients de l'impuissance de l'armée (nombre de corps militaires demeurent en Mandchourie, les recrutements récents ont amené sous les drapeaux des mécontents, sans compter les déserteurs), voudraient gagner du temps, jeter du lest en se rapprochant des libéraux. Ces derniers ont justement formulé au début d'avril leurs revendications immédiates, lors du IIIe Congrès de l'Union de Libération : un régime constitutionnel monarchique avec deux Chambres, les libertés fondamentales et l'augmentation des lots de terre des paysans par le rachat de terres aux propriétaires. Un accord paraît possible entre ces modérés et les « politiques », mais Nicolas II suivra-t-il les avis de ces derniers ?

Les troubles qui ont suivi la commémoration du 1er Mai dans tous les centres urbains et dans les zones industrielles prouvent que le temps travaille contre le tsar. En effet, une seconde vague de grèves a déferlé sur la Russie en mai-juin ; cette fois les revendications sont économiques, autant que politiques. L'influence du parti social-démocrate devient évidente ; sans doute le IIIe Congrès du Parti Social-Démocrate Russe, tenu à Londres à la fin avril, n'a pas réussi à reconstituer l'unité du Parti, car dirigeants menchéviks et bolchéviks s'opposent toujours sur le plan doctrinal, mais tous les militants sont décidés à activer les manifestations ouvrières. Ainsi dans l'un des grands centres textiles, au nord de Moscou, à Ivanovo-Voznesensk, le 25 mai débute une grève économique des ouvriers du textile ; localement les militants sociaux-démocrates sont fortement organisés ; pour tenir face à un patronat bien décidé à ne pas céder, ils organisent un conseil des délégués des entreprises en grève ; 151 membres sont élus (les 2/3 sont S.D.) qui pendant 72 jours vont diriger la lutte, nourrir les familles, administrer parallèlement la ville ; le premier « *Soviet* ouvrier » est né ! Les résultats pratiques de la grève ne seront pas considérables ; mais spontanément une nouvelle arme révolutionnaire a vu le jour ; la leçon ne sera pas perdue, ni en 1905, ni en 1917. En Pologne l'influence socialiste, mêlée aux vieilles haines nationales contre les Cosaques, explique la dureté des grèves qui se déroulent à Varsovie et surtout en juin à Lodz où les ouvriers tiennent leurs barricades pendant 3 jours, (22-24 juin). De même à Odessa, en juin, l'organisation sociale-démocrate et le Bund structurent les grèves ouvrières dans les usines du port ; tandis que certains patrons cèdent, d'autres pratiquent le lock-out; ainsi une fabrique de machines agricoles est fermée depuis 6 semaines ; les 3 000 grévistes cherchent à en forcer les portes, les Cosaques interviennent, la grève générale gagne la ville (28 juin), qui est mise en état de siège.

Alors survient la nouvelle qui stupéfie les autorités et galvanise les énergies des grévistes et des révolutionnaires : l'un des gros cuirassés de la flotte de la mer Noire, le *cuirassé Potemkine*, est entré dans le port, le drapeau rouge flottant au mât. La première mutinerie de la flotte russe semble due davantage à la lassitude morale des équipages, aux mauvais rapports existants entre les officiers et les marins par suite de la brutalité de la discipline qu'à l'endoctrinement politique de quelques marins ; toutefois la spontanéité de la révolte à bord ne doit pas faire illusion : sans les désastres maritimes contre le Japon, sans l'atmosphère générale de contestation en Russie en 1905, pareille insubordination ne se fût pas produite ; l'armée russe n'était plus un monde isolé ; le reste de la flotte était presque aussi gangréné, puisque les autres navires refusèrent de ramener à la raison le cuirassé mutiné. L'armée russe allait-elle toute entière basculer hors du camp tsariste ? Le temps n'était pas encore venu, comme le prouvaient tout à la fois la violente répression des ouvriers d'Odessa par les Cosaques (cf. la célèbre fusillade de l'escalier Richelieu, immortalisée dans le film de S.M. Eisenstein) et le refus embarrassé des marins mutinés de mêler leur action aux actions des grévistes d'Odessa, sauf pour les marins « politisés », minoritaires. La mutinerie du *Potemkine* était une révolte, elle n'était pas une partie de la révolution.

Au début de l'été, le doute n'est cependant plus possible ; même si le régime tsariste réussit à faire la paix avec le Japon, permettant ainsi le retour du gros de ses forces militaires (la paix de Portsmouth est signée le 5 septembre 1905, mais les négociations ont débuté en juillet), il a soulevé trop d'hostilité pour être capable de durer, intangible. Tous ses adversaires l'ont compris ; ils s'efforcent de coordonner les mouvements spontanés de révolte. Nous avons vu agir les sociaux-démocrates dans le milieu ouvrier, les S.R. font de même en milieu rural ; nombreux parmi les employés des zemstva, ils organisent une Union centrale paysanne russe qui tient une première réunion extraordinaire (illégale) à Moscou les 12 et 13 août ; une centaine de délégués venus de 22 provinces se prononcent pour la nationalisation des sols, c'est-à-dire la liquidation du lot seigneurial (les terres doivent devenir la propriété commune de tout le peuple), mais en même temps ils réclament les libertés, une Assemblée Constituante. Désormais aux actions désordonnées, ponctuelles, de la paysannerie se substitue l'ébauche d'une organisation politique à l'échelle nationale. La paysannerie commence à jouer un rôle politique propre.

La grande vague révolutionnaire (septembre-octobre).

Les professions libérales tentent également d'organiser l'action de la moyenne et petite bourgeoisie : en mai l'Union de Libération se transforme en une Union des Unions (*Soiouz Soiouzov*) dans laquelle 14 unions professionnelles se regroupent (avocats, professeurs, pharmaciens, etc.). En juillet cette tendance « démocratique », consciente de la profondeur de l'irritation nationale, décide de refuser son appui à la future Douma consultative ; seule une Douma véritablement représentative et souveraine pour légiférer peut sortir la Russie du chaos. Aussi lorsque Boulyguin annonce le 19 août la réunion prochaine d'une Douma consultative, élue dans un système compliqué de castes, de cens et de classes, la réponse ne fait plus de doute : à l'exception des conservateurs, l'unanimité se fait pour repousser un projet aussi limité ; les libéraux seraient peut-être tentés par la conciliation pourvu que les libertés de presse et de réunion fussent garanties ; est-ce pour répondre partiellement à cette demande qu'à la fin septembre le gouvernement accorde le droit de réunion dans les universités ? Alors que toute manifestation est réprimée dans la rue, que la presse doit encore se taire, les universités deviennent terres d'asile où les partis d'opposition peuvent largement s'exprimer ; toutes les classes de la société se côtoient ainsi dans ces meetings. Fin septembre se développe la plus grande vague d'opposition au tsarisme ; l'hostilité est générale contre le régime en place, mais, si l'autocratie est un commun dénominateur pour les opposants, les buts particuliers des uns et des autres apparaissent nettement : les bourgeois tolèrent avec une certaine bienveillance les grèves politiques (certains payent même alors leurs ouvriers), tant que le but poursuivi est l'obtention des libertés ; mais les paysans continuent à se saisir des terres des grands propriétaires (parfois avec violence comme dans la région de Saratov), les ouvriers réclament la journée de 8 heures, l'élection de délégués, des augmentations de salaires, les populations allogènes le droit à l'autonomie ; en Pologne, dans les États baltes, dans le Caucase, les troubles sont particulièrement violents, les revendications nationales se superposant aux revendications de salaires ou aux prises des terres. Plus le gouvernement tarde à céder, plus la vague de mécontentements s'enfle ; bourgeois libéraux et même démocrates, qui sentent à leur tour le temps travailler contre eux, s'impatientent.

Or Trepov, qui garde toute la confiance du tsar, loin de pencher vers la conciliation, estime au début d'octobre qu'il peut réagir puisque la paix est faite avec le Japon, et que les troupes sûres sont déjà assez nombreuses ; à Moscou, début octobre, lors d'une grève des imprimeurs bientôt épaulés par les cheminots et les employés municipaux, on fait donner les Cosaques, on arrête ; apparemment le mouvement s'atténue ; en fait il s'organise à l'échelle nationale. Lorsque Trepov veut faire arrêter les dirigeants de l'Union des Cheminots le 20 octobre, la réponse est immédiate : la grève générale est proclamée ! Avec une très grande rapidité, grâce à la puissante organisation des cheminots et à l'intervention des Unions professionnelles, le mouvement fait tache d'huile ; partout le scénario est le même entre le 20 et 25 octobre : les trains, les trams, les services municipaux, les écoles, les lycées, les usines, les magasins, les salles de spectacles s'arrêtent ou ferment, des cortèges sillonnent les rues, font fermer les magasins ou usines récalcitrants, établissent des barricades pour empêcher les charges des Cosaques ou des policiers à cheval, font ouvrir les prisons pour libérer les détenus politiques ; partout la demande est la même : une constitution, une Douma véritable, les libertés. Déjà à Saint-Pétersbourg on va plus loin : le 27 octobre, un soviet est élu sous l'impulsion des socialistes. La vie s'arrête dans toutes les villes russes, les transports par voies ferrées sont totalement stoppés ; le gouvernement débordé est impuissant.

La tactique de Trépov ayant échoué, Nicolas II consent à suivre les avis de Witte. Celui-ci a présenté un rapport qui servira de schéma directeur pour la nouvelle politique : « La Russie a surpassé en croissance le régime existant. Elle aspire à un régime légal fondé sur le principe de la liberté civique. » Il convient donc d'en tirer les conséquences : octroi immédiat des libertés (conscience, parole, réunion, association), constitution d'un ministère homogène, non-immixtion du gouvernement dans les élections de la future Douma qui sera habilitée à légiférer, suppression des lois exceptionnelles, réorganisation du Conseil d'Empire. A partir de ces principes, le 30 octobre 1905 un manifeste impérial annonce l'octroi des libertés civiques, l'extension du droit d'élection à la Douma à toutes les classes de la société, l'institution d'une Douma législative ayant le droit de « surveiller efficacement la légalité du fonctionnement des autorités tsaristes ». Le manifeste est assez ambigu puisqu'il reste muet sur la constitution et le rôle constituant de la Douma, sur la responsabilité ministérielle ; cependant il constitue un recul considérable pour le principe autocratique ; pour la première fois le régime politique traditionnel de la Russie est atteint. Fort logiquement, Witte devient Premier ministre du nouveau gouvernement.

A l'annonce de ce manifeste les réactions des Russes sont significatives : tandis que dans les villes la bourgeoisie libérale et démocratique pavoise (on sable le champagne, on chante la *Marseillaise*), les milieux socialistes et les militants ouvriers considèrent ce premier recul du tsarisme comme un simple premier pas ; ils veulent la proclamation de l'amnistie générale, le retrait de l'armée des grandes villes ; l'ordre de grève générale reste maintenu ; un peu partout les comités de grève se transforment en soviets. Dans le milieu rural, les actions violentes se multiplient : en octobre 219 soulèvements, 796 en novembre, 575 en décembre ; peu de soviets existent à la campagne, mais des comités de paysans révolutionnaires où dominent les S.R., tentent d'organiser l'action paysanne ; le second congrès de l'Union paysanne, tenu légalement à Moscou du 19 au 24 novembre, réaffirme le principe de la nationalisation du sol, réclame le suffrage universel réel, mais il refuse de suivre les paysans de la région de Saratov qui proposaient de passer à la lutte armée généralisée et il ne se rallie pas à la proposition des bolchéviks de lutter pour une république démocratique ; la paysannerie fait alors confiance à la future Douma pour régler ses problèmes ; le gouvernement de Witte ne vient-il pas de diminuer de moitié les redevances dues en 1906 pour le rachat des terres et de les supprimer totalement à partir du 1er janvier 1907 ! Si les paysans prennent des gages pour le futur partage des terres, ils ne sont pas encore prêts à abattre le régime tsariste.

Au demeurant les attitudes des diverses classes sociales envers le tsarisme restent complexes ; les mouvements d'extrême-droite nationalistes et antisémites, souvent appelés les « Cent-Noirs » (*tchernossotentsy*), car organisés sur le modèle des *sotnias* cosaques, puisent leurs masses de manœuvres parmi les paysans et dans les catégories urbaines défavorisées ; en effet, utilisant le vieux fond antisémite de la paysannerie, les tenants de l'autocratie n'hésitent pas à fomenter des pogroms, des pillages en règle, forts de la complicité de la police ; il faut semer le désordre pour récolter l'ordre, pense-t-on dans ces milieux. Toutes les villes méridionales où habitent de fortes minorités juives sont défigurées par ces manifestations lépreuses, tolérées par Witte, encouragées par Trépov ou par le nouveau ministre de l'Intérieur Dournovo qui attend son heure pour déclencher la contre-révolution. Une Union du Peuple Russe, créée par D. Doubrovine et V.M. Pourichkévitch, s'efforce de donner un contenu politique à ces réactions primitives. En novembre, le gouvernement est encore trop dépourvu de troupes sûres pour sortir de l'expectative : la flotte russe continue à faire défection comme en témoignent les insurrections de Cronstadt le 8 novembre, et celle de Sébastopol du 11 au 15 novembre, où, cette fois, une organisation révolutionnaire menée par le lieutenant Schmidt parvient à prendre en main la révolte des marins ; cependant l'armée de terre demeure suffisamment fidèle (ou passive) pour que l'ordre reste aux mains des autorités tsaristes.

L'éclatement et la défaite des révolutionnaires (novembre-décembre).

A leur tour, en décembre, les ouvriers et les sociaux-démocrates des grandes villes allaient en faire l'expérience. Conscients d'avoir été les éléments moteurs dans la vague révolutionnaire d'octobre, les ouvriers voudraient tirer pour eux-mêmes des bénéfices tangibles de leur force : la journée de 8 heures, les augmentations de salaires deviennent les mots d'ordre les plus suivis. Les dirigeants sociaux-démocrates rentrés d'exil (Lénine par exemple arrive à Saint-Pétersbourg le 21 novembre, Martov l'y a précédé ; Trotsky, qui vivait caché en Russie depuis février, agit au grand jour) pensent utiliser cette vague revendicative pour arracher au gouvernement de nouvelles concessions politiques ; sans doute une réelle liberté de presse existe en novembre après une grève unanime des typographes de Saint-Pétersbourg qui a ainsi obtenu une abolition de fait de la censure ; les réunions politiques sont nombreuses et fort suivies, mais chacun sent combien cette « tolérance » risque d'être bientôt supprimée ; ainsi les *Soviets* des grandes villes, celui de la capitale en particulier, tentent d'élargir les brèches en s'appuyant sur le prolétariat ouvrier. Mais pour agir le *soviet* doit compter sur l'arme ouvrière, la grève ; ce faisant, il se heurte non plus au tsarisme seul, mais au tsarisme *et* à la bourgeoisie, qui considère la situation économique comme déjà périlleuse : le commerce est très ralenti, les commandes industrielles également ; les stocks s'accumulent chez les uns, tandis que chez les autres les approvisionnements sont arrêtés par suite de la désorganisation des transports ; des faillites sont signalées, les possesseurs de fonds font partir ceux-ci à l'étranger avec une cadence accélérée ; les milieux d'affaires, les commerçants, la petite bourgeoisie urbaine attendent impatiemment un retour à la normale, c'est-à-dire la fin des troubles ; le point de vue de la bourgeoisie est net : il faut attendre la réunion de la Douma dans le calme, le tsarisme ne pourra s'opposer à la manifestation de la volonté nationale.

Déjà des partis s'organisent dans cette perspective ; l'aile droite des libéraux (Goutchkov, Chipov, Stakhovitch) a créé une « Union du 17 octobre » [1] qui s'affirme décidée à collaborer légalement avec le tsarisme ; l'aile gauche s'organise lors d'un congrès à Moscou (du 2 au 6 novembre) en un parti Constitutionnel-Démocrate, qui fait du parlementarisme à l'occidental un idéal que la Russie doit prochainement atteindre ; les professions libérales, les membres des zemstva et les professeurs se rassemblent nombreux dans ce dernier parti (Strouve, Maklakov, Vernadsky, Milioukov, Dolgoroukov, Petrounkevitch). Même chez les S.R., dont l'audience demeure considérable à la campagne, l'aile droite (qui va créer en janvier 1906 le Parti Social du Peuple) est prête à jouer

1. Date du Manifeste dans le calendrier russe.

le jeu à la Douma ; en revanche la majorité S.R. et les Bolchéviks, qui en décembre tiennent une conférence nationale à Tammerfors (en Finlande), refusent complètement de participer aux futures élections pour une Douma sans pouvoirs réels.

En fait, la tactique des sociaux-démocrates consiste en novembre-décembre à organiser les masses ouvrières et urbaines pour les mener plus avant sur des mots d'ordre à la fois économiques (journée de 8 heures) et politiques (abattre le tsarisme) ; mais comme le prouve la vie du principal organisme de lutte, le soviet des ouvriers de Saint-Pétersbourg, [1] une pareille tactique isole de plus en plus le prolétariat des villes de la paysannerie et de la petite bourgeoisie. Ainsi le 15 novembre, le soviet, dirigé par un avocat, G. Nossar, dit Khroustalev (menchéviste), peut donner un ordre de grève générale très largement suivi dans la capitale et sur les chemins de fer pour obliger le gouvernement à supprimer la loi martiale en Pologne et une Cour martiale qui devait juger les mutins de Cronstadt ; mais dès le 18 il doit inviter les ouvriers à reprendre le travail sans avoir vraiment fait céder le gouvernement ; de même le 15 novembre il « décrète » la journée de 8 heures dans les usines, mais devant le lock-out des patrons privés et du patron-État, le 25 novembre il doit « suspendre » provisoirement cette mesure. Epuisés par les nombreuses grèves précédentes, encore mal organisés, les ouvriers pétersbourgeois sont las, isolés devant le mécontentement de la petite bourgeoisie qui grogne à la montée des prix, à la dégringolade du rouble ; les troupes, de plus en plus reprises en main (on éloigne les « têtes chaudes », on assure la solde), se replacent dans leur dépendance traditionnelle ; les notables campagnards, majoritaires dans les zemstva, les « octobristes » comptent sur Witte pour le retour à l'ordre légal ; les K.D., qui escomptent l'emporter dans les élections prochaines, ont pris leurs distances vis-à-vis des socialistes.

Dans ces conditions le renversement de la situation politique sera rapide, brutal. Le 27 novembre les dirigeants de l'Union paysanne pan-russe sont arrêtés ; début décembre la loi martiale est proclamée dans six gouvernements où les troubles agraires sont les plus nombreux ; le 8 décembre Khroustalev est arrêté, le soviet de Pétrograd réplique le 15 par l'appel à la grève de l'impôt, au retrait de l'argent des caisses d'épargne, mais le 16 le soviet tout entier est dispersé, ses chefs arrêtés (dont son nouveau président Trotsky), sans que les ouvriers de la capitale puissent véritablement réagir par une grève totale. A Moscou la réaction, mieux organisée par les cadres sociaux-démocrates et S. R., sera plus vive, de même que dans les centres industriels de l'Ukraine et dans les grandes villes ; la grève générale est largement suivie ; mais que peuvent les militants ouvriers, peu armés, face aux troupes fidèles ? A Moscou, de la grève pacifique les 20 et 21 décembre, on passe peu à peu aux barricades, aux actions de guérillas urbaines les 23 et 24, tandis que le gouverneur Doubassov fait bombarder par artillerie les quartiers ouvriers ; les combats de rues durent une semaine, jusqu'au 30 décembre ; dernier quartier ouvrier à se battre, la Presnia, à l'ouest de la ville, est cernée, puis réduite en cendres. La répression commence, elles sera féroce et prolongée : « A aucune époque les arrestations n'ont été plus nombreuses, ni plus arbitraires ; les prisons regorgent de détenus, au point que l'administration est à court de locaux pour les enfermer. » (Rapport de l'ambassadeur français Bompard du 9 janvier 1906). La révolution de 1905 est brisée.

1. *Selon Trotsky, le soviet aurait représenté environ 50 % de la population ouvrière de la capitale, soit environ 200 000 personnes, surtout parmi les ouvriers de la métallurgie (351 députés sur 572) des textiles (57) et des imprimeries (32). Les artisans, les commerçants, les ouvriers du bâtiment, les domestiques y sont peu ou pas représentés.*

Les contemporains n'en eurent pas tous immédiatement conscience : dans les milieux libéraux et démocratiques, on considérait que seule l'« anarchie » était vaincue et que le tsarisme devrait tenir compte de la prochaine Douma ; pourtant, dès le 20 février 1906 la loi électorale montrait la limite des concessions du tsarisme : les élections auraient lieu selon un système de curies avec vote indirect, encore éloigné du suffrage universel ; les députés devraient prêter serment de remplir leurs devoirs « en restant fidèles à sa Majesté l'Empereur et Autocrate de Russie », le tsar aurait un droit de veto législatif pour un an ; une seconde Chambre, le Conseil d'Empire, à moitié nommée par le tsar, à moitié élue par de grands électeurs privilégiés (nobles, clercs, bourgeois, universitaires) aurait les mêmes pouvoirs que la Douma. En réalité, Nicolas II et ses conseillers commençaient à rogner ce qu'ils avaient été obligés d'abandonner en octobre ; une telle politique trouvait sa justification dans l'analyse plus ou moins consciente de la situation à la fin de l'année 1905 ; la révolution russe de 1905 avait été triomphante tant que la bourgeoisie et les masses urbaines et rurales avaient marché de concert, tandis que l'armée et la marine hésitaient sur leur devoir ; la cassure entre la bourgeoisie et la classe ouvrière, les illusions dans la paysannerie, le retour de l'armée à sa fidélité traditionnelle, laissaient le champ libre à la réaction tsariste. La révolution russe ne pouvait pas encore être prolétarienne, elle ne devait même pas être bourgeoise-démocrate. Pourtant des moyens de lutte nouveaux, la grève générale, les soviets, apparaissaient, germes futurs d'un autre conflit révolutionnaire. Les partis révolutionnaires russes, souvent dépassés par la vitesse et la spontanéité des événements pendant l'année 1905, allaient-ils s'inspirer des leçons de la première révolution du XXe siècle ?

Le reflux ou la fin des illusions parlementaires (1906-juin 1907). La réunion de la 1re Douma.

Une révolution, même vaincue, laisse toujours des traces. Politiquement la Russie de 1906 ne pouvait plus ressembler à celle de 1904 bien que Trépov, simple commandant du palais, y conservât un rôle dominant ; le problème fondamental désormais revenait à évaluer la part d'initiative politique qui serait laissée à la Douma ; celle-ci serait-elle véritablement associée au gouvernement, selon une formule qui laisserait la direction effective au pouvoir exécutif (à la manière allemande), ou bien un équilibre des pouvoirs législatif et exécutif se réaliserait-il (à la manière franco-anglaise) ? Witte avait opté pour la première solution : en laissant aux sujets du tsar une certaine liberté d'expression, (la censure rétablie tolère les oppositions modérées), une certaine liberté de réunion, (un oukaze du 4 mars 1906 a autorisé les Unions professionnelles, ce qui entraîne à la fois la multiplication des syndicats ouvriers (en janvier 1907 652 unions rassemblaient 245 000 adhérents) et la création d'une confédération patronale), Witte a permis un déroulement à peu près normal des élections. Mais Witte, simplement toléré par Nicolas II parce qu'il se prétend indispensable pour obtenir un vaste emprunt auprès des alliés français [1], est sèchement éconduit dès la signature de l'emprunt, huit jours

1. La réponse favorable du gouvernement français pour un emprunt de 1 200 millions de francs-or est acquise après l'alignement des Russes sur les prétentions françaises concernant le Maroc, lors de la conférence d'Algésiras ; quant aux banquiers et aux prêteurs français, ils considèrent avec plus de sympathie les revenus appréciables d'un emprunt à 5 % que les suppliques des socialistes russes (dont Gorki) qui les mettent en garde contre les dangers futurs d'un soutien décisif au tsarisme. Les révolutionnaires ne reconnaitront plus les emprunts tsaristes !

LES ELECTIONS A LA DOUMA

1 AVRIL 1906

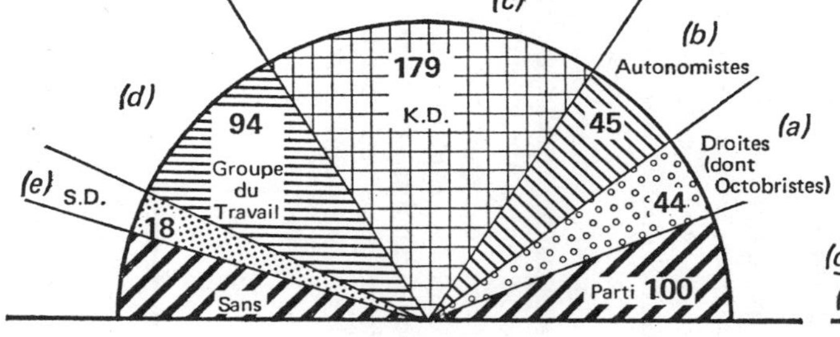

486 députés

2 FÉVRIER 1907

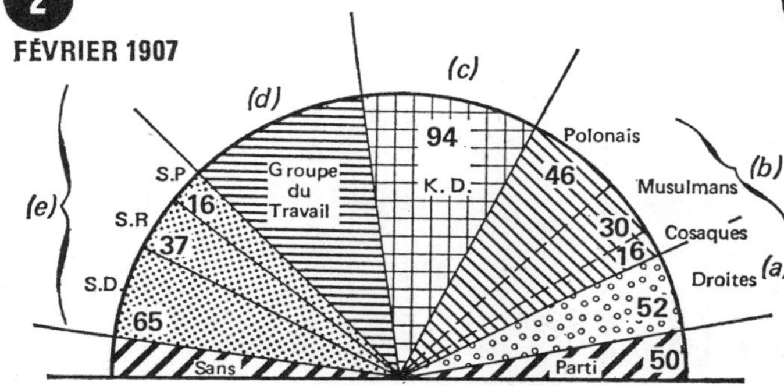

516 députés

3 NOVEMBRE 1907

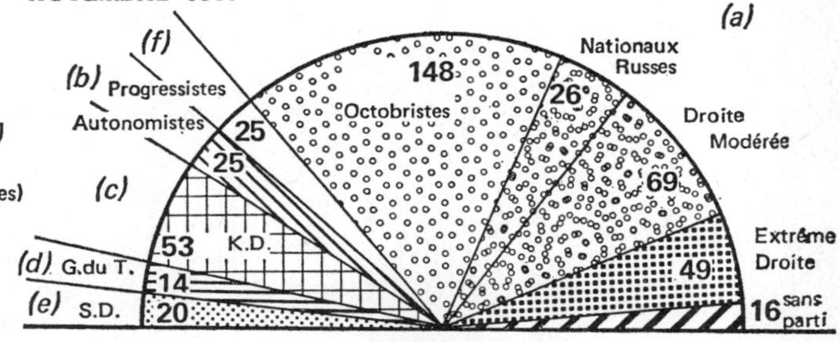

446 députés

4 1912

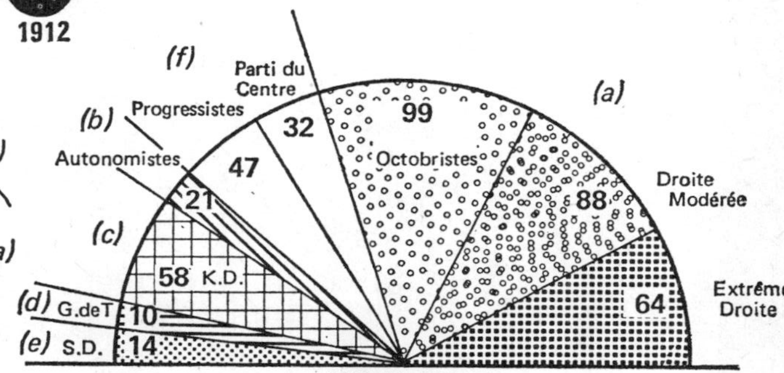

438 députés

«Doumas des Seigneurs»

a) Droites	*c)* K.D.	*e)* Socialistes
b) Autonomistes	*d)* Groupe du Travail	*f)* Centristes

avant la réunion de la Douma. Son remplaçant, un fonctionnaire déférent et médiocre, Goremkyne, fait aussitôt publier les lois fondamentales de l'Empire (6 mai 1906) : le tsar, inviolable, sacré, seul initiateur des lois, chef de l'armée, de l'administration, de la diplomatie, mène seul la politique extérieure, nomme et révoque seul les ministres, qui ne sont pas responsables devant la Douma ; celle-ci ne peut intervenir dans les questions militaires ; enfin en cas de besoin, le tsar peut non seulement dissoudre la Douma, mais (article 87) il peut pendant les vacances parlementaires prendre « toute mesure législative requise par des circonstances exceptionnelles ». Un lourd carcan pèse sur la future assemblée.

Celle-ci ne tarda pas à manifester son mécontentement, car malgré le boycott prôné par les partis d'extrême-gauche et malgré les entraves apportées à l'expression des volontés populaires (en moyenne 1 élu pour 2 000 électeurs dans la curie des grands propriétaires, 1 pour 7 000 électeurs de la bourgeoisie urbaine, 1 pour 30 000 paysans, 1 pour 90 000 ouvriers), les élections ont été un succès pour les K. D. et le centre gauche [cf. croquis p. 93]. La réponse au discours du trône le 10 mai 1906 est un véritable programme de démocratie à l'occidentale : responsabilité ministérielle devant la Douma, suppression de toutes les lois exceptionnelles, du Conseil de l'Empire, garantie de toutes les libertés (y compris le droit de grève), abolition de la peine de mort, élaboration d'une loi agraire « pour répondre aux besoins en terre des paysans », garantie de l'emploi aux ouvriers, refonte des impôts, instruction générale gratuite, satisfaction aux exigences des nationalités ; enfin « la Douma attend de vous, Empereur, une amnistie politique absolue ». La réponse fut donnée environ un mois plus tard, après que Trépov et le nouveau ministre de l'Intérieur, P. A. Stolypine, aient constaté l'impossibilité d'un accord avec les Octobristes et l'aile droite des K. D. ; fin juin, la Douma ayant fait une proclamation au peuple indiquant que toute réforme agraire dépendait d'elle, le gouvernement tsariste réagit : le 9 juillet 1906, la première Douma était dissoute.

Les députés de gauche répliquèrent lors d'une réunion illégale, tenue à Vyborg (Finlande), par un appel au peuple russe : refusez de payer les impôts, refusez la conscription ! Le retentissement pratique à cet appel fut faible, à l'exception de mutineries dans la flotte de la Baltique (19-20 juillet) ; d'une part le gouvernement s'était engagé à reconvoquer une nouvelle Douma sans changer les lois existantes, ce qui pouvait laisser des illusions aux tenants du légalisme, d'autre part les masses déçues, fatiguées, frappées par la répression policière, aspiraient à quelque répit ; de plus dans les milieux ouvriers la crainte de perdre son travail en cas de grève demeurait vive, car la crise économique subsistait en bien des secteurs, créant « l'armée de réserve » des chômeurs. En revanche à la campagne les jacqueries, les confiscations de grandes propriétés et leur partage, quoique moins nombreuses, restaient de pratique courante au printemps et pendant l'été 1906 : les paysans voulaient prendre des gages avant la réunion de la seconde Douma. La révolution rurale relaierait-elle la révolution urbaine ?

Les débuts politiques de Stolypine.

P. A. Stolypine, devenu premier ministre après la dissolution de la première Douma, s'est rendu compte de l'importance primordiale du problème agraire. Au fond, chacun sent bien en 1906 que l'attitude de la campagne sera décisive : la Douma a consacré l'essentiel de sa brève existence au problème agraire ; le congrès de réunification social-démocrate, tenu à Stockholm en avril 1906, a lui-même mis au premier plan le choix d'une tactique vis-à-vis des revendications paysannes, Lénine proposant une nationalisation du sol, assez proche du programme des Troudoviki, tandis que Martov et les mencheviks soutenaient une proposition de municipalisation des sols. Stolypine, qui a montré autorité et réalisme dans sa carrière antérieure de gouverneur de province, saisit l'opportunité de l'article 87 pour légiférer sans la Douma ; d'une part il institue des tribunaux militaires de campagne chargés de ramener l'ordre, d'autre part il entame une nouvelle politique agraire (loi du 9/22 novembre 1906) ; au lieu de conserver la communauté villageoise et ses pratiques communautaires comme bases du système agraire, Stolypine veut consacrer légalement le capitalisme parmi les paysans, c'est-à-dire l'individualisme et la propriété privée. En effet, la loi autorise tout chef de famille à demander à tout moment la transformation en une propriété privée du lot de terre qui lui avait été attribué par le mir ; si aucune redistribution des lots n'avait eu lieu depuis 24 ans, le demandeur n'aurait rien à payer au mir, si une redistribution avait eu lieu plus récemment, il devrait simplement verser une somme équivalente à la partie du sol cultivé, supérieure au lot moyen de chaque paysan ; le nouveau propriétaire garderait ses droits de pacage et d'utilisation des forêts communales ; le mir ne pouvait s'opposer à pareille demande ; bien plus, si les 2/3 de la communauté villageoise le votaient, l'attribution des lots en propriétés privées serait étendue à tous. Le gouvernement tsariste rompait ainsi avec des traditions de près d'un demi-siècle.

Si Stolypine avait eu l'espoir de désarmer ainsi l'opposition paysanne, il dut déchanter rapidement ; les élections pour la nouvelle Douma, convoquée pour le 20 février 1907, furent en effet marquées par un net glissement à gauche (cf. croquis p. 93). D'une part le boycott des élections avait été abandonné par les bolchéviks sous l'influence de Lénine, conscient des possibilités de propagande laissées par la tribune parlementaire, d'autre part bon nombre de paysans qui avaient voté K.D., faute de candidats S.R., se tournèrent vers le Groupe du Travail (fraction parlementaire du Parti Populaire) qui avait proposé lors de la première Douma un projet (dit des 104) visant « à établir un régime sous lequel la terre, le sous-sol et les eaux appartiendraient à l'ensemble du peuple et les terres arables seraient affectées à ceux qui les font valoir eux-mêmes » ; toutes les terres de l'État, de la couronne, des apanages, de l'Église seraient « nationalisées », les grandes propriétés seraient restreintes contre indemnités selon des normes de faire-valoir direct ; l'ensemble de la réforme serait conduit par des comités locaux élus au suffrage universel direct.

En termes parlementaires, les Troudoviki et les K. D. pouvaient devenir l'axe d'une majorité. Mais dans l'Empire russe de 1907, pouvait-on raisonner selon un tel schéma ? Pays sans traditions parlementaires, toujours soumis au régime de la censure et de l'arbitraire policier (même si ceux-ci étaient plus atténués qu'auparavant), fatigué par deux années de convulsions violentes, la Russie était incapable de se mettre en branle pour imposer le respect de la loi par les autorités. La loi du plus fort prévalut une fois encore : après avoir pris le prétexte d'un complot S. D. contre l'Empereur, la Douma refusant de lever l'immunité parlementaire des députés S. D. sans une enquête préalable, la seconde Douma fut dissoute le 3 juin 1907 ; les députés S. D. furent arrêtés et surtout une nouvelle loi électorale fut promulguée en violation des lois fondamentales de l'Empire de 1906. Le Coup d'État (*perevot*) de Stolypine mettait fin aux illusions légalistes des démocrates et des libéraux ; un nouveau recul était enregistré : dans un pays à constitution octroyée, le gouvernement ignorait la constitution ; était-on revenu à l'autocratie ? Des juristes pouvaient le contester, puisqu'une troisième Douma devait être élue, mais que pouvait-elle peser face à un gouvernement autoritaire, épaulé par l'armée, la police, les Cent-Noirs, les ultras-nationalistes et qui comptait bien détacher vers lui la caste des nouveaux propriétaires ruraux ? Comme le successeur de Stolypine, Kokovtzov, devait le reconnaître plus tard avec satisfaction en pleine Douma « Dieu merci, chez nous, il n'y a point de parlement ! » (*U nach parlementa, slava Bogou, echtche net*)

Désormais dans l'Empire non seulement un régime démocratique est exclu, mais encore une monarchie à l'allemande est impossible. On est ramené à la situation « classique » de la vie politique russe : tout dépend du rapport des forces entre révolutionnaires et tsaristes ; une voie moyenne, évolutive, est fermée. Ceci ne veut pas dire que la période 1905-1907 n'ait rien donné : elle oblige le tsarisme stolypinien à une révision de sa politique agraire dans un sens favorable à l'épanouissement du capitalisme libéral ; une bourgeoisie rurale, nouvelle assise du régime, se constituera-t-elle ? La bourgeoisie russe incapable d'assumer ses responsabilités en 1905, va-t-elle lier son destin au tsarisme ?

II. — RÉACTION STOLYPINIENNE ET CROISSANCE ÉCONOMIQUE

La vie politique dans les années d'avant-guerre.

« La monarchie du 3 juin » (*tret'eijun'skaja monarkhija*), selon l'expression des historiens soviétiques, caractérise le dernier type du régime politique tsariste : d'un côté un pouvoir exécutif fort, dépendant au premier chef du tsar lui-même, qui, par paresse ou par faiblesse de caractère, se confie soit à un homme politique, Stolypine d'abord, puis Kokovtzov, soit à un favori, comme le fameux pope-mage G. Raspoutine qui prend de plus en plus d'influence sur l'impératrice après 1911-1912 ; en face un pouvoir législatif faible, confié à une Douma dite « des Seigneurs » car élue sur des bases extrêmement inégales ; la curie des grands propriétaires et la première curie urbaine, soit moins de 1 % de la population russe, rassemblent 64,4 % des électeurs ! (Cf. les résultats des élections de novembre 1907 et de 1912, croquis p. 93.) En outre la Russie continue à ignorer les usages démocratiques élémentaires : la haute administration et la bureaucratie locale demeurent toutes puissantes, pratiquement irresponsables, d'où le maintien des habitudes de prévarications et de devoirs d'obéissance inculqués à tous les sujets du tsar ; les libertés élémentaires d'expression sont tolérées, ce qui revient à dire que la presse peut paraître librement à condition de procéder elle-même à sa censure ; le droit d'association subsiste, mais devant la multiplication des arrestations préventives ou les menaces qui sont suspendues sur la tête des militants syndicaux, les adhésions aux syndicats fondent comme neige au soleil (en 1909 il n'existerait plus que 63 associations professionnelles avec 15 000 adhérents) ; le droit de grève est toujours refusé. Dans les universités, peu à peu les « acquis de 1905 » sont rognés; en 1909 on interdit pratiquement aux femmes l'entrée dans les universités, on prescrit un strict usage du *numerus clausus* pour les juifs ; l'enterrement de Tolstoï, excommunié par l'Église orthodoxe (novembre 1910), ayant donné lieu à des manifestations étudiantes, on interdit toute réunion à l'intérieur des universités (janvier 1911) ; à nouveau les rapports étudiants-gouvernement sont tendus à la veille de la Première Guerre mondiale. La liberté de culte demeure toujours limitée : en 1909 le Conseil d'Empire interdit la formation légale de congrégations chez les Vieux-Croyants ; dans la pratique, l'intolérance demeure entière, le clergé orthodoxe demeurant misérable, peu cultivé, soumis étroitement à l'autorité de l'État, le tsar refusant de laisser se constituer une assemblée du clergé ; si les pogroms cessent, à l'exemple du tsar, l'antisémitisme demeure virulent, encouragé souvent par les autorités.

La politique gouvernementale vis-à-vis des nationalités non russes demeure fondée sur une idéologie nationaliste grande-russienne, que Stolypine n'hésite pas à défendre ouvertement à la Douma. Dans ces conditions les rapports avec les peuples les plus évolués se détériorent sensiblement : en Finlande, terre de refuge pour les opposants, Stolypine, ulcéré de voir la Diète locale composée en majorité de S. D. et de libéraux, s'efforce de faire réduire les pouvoirs de cette Diète (1908), puis il la dissout à deux reprises (1909-1910), enfin il réintroduit des usages dictatoriaux ; l'hostilité finlandaise à l'égard des « occupants » russes est unanime en 1914. En Pologne la situation est plus complexe, car, d'une part, les Polonais sont eux-mêmes divisés quant à la politique à suivre, les uns (Dmovski) s'efforçant d'obtenir des autorités russes plus d'autonomie au nom du néoslavisme, les autres (J. Pilsudski) réclamant l'indépendance, mais souvent avec des visées annexionnistes sur des territoires peuplés d'Ukrainiens ou de Lithuaniens ; d'autre part la question polonaise se pose non seulement en Russie, mais dans les deux États voisins : en Allemagne, où la politique de germanisation soulève les mêmes difficultés qu'en Russie, et en Autriche-Hongrie, où les autorités autrichiennes paraissent finalement les plus conciliantes ; en tout cas en Pologne russe, le sentiment national polonais est bien loin de s'estomper à la veille du conflit mondial.

En Ukraine, il tend à se développer surtout parmi les intellectuels et dans la bourgeoisie locale, enrichie par le développement économique de l'Ukraine, « grenier » de la Russie et son « cœur industriel » grâce au Donets et aux ports du Sud ; la bourgeoisie ukrainienne estime-t-elle ne pas obtenir une reconnaissance suffisante de sa personnalité en regard de sa contribution économique ? En 1914, la commémoration du centenaire de Chevtchenko, écrivain national, est l'occasion de manifestations dans une région où depuis 1908 la presse et l'université sont soumises à un processus de russification ; les opposants de l'« Union de libération de l'Ukraine », réfugiés en Galicie autrichienne, trouvent d'ailleurs un appui auprès des autorités autrichiennes, évidemment satisfaites de gêner ainsi cet adversaire qui, en Bohème ou dans les Balkans, soutient les aspirations nationales des peuples slaves au nom du panslavisme. Pour les mêmes raisons les minorités turques d'Azerbaïdjan, représentées depuis 1912 dans un parti, le *Mussavat* (Égalité), se tournent vers la Turquie rénovée par la révolution Jeune-Turque (1909), tandis que certains intellectuels musulmans, de race tatare (région de la Volga, Crimée), s'efforcent d'animer une civilisation turco-tatare qui serait reconnue comme l'égale de la civilisation russe ; en fait, le nationalisme russe ne peut ni ne veut admettre pareille revendication, soit qu'il considère ces peuples comme des populations sous-développées (d'où une politique de pénétration en Asie centrale semblable aux pratiques coloniales des autres États européens conquérants en Asie ou en Afrique), soit qu'il assimile pareille demande à une trahison vis-à-vis des idéaux fondamentaux du régime tsariste ; ce dernier n'a-t-il pas posé le nationalisme russe et orthodoxe comme pierre de touche de son idéologie ?

Avec logique Stolypine s'est efforcé en effet jusqu'à sa disparition, en septembre 1911, (il est assassiné au théâtre, à Kiev, par un agent double, S. R. et policier) d'asseoir son pouvoir sur des bases différentes de la pure répression policière ; dans ce dessein, le Premier ministre a tenté d'utiliser deux ressorts, le nationalisme et l'intérêt personnel. Sur le premier plan il espère utiliser un sentiment national croissant parmi la bourgeoisie et les classes dirigeantes russes; la poussée économique des années 1909-1914 accélère l'enrichissement d'une minorité, qui ressent vivement à l'intérieur les ingérences étrangères dans la direction des affaires (comme toutes les bourgeoisies dans les pays en voie de développement) et qui, vers l'extérieur, voudrait faire assumer à la Russie un rôle plus en rapport avec sa puissance nouvelle (ainsi la conquête de Constantinople et des Détroits servira les intérêts des exportateurs de blé ou d'acier des ports méridionaux) ; ces bourgeois nationalistes paraissent prêts à se rallier à un régime capable de leur assurer à la fois l'ordre intérieur, nécessaire pour le développement de leurs activités économiques, et l'expansion extérieure aux dépens des peuples conquis (tels les allogènes) ou à conquérir (tels les Slaves des Balkans auxquels le néo-slavisme offrira désormais comme idéal, non l'indépendance pure et simple, mais l'entrée dans un Empire russe élargi). Fort logiquement, en 1909, une rupture se produit parmi les octobristes de la Douma : une majorité d'entre eux s'unit aux nationalistes de droite modérés pour constituer un nouveau parti, le parti des nationalistes russes (dirigé par P.N. Balakov, riche propriétaire terrien), qui sera désormais « le centre législatif » sur lequel Stolypine peut s'appuyer. La mystique nationaliste gagne du terrain parmi les milieux politiques plus à gauche ; sans doute, les K. D., Milioukov, Strouve lui-même, qui évoque le rôle fécond d'une nationalité russe en formation, refusent les caractères religieux, antisémites, totalitaires de l'extrême-droite (Markov ou Doubrovin), mais ils sont eux aussi attirés par l'idéologie nationaliste. Comme dans les autres pays d'Europe, au même moment (cf. les nationalismes français, allemand, britannique ou italien), celle-ci n'offre-t-elle pas un substitut ou un contre-courant à la vague idéologique socialiste?

Un fait apparaît en tout cas nettement parmi l'intelligentsia russe des années 1910, le socialisme marxisme subit une éclipse [1]; le repli vers des tendances nationales, mystiques esthétiques, déjà perceptible chez certains vers 1903-1904, s'accentue. Les uns, inspirés par Chomiakov ou Vl. Soloviev, se tournent vers un renouveau de la foi (Berdiaev), d'autres vers de pures recherches esthétiques (après les poètes symbolistes comme A. Biely ou A. Blok se développent les chapelles acméïstes (Goumilev), futuristes (débuts de Maïakovski)) ; d'autres tentent d'impossibles synthèses entre christianisme et marxisme (Bogdanov) ; la parution en 1909, d'une revue, « Les Jalons » (*Viekhi*), dirigée par d'anciens marxistes-légaux comme Strouve, Berdiaiev, Boulgakov, qui condamnent l'utilitarisme, le positivisme et le matérialisme et nient l'utilité d'un art ou d'une éducation révolutionnaires, est symptomatique. L'épanouissement intellectuel de la pensée et de l'art russe illustré par le triomphe des ballets russes (Fokine-Nijinsky), par la musique de Stravinsky, par la peinture abstraite de Kandinsky, Malevitch ou Larionov se réalise sur des voies nouvelles, à l'écart ou à l'opposé des idéaux socialistes des années 90 ; même un Gorki est attiré vers 1910 par ces tendances mystiques et par la recherche de Dieu. Tous ces faits ne signifient pas que le socialisme marxiste ait disparu de Russie ; loin de là, mais ils témoignent de la fermentation intellectuelle d'une Russie en mutation économique.

1. L'idéologie anarchiste avait plus d'influence en Occident qu'en Russie même, au moins dans la classe ouvrière. Les théories de Bakounine et de Kropotkine gagnent néanmoins du terrain au début du XXe siècle, comme en atteste leur popularité pendant la révolution de 1917.

La croissance économique et ses conséquences sociales.

Les transformations à la campagne et dans l'industrie sont considérables à partir de 1909 ; la Russie a surmonté alors les effets des crises économique et politique, et dans tous les domaines elle entame une marche en avant remarquable (cf. tableau p. 57). Cependant dans l'agriculture comme dans l'industrie, cette progression ne signifie point un enrichissement uniforme : dans les deux cas, le développement du capitalisme accélère les divisions dans la société russe.

Volontairement, Stolypine a contribué à cette différenciation sociale à la campagne : la loi de novembre 1906 a été complétée par les lois de juin 1910 et mai 1911 qui ont surtout pour but d'accélérer les appropriations des terres collectives en propriétés privées ; elles permettent la réunion de parcelles de terre éparses en une propriété d'un seul tenant. Le but poursuivi est clair : en créant une petite et une moyenne paysannerie de propriétaires, le gouvernement espère développer la production agricole, élargir le marché de consommation national, constituer une masse attachée à la propriété, donc hostile aux mesures d'appropriation collective du sol prônées par les révolutionnaires socialistes ; sans nul doute une pareille politique ne peut satisfaire tous les paysans, car les pauvres ou les faibles risquent soit de se transformer en ouvriers agricoles des *koulaks*, soit d'être contraints à partir vers les villes comme manœuvres dans l'industrie.

Le gouvernement cherchait d'ailleurs à augmenter les départs vers les zones à défricher (Sibérie surtout) par des lois nouvelles (1912), et surtout en augmentant les crédits de l'État aux migrations (ils quadruplent dans cette période par rapport à la période 1900-1904), mais les résultats n'étaient pas à la hauteur des espérances, car les émigrants tendaient à rester groupés dans les régions déjà les plus peuplées (région de l'Oural, ouest-sibérien) et souvent par ignorance ou traditions culturales de leur région d'origine, répugnaient à défricher les zones forestières encore vides ; ainsi, entre 1907 et 1914, si 3 556 000 immigrants étaient venus s'installer en Sibérie, 980 000 migrants étaient revenus se fixer en Russie, sans compter les échecs avoués ou latents de colons restés sur place (entre 40 à 50 % des migrants selon F. X. Coquin) [1]. A la veille de la Première Guerre mondiale la Russie n'a pas encore connu cette grande marche vers l'Est, comparable à la marche vers l'Ouest des États-Unis ; en 1897, la Sibérie comptait 8,2 millions d'habitants, en 1917, 14,5 millions, soit moins du dixième de la population de l'Empire.

Les résultats de la politique stolypinienne sont plus sensibles quant aux structures de possession du sol ; bien que les statistiques officielles soient assez imprécises et contradictoires, on peut estimer que les propriétés privées paysannes sont passées de 2,8 millions en 1905 à 5,5 millions en 1914, soit d'environ 23 % à environ 44 % des exploitations paysannes ; le mouvement de sortie du mir a été sensible en 1908 et 1909 (plus d'un demi-million de demandes par an), ce qui peut traduire un désir ancien, enfin exaucé, de certains paysans ; ensuite le mouvement se ralentit ; les cas de dissolution complète du mir (selon le vœu des 2/3 des paysans) sont plus rares (130 000 exploitations paysannes) ; en revanche deux formes nouvelles de gestion agricole se développent : l'*otrub* (la coupe) lorsque le paysan continue à vivre dans le village mais possède ses terres d'un

1. Les plus fortes migrations vers la Sibérie ont eu lieu entre 1907 et 1909 (576 000, 578 000 et 707 000 immigrants).

seul tenant sur le terroir villageois, le *khutor* (ferme) lorsque le paysan installe ses bâtiments sur ses terres, créant ainsi un nouveau type d'habitat rural dispersé (1 600 000 exploitations de ces types). Cependant, peut-être par manque de temps pour que les réformes aboutissent (la guerre survient vite), en 1914 la portée des changements est encore limitée. On le perçoit en étudiant l'appropriation du sol ; en 1914, selon Robinson, si 47 % du sol appartiennent aux paysans (dont les 2/3 en terres des communautés rurales), 40 % sont encore à l'État où à l'Empereur et 13 % aux propriétaires nobles. Les ventes de terres aux *koulaks* par les paysans pauvres ont souvent contribué à grossir les demandes de sortie du mir ; le métayage se développe.

Le niveau technologique reste dans l'ensemble médiocre ; en 1910, 6,4 millions d'araires en bois (*sokha*) sont utilisées contre 4,6 millions de charrues en fer (*plug*) ; en fait, deux agricultures différentes s'opposent de plus en plus ; d'un côté, des communautés villageoises, faiblement productives, peu mécanisées, très traditionalistes, vouées à une agriculture de subsistance céréalière, très dominées par les conditions climatiques ; en revanche on trouve, surtout dans les provinces méridionales, en Ukraine, dans le Sud-Ouest, les régions de la Baltique, la Sibérie occidentale, de grandes propriétés conçues pour l'exportation de leurs productions, d'où pour obtenir une bonne commercialisation de leurs produits, l'emploi de techniques d'exploitation modernes (la vente des machines agricoles triple entre 1906 et 1913, l'usage des engrais chimiques sextuple), la recherche des produits les plus rentables à la vente (expansion de la betterave à sucre, du lin et surtout des produits de l'élevage), l'utilisation d'une main-d'œuvre salariée mal payée, un début d'industrialisation rurale pour transformer la matière première brute (sucreries par exemple). Ce sont des pôles d'expansion dans un paysage rural encore peu transformé et dans un pays où l'agriculture reste encore dominante : 51,4 % du revenu national, contre 28 % à l'industrie [1].

Les pôles de croissance sont plus dynamiques et plus probants dans l'industrie. La production industrielle a progressé, en valeur, de manière très rapide entre 1906 et 1913. (en millions de roubles) :

	1908	1913	pourcentage d'augmentation
Industries des biens d'équipement	1 298	2 409	85,6 %
Industries des biens de consommation	3 432	4 833	40,8 %
total	4 630	7 242	55,2 %

En 5 ans (1909-1913) la valeur de la production industrielle russe a progressé de 54 %, le nombre d'ouvriers de 30,8 % (il atteint 3,5 millions en 1913), ce qui traduit une réelle augmentation de la productivité ; tous les secteurs industriels sont en expansion , en particulier les secteurs les plus modernes : les industries alimentaires + 19 %, les machines-outils + 50 % , le charbon + 65 %, les textiles + 66 %, l'acier et les rails + 66,8 %, les machines agricoles + 100 %, les produits caoutchoutés et chaussures en cuir + 160 %, l'industrie électrique + 500 %. Incontestablement la Russie est en train de réaliser son décollage économique ; mais cette réussite d'ensemble doit être replacée dans un cadre mondial pour être justement appréciée : en 1913, la valeur de la production industrielle

1. Selon Liachtchenko, le reste du revenu national se répartirait ainsi : transports et services 16,5 % ,construction 4,1 %.

russe est 2,5 fois plus faible que la production industrielle française, 4,6 fois inférieure à la britannique, 6 fois inférieure à l'allemande, 14,3 fois inférieure à celle des États-Unis. Cela explique pourquoi le revenu national par tête reste faible par rapport aux autres grandes puissances (compte tenu évidemment de la faible productivité agricole et de la rapide expansion démographique) : en 1913, le R.N.T. est de 102,2 roubles en Russie, contre 355 roubles en France, 463 en Grande-Bretagne et 695 aux U.S.A. [1]

Les caractères structurels de l'industrie russe déjà notés demeurent valables : la localisation géographique des entreprises laisse une primauté incontestée aux centres traditionnels de Russie d'Europe (Donets, région de Moscou, Pologne, ports de la Baltique et de la mer Noire), bien que la prospection des richesses sibériennes ou caucasiennes soit déjà largement amorcée ; les entreprises obéissent aux lois de la concentration, tant sur le plan technique (les usines de plus de 500 ouvriers rassemblent en 1910 53,4 % des ouvriers russes) que sur le plan commercial et financier : les cartels se sont multipliés à l'imitation de Prodameta (Krovlia pour la métallurgie ouralienne, Med pour le cuivre, Prodwagon, Prodaroud pour le fer, etc...), bien que le gouvernement tsariste, poussé par les nationalistes de la Douma, commence à multiplier les chicanes administratives vis-à-vis de ces associations souvent menées par des capitalistes étrangers. Cela n'empêche point toutefois les fusions de se réaliser (Nobel domine le pétrole russe, Poutilov l'armement), car de plus en plus le capital bancaire s'impose dans l'industrie.

La concentration bancaire est en effet en passe de créer en Russie quelques grandes banques d'affaires et de dépôts qui, comme en Allemagne, dirigent souverainement le marché ; en 1913, plus de la moitié des transactions bancaires passent par les guichets des 6 premières banques russes installées à Saint-Pétersbourg et qui drainent l'épargne russe par un vaste réseau de succursales. Comme ces banques sont surtout pétersbourgeoises, elles entraînent le développement boursier et financier de la capitale [2] de même que l'intervention ponctuelle du capitalisme étranger, surtout français, dans ces grandes banques (65 % du capital de la 1re banque russe, la Russo-Asiatique, est français en 1914).

Il est toujours difficile de quantifier la participation étrangère dans l'économie russe, mais on peut admettre qu'en 1914, environ le tiers des actions de sociétés établies en Russie était dans des portefeuilles étrangers ; les investissements extérieurs paraissent surtout importants dans l'industrie métallurgique, les pétroles, la banque, les industries les plus évoluées technologiquement (électricité, chantiers navals, automobiles), ils sont faibles dans les secteurs traditionnels (textiles, industries alimentaires) ; globalement les Français sont les principaux investisseurs, surtout si on ajoute à ces capitaux les placements faits dans les emprunts d'État (les avoirs français peuvent être évalués à environ 12,5 milliards de francs, les avoirs allemands à 8 milliards de francs, les avoirs britanniques à 3 milliards). Cependant l'accumulation nationale progresse rapidement en Russie ; les dépôts dans les caisses d'épargne ont doublé entre 1906 et 1914, les comptes courants bancaires ont doublé entre 1910 et 1914 ; aussi dans bon nombre de cas, les capitalistes russes rachètent des valeurs anciennement détenues par des étrangers et ils souscrivent pour 70 % aux nouvelles émissions. Un capitalisme russe, national, existe en 1914 ; il est particulièrement développé à Moscou, véritable centre national pour la bourgeoisie russe ; il aspire à devenir majeur.

1. Chiffres cités par Liachtchenko.

2. D'où la naissance d'un véritable quartier des affaires le long de la perspective Nevski.

Dans la population urbaine qui progresse (elle rassemble 25 millions d'habitants en 1914, soit 15,5 % des Russes), deux classes sont ainsi en expansion, classe moyenne et prolétariat ouvrier ; la bourgeoisie des villes rejoint-elle les aspirations des gens aisés de la campagne ? Cela reste difficile à dire, mais en tout cas, selon l'historien soviétique Pisarev, en 1913 il existerait en Russie 4,1 millions de gens riches et 31,5 millions de gens aisés (contre 3 et 23,1 millions en 1897), ce qui tend à modifier sensiblement le tableau habituel de la société russe ; dans les villes une nouvelle catégorie sociale se développe, employés, « cols blancs », techniciens, nouveau type de petite bourgeoisie. Réciproquement la classe ouvrière se développe ; si dans les zones industrielles du Sud ou de l'Oural le passage saisonnier de l'usine (en hiver) à la campagne (en été) persiste, la séparation est accomplie surtout dans les grandes villes et les ouvriers prennent conscience de leur spécificité. Aussi, lorsque la demande de main-d'œuvre croît, lorsque la crise économique est surmontée, les grèves reprennent devant la montée des prix, qui s'accélère entre 1909 et 1912 ; l'agitation ouvrière est à l'unisson de la poussée industrielle : 105 000 grévistes en 1911, 725 000 en 1912, 887 000 en 1913, 1 450 000 de janvier à juillet 1914. La réaction patronale est rude (39 % des grèves réussissent), parfois sanglante (massacres de la Léna en avril 1912), d'où également durcissement des actions ouvrières : l'idée de la grève générale gagne du terrain ; en mai 1914 les grèves de Bakou entraînent des manifestations de solidarité dans la capitale, où surgissent des barricades. Malgré la promulgation des lois sociales en juin 1912 (assurances-accident, assurances-maladie gérées par des caisses mi-patronales, mi-ouvrières), il est certain que les ouvriers sont largement perméables aux idéologies socialistes à la veille du 1er conflit mondial.

Sur ce point, malgré la censure et la police, la diffusion des mots d'ordre socialistes a repris un nouvel élan après 1910 ; en particulier, le nouveau quotidien des Bolchéviks *la Pravda* (la Vérité), lancé en mai 1912, connaît un réel succès dans la masse ouvrière grâce à un réseau de diffusion cohérent et dévoué (40 000 exemplaires en 1913). Mais les ouvriers restent étrangers aux divisions qui continuent de déchirer les sociaux-démocrates ; « le creux de la vague » (1907-1912) n'a pas facilité la reconstitution d'un parti S. D. unique, chacun imputant à l'autre les raisons de l'échec ; ensuite l'impossibilité d'une union entre bolchéviks et menchéviks a été démontrée au Congrès de Prague (janvier 1912), malgré les conciliateurs (Rykov-Noguine) ou les unionistes (Trotsky) ; pour les bolchéviks, les menchéviks sont des « liquidateurs » du mouvement S. D. ; Lénine se refuse à toute concession, la fraction parlementaire S. D. finit par se scinder. Cependant à la veille du conflit, sous l'influence de la 2e Internationale et devant l'impatience des militants restés en Russie, ne va-t-on pas enfin aboutir à un congrès de réunification qui donnerait une plus large audience au parti S. D. dans les milieux ouvriers ?

La guerre intervint auparavant ; comme en bien d'autres domaines, celle-ci stoppa ou modifia l'évolution des années précédentes. Elle survenait alors que la Russie venait d'amorcer une importante mutation économique et sociale ; incontestablement le visage de la Russie tsariste se modifiait, s'occidentalisait ; usines, villes, ouvriers, bourgeoisies, employés apparaissaient comme des levains dans une pâte, encore en majorité agricole, paysanne. Stolypine avait tenté d'adapter le tsarisme à certaines de ces transformations, mais fondamentalement les structures politiques n'avaient pas assez évolué pour que l'on puisse considérer que les voix des Russes s'y fassent pleinement entendre. De toute manière, le passage du sous-développement au capitalisme supposait la paix extérieure pour réussir. Stolypine, puis Kokovtzov l'avaient compris ; mais en janvier 1914 un changement de ministère laisse le champ libre aux nationalistes. La guerre va condamner la dernière transformation de l'Ancien Régime.

Deuxième Partie

LA RÉVOLUTION ET SES SUITES

5.
La chute de l'ancien régime et la révolution d'Octobre.

I. LA RUSSIE EN GUERRE

Dès 1914, Lénine affirmait qu'en entrant en guerre contre l'Allemagne, le tsar « faisait son plus beau cadeau à la révolution ». Sur ce point, il était en accord avec un homme d'État conservateur, P. N. Dournovo, qui prédisait lui aussi « que la révolution sociale sous sa forme la plus extrême, une anarchie irréversible, seront les seuls résultats prévisibles d'un conflit malheureux avec le kaiser ». Au lendemain des premières défaites, P.N. Milioukov, qui avait salué la guerre avec enthousiasme, s'inquiétait de sa prolongation, il craignait des événements auprès desquels « la révolution de 1905 et ses violences ne seraient qu'un jeu d'enfants ». Effectivement, avec la déclaration de guerre, la Russie connaît six années de bouleversements ; elles aboutissent à la métamorphose la plus complète qu'aucune société ait jamais connue.

La déclaration de guerre.

Contre toute attente, *la déclaration de guerre* fut accueillie avec enthousiasme dans la capitale ; par patriotisme on transforma son nom allemand Saint-Petersburg et on la rebaptisa Pétrograd ; des manifestations eurent même lieu pour encourager le tsar à soutenir « le petit frère serbe », allié de la Russie et attaqué par l'Autriche. Ce panslavisme était le fait de la bourgeoisie ; une victoire sur les Turcs, associés aux Austro-Allemands, ouvrirait la route de Constantinople. Le « rêve » d'une ouverture sur une mer libre allait se réaliser : ainsi cette guerre conciliait-elle l'honneur et l'intérêt de la Russie. L'unanimité patriotique était totale. Les socialistes eux-mêmes, les anarchistes, jugeaient légitime une guerre menée contre les puissances centrales. Plekhanov et Kropotkine estimaient que le pire danger pour l'avenir de la révolution mondiale n'était pas la victoire du tsarisme, car ce régime était condamné par l'histoire, mais celle de l'impérialisme le plus avancé, l'impérialisme allemand, dont le succès aboutirait à l'écrasement du prolétariat le plus organisé et le plus conscient, le prolétariat allemand. Comme l'alliance avec les démocraties occidentales contraindrait le tsarisme aux réformes, les révolutionnaires devaient continuer le combat contre le tsar tout en défendant la patrie. Ces raisons semblaient absurdes à Lénine, Trotsky et quelques socialistes-révolutionnaires ; selon eux, seule la défaite pourrait mettre fin à l'autocratie. Mais seul Lénine osait aller jusqu'à prôner le « défaitisme » (*porazenstvo*), c'est-à-dire la lutte pour la défaite de son propre pays. Bien qu'il eût spécifié que ce mot d'ordre valait pour *tous* les révolutionnaires dans *chaque* pays, le sentiment patriotique était tellement enraciné que l'idée parut excessive, même aux plus révolutionnaires ; le leader bolchévik dut l'abandonner. Lorsqu'en 1915 des pacifistes internationalistes se réunirent à Zimmerwald pour lancer un appel à la lutte contre la guerre, les socialistes russes furent les initiateurs du mouvement ; toutefois, dans leur appel, la lutte pour la paix n'allait pas jusqu'à l'action en vue d'amener la défaite du pays. Lénine et ses amis préconisaient seulement la transformation de la guerre impérialiste en guerre civile. Au reste, lorsqu'à la déclaration de guerre des Bolchéviks furent incarcérés, le Parti lança un appel à la grève : dans le brouhaha et l'émotion patriotique, il ne fut pas même entendu.

Cette unanimité patriotique cachait néanmoins bien des souffrances : dans les campagnes par exemple, le ramassage brutal des hommes de vingt à quarante ans, effectué souvent par la cavalerie en moins d'une heure, le dénuement dans lequel les autorités abandonnèrent les familles et bientôt, pour les combattants, l'inhumanité des batailles, les massacres inutiles. Ces drames et ces rancœurs constituèrent un mélange qui allait exploser quelques années plus tard.

Les opérations militaires n'avaient pas mal commencé. Plus rapidement à pied d'œuvre que prévu, les Russes l'emportaient à Gumbinnen, en Prusse orientale, une surprise qui fut à l'origine d'un mythe : le « rouleau compresseur russe ». Il faut attendre 1945 pour que l'Allemagne connaisse un exode tragique comme celui de cet été 1914. La revanche que Hindenburg prit sur les armées russes à Tannenberg, en septembre 1914, effaça jusqu'au souvenir de Gumbinnen. Néanmoins l'armée russe demeurait une menace permanente pour les armées autrichiennes : après le siège de Przmysl, elle manqua plusieurs fois de franchir les Carpathes, d'atteindre Budapest.

La situation se retourna en 1915 lorsque, inversant le « plan Schlieffen », les Allemands fournirent leur principal effort non plus contre les Français, mais contre les Russes. Les états-majors des Puissances Centrales avaient coordonné leur action : les Turcs et les Autrichiens ne purent aboutir, mais les Allemands percèrent le front russe et bientôt ils occupaient la Pologne et la Lituanie. Les militaires russes expliquent cet échec par la pénurie en officiers, un très grand nombre ayant été tué pendant la campagne de 1914, et par l'infériorité de l'artillerie russe. Le canon 76 Poutilov était pourtant considéré par les Allemands comme plus efficace que le 75 français ; quant à la pénurie en officiers, elle tenait à la nature de l'armée, une caste très fermée. La Russie ne perdait pas la guerre parce que ses meilleurs officiers s'étaient sacrifiés. Elle la perdait parce que le régime excluait tout renouvellement démocratique des cadres de l'armée.

Au reste, insuffisamment fournis en armes, en munitions, les soldats russes se battaient dans les pires conditions : la retraite de l'hiver 1915, particulièrement tragique, fit plusieurs millions de victimes. Les Allemands ne réussirent pas pour autant à anéantir l'armée russe ; grâce à ses ressources en hommes, elle put lancer une contre-offensive en 1916. Les généraux allemands de la Grande Guerre mondiale sont unanimes à affirmer que, à demi vaincue, l'armée russe constituait encore un danger plus grand pour les Austro-Allemands que les forces alliées. D'ailleurs, sauf pendant une courte période, il y a toujours eu plus de forces allemandes sur le front russe que sur le front occidental, et plus encore au lendemain de la chute du tsar, malgré la révolution de février 1917.

Si l'armée russe n'a pas « craqué », les soldats ont mis en cause la façon dont le commandement les envoyait inutilement à la mort. Il n'y a pas eu de désertions comme chacun s'y attendait en 1914, mais il y en a eu en 1916. Les lettres de soldats sont emplies d'invectives contre les officiers, contre le commandement, contre le tsar. Toutefois le sentiment du devoir patriotique paralyse la révolte des soldats.

A l'arrière, pourtant, le mécontentement s'exprima dès 1915 par les grandes grèves qu'animait le parti social-démocrate. Comme dans le reste de l'Europe, ces manifestations étaient plus liées, à cette date, à la pénurie, à la hausse des prix qu'aux sentiments internationalistes ou pacifistes. La poursuite des hostilités impose à la Russie une conversion de son économie plus radicale que chez les autres belligérants. A cause du blocus de la Baltique, de la guerre sous-marine, les alliés ne peuvent plus fournir de matériel de guerre. Les approvisionnements reprennent néanmoins, en échange de matériel humain des soldats russes débarquent à Salonique et à Marseille ; les marchandages des alliés sont jugés scandaleux. En outre, sans consulter les Russes, les alliés ont procédé au partage secret de l'Empire ottoman (accord Sykes-Picot). La dépendance économique de la Russie oblige les dirigeants à faire des concessions au capital étranger, la presse bourgeoise stigmatise l'État qui ne sait être ferme qu'envers le peuple russe. Les milieux d'affaires accusent également l'administration ; elle paralyse les initiatives individuelles, empêche les forces vives du pays de contribuer à son redressement. Effectivement, la bureaucratie voit dans les associations « patriotiques » qui se constituent, des groupes de pression qui cherchent à déposséder l'État de ses prérogatives au profit des intérêts privés. Pendant ce temps, l'armée manque de munitions et d'armes, bien que presque toute l'industrie consacre désormais ses activités à la défense. Cette reconversion rapporte des millions de roubles à ses promoteurs ; elle permet également à Broussilov de réussir une contre-offensive en Galicie ; elle aboutit surtout à une catastrophe économique à l'arrière, où règne désormais une pénurie totale en produits de consommation. En 1916, un rapport témoignait de la rupture des circuits économiques. Les produits manufacturés faisaient défaut dans 46 gouvernements ; le tissu manquait complètement dans les magasins de douze provinces ; les produits métalliques (quincaillerie, objets de bazar, matériel industriel et agricole), déjà rares en 1914, manquaient dans la majorité des provinces. Quand on en trouvait par hasard comme à Nijni-Novgorod, les prix avaient monté de trois à dix fois depuis 1914. Dès lors, dans les campagnes, c'est la colère : avec une main-d'œuvre diminuée des trois quarts, la paysannerie a fourni l'armée en blé, en tabac ; l'intendance paye avec des roubles inutilisables. Dès lors, à quoi bon travailler? Les livraisons diminuent, la colère se transporte à la ville, où à la pénurie en produits industriels succède une raréfaction des produits alimentaires, et une vertigineuse hausse des prix : trois, quatre, six fois selon les produits alors que les salaires ont à peine doublé depuis 1914. Les grèves reprennent, gigantesques en 1916 : elles ont désormais une autre signification : on réclame du pain, la paix, la fin de l'autocratie...

A l'origine de ce mécontentement, Nicolas II et ses ministres, comme tous les dirigeants autoritaires, voient la main de l'étranger. Après les défaites de 1915, le tsar visite les tranchées, il met sa vie en danger, et croit qu'il accomplit ainsi tout son devoir envers le peuple. A celui-ci, il ne pardonne pas la révolution de 1905 ; il croit que les malheurs de la Russie sont le châtiment que Dieu lui inflige pour s'être révoltée. Sa femme Alexandra, très dévote, et son conseiller occulte, le « saint » Raspoutine, lui expliquent qu'il ne faut pas céder aux exigences de la Douma qui, devant l'incurie du ministère Goremykine, demande la constitution d'un gouvernement responsable devant elle. Pour ne pas avoir à entendre ses récriminations, le tsar espace ses sessions. En 1916, il limite sa participation à une visite inaugurale. Lorsque l'opposition a la parole, par défi les membres du gouvernement quittent l'assemblée. Les Philippiques des libéraux, — le KD Milioukov, les Octobristes Maklakov et Goutchkov —, sont publiées dans les journaux malgré la censure. Elles agitent l'opinion. « Ou bien le gouvernement nous cache la vérité et il nous trompe, écrit Milioukov, ou bien il ne la voit pas et il est incapable. Dans tous les cas il faut le remplacer. » Tel est l'avis de toute l'opposition « légale » qui, avec le troudovik Kerenski, exige « le départ de tous les ministres traîtres au pays ». « L'heure est venue, déclare le menchévik Tchkeidze, de se déclarer avec le peuple contre le gouvernement, ou avec le gouvernement contre le peuple. »

Les courtisans accusaient Raspoutine. Selon une vieille tradition, la Cour ourdit un complot, le favori tomba sous les coups des assassins. Dans les classes populaires, l'exécution fut saluée comme un premier pas vers la régénération du pays. A la Douma, on pensa que les Romanov allaient cruellement se venger. Effectivement, la répression s'abattit avec une violence extrême. L'opposition s'enhardit : il fallait remplacer Nicolas II, instaurer une monarchie parlementaire. « On parlait d'une révolution de Palais. Quant à la possibilité d'un soulèvement populaire, tous se prononçaient contre, de peur de voir les masses tomber dans les mouvements d'extrême-gauche et créer des difficultés dans la conduite de la guerre. » Mais, ses chefs déportés ou en exil, on n'imaginait pas que l'opposition illégale pût ressusciter ni que la nation pût se soulever.

Pourtant, depuis la Suisse, où un grand nombre de révolutionnaires s'était exilé, les fils se renouaient avec les clandestins de Russie. Les anciennes querelles entre populistes, marxistes, anarchistes continuaient à diviser le mouvement révolutionnaire ; elles s'ajoutaient à celles qui étaient nées de la guerre et qui avaient suscité des conflits irréversibles. D'un côté de l'opinion se trouvaient ceux qui, en 1914, avaient pris position en faveur de la défense nationale : anarchistes comme Kropotkine, sociaux-démocrates comme Plekhanov, Vera Zassoulitch, populistes comme Avksentiev. De l'autre, la gauche zimmerwaldienne, avec Lénine, Radek, Boukharine, Piatakov, n'acceptait aucun compromis avec les « défensistes ». Entre ces extrêmes, des hommes comme Trotsky, Martov, le socialiste-révolutionnaire Tchernov estimaient que le mouvement révolutionnaire n'avait pas assez de force pour se diviser ainsi. Un des problèmes posés était de répondre à une offre de la bourgeoisie. La défaite menaçait de détruire son patrimoine. Pour gagner la guerre, il fallait changer la nature du régime. La bourgeoisie offrit à la classe ouvrière de participer avec elle à la défense du pays, de collaborer à la lutte contre l'autocratie. La gauche zimmerwaldienne refusa catégoriquement. Dans *L'impérialisme, stade suprême du capitalisme*, écrit en 1916, Lénine montrait que la révolution éclaterait non dans le pays où le capitalisme et la classe ouvrière étaient les plus forts (l'Allemagne), mais dans celui qui supporterait le moins l'effort économique d'une guerre moderne (la

Russie). La Grande Guerre renversait ainsi les termes de l'analyse marxiste et rendait la révolution plus proche en Russie qu'ailleurs. Par conséquent, il ne fallait pas s'associer à la bourgeoisie. De leur côté, les travailleurs se montraient réticents à une alliance avec le patronat. Un accord fut néammoins conclu, il rencontra peu d'écho. " Le prolétariat était au bord du désespoir, prêt à se laisser aller aux excès les plus sauvages d'une émeute de la faim qui pouvait éclater au moindre incident, les interdictions pesant sur le peuple étant devenues intolérables ". Tous les opposants, tous les dirigeants le sentaient bien. Mais comme ils croyaient que les divisions du mouvement révolutionnaire l'affaiblissaient, nul ne songeait que cette expulsion aboutirait à la plus grande révolution de tous les temps. Pourtant, les conditions nécessaires à son succès correspondaient bien aux analyses de Lénine : ni les classes dirigeantes, ni les classes opprimées ne pouvaient plus supporter les conséquences de la crise née de la guerre.

II. LA CHUTE DU TSARISME, LA RÉVOLUTION DE FÉVRIER 1917.

Les Cinq Jours de Février.

Le tsarisme fut abattu en cinq jours. L'acte de naissance de la révolution fut une manifestation de femmes, le 23 février, jour de la fête des femmes-ouvrières. Une fois de plus, les organisations politiques n'avaient pu se mettre d'accord, alors les femmes s'organisèrent toutes seules. Traversant la ville en cortège, elles ne se contentèrent pas de réclamer « la paix et du pain ». Sur leurs banderoles, on lisait : « A bas l'autocratie ! » A la surprise générale, une fois les rideaux de fer baissés à leur passage, boutiquiers et badauds des quartiers bourgeois, loin de se calfeutrer comme en 1905, leur faisaient des gestes amicaux. La police était passive, les Cosaques caracolaient autour d'elles : « Petits frères, disaient-elles, ayez pitié de nous. » La rumeur gagna la ville : les Cosaques ne s'étaient par servis du fouet. Le lendemain, ouvriers et chômeurs se joignirent aux femmes ; on défila sur la Nevski, les Cosaques furent acclamés. La police demeurait passive. Que cachait cette inaction ? Le troisième jour, les organisations, notamment des bolchéviks, avaient pris en main les regroupements et défilés prévus pour la journée ; cette fois, la police retrouva son tour de main traditionnel, mais un Cosaque sabra un policier qui s'apprêtait à tirer sur un manifestant. La foule fut retournée : « Les Cosaques avec nous ! » Depuis Mohilev, le tsar envoya un télégramme : « J'ordonne de faire cesser dès demain les désordres. » Les Cosaques n'étaient pas sûrs : faisant appel à l'armée, le général Khabalov ordonna de tirer. Les soldats visèrent en l'air, puis sur la glace pour que les balles fassent ricochet. Leurs officiers les remplacèrent à la mitrailleuse, les obligèrent à « tirer au cœur ». Dans la nuit du 26 au 27 février, les soldats se mutinèrent, fusillèrent les officiers. Le 27 février, alors que tous les leaders politiques, ignorant la mutinerie de la nuit, croyaient le soulèvement brisé à jamais, ouvriers et soldats fraternisèrent : la révolution l'avait emporté. Victorieux, les insurgés libéraient les prisonniers politiques, se rendaient à la Douma où les députés ne savaient trop si ces manifestants venaient les arrêter ou les acclamer. Comme ils avaient souhaité devenir les ministres du tsar, leur réaction fut donc de constituer « un comité pour la défense de l'ordre et les rapports avec les institutions ». Le président Rodzjanko télégraphia au tsar ; il fallait constituer un « gouvernement responsable ». Comme il y avait également parmi eux quelques véritables révolutionnaires, Alexandre Kerenski sauva leur situation ; il accueillit fraternellement les manifestants, les aida à constituer un soviet ouvrier. Celui-ci lançait un appel au pays dans son journal, les *Izvestia :* il invitait les citoyens de toutes les Russies à « engager la lutte contre le tsarisme, à former des soviets, à prendre en main la gestion des affaires locales, à réunir une assemblée constituante ». Cependant, craignant l'arrivée de troupes loyalistes, le soviet essayait, en accord avec la Douma désormais ralliée au mouvement, de prendre des mesures de défense. Comme toute autorité gouvernementale s'était évanouie sans qu'on sache même où les ministres avaient disparu, la peur d'une répression sanglante hantait les esprits. Le tsar n'hésiterait pas, comme en 1905, à massacrer les mutins de la capitale, qui, maintenant, lançaient eux-mêmes un *Prikaze* (ordre) dans lequel ils affirmaient le droit des soldats à la dignité de citoyens.

Soucieux de voir la Douma assumer la situation, prêts à des concessions pour qu'elle ne se rallie pas au tsarisme, les socialistes modérés du soviet reconnurent la légitimité du gouvernement provisoire qui se constitua sans le consentement de Nicolas II, *pour autant* que ce gouvernement appliquerait un programme démocratique (liberté de la presse et de réunion, réunion d'une assemblée constituante, etc.). Ils refusèrent de participer au cabinet constitué par les libéraux, le prince L'VOV et le KD Milioukov, parce qu'ils jugeaient, avec Soukhanov, que « tant que la Russie ne possédait pas les moyens de faire une véritable révolution prolétarienne, la participation des socialistes au gouvernement ne pourrait que berner les travailleurs, les bercer d'illusions, déconsidérer les leaders ». Ce point de vue l'emporta ; Kerenski passa outre. Vice-président du soviet, il accepta de devenir ministre. Seul socialiste au sein du cabinet, il faisait figure d'otage de la démocratie. Bien que les travailleurs et les soldats aient manifesté leur méfiance à l'endroit d'un gouvernement « bourgeois », ils exprimèrent néanmoins leur symptathie à Kerenski, qui sut accomplir quelques-uns des actes que chacun attendait : ouvrir spectaculairement les prisons, abolir la peine de mort, condamner la guerre d'annexions et bientôt parler de paix.

Le tsar était tenu dans l'ignorance des événements par un entourage soucieux de complaisance ; il réagit faiblement et trop tard quand il apprit que la capitale entière était aux mains des insurgés. Les troupes chargées de la répression s'égaillèrent lorsqu'elles apprirent par des soldats insurgés le but de leur transfert dans la capitale. Désemparé, le commandement se rallia à l'idée d'une abdication en faveur du grand-duc Michel. Abandonné de tous, sans ressort, ne pensant qu'à la santé de sa femme et de son jeune fils, Nicolas II abdiqua entre les mains de deux envoyés de la Douma « comme on passe le commandement d'un régiment de cavalerie ». Ne se sentant pas l'âme d'un héros, son frère Michel refusa le trône, « pour garder la vie sauve ».

Les Cahiers de la Révolution russe.

La nouvelle de la double abdication fut suivie d'une explosion d'allégresse comme l'histoire en a peu connu. Subitement le rêve de la liberté russe se transformait et devenait la liberté effective de 130 millions de citoyens, mués en autant de réformateurs spécialisés, chacun proposant son plan pour régénérer le pays. Les archives cinématographiques ont gardé ces images, nombreuses, de meetings où, attentifs, des milliers de citoyens écoutent avec passion des orateurs improvisés, s'arrachent les tracts des partis politiques et des syndicats, acclament les « hommes de la nuit », de retour d'exil ou de déportation : la populiste Brechko-Brechkovskaja, grand-mère de la révolution, le menchévik Tseretelli, et bientôt Plekhanov, Tchernov, Lénine. L'enthousiasme, l'optimisme font croire à une révolution qui épargnerait le sang des hommes, qui satisferait aux aspirations les plus légitimes d'une population éprise de justice et de fraternité. Tel fut le rêve de février ; en témoignent des milliers de lettres, messages, télégrammes adressés au soviet de Pétrograd, à Kerenski, à la Douma.

Les ouvriers demandent, pour l'essentiel, l'application immédiate des mesures qui correspondent aux différents points du programme minimum de la social-démocratie : huit heures de travail par jour, la sécurité de l'emploi, le droit de former un comité d'usine, le contrôle de l'embauche et des licenciements, l'octroi d'assurances sociales. Exprimant spontanément leurs doléances, les ouvriers font également des demandes qui révèlent la grande misère des travailleurs : un salaire qui leur permette d'acheter quatre livres de pain par jour, au moins une paire de souliers tous les six mois, des toilettes dans les usines, pas de fouille déshonorante, un traitement moins inhumain de la part de l'administration. Ainsi, ils demandent l'amélioration de leur condition d'ouvrier plus que sa transformation ; il est exceptionnel qu'ils parlent de gestion ouvrière et, en février, il n'est jamais question de socialisme.

Les revendications des paysans sont plus radicales. Ils exigent que la terre aille à ceux qui la travaillent, que soient distribués sans indemnités et sur-le-champ les terroirs non cultivés que les grands propriétaires ou l'État laissent à l'abandon. Les paysans ne sont pas hostiles à la propriété privée, mais ils veulent une répartition équitable de la terre et considèrent que comités de village et *obchtchina* doivent assurer la gestion en commun du matériel, l'exploitation des forêts. Un point est clair : ils n'entendent prendre la terre aux gros possédants que *pour autant* que ceux-ci ne peuvent la cultiver eux-mêmes, avec l'aide de leur famille. La vindicte paysanne contre l'administration et le *pomechtchik* est plus forte que celle de l'ouvrier contre son patron et les violences plus nombreuses à la campagne qu'à la ville.

Les soldats souhaitent avant tout la fin de la guerre. Toutefois, ils n'osent pas le proclamer tant que le soviet ne lance pas lui-même un appel : encore sous le coup de la propagande officielle, ils croient que parler de paix, c'est trahir. Leurs revendications attestent que s'ils souhaitent la paix, ils n'imaginent pas que la guerre prendra fin aussitôt. Ils demandent qu'une pension soit versée à leurs épouses, une indemnité assurée à leurs proches s'ils revenaient de la guerre amputés ou s'ils mouraient au combat. Comme le Prikaze I le formulait déjà, ils demandent un assouplissement de la discipline, la suppression des abus, un traitement plus humain, la libéralisation et la démocratisation de l'institution militaire.

Ni le commandement, qui attendait du nouveau régime les moyens de gagner la guerre, ni la bourgeoisie, qui avait pris le pouvoir pour domestiquer l'État, instaurer son règne, gagner la guerre, n'étaient le moins du monde préparés ou disposés à satisfaire à toutes ces revendications des ouvriers, des paysans, des soldats, des allogènes même, qui réclamaient tantôt l'institution d'une république fédérale, tantôt l'indépendance comme les Finnois et les Polonais. Il est vrai que, face au gouvernement, il y avait la démocratie des soviets : comment imposerait-elle des réformes et comment le gouvernement résoudrait-il les problèmes les plus pressants, notamment le plus grave de tous, celui de la paix ou de la guerre ?

Dès l'origine, bolchéviks et anarchistes prédirent la faillite de cette politique de conciliation. Toutefois, leur mauvaise humeur, lors de la création du soviet de Pétrograd, n'avait pas été très populaire, leur idée de substituer au double pouvoir Soviet-gouvernement un gouvernement révolutionnaire provisoire sans faire appel à la Douma avait semblé irréaliste. Hostiles à l'accord conclu entre le soviet et le gouvernement ils, animaient l'opposition à la politique du double-pouvoir. Un courant modéré, conduit par Kamenev et par Staline, estima que, minoritaires dans les soviets en février, les bolchéviks y deviendraient nécessairement majoritaires, car les termes de l'accord soviet-douma ne pouvaient satisfaire ni les travailleurs ni les paysans. Au début d'avril, la poignée de minoritaires qui entendait combattre également membres du gouvernement et dirigeants du soviet reçut l'appui de Lénine. De retour d'émigration, il se fit dans ses *Thèses d'Avril* le champion de la paix immédiate, de l'opposition absolue au gouvernement provisoire, du passage de l'intégralité du pouvoir au soviet. A un moment où une grande partie des soldats manifestaient leurs sentiments patriotiques, cette intransigeance ne parut pas seulement maladroite, inopportune ; les autres partis la considérèrent comme une folie.

III. LA RÉVOLUTION D'OCTOBRE

Le problème de la guerre : Les crises de février à octobre.

En février, le gouvernement et le soviet se faisaient équilibre : le premier avait le pouvoir sans la force, le second la force sans le pouvoir. * Aux termes de l'accord conclu le 1er mars, le gouvernement ne pouvait agir que s'il avait l'approbation du soviet ; c'est ainsi que, pour avoir affirmé la fidélité de la Russie à ses alliances, ce qui était une façon de confirmer les ambitions impérialistes de la Russie, Miljukov suscita une vive réaction du soviet. Des manifestations de soldats et d'ouvriers eurent lieu. A la suite de ces *Journées d'Avril*, il dut démissionner ainsi que le ministre de la Guerre. Il était clair que la politique du soviet l'emportait : il préconisait la conclusion d'une paix générale, « sans annexions ni contributions ». Dès lors les dirigeants du soviet notamment le menchevik Tseretelli décidèrent de participer directement au pouvoir. L'entrée massive des socialistes au gouvernement fut saluée comme une deuxième révolution par l'opinion démocratique.

Les ouvriers, les paysans, les soldats constatèrent alors que, coalition ou non, leur situation ne changeait guère. Plutôt que de satisfaire à leurs revendications, les ministres socialistes expliquaient que, si l'on imposait mesures et réformes aux patrons, aux officiers, aux propriétaires, ils déclencheraient la guerre civile. Il fallait les rassurer. Loin d'y parvenir, ils réussirent à perdre la confiance des classes populaires. La tradition léniniste a attribué le sobriquet de « conciliateurs » à ces hommes qui voulaient à la fois,

* *Au Soviet de Pétrograd se superposa bientôt le Congrès des Soviets, représentation politique des ouvriers et des soldats de toute la Russie. Son Bureau, le TSIK, était composé des mêmes dirigeants : Les menchéviks Tchkeidze (président) et Tseretelli, les menchéviks internationalistes Soukhanov, le SR Tchernov, les bolchéviks Kamenev et Staline etc...*

comme Kerenski, assouplir la discipline militaire et ne pas déplaire au commandement, comme Tseretelli préparer la paix et continuer la guerre, comme Tchernov satisfaire les paysans en restant dans la légalité, comme Skobelev obtenir des patrons et des ouvriers qu'ils se mettent d'accord sur les conditions de travail dans les usines. Ces socialistes ajoutaient que seule une assemblée constituante, élue par toute la nation, pourrait statuer, légiférer légitimement. Or, une partie des citoyens ne pouvait pas voter, elle faisait son devoir aux armées. En février, cette attitude ne déplut pas à une population éprise d'équité, qui n'eût pas admis qu'on décidât du sort du pays en l'absence de ses défenseurs. Mais les citoyens nouveaux de la république russe ne furent pas longs à s'apercevoir que le légalisme des révolutionnaires-ministres avait pour effet de perpétuer un ordre que le soulèvement populaire visait précisément à abolir. En outre, il apparaissait que les dirigeants qui s'opposaient aux réformes étaient précisément ceux qui, disant la paix impossible, préconisaient une offensive pour mettre fin à la guerre. Au cœur de tous les conflits, on retrouvait ce problème. La défense des intérêts de la patrie cachait-elle une imposture ?

La bourgeoisie de combat et le prolétariat avancé s'opposaient à la politique de conciliation. « Si pour la bourgeoisie avancée, écrivait Boukharine, la prolongation de la guerre a pour but d'étouffer la révolution, pour le prolétariat, l'arrêt de la guerre a pour but la prolongation de la révolution. » Contre eux, le théoricien de la politique de conciliation, le menchévik Tseretelli, croyait que l'idée d'une paix sans annexions ni contributions gagnerait l'Europe entière. Ni Lénine, ni Milioukov ne partageaient cette illusion ; mais comme jusqu'en avril leur audience était étroite, on écouta les nouveaux dirigeants. Ils se disaient sûrs d'aboutir. En tant que ministres, ils interviendraient auprès des gouvernements alliés pour que ceux-ci procèdent à un alignement des buts de guerre. En tant que socialistes internationalistes, ils organiseraient une conférence de la paix à Stockholm où se coordonnerait l'action des différents partis socialistes sur leur gouvernement. Afin de garder la confiance des alliés, de recevoir d'eux armements et subsides, afin de ne pas s'aliéner la collaboration du Commandement, les socialistes-conciliateurs admettaient la nécessité d'une offensive qui serait la dernière. Au reste, on ne voyait trop quelle autre solution adopter pour contraindre les alliés et l'ennemi à conclure une paix générale. Signer une paix séparée semblait aux uns une honte, aux autres une grave erreur. Lénine lui-même jugeait qu'une telle paix reviendrait à favoriser à long terme l'impérialisme allemand, à donner « un coup de poignard dans le dos du prolétariat allemand ».

En fait les socialistes russes furent incapables d'infléchir les buts de guerre d'un seul des gouvernements alliés, ce qui apparut dès qu'une délégation socialiste vint saluer la révolution, plus pour l'encourager à poursuivre la guerre que pour entendre les aspirations de la démocratie (mission Cachin-Sanders). En Russie même, la poursuite des hostilités, qualifiée ou non de « défense révolutionnaire », signifiait que le sort des soldats, des ouvriers, des paysans ne changerait guère. Les uns auraient à nouveau à exposer leur vie, les autres à maintenir les cadences, tous à obéir à leur devoir patriotique. Sous le couvert de la nécessité, l'autorité militaire retrouverait son ascendant, le pouvoir civil ses prérogatives.

Les signes de mécontentement se multipliaient : les grèves succédaient aux grèves, les mutineries aux actes de désobéissance collective. Le nouveau régime affirmait son désir de mettre fin au désordre, d'amener le retour « à la vie normale » : or c'est précisément le retour à la vie normale qu'une révolution s'efforce d'empêcher. De leur côté, les patrons multipliaient les lock-out, les bourgeois menaçaient de quitter le gouvernement : la presse de droite accusait les bolchéviks et les anarchistes, « tous des juifs », d'être à l'origine de ce désordre.

Dans ce climat, la campagne de Kerenski en faveur de l'offensive prenait une signification qui ne pouvait tromper. Le parti bolchévik l'expliqua, les soldats voulurent réagir et comme en avril organiser des manifestations. Sachant la majorité des soviets acquise aux conciliateurs, le comité central du parti bolchévik jugea ces manifestations prématurées.(10-18 Juin)

L'offensive eut lieu : elle échoua après quelques succès initiaux. Les conséquences étaient prévisibles. Pour prévenir le retour à un ordre ancien, les soldats de la capitale se soulevèrent, entraînant derrière eux une partie des ouvriers. Pendant ces *journées de juillet*, le parti bolchévik fut débordé par ses sympathisants, membres de son organisation militaire, qui en accord avec les anarchistes décidèrent de renverser le gouvernement et de prendre le pouvoir. Soucieux de rester à l'avant-garde, le comité central du parti se rallia au mouvement en lui recommandant de garder un caractère pacifique. Une provocation fut à l'origine d'une fusillade sanglante ; marins, soldats et ouvriers marchèrent sur les soviets pour les obliger à prendre « tout le pouvoir ». Ceux-ci firent appel aux régiments loyalistes, à ceux qui avaient instauré le régime de février, à des unités combattant sur le front. Tous répondirent à l'appel du soviet. Une campagne de calomnies, dont l'histoire a fait justice, faisait de Lénine et des bolchéviks des agents stipendiés des Allemands ; certes, l'origine des fonds était suspecte, certains faits étaient troublants, la campagne atteignit son effet. En deux jours, la répression l'emporta, les leaders bolchéviks étaient arrêtés ou en fuite, les anarchistes avaient disparu. Ces journées avaient fait de nombreuses victimes.

Les conciliateurs firent retomber la responsabilité des incidents de juillet sur les bolchéviks. Ils étaient les fruits de leur propagande, les bolchéviks dressaient les travailleurs et les soldats contre les soviets, ils ne respectaient pas les règles de la démocratie à l'intérieur même des soviets. En juin, Lénine avait déclaré que son parti était prêt à prendre le pouvoir alors qu'il ne disposait que de 100 élus au congrès des soviets sur 850 représentants. Après juillet, les démocrates virent dans les bolchéviks un ennemi à abattre. De leur côté, ouvriers et soldats observaient que le double pouvoir, comme naguère le tsar, n'avait pas hésité à tirer sur le peuple.

Au lendemain de juillet, le cabinet de coalition donna sa démission et Kerenski succéda au prince L'vov à la tête du gouvernement. Son autorité était intacte parce qu'il n'avait pas versé dans l'antibolchévisme sommaire des leaders menchéviks du soviet il avait quelque peu régénéré l'armée et son éloquence faisait de lui le symbole d'une révolution qui conservait ses illusions romantiques. En outre, Kerenski se trouvait au centre de la représentation politique : non à mi-chemin des bolchéviks et des partis bourgeois, puisque la représentation bolchévik était retournée dans la clandestinité, mais à mi-distance des partis bourgeois et des démocrates-socialistes. N'imaginant pas qu'il pourrait gouverner sans la bourgeoisie, la " force vive du pays ", Kerenski espérait instaurer une sorte de république parlementaire, soucieuse d'ordre et de bien public, en attendant les réformes que la Constituante opérerait. Il réunit une *Conférence d'État* à Moscou où les représentants populaires, les députés des soviets purent constater *de visu* qu'ils n'étaient pas les seuls à représenter le pays. Effectivement, anciens députés des quatre doumas, présidents de zemstvo, professeurs d'universités, savants, chefs d'armée s'affirmaient les mentors de cette république oratoire. La droite et les militaires manifestèrent leur impatience : ces désordres devaient cesser. Le généralissime Kornilov, son ami Savinkov, ministre de la Guerre, comptaient instaurer une dictature patriotique avec militarisation de l'arrière dont les caractéristiques étaient assez semblables à celles qui définissent le fascisme italien de la même époque : réaction de défense contre la révolution sociale, rôle initiateur du grand capital, action des militaires et soutien de l'Église, mise en cause de la lutte des classes et appel à la solidarité virile des combattants, dénonciation de la faiblesse du gouvernement, recours à des groupes d'action spéciaux, apparition d'hommes nouveaux, comme Savinkov, souvent anciens révolutionnaires ralliés à la défense nationale, culte du chef, noyautage de l'État, antisémitisme, utilisation de la provocation et de la violence contre les maîtres de la rue, intervention active des gouvernements alliés.

Le Cavaignac russe, Kornilov, croyait qu'en forçant la main à Kerenski, en rétablissant la peine de mort, en supprimant les commissaires aux armées, les comités de régiment, en dissolvant les comités agraires sur plainte des grands propriétaires terriens, en proposant la militarisation des chemins de fer, puis des usines, il jouerait le rôle qu'on attendait de lui. Il pensait ensuite se débarrasser de Kerenski. Les KD, la droite, les ambassadeurs alliés le soutenaient mais jugeaient le risque excessif ; le peuple pouvait se soulever à nouveau. Kerenski prit les devants. Sachant que des troupes allogènes et des Cosaques, réputés fidèles au commandement militaire, marchaient sur la capitale, il mit le généralissime hors la loi. Le putch de Kornilov échoua, Kerenski ayant su réapparaître à temps comme l'incarnation de la révolution face à au commandement, à la droite, aux nostalgiques du passé.

Une fois de plus, Kerenski l'emportait, mais il s'aliénait les militaires, n'avait plus de contre-force pour combattre les bolchéviks.

Révolution à la campagne, révolution à l'usine

Avril, juillet, le putsch Kornilov, trois crises qui avaient éclaté sur le terrain de la guerre. Les conflits entre les militaires et les soviets, les querelles internes de la démocratie occupaient le devant de la scène, mais les protagonistes puisaient leur énergie au sein des conflits sociaux qui bouleversaient le pays.

A la campagne, las d'attendre les réformes, les paysans y avaient procédé eux-mêmes. Se rappelant l'expérience de 1905, ils avaient commencé par mettre le pomechtchik sous bonne garde ; puis reconstituant l'obchtchina, le village s'était formé en comité ou soviet. Procédant à l'inventaire des terres non cultivées, le comité les avait distribuées aux plus déshérités. On avait fait de même avec les bois, les pacages. Le plus souvent, l'assemblée de village, s'en tenant aux revendications qu'elle avait formulées, laissait au grand propriétaire une bonne partie de ses terres ensemencées, celles qu'il pouvait cultiver avec l'aide des siens, sans le recours aux ouvriers agricoles ou aux prisonniers de guerre. Les fermiers utilisèrent le cheptel et le matériel du propriétaire pour leur propre usage. Généralement le propriétaire résidait à la ville. En son absence, l'intendant faisait front ; alors, une délégation de paysans se rendait au bourg où le pomechtchik refusait à son tour d'accéder à ces demandes ; il ordonnait à ses intendants de cesser les ensemencements. Il écrivait au gouverneur pour se plaindre des paysans qui « ne respectaient pas la loi et qui avaient commencé de passer aux actes ».

Le gouvernement stigmatisait les actes illégaux, il recommandait d'attendre que les assemblées régionales et le Comité National Agraire préparent le statut de la propriété ; les assemblées paysannes, où les socialistes-révolutionnaires étaient élus en grand nombre, étaient prises entre les instructions de leurs commettants et celles du gouvernement et du parti. Elles n'étaient pas sans observer que le ministre S.R. de l'agriculture, V. Tchernov, était moins catégorique que ses collègues, il reconnaissait un certain nombre de droits aux comités agraires ; aussi ces soviets paysans assument-ils les actes des paysans, attendant seulement que la capitale les légitime. Prisonniers de la politique conciliatrice, ni les milieux gouvernementaux, ni le parti S.R. ne le pouvaient. Les S.R. des campagnes firent scission d'avec un parti qui, ayant mis à son programme le partage des terres, s'y opposait dés lors qu'il participait au pouvoir. Ces S.R. de gauche, derrière B. Kamkov et Spiridinova, soutinrent les bolchéviks pendant la révolution d'Octobre.

La mainmise des paysans sur la terre ne résolut pas la question agraire, parce que la terre avait été distribuée en fonction des besoins de chaque famille et sans tenir compte de la capacité des familles à la mettre en valeur. Étant donné l'état d'arriération dans lequel se trouvait la campagne russe, le manque de charrues, d'engrais, de cheptel se fit cruellement sentir ; comme Lénine le disait, « on ne peut manger la terre ». En outre, en échange d'une récolte chèrement obtenue, la ville n'avait rien à offrir après trois années et six mois de guerre pendant lesquels le fonctionnement même de la vie économique s'était démantelé.

Comme les grands propriétaires terriens, les industriels avaient d'abord répondu « non » aux demandes des travailleurs : ils étaient endettés, l'industrie russe n'était pas concurrentielle, la guerre exigeait une production accrue, non la réduction des heures de travail, etc. Pourtant, dans l'émotion générale, ils avaient dû faire quelques concessions : négocier les huit heures avec le soviet de la ville, accroître de 10 % à 20 % les salaires (alors que le coût de la vie avait triplé depuis 1914 et que les ouvriers demandaient une augmentation de 50 %). Surtout, par la loi du 23 avril 1917, ils avaient dû accepter l'existence d'un comité d'usine dans leurs entreprises. Ce comité d'usine vérifia la façon dont l'administration procédait aux licenciements d'ouvriers, comment elle embauchait la main-d'œuvre, suivant quelles normes, à quel salaire, etc. Le problème se posait à chaque instant car, résultat de trois années de guerre, de la pénurie en matières premières, en combustible, le patron ne cessait de débaucher, de ré-embaucher, car il n'entendait pas « payer ses ouvriers à ne rien faire ». Ainsi, en guise de sécurité de l'emploi, de conditions de vie décentes, d'amélioration des conditions de travail, le licenciement était la menace quotidienne : les espérances de février étaient déjà loin. Les grèves reprirent ; au mois de mai, elles atteignaient des millions de travailleurs. Les comités d'usine organisaient la lutte à l'intérieur de l'entreprise. Le patron procédait au lock-out, exprimant son incapacité à travailler « dans de telles conditions ». Il invoquait les difficultés d'approvisionnement, le désordre général, mais bientôt faisait connaître ses vraies raisons : « Quand le spectre décharné de la faim apparaîtra, déclarait publiquement le magnat Riabouchinski, les travailleurs comprendront qu'ils ont suivi de mauvais bergers et ils reviendront à la raison. »

Les travailleurs répondirent à la violence par la violence, les séquestrations de patrons se multiplièrent. Ils refusèrent d'évacuer les usines, entreprirent de les gérer eux-mêmes. Ces expériences de gestion ouvrière, organisées par les comités de chaque usine, échouèrent parce que les capitalistes bloquèrent les circuits, refusèrent les achats, stoppèrent les ventes. Une *conférence des comités d'usine* prit acte de ces difficultés ; sous l'impulsion des bolchéviks, elle décida d'étendre le contrôle ouvrier. Grâce à cette systématisation, la coordination des opérations gestionnaires permettrait une prise en charge globale de l'économie. Sous l'influence des syndicats, plus forts et plus centralisés que les comités d'usine, les travailleurs abandonnèrent l'idée de la gestion ouvrière : elle avait fait naître une sorte de patriotisme d'usine qui « divisait les travailleurs au lieu de les réunir », elle aboutissait à une fragmentation des combats alors qu'il était nécessaire d'unifier la lutte de la classe ouvrière. En outre, ces expériences d'autogestion avaient quelquefois pour effet de renflouer des entreprises au bord de la ruine, elles faisaient « le jeu du patronat » à un moment où le capitalisme russe était en pleine faillite. Les bolchéviks, également maîtres des syndicats, se rallièrent à ce point de vue. De toute façon, seul le passage du pouvoir aux soviets semblait devoir assurer aux travailleurs les garanties qu'ils n'obtenaient ni du patronat ni du gouvernement provisoire ; la lutte pour la gestion des entreprises passait par la lutte pour le pouvoir.

Faillite des institutions, naissance d'un embryon d'état prolétarien, montée du bolchévisme.

La profondeur du mouvement révolutionnaire ne tenait pas seulement au fait que contrôle ouvrier et gestion paysanne aboutissaient à la destruction du mode de production capitaliste. En outre, l'État était incapable de mettre un frein à ce processus. Les corps sociaux et les individus qui, traditionnellement, par-delà les crises économiques, politiques et sociales, assurent la continuité des institutions et la permanence des sociétés, ces garants de l'ordre social et de la morale publique, virent en 1917 leur autorité bafouée, leur légitimité contestée. Les injustices accumulées depuis des siècles étaient telles que les citoyens, à qui « les bolchéviks apprenaient à penser », mirent en cause tout ce qui d'ordinaire assure le « bon fonctionnement » des sociétés : la loi n'était plus la loi, un ordre n'était plus un ordre. Sur les ruines de l'État, un autre État naissait, qu'on peut qualifier de prolétarien : il avait son administration, ses forces armées, sa morale, sa loi. L'Église était déconsidérée depuis longtemps, elle était haïe dans les campagnes. Hostile à la révolution, bénissant les armes de Kornilov, il n'y eut pas besoin que « le bolchévisme athée » triomphe pour que la vengeance populaire frappe. L'administration elle-même n'était plus capable de contrôler, de canaliser le soulèvement populaire. Seule l'armée pouvait intervenir ; ses chefs s'y étaient essayé à l'époque de Kornilov. Toutefois, l'expérience de la révolution avait appris aux soldats à savoir dissocier les deux fonctions de l'institution militaire, défense de la patrie, défense de l'ordre social. Lors des débats qui avaient eu lieu sur la réforme de la discipline, sur son assouplissement nécessaire dès lors qu'il ne s'agissait plus de dresser le soldat au combat, il était apparu clairement que la discipline n'était utile que *pour autant* qu'elle permettait au commandement de faire exercer à l'armée sa fonction répressive. Les officiers refusaient absolument de limiter l'application d'une discipline stricte aux opérations militaires, ils refusaient également d'expliquer le pourquoi de leurs ordres. Le putsch Kornilov avait montré que des opérations contre-révolutionnaires se camouflaient derrière des ordres opérationnels. Désormais, les soldats refusèrent d'obéir à tout ordre opérationnel dont la légitimité et l'utilité n'étaient pas évidentes. La « grande désertion » de l'armée russe fut en vérité une grande mutinerie : elle ne permit plus à l'État, au gouvernement de faire appel au patriotisme des soldats pour couvrir des opérations au service de l'ancien ordre social.

L'État se décomposait, frappé à mort par ceux qui en avaient été les victimes, et le gouvernement était désormais incapable d'exercer la moindre autorité : en Octobre, quand des miliciens viennent arrêter Lénine, qu'ils croient caché dans un immeuble; l'alerte est donnée par le Comité de l'immeuble, et ce sont les miliciens qui sont arrêtés. Les analyses de Marx et d'Engels, dont Lénine rappelait l'actualité dans *L'État et la Révolution*, se trouvaient vérifiées par l'expérience de 1917 : une révolution dissolvait les relations économiques et sociales que l'État avait légalisées, elle détruisait la fonction répressive des institutions qui en étaient les éléments constitutifs et donnaient l'illusion que l'État est « au-dessus » des groupes sociaux antagonistes. L'expérience de 1917 confirmait en outre la vision que Lénine et les anarchistes avaient eue depuis février du rôle et de la fonction des soviets. Les soviets ne jouaient pas seulement le rôle d'un contre-pouvoir, d'une « forteresse prolétarienne » en pays bourgeois chargés de garantir la mise en place d'institutions démocratiques. Ils étaient à la fois l'instrument de destruction de l'ancien État et l'embryon d'un nouvel État prolétarien à la façon de la Commune de Paris en 1871.

Il est vrai que la politique de conciliation avait fait perdre plus d'une fois son autorité aux soviets. En février, cette autorité était sans rivale. Un seul appel du soviet de Pétrograd, paru dans les *Izvestia*, et toute la Russie s'était couverte de comités, des centaines de syndicats s'étaient constitués, des milices d'ouvriers armés s'étaient formées, des millions de soldats s'étaient émancipés. A une date où le gouvernement provisoire ne pouvait commettre un acte ni prononcer une parole sans, au préalable, avoir consulté le soviet, régiments, usines, villages s'adressaient à lui, à lui seul, pour exprimer des vœux, affirmer leur loyalisme. Guide incontesté de la révolution, le soviet de Pétrograd était seul habilité à parler de paix ou de guerre ; un seul mot de lui, les soldats avaient mis fin aux fraternisations, un mot de lui encore et, lors de la crise d'avril, le calme se rétablit. Pourtant, déjà, les échecs de la politique de conciliation et la critique bolchévik portent leur effet. En juin et en juillet, les manifestants forcent la main aux soviets. Ses leaders, Tchkeidze, Tchernov, sont hués ou frappés. Élus du peuple, ils s'interrogent sur l'origine de cette disgrâce.

La politique de conciliation n'était pas seule en cause : à partir du moment où les élus du soviet dirigeaient l'État, les soviets eux-mêmes perdaient ce qui faisait leur raison d'être, cette capacité de décider et d'agir qui s'était manifestée avec tant de vigueur dans les campagnes et dans les usines. Pourtant, la légitimité ne saurait appartenir qu'aux soviets, que les classes populaires voudraient voir se transformer de Parlement ouvrier en Convention exécutive. Aussi, le mot d'ordre des bolchéviks en faveur du renouvellement des soviets est-il très populaire. Majoritaire, le Bureau menchévik-S.R. résiste, mais l'émotion que cause le putsch Kornilov, dénoncé depuis longtemps par les bolchéviks, rend manifeste la nécessité d'un changement politique complet. Le mot d'ordre « Tout le pouvoir aux soviets », gagne d'abord la section ouvrière du soviet de Pétrograd, puis le soviet de Moscou, puis des dizaines de soviets d'ouvriers et de soldats. Ainsi la bolchévisation ne procède pas d'une adhésion explicite au parti bolchévik, mais d'un ralliement massif à ses mots d'ordre de chacune des institutions révolutionnaires (comité d'usine, garde rouge, etc.) qui s'organise et se bureaucratise pour survivre, avant de se greffer sur le parti bolchévik. Au plan représentatif, le tournant s'opère en septembre. Mais la radicalisation avait commencé dès le mois d'avril. Les nouvelles élections aux soviets rendent manifestes les progrès du bolchévisme.

Les journées d'Octobre.

Le putsch Kornilov avait changé les perspectives politiques : pour s'opposer à la réaction militaire, le gouvernement et le soviet avaient fait appel à *toutes* les forces populaires, bolchéviks inclus. Ce parti était ainsi sorti de la semi-clandestinité dans laquelle il se trouvait depuis juillet. Il avait animé la lutte, contribué à la constitution de la Garde Rouge, une milice ouvrière acquise au pouvoir des soviets. Les organisations du parti ne cessaient de croître, elles comprenaient plus de 50 000 militants et une presse présente dans toutes les grandes villes de Russie. Le mot d'ordre de Lénine : « Pas de soutien à Kerenski, lutte contre Kornilov », la victoire sur la réaction firent du parti bolchévik un guide. Son audience s'accrut encore lorsque le gouvernement ne sanctionna qu'avec modération les responsables du putsch, ce qui donnait un fondement aux accusations de collusion avec les militaires. De toute façon, pour Lénine, la leçon était claire : désormais privé de tout appui du côté de l'armée, le gouvernement ne pourrait plus, comme en juillet, écraser un soulèvement des forces populaires.

Depuis sa retraite de Finlande, où il vivait caché sous un déguisement, Lénine ne cessait d'inviter le comité central à prendre le pouvoir, à préparer l'insurrection. Il montrait qu'ayant désormais la majorité au soviet de Pétrograd et au soviet de Moscou, les bolchéviks le devaient et le pouvaient. « Ils le pouvaient, car la majorité agissante des éléments révolutionnaires du peuple des deux capitales suffit pour entraîner les masses, pour vaincre la résistance de l'adversaire, pour l'anéantir, pour prendre le pouvoir et pour le conserver. En proposant sur-le-champ une paix démocratique, en donnant aussitôt la terre aux paysans, en rétablissant les institutions et libertés démocratiques foulées au pied par Kerenski, les bolchéviks formeront un gouvernement que personne ne renversera. » « Ils le devaient, car le gouvernement était incapable d'empêcher la reddition de Pétrograd devant les armées du Kaiser [...]. Attendre une majorité formelle aux soviets serait naïf de notre part, car aucune révolution ne l'attend et Kerenski n'attendra pas... L'Histoire ne nous pardonnerait pas ce retard. »

Les autres membres du comité central comprenaient mal cette hâte : la majorité des bolchéviks, conduite par Kamenev, acceptait tout au plus de rompre avec le Conseil de la République, une assemblée démocratique réunie par Kerenski et devant laquelle il acceptait d'être responsable ; elle ne comprenait pas l'argumentation de Lénine puisqu'il était acquis qu'au IIe Congrès des Soviets qui devait se réunir le 25 octobre, les bolchéviks seraient majoritaires : ils inviteraient alors les soviets à prendre le pouvoir. Au gouvernement que les soviets constitueraient, les bolchéviks seraient nécessairement majoritaires. Lénine accusait ses camarades de trahison, il voulait démissionner ; le 10, il vint secrètement dans la capitale et exposa ses vues. Grâce à l'appui de Sverdlov, qui fit état d'un complot militaire qui se serait fomenté à Minsk, Lénine retourna l'assemblée en sa faveur et le principe d'une insurrection fut voté par 10 voix contre 2. Ces opposants, Kamenev et Zinoviev, stigmatisèrent ce putschisme, la *Novaïa Jizn* (Vie nouvelle), de Gorki publia la lettre qu'ils avaient écrite à ce sujet au comité central. Lénine les accusa de trahison. L'alerte était néanmoins donnée, mais, comme l'insurrection bolchévik était un secret de polichinelle, ces éclats demeurèrent sans conséquence. Que pouvait faire le gouvernement à une date où la Garde Rouge était déjà plus puissante que la milice urbaine, les ouvriers d'usine acculés à la lutte depuis que les patrons les avaient jetés à la rue, la flotte déterminée à se battre, l'armée en partie gagnée et impatiente de mettre un terme au régime? Le problème était de savoir qui devait animer l'insurrection. Un appel des bolchéviks ne serait pas suivi, le précédent de juillet était dans toutes les mémoires. Il fallait qu'il émane du soviet de Pétrograd : l'insurrection avait pour objet de se défendre contre les militaires qui voulaient dissoudre les soviets et « ouvrir le front aux Allemands ». Un *Comité Militaire Révolutionnaire Provisoire* (P.V.R.K.) fut constitué sous l'égide du soviet de Pétrograd. Adroitement, le nouveau président du soviet, Trotsky, en confia la responsabilité à un S.R. de gauche. Puis le P.V.R.K. demanda aux régiments de la capitale, aux Gardes Rouges, aux marins de Kronstadt de se rallier à lui. Le commandement militaire ne pouvait voir ainsi se dissoudre son autorité ; il lança un ultimatum au P.V.R.K., ordonna d'apposer les scellés sur le journal bolchévik *Soldat*. Le P.V.R.K. faisait sauter ces scellés le 24 : c'était la rupture. Parallèlement, un comité de cinq bolchéviks devait occuper la poste, les gares, les ponts, etc., pour assurer le succès d'un soulèvement qui ferait apparaître le rôle prééminent, joué par les bolchéviks. En coordonnant ainsi l'action du Soviet et celle du parti bolchévik, Trotsky manœuvra de sorte que, nouveau venu dans le parti, il en réconciliait la tendance Kamenev et la tendance Lénine. Ainsi, lorsque le IIe Congrès des soviets se réunit, le soulèvement d'Octobre apparut comme procédant de deux mouvements bien coordonnés mais distincts et tous deux dirigés depuis l'Institut Smolny, siège du Soviet et du Comité des cinq : un coup d'État organisé au nom du soviet pour défendre la révolution ; une insurrection prolétarienne animée par l'organisation militaire bolchévik pour donner au parti le droit d'exercer le pouvoir.

L'action fut engagée lors de la relève de la garde des ponts : la Garde Rouge en prit le contrôle sans que la troupe loyaliste esquisse la moindre résistance ; les Gardes Rouges, comme les soldats de l'Organisation Militaire Bolchévik, agissaient au nom du soviet. Ainsi, les points stratégiques changèrent de mains sans effusion de sang et sans que le gouvernement en prît vraiment conscience. Mais ses centres nerveux ne répondaient plus, les troupes appelées en renfort n'arrivaient pas et les ordres n'étaient pas exécutés. Une grande révolution s'accomplissait et nul ne s'en apercevait. Lénine tenait cependant à ce que l'insurrection fût patente : il fit intervenir la flotte et les marins. Dans la journée, les bolchéviks contrôlaient les centres nerveux de la capitale. Tard le soir du 24 octobre, toute couverte de barricades, la ville était aux mains des insurgés. Seul le Palais d'Hiver résistait avec ses bataillons de femmes et les contingents de jeunes officiers. Le gouvernement était désemparé. N'attendant qu'une occasion de venger Kornilov, les Cosaques abandonnèrent Kerenski, qui avait quitté la capitale pour y ramener des renforts. Au camp du général Krasnov, les Cosaques voulurent le livrer au soviet, « l'échanger contre Lénine ». En prenant le déguisement d'un marin, Kerenski réussit à s'échapper.

Cependant, le 25 au matin, le P.V.R.K. publiait un bulletin annonçant la victoire : le gouvernement était renversé, le P.V.R.K. prenait le pouvoir. Dans la journée, tandis que le cuirassé *Aurora* tirait (à blanc) sur le Palais d'Hiver, le bolchévik Podvoiskij menait l'attaque. Pour commémorer l'épisode, une reconstitution fut faite un an plus tard par les participants et ensuite par Eisenstein dans *Octobre*. Podvoiskij a laissé un témoignage : « Dans les ténèbres de la nuit entrecoupée par des coups de feu, dans les éclairs des coups de feu, dans la fumée opaque de la poudre, surgirent tels des fantômes, les Gardes Rouges, les marins, les soldats. Ils trébuchaient, se relevaient, poursuivaient eur avance irrésistible. Noyant le crépitement des mitrailleuses et des fusils, un puissant hourra monta, cri de victoire et de joie retentissant de l'autre côté des barricades. Le flot humain submergea le perron, les escaliers du palais. Il était 2 heures au matin. »

Quelques heures plus tôt, tandis que sur 673 délégués présents au IIe Congrès des soviets, 390 délégués bolchéviks acclamaient Lénine, Trotsky, Lunatcharski, l'ancienne majorité stigmatisait le coup de force, qualifié d'illégitime, et quittait la séance. Les bolchéviks demeuraient maîtres absolus du Congrès. Ils allaient désormais garder le pouvoir pour eux tout seuls et pour toujours.

Conclusion.

Ainsi, entre Février et Octobre, la révolution de 1917 ne procède pas d'un mouvement unilinéaire, même si les crises d'avril, juillet, septembre, commandent ses accélérations, ses freinages. Dès la fin du printemps, elle éclate en plusieurs mouvements différenciés (les nationalités, les campagnes) qui suivent leur propre cours. Seuls les ouvriers et les soldats participent effectivement au renversement du pouvoir en Octobre. Ainsi, l'insurrection n'est pas le fait de la majorité de la population mais dire qu'elle a été accomplie par une minorité est encore moins vrai car, parallèlement, nationalités et campagnes se transforment tout autant. Le soulèvement est l'œuvre des bolchéviks ou plus exactement d'un embryon d'état prolétarien qui s'est radicalisé et bolchévisé à mesure que le régime de février se discréditait. Ses dirigeants sont déjà, à côté des cadres du parti, des ouvriers, marins et soldats, les fondateurs de la Bureaucratie soviétique et de la future Armée Rouge.

6.
Naissance de l'U.R.S.S. (1917-1927).

Le succès de l'insurrection était dû à l'action de deux hommes : Lénine, stratège de la révolution, Trotsky, tacticien et animateur. Grâce à leur action conjuguée, l'insurrection avait eu lieu, elle l'avait emporté, le parti bolchévik prenait le pouvoir sous le couvert de la démocratie des soviets. Beaucoup de participants jugèrent qu'ils avaient joué les dupes : lorsque la constitution d'un Conseil des commissaires du peuple fut annonçée, un élu des Soviets s'exclama : « Quoi, encore un gouvernement ! ».

Cet élu était mal informé. Depuis le mois de juin, au 1er Congrès des Soviets, Lénine avait réclamé le pouvoir pour son parti ; sauf quelques révolutionnaires avertis, tels le menchévik Soukhanov ou l'anarchiste Voline, peu d'élus avaient pris cette demande au sérieux. Certes le parti bolchévik avait grandi depuis février, mais qu'une poignée d'anciens clandestins prît en charge l'Empire des Tsars apparaissait un projet inimaginable. L'opinion générale était que les gouvernements futurs émaneraient du Congrès des Soviets, librement réélu chaque année, et que les différents soviets et comités constitueraient l'institution par excellence du nouvel État.

I. PREMIERS ACTES DU NOUVEAU RÉGIME

Le gouvernement provisoire avait fait faillite parce qu'il avait ignoré les aspirations de la société et qu'il avait pratiqué une politique de conciliation et d'attente. A l'inverse, le jour même du succès de l'insurrection d'Octobre, Lénine promulguait les décrets qui donnaient satisfaction aux soldats, aux paysans, aux ouvriers, aux allogènes.

Les décrets.

Selon les termes du *décret sur la paix* qu'il soumettait au IIe Congrès des Soviets, « le gouvernement ouvrier et paysan issu de la révolution du 25 Octobre, appuyé sur les soviets, invite toutes les nations belligérantes et leurs gouvernements à ouvrir sans délai les négociations d'une juste paix démocratique ». Ce n'était pas le souci de sauvegarder des liens avec les alliés qui conduisit Lénine et Trotsky, commissaire aux Affaires étrangères, à proposer la paix à tous les belligérants. L'offre devait conduire a un soulèvement

Limites de l'Empire russe en 1914
Limites de l'Union en 1922
Limites de l'Union en 1945
Limites des 15 Républiques fédérées
Front en 1917
Avance extrême des Allemands en 1941-1942
RÉPUBLIQUE FÉDÉRATIVE RUSSE
SIBÉRIE
KAZAKHSTAN
UKRAINE
Ouzbékistan
Turkménistan
Kirghizstan
Tadjikistan
Mourmansk
Arkhangelsk
Vorkouta
Helsinki
Léningrad
Kaliningrad
Lith
E
L
Varsovie
Minsk
MOSCOU
Gorki
Perm
Kazan
Kouibichev
Magnitogorsk
Orel
Koursk
Voronèje
Kiev
Kichinev
Kharkov
Odessa
Rostov
Stalingrad
Sébastopol
Kertch
Groznii
Tbilissi
Erevan
Irkoutsk
Novosibirsk
Omsk
Karaganda
République Tannou-Toubinskaïa réunie en 1944
Territoire russe de 1871 à 1881
Alma-Ata
Frounzé
Tachkent
Samarkand
Achkhabad
Merv
Douchambe
1 - Biélorussie
2 - Moldavie
3 - Georgie
4 - Arménie
5 - Azerbaïdjan
Territoires du Turkestan et du Caucase:
Territoires acquis ou
Protectorats russes
1850 - 1880
Territoires acquis : 1880 - 1900
Frontières occidentales :
Territoires acquis
sur la Pologne en 1939
et restitués en 1945
Etats baltes (E - Esthonie; L - Lettonie; Lith-Lithuanie)
sur la Roumanie en 1940
sur la Finlande en 1940
sur la Finlande en 1945
sur la Tchécoslovaquie en 1945
sur l'Allemagne en 1945

L'URSS
Economie
Villes industrielles
Zones industrielles
Kouznetz
Création des plans quinquennaux
Grands barrages hydroélectriques
D.V.
Canal Don-Volga
Communications
Grands transcontinentaux
Relief
Zones montagneuses
a - Cronstadt
b - Lac Ladoga
c - Lac Onega
MER BLANCHE
MER BALTIQUE
MER NOIRE
MER CASPIENNE
MER D'ARAL
OURAL
Carpates
Caucase
Léningrad
Riga
Dvina
Dvina N.
Moscou
Gorki
Kazan
Perm
Kiev
Dniepr
Kharkov
Don
Kouibichev
Oufa
Dnièprogrès
Donets
Volga
Stalingrad
(Volgograd)
D.V.
Rostov
Groznii
Bakou
Araxe
Oural
Transsibérien
Tchéliabinsk
Magnitogorsk
Transaralien
Omsk
Irtych
Ob
Novosibirsk
Kouznetz
Karaganda
Lac Balkach
Turksib
Syr-Daria
Amou-Daria
Tachkent
Krasnoïarsk
Angara
Bratsk
Lac Baïkal
Irkoutsk
Iénisseï
Léna
vers Vladivostok

du prolétariat contre tous les gouvernements qui s'y opposeraient. « Si le moins probable survenait, ajoutait Lénine, si aucun belligérant n'acceptait même un armistice, alors, de notre côté, la guerre deviendrait réellement juste, défensive : les Russes se feraient les alliés des opprimés de tous les pays. La révolution soviétique serait le foyer de la révolution mondiale de toute façon. »

Proclamant les conditions d'une paix juste et équitable, le droit des peuples à disposer d'eux-mêmes, l'abolition de la diplomatie secrète, Lénine n'imaginait pas un instant que les alliés répondraient à sa demande ; il employa néanmoins le ton de la diplomatie traditionnelle dans l'espoir de rallier au moins Wilson à ses vues. Le président américain lui répondit effectivement en énonçant ses Quatorze points, mais non en offrant l'armistice. Pour les Russes, l'important était que la demande d'armistice fût effective ; la guerre était finie : « Les visages rayonnèrent. *L'Internationale* monta, puis l'*Adieu aux morts*, poignant comme le long sanglot d'une foule. »

La nuit même du 26 octobre, Lénine avait rédigé le *décret sur la terre :* « Si seulement nous avons le temps de promulguer cette loi, qu'on essaie de nous l'arracher. » Lénine s'était inspiré des revendications exprimées dans les 242 textes élaborés par les soviets paysans. « La propriété foncière des terres était abolie, sans indemnité. Elle passait aux soviets paysans. » Par abolition de la propriété foncière, Lénine entendait la propriété non-paysanne ; le décret n'abolissait pas la propriété privée du sol ; les biens des paysans, mêmes riches, demeuraient acquis. Ainsi, le décret réalisait l'unité des paysans autour des soviets ; seuls, ceux qui étaient sortis de l'obchtchina depuis l'époque de Stolypine et avaient payé des annuités étaient hostiles à une loi qui donnait la terre gratuitement. Dans la réalité, le décret légitimait ce qu'une partie des paysans avait déjà accompli, ce qu'ils souhaitaient réaliser. L'appropriation des terres qui l'accompagna donna en moyenne à chaque famille 2 à 3 déciatines de plus qu'elle n'en avait auparavant. Amélioration substantielle mais qui n'eut guère d'effet, vu l'état de sous-équipement de la campagne russe.

Le partage des terres par les soviets correspondait au programme S.R. alors que les bolchéviks avaient toujours préconisé la nationalisation des terres. Cette dérogation au programme du parti fut jugée sévèrement par les militants des autres partis : Lénine « volait » le programme des S. R., il « abandonnait le programme du parti pour complaire aux S. R. », etc. « Peu importe, répondait Lénine, nous sommes un gouvernement démocratique et ne pouvons faire abstraction de la volonté des masses, même si nous sommes en désaccord avec elles. [...]. La vie montrera qui a raison quand ils mettront la loi en pratique. La vie est la meilleure école, elle montrera où est la vérité. Que les paysans résolvent leurs problèmes, nous les nôtres. Il n'est pas important qu'ils soient résolus dans l'esprit de notre parti ou dans celui des S. R. Ce qui est important est que les paysans soient assurés qu'il n'y aura plus de propriétaires fonciers dans les campagnes, qu'ils décident de tout, qu'ils organisent eux-mêmes leur propre vie. »

Lénine déclarait également que le régime serait fondé sur le principe du *contrôle ouvrier*. Un décret de novembre stipulait qu'à la base, dans chaque usine, « le contrôle était exercé par tous les travailleurs d'une entreprise au travers de ses institutions élues (comité d'usine, conseil des Anciens, etc), auxquelles s'ajoutaient des représentants des employés et du personnel technique. A l'échelon de la ville, un Conseil du contrôle ouvrier formerait une des sections du soviet ; il comprendrait des représentants des comités d'usine, des syndicats, etc. A l'échelon national, le soviet pan-russe du contrôle ouvrier serait en relation avec le Conseil Suprême de l'Économie Nationale. A long terme, ce décret consacrait l'absorption des comités d'usine par les syndicats et les soviets ; à cette date, cela ne fut pas perçu par les ouvriers, car le comité d'usine, enfin reconnu, devenait dans l'usine le véritable patron (*hozjajn'*). Pour eux, l'essentiel était que l'administration ancienne avait perdu. Leur impression était confirmée par la nationalisation des banques : les bourgeois étaient bien expulsés de la direction des affaires.

Le décret sur les nationalités affirmait l'égalité et la souveraineté des peuples de Russie, reconnaissait le droit des peuples à disposer d'eux-mêmes jusque dans la séparation et la constitution d'un État indépendant, l'abolition de toutes les discriminations d'ordre national. Repris quelques semaines plus tard dans un appel aux peuples de Russie et de l'Orient, le décret invitait ainsi les non-Russes, tous les non-Européens à utiliser leur droit à l'autodétermination. L'écho de ce décret retentissait jusqu'aux Indes.

Le Congrès des soviets avait pris le pouvoir, un Conseil des Commissaires du Peuple bolchevik s'était constitué en gouvernement, mais sa composition était provisoire. Au IIe Congrès des Soviets, la majorité s'était prononcée en faveur d'un gouvernement socialiste unifié. S. R. et menchéviks avaient refusé de siéger au praesidium du congrès ; ils ne voulaient pas cautionner le « coup d'État ». Bolchéviks et S. R. de gauche se retrouvèrent seuls, mais ils réservèrent leurs droits aux partants au sein de l'organe permanent des soviets, le nouveau comité exécutif (*Tsik*). Celui-ci comprit 67 bolchéviks, 29 S. R. de gauche, 20 sièges étaient réservés aux S. R.-menchéviks. Au gouvernement toutefois, les bolchéviks demeurèrent seuls. Trotsky stigmatisa les autres socialistes, « ces épaves, des vaincus misérables dont le rôle était achevé et qui prenaient le chemin qui était le leur, celui de la corbeille à papier de l'histoire ». Menchéviks et S. R. n'imaginaient pas que la victoire des bolchéviks était irréversible. Tenant déjà tête au gouvernement bolchévik, la douma municipale de Pétrograd, seule institution représentant toutes les classes de la population, constitua un Comité de Sauvegarde de la Révolution auquel des membres de l'ancien *tsik* participèrent. La principale résistance aux bolchéviks vint du syndicat des cheminots (*Vikzel*), qui lança un ordre de grève : il exigeait la constitution d'un gouvernement d'union socialiste d'où seraient exclus Lénine et Trotsky. Les bolchéviks se divisèrent : « nous sommes contre la terreur d'un gouvernement purement bolchévik », déclaraient Zinoviev, Kamenev, Rykov, Milioutine, Chliapnikov, qui donnèrent leur démission du Comité Central et du gouvernement. Lénine stigmatisa « ces déserteurs ». Il leur rappela que ce gouvernement avait été ratifié par le Congrès des soviets. Il les neutralisa en invitant le IIe Congrès paysan, jusque-là hostile, à élire 108 représentants qui entrèrent au *Tsik*. Trois S. R. de gauche furent invités au gouvernement ; sa constitution demeurait provisoire puisque, aux yeux de tous, la seule instance légitime, l'Assemblée constituante, obligerait les vainqueurs d'Octobre à former un gouvernement socialiste représentatif.

Durant les huit mois de la révolution de février, Lénine et les bolchéviks n'avaient cessé d'accuser le gouvernement de retarder la convocation de *l'Assemblée constituante ;* ils ne pouvaient pas ne pas la réunir. Lénine n'en avait pas moins dit et répété que « reconnaître la souveraineté de l'Assemblée constituante serait un recul par rapport au pouvoir des soviets ». Il qualifiait volontiers la Constituante de « plaisanterie libérale ». On savait par avance que le mode de scrutin, les listes électorales mises au point avant Octobre défavoriseraient la représentation bolchévik. « Nous pourrons avoir à dissoudre l'Assemblée », disait Volodarskij avant sa réunion. Les S. R. eurent à eux seuls 16 500 000 voix, les autres partis socialistes modérés 8 800 000 voix, les K. D. et les partis bourgeois

1 856 000, les bolchéviks 9 000 000. Avec 25 % de la représentation environ, les bolchéviks étaient nettement minoritaires. A l'ouverture de la session, suivant les usages, le doyen, un vieux S. R., s'apprêtait à faire le discours inaugural ; au nom des commissaires du peuple le bolchévik Sverdlov l'écarta de la tribune et lut une déclaration sur les droits du peuple exploité. Il demandait à l'Assemblée de voter immédiatement un texte qui reconnaissait le pouvoir des soviets, la paix démocratique, la terre aux paysans, etc. L'Assemblée refusa et élut président le S. R. V. Tchernov par 244 voix contre 153 à Maria Spiridonova, S. R. de gauche, que soutenaient les bolchéviks. Tour à tour Tchernov, Tseretelli stigmatisèrent le « coup d'État » bolchévik. Question de principe, l'Assemblée annula les décrets d'Octobre ; question d'opportunité, elle leur substitua des textes similaires. La garde de l'Assemblée manifesta son impatience devant ces discours inutiles : un marin anarchiste fit savoir que les gardes avaient sommeil, les discours devaient cesser. Il fit évacuer la salle. Il n'y eut pas de deuxième session. Le *Tsik* avait ordonné la dissolution de l'Assemblée, « qui servait seulement de couverture à la contre-révolution bourgeoise qui voulait renverser le pouvoir des soviets ». La Garde Rouge barra les accès à l'Assemblée quand les députés se présentèrent. Ils durent se disperser et leurs appels au public ne rencontrèrent aucun écho. La dissolution scandalisa les démocrates, les socialistes modérés, les militants de tous les partis, y compris un grand nombre de bolchéviks. Le public fut indifférent. L'expérience de la démocratie parlementaire avait duré quelques heures.

A Brest-Litovsk, les bolchéviks se trouvent placés devant une contradiction majeure. D'un côté, pour sauver leur pouvoir, la révolution, ils doivent conclure la paix exigée par les soldats, les ouvriers, les paysans. D'un autre côté, comme les alliés refusent toute idée de négociation de paix, les bolchéviks doivent conclure une paix séparée, renforcer ainsi l'impérialisme allemand et affaiblir par contre-coup les chances d'une révolution en Allemagne, qu'ils jugent indispensable au succès de la future Europe socialiste et à la consolidation du régime des soviets en Russie. Autre difficulté : si on décide de négocier, jusqu'où peut-on céder quand on n'a pas d'armée pour refuser les conditions de l'adversaire, lui livrer une « guerre révolutionnaire », ne pas apparaître comme des agents de l'ennemi et des traîtres qui livrent la Russie ? Les bolchéviks se divisent : alors queBoukharine juge que signer dans ces conditions serait une ignominie, Lénine est en faveur d'une paix à tout prix ; Trotsky essaie de concilier les points de vue ; il veut négocier sans traiter et espère que de fraternisation en fraternisation, l'esprit révolutionnaire gagnera l'armée allemande. Ainsi, gagner du temps revient à gagner de l'espace.

Pendant une première phase des négociations, les Puissances centrales se laissent prendre au jeu des discussions sur la légitimité des annexions et l'application du principe des droits des peuples à disposer d'eux-mêmes : le ministre autrichien Czernin souhaite traiter à tout prix et le chancelier Kuhlmann le soutient contre les militaires. Ils acceptent que des plébiscites soient organisés sur les territoires qu'ils veulent annexer (Lettonie. Lituanie, Esthonie, Galicie, etc.), mais ils entendent que les plébiscites soient organisés par les autorités en place, c'est-à-dire leurs propres armées. Ioffé, Trotsky, Kamenev rejettent cette procédure : ils demandent que les armées se retirent préalablement à toute consultation. C'est l'impasse. Les militaires allemands craignent de jouer les dupes. Ils font valoir que les délégués de la Rada de Kiev sont venus à Brest-Litovsk conclure une paix séparée avec les Allemands parce qu'au mépris du droit des peuples et malgré le décret sur les nationalités, les bolchéviks ont envahi l'Ukraine, qui voulait se constituer indépendante. La situation s'aggrave pour la délégation bolchévik d'autant que, selon l'expression de Rosa Luxembourg, malgré les fraternisations, la « persévérante immobilité de cadavre du prolétariat allemand » ruine les espoirs d'une révolution en Allemagne. Le général Hoffmann s'impatiente ; il met son épée sur la table, trace sur la carte la ligne des exigences allemandes. Avant de répondre, les bolchéviks se divisent à nouveau, Lénine menace de démissionner si on ne conclut pas immédiatement ; mais il laisse Trotsky déclarer que « jamais il ne signera de traité de paix annexionniste et que, pour sa part, la république des soviets considère la guerre terminée ». Cette attitude interloqua les Austro-Allemands. La formule « ni la paix, ni la guerre » n'appartenait ni à l'arsenal militaire, ni à la tradition diplomatique ; mais l'attitude des bolchéviks s'expliquait par leur incapacité à inviter les soldats à reprendre le combat. Le 8 février, après près de trois mois de tergiversation, Hoffmann juge que « cette comédie a assez duré ». En accord avec le kaiser, il donne l'ordre à ses troupes d'avancer. Les Allemands ne rencontrent aucune résistance. « C'est la guerre la plus comique que j'ai vécue », note Hoffmann. Jusque-là, Lénine avait laissé agir Trotsky, lui recommandant seulement de « ne pas reprendre la guerre même qualifiée de révolutionnaire ». Désormais il n'a plus d'illusions : le prolétariat allemand ne bouge pas, la révolution soviétique est en danger. Il avait menacé de démissionner si on n'acceptait pas incontinent les conditions austro-allemandes ; leurs nouvelles exigences sont encore plus grandes : l'armée soviétique devait quitter l'Ukraine, la Russie conclure la paix avec la *Rada*, abandonner toute prétention sur les pays baltes et la Finlande, abandonner Kars et Batoum, Ardahan aux Turcs. Ainsi, la Russie était-elle écartée de la mer Baltique, rejetée des bords de la mer Noire, presque ramenée aux frontières de l'ancienne Moscovie. Devant de pareilles exigences, Trotsky avait fait appel aux anciens « alliés » et Lénine donne son accord « pour chiper des armes et du blé aux brigands impérialistes ». Toutefois, les sympathies de Wilson demeuraient verbales, celles des Franco-Britanniques allaient aux Blancs qui commençaient à s'organiser dans le sud du pays. En outre, la procédure dilatoire se retournait contre les Russes : les forces allemandes marchaient à l'est avec une régularité de métronome. Il faut céder ; Lénine emporte la décision que le Congrès des Soviets ratifie par 784 voix contre 261 et 115 abstentions. Une des clauses du traité prévoyait que les soviets s'abstiendraient désormais de toute propagande dans les Empires centraux : ainsi, bien avant l'époque stalinienne, les dirigeants bolchéviks sacrifiaient la cause de la révolution européenne à la nécessité de sauver le régime instauré en Russie : « Nous faisons du parti un tas de fumier », s'exclamait Boukharine en sanglotant.

II. LA GUERRE CIVILE ET L'INTERVENTION

Les fronts de la guerre civile.

La guerre civile commença dès novembre, alors que le pouvoir des soviets n'était pas même consolidé : on se battait encore à Moscou, à Kalouga, dans d'autres centres de province. Au début, la guerre se déroula dans les régions méridionales où le général Kaledine avait soulevé les cosaques du Kouban et elle ne menaça pas directement le pouvoir bolchévik. Une première Vendée existait néanmoins ; elle ne fut pas réduite et servit de point d'appui à des entreprises plus vastes.

Leur pouvoir installé dans le nord et le centre du pays, les bolchéviks voulurent briser les principaux centres d'opposition : le pays du Don, la Finlande et l'Ukraine, ces deux pays s'étant proclamés indépendants en vertu du décret des nationalités. A Kharkov, la population préférait les soviets à la Rada de Kiev, Antonov-Ovsenko s'y installa avec ses troupes. Ainsi, entre deux régions rebelles, avec 6 000 soldats, marins et Gardes-Rouges peu disciplinés, il voulait frapper Kaledine, jugé le plus dangereux, temporiser avec la Rada. En fait, il envoya un ultimatum à Kiev pour que la Rada « cesse de désarmer la Garde Rouge locale ». Les Ukrainiens répondirent que ces exigences étaient en contradiction avec le décret des nationalités. Antonov-Ovsenko engagea aussitôt les hostilités, il entra dans Kiev le 9 février ; les Gardes-Rouges y commirent des excès, « tout homme aux mains blanches était suspect ». Les Ukrainiens firent appel aux Allemands. Ils étaient en train de conclure la paix séparée à Brest-Litovsk et, le 1er mars, les armées du kaiser chassaient les bolchéviks de la vieille capitale. La Rada se réinstallait, mais le pouvoir réel appartenait aux occupants.

Plus que par les Cosaques du général Kaledine, le noyau des forces blanches était désormais constitué par l'*Armée de Volontaires* organisée par des généraux qui créèrent une armée d'officiers. Alekseev en avait été le fondateur, puis le commandement passa à Kornilov, tué au combat, et ensuite à Denikine. Ces 3 000 à 4 000 officiers pourchassés entre Rostov et Ekaterinodar, « la marche glacée », vécurent une véritable Anabase. Ils ne s'apercevaient pas que, où qu'ils passent, la haine de classe qui les animait leur aliénait les populations. Inférieurs en nombre, traqués de partout, ils durent leur salut aux Cosaques du Don, excédés par les abus des Gardes-Rouges. L'Ataman Krasnov, qui accusait Lénine d'être un agent du kaiser, négocia avec les Allemands les armes qui permirent à l'armée de Denikine de demeurer campée sur le territoire du Don.

Un deuxième front de guerre civile naquit inopinément en Sibérie occidentale. Une brigade de soldats tchèques et slovaques, sujets des Habsbourg, prisonniers de guerre, obtint le droit de se rendre à Vladivostok pour rejoindre le front français où, devant l'offensive allemande, tout apport frais de combattants était le bienvenu. Aux termes de l'accord de Penza, conclu avec les Soviets, le 26 mars 1918, ces 30 000 soldats ne devaient garder avec eux qu'une partie de leurs armes et voyager à travers l'U.R.S.S. « non comme une unité combattante, mais comme un groupe de citoyens qui dispose seulement d'un certains nombre d'armes pour se défendre contre une attaque de contre-révolutionnaires ». Les lenteurs de l'administration, la longueur du voyage, l'irritation, la méfiance aidant, les incidents se multiplièrent : les Tchèques cachaient des armes en surnombre, les Soviets locaux, ignorant ou voulant ignorer l'accord conclu, prétendaient les confisquer toutes. A Tcheliabinsk, une véritable bataille eut lieu, les Tchèques désarmèrent la Garde Rouge, se rendirent maîtres de la ville. Trotsky ordonna un désarmement général, « tout Tchèque trouvé en armes le long du chemin de fer devait être fusillé sur place ». De fait, à cette date, 30 000 hommes armés constituaient la force militaire la plus importante sur le territoire soviétique.

Plusieurs fois sollicités d'intervenir aux côtés des Blancs, les Tchèques avaient refusé : leurs sympathies n'allaient pas à l'ancien régime. Ultérieurement, les incidents avec les Rouges les amenèrent à répondre à un appel des S. R. qui, au nom de l'Assemblée constituante, organisaient une armée clandestine. Ces 7 000 hommes étaient soutenus par les cheminots d'Omsk. Ainsi rassurés sur l'orientation politique du mouvement, les Tchèques les aidèrent à se saisir de la ville, à chasser le soviet bolchévik. Encouragés par ce succès, ils occupaient ensuite toutes les stations le long du Transsibérien. Peu enraciné, le régime bolchévik s'y effondrait sans résistance. A Paris, où entre-temps l'offensive allemande avait été repoussée, on jugea que ces Tchèques étaient plus utiles en Sibérie qu'en France. Ils y demeureraient : l'esprit de l'intervention antibolchévik n'était pas loin.

Plusieurs régimes naissaient et se disputaient le pouvoir dans la zone « libérée ». Un gouvernement sibérien à Tomsk, bientôt dessaisi par les autorités militaires d'Omsk, revendiquait l'autonomie pour la Sibérie occidentale, adoptait le drapeau vert et blanc, se voulait éloigné de toute idée socialiste. Un autre Commissariat se constituait en Sibérie Orientale ; surtout un gouvernement composé par des députés S. R. se formait à Samara. Seul représentatif, il lança un appel aux députés de la Constituante dissoute, les réunit à Oufa en septembre 1918 ; un directoire de cinq membres, présidé par Avksentiev, constitua une armée populaire qui regroupa une trentaine de mille hommes. Kazan, Simbirsk, la ville natale de Lénine, Oufa, et d'autres villes se rallièrent au nouveau régime, qui « rétablissait toutes les libertés ». Toutefois, la mobilisation décrétée par le gouvernement de Samara fut un échec. La paysannerie refusa de répondre à l'appel. Surtout, les anciennes querelles resurgissaient : « le gouvernement était S. R., le parti S. R. brouillé avec les K. D. ; l'armée, hostile aux S. R. » ; un conflit avec le régime installé à Omsk ajouta aux difficultés du gouvernement de Samara : pris entre l'Armée rouge, qui passait à l'offensive, et ce gouvernement blanc-ultra, Avksentiev n'osa pas faire appel aux Tchèques, pourtant prêts à le soutenir sur les deux fronts. L'esprit de conciliation ressuscitait mais, comme naguère, l'entente ne se concevait qu'à droite. Elle n'aboutit pas et bientôt la contre-révolution démocratique se laissait absorber par la contre-révolution militaire qui se ralliait à l'amiral Kolchak.

Troisième front de la lutte contre le pouvoir bolchévik, les groupes clandestins épars, généralement socialistes-révolutionnaires, qui mènent le combat à l'intérieur du territoire contrôlé par les bolchéviks. Ils procèdent comme au temps où ils luttaient contre le tsarisme : grèves de masses, attentats, raids punitifs, terrorisme, etc. Ils ont l'appui de la paysannerie hostile aux « comités de pauvres » institués pour lutter contre la famine et qui réquisitionnent les récoltes, d'une partie de la classe ouvrière, lasse également, surtout les cheminots, postiers, traditionnellement menchéviks, et même ouvriers d'usine (comme à Izevsk) qui protestent contre la suppression progressive de la démocratie dans les soviets ; ils sont également soutenus par la petite bourgeoisie, persécutée et victime d'excès de la part des Gardes-rouges. Les terroristes de Boris Savinkov, chef de l'« Union pour la défense de la Mère-Patrie et pour la liberté », sont plus ou moins associés à l'*Armée de Volontaires*, leur réseau couvre toute la Russie. Soutenus en secret par la mission militaire française, les groupes de Savinkov saisissent Iaroslav par surprise le 6 juillet 1918. L'action devait être coordonnée avec un débarquement de troupes françaises prévu à Arkhangelsk ; celles-ci n'arrivent pas et le coup échoue. Il devait conduire Savinkov à Moscou et se coordonner avec une offensive de l'Armée de Volontaires. La fête organisée à Iaroslav en l'honneur de Savinkov et la consternation après la reprise en mains par l'Armée rouge révèlent l'impopularité du régime bolchévik dans une petite ville de province.

Parallèlement, mais sans relation avec Savinkov, les S. R. de gauche hostiles aux Comités de Pauvres et à la « trahison » de Brest-Litovsk, organisent un soulèvement dans la capitale ; ils veulent renverser le gouvernement bolchévik et reprendre la guerre révolutionnaire contre Guillaume II. Après avoir assassiné l'ambassadeur d'Allemagne

Mirbach, ils organisent une attaque au siège de la Tchéka. Une militante, Fanny Kaplan, tire un coup de feu sur Lénine. Les S. R. de gauche sont aussitôt mis en accusation et exclus des soviets.

Ces mouvements se combattaient entre eux autant qu'ils luttaient contre les bolchéviks. Dans le sud, l'Ataman Krasnov collabore avec les Allemands alors que Denikine demeure fidèle aux Alliés. En Sibérie, le gouvernement de Samara représente la démocratie de l'Assemblée constituante, alors que celui d'Omsk prépare une réaction militaire sous l'égide de l'amiral Kolchak, soutenu par les missions alliées et bientôt par les Japonais débarqués à Vladivostok. De leur côté, les S. R. de gauche n'ont rien en commun ni avec le Comité Savinkov ni avec les contre-révolutionnaires. Dans le sud, ils commandent une partie de l'Armée rouge contre Denikine. Pourtant, au cours de l'été 1918, toutes ces actions s'additionnent : Krasnov et Denikine consolident leur contrôle sur le Don et le Kouban, Savinkov occupe Iaroslav, l'armée du Peuple Russe étend son aire jusqu'à Saratov et Kazan. Au même moment, le chef de la Tcheka de Pétrograd est assassiné, la Tcheka de Moscou est assiégée, Lénine blessé. La menace atteint les bolchéviks dans leur capitale alors qu'ils contrôlent seulement un petit territoire qui correspond à peine à l'ancienne Moscovie.

Comparant volontiers leur situation à celle des Jacobins français en 1792-1793, jouant les patriotes attaqués par la « coalition de l'étranger », les bolchéviks remportent deux succès décisifs : Trotsky reprend Kazan, le « Valmy soviétique », et repousse les Sibériens au-delà de l'Oural ; à Tsaritsin, Staline repousse l'Armée de Volontaires venue du Don et l'armée de Sibérie venue de l'Oural et qui ne peuvent opérer leur jonction, c'est le « Verdun soviétique ». Cependant la défaite de novembre 1918 oblige les gouvernements allemands à évacuer les pays baltes et l'Ukraine : les partisans de la Rada, conduits par Petljura, redescendent de Galicie et disputent le territoire aux bolchéviks. En Ukraine, les paysans connaissent les bolchéviks comme ceux qui leur ont donné la terre et non comme ceux qui confisquent les récoltes. Soutenus par les ouvriers comme à Kharkov et bientôt par une partie des paysans qui commencent à associer le nationalisme à la réaction, les bolchéviks chassent Petljura de Kiev.

L'intervention étrangère.

L'hostilité des Alliés au nouveau régime russe était acquise. Toutefois, l'absence d'un véritable contre-gouvernement, la résistance offerte par les bolchéviks aux prétentions allemandes à Brest-Litovsk, l'appel de Trotsky aux puissances obligeaient les Alliés à ménager le nouveau régime ; en outre, après le soulèvement de Kaledine, on ne lui donnait que quelques semaines à vivre.

La première intervention, dans le Grand Nord et même en Sibérie, eut donc pour but principal d'empêcher les Allemands et les Finnois de bénéficier des avantages de la paix de Brest-Litovsk, de couper la voie ferrée Pétrograd-Mourmansk. Rapidement, les troupes débarquées à Arkhangelsk et les Tchèques reçurent pour mission de soutenir les gouvernements blancs ; avant l'été 1918, les Alliés espéraient encore que, victorieux, ceux-ci reprendraient la guerre contre l'Allemagne. Maintenir à tout prix un front oriental pour empêcher le retour de renforts venus de l'Est est bien leur objectif essentiel. Avec la deuxième victoire de la Marne et l'armistice, Clemenceau et Churchill définissent les nouveaux objectifs de l'Intervention alliée. Ce n'est plus « l'ami des Allemands » qu'ils combattent mais l'ennemi social... On avance l'argument des fonds placés en Russie et nationalisés, pour justifier une action qui a pour objet d'abattre le bolchévisme, de s'assurer des garanties en Russie par le partage du territoire en « zones d'influence ». L'objectif politique va encore plus loin : « Le bolchévisme est devenu une force avec laquelle il faut compter. Il menace par son Armée rouge, qu'il rêve de porter à l'effectif d'un million d'hommes, d'étendre sur tous les territoires de l'ancienne Russie d'abord et le reste de l'Europe ensuite, le régime des soviets. Cette formule nouvelle et monstrueuse d'impérialisme fait peser sur l'Europe un danger d'autant plus redoutable qu'il survient au moment où la fin prochaine de la guerre va provoquer inévitablement dans chaque pays une grave crise économique et sociale. [...] Les Alliés doivent ainsi provoquer la chute des soviets. Il ne s'agit pas d'obtenir ce résultat en portant la guerre en Russie mais en procédant à l'encerclement économique du bolchévisme [...] par l'occupation par les forces alliées (depuis la Roumanie, d'Odessa, etc.) des terres à blé de Crimée et d'Ukraine et des bassins miniers du Donets, gage nécessaire pour garantir le paiement de 26 milliards prêtés à la Russie et dont le bolchévisme a renié la dette. [...] Les armées d'Orient et les armées anglaises de Turquie fourniront les quelques divisions nécessaires pour construire autour du bolchévisme non seulement *le cordon sanitaire* qui l'isolera et le condamnera à périr d'inanition, mais encore les noyaux de forces alliées autour desquels les éléments sains de Russie pourront s'organiser en vue de la rénovation de leur pays sous l'égide de l'Entente. » La croisade antibolchévik était née. Dès avant la fin de la guerre, en septembre 1918, les Anglo-Canadiens de Mésopotamie entraient dans Bakou, où, aux côtés des Arméniens, ils menaient la lutte contre les bolchéviks et les Turcs puis contre les bolchéviks seuls après l'armistice. Ils y soutenaient bientôt Denikine, épaulé à l'Ouest par les Français débarqués à Odessa. Parallèlement, des Japonais, des Américains, des Anglo-Canadiens, des Français débarquaient en masse à Vladivostok. Les Japonais s'installaient solidement en Province Maritime, leur « zone d'influence », sous le couvert du gouvernement fantoche de Semyenov. Les Franco-Britanniques soutenaient le gouvernement d'Omsk dirigé par l'amiral Kolchak depuis novembre 1918. On chantait bientôt : « uniforme, anglais ; bottes, françaises ; baïonnettes, japonaises ; commandement, Omsk ». Seuls, les Américains étaient réservés ou hostiles : ils débarquaient néanmoins, mais autant pour surveiller et limiter les ambitions japonaises que pour combattre le bolchévisme ; bientôt, devant les excès de Kolchak, ils manifestaient quelque sympathie pour leurs adversaires, et Kolchak, au nom de la démocratie russe, demandait même le départ de ces troupes, « la racaille de l'armée américaine, Juifs émigrés, fauteurs de désintégration et de désordre ».

Les troupes de l'Intervention participèrent peu aux combats contre l'Armée rouge ; elles assuraient plutôt les services de l'arrière : transports, sécurité des voies ferrées, etc. Il était clair que, rescapés de Verdun ou de Picardie, les soldats ne voulaient pas mourir pour les Blancs. Les Rouges les informaient de la signification réelle de leur présence en Russie et des feuilles comme *Le Communiste*, en français et en anglais, circulaient dans ce corps expéditionnaire. Des mutineries éclatèrent bientôt à Arkhangelsk, à Mourmansk, surtout à Odessa. Les soldats et marins refusaient de combattre les bolchéviks. Ces étincelles allaient bientôt se multiplier, suscitant chez les dirigeants une inquiétude plus grande que l'agitation entretenue en métropole même par les groupements anti-interventionistes. Ainsi, l'intervention militaire ne fit pas long feu ; tous réunis, il n'y eut jamais plus de cinquante mille soldats ou marins débarqués, mais l'aide financière et navale des Anglais permit aux Blancs de créer un nouveau front le long de la Baltique et de coordonner leur action. Toutefois, l'hostilité américaine, les querelles des Français avec Denikine, des Tchèques et des Américains avec Kolchak, la crainte de l'extension des mutineries dans la flotte française, furent autant de causes qui limitèrent l'action des interventionistes. Celle-ci eut néanmoins pour effet de contraindre les bolchéviks à la défensive, de les empêcher d'aider à l'extension de la révolution en Europe centrale où elle avait gagné la Hongrie et la Bavière. D'autre part, l'Intervention donna un stimulant extraordinaire aux Blancs, découragés par leurs défaites de l'automne 1918. Inversement, elle fit des bolchéviks les héritiers des défenseurs de la tradition russe : ils assuraient la sauvegarde de la terre natale contre l'envahisseur étranger dont les complices à l'intérieur du pays ne pouvaient être que les ennemis du peuple. Analysant les effets de l'Intervention, Lénine a retenu ce trait plus que les autres.

Victoire des bolchéviks.

Le putsch de l'amiral Kolchak, réalisé à l'instigation de la mission franco-anglaise en Sibérie, mit fin à l'éparpillement des efforts de l'opposition antibolchévik. Déjà pressenti à l'époque de Kornilov pour mettre fin au régime des soviets, Kolchak avait l'appui des K. D. ; il choisit l'un d'entre eux comme conseiller politique, Pepelyaev, naguère commissaire du gouvernement provisoire. Le général Boldyrev commandait à Omsk, Kolchak se substitua à lui, fit arrêter les deux S. R. qui siégeaient au gouvernement de Samara, Avksentiev et Zenzinov, amis de Kerenski. Les amis de Tchernov voulurent résister, ils essayèrent de mener la lutte sur deux fronts, mais ils ne représentaient plus rien et durent entrer dans la clandestinité avant d'émigrer.

Retrouvant sans effort le tour de main traditionnel des amiraux de la marine tsariste, Kolchak fusilla les opposants, interdit les syndicats, mit les partis révolutionnaires hors la loi, abolit les décrets d'Octobre sur la terre. Comme Kornilov, il voulait militariser l'arrière, ce qui dressa les campagnes contre le nouveau régime, suscita de terribles jacqueries. Bientôt, ses arrières étaient entièrement entre les mains des partisans soviétiques. Plusieurs fois, la révolte des colons sibériens se termina par des massacres de citadins dont la cruauté n'eut d'égale que celles des pogroms d'Ukraine. Croyant incarner le réveil de la Russie éternelle, voulant ignorer ce qui se passait à l'arrière, étranger aux leçons de l'histoire, Kolchak se révéla piètre chef de guerre. Les Alliés avaient reconnu son gouvernement, ils lui apportaient toute l'aide possible ; il refusa d'écouter leur avis, par exemple de reconnaître l'indépendance de la Finlande à un moment où, depuis les pays Baltes, Ioudenitch marchait sur Pétrograd. En outre, au lieu de diriger son offensive en direction des armées de Denikine qui s'approchaient de Saratov, de coordonner son action avec le commandement des armées du Sud, il voulut le précéder, rejoindre les forces blanches du Nord-Ouest, vers Arkhangelsk, espérant ainsi arriver avant Denikine à Moscou. Les mutineries se multipliant dans l'armée, les Tchèques se retournèrent en partie contre lui. L'autoritarisme de son régime lui aliéna toute la population. Kolchak fut rapidement vaincu malgré les succès initiaux qui, au printemps 1919, l'avaient rendu maître de l'Oural, rapproché de Viatka. Vaincu par les armées de Trotsky, pourchassé par les partisans, il traversa la Sibérie, fut fait prisonnier et fusillé près de Irkoustk (février 1920).

Pour les bolchéviks, la menace principale ne vint pas de Kolchak, mais de Denikine : méthodiquement, le successeur d'Alekseev s'efforçait de contrôler le sud du pays. Le plus long, le plus difficile, avait été de reprendre l'Ukraine aux forces armées de Petljura et aux bolchéviks qui, à cette date, étaient soutenus par l'anarchiste Makhno. Cette reconquête était accompagnée de pogroms dont les Juifs, déjà frappés par Petljura, furent à nouveau les victimes : pour les nationalistes de Petljura comme pour les Blancs, Juifs et communistes ne faisaient qu'un. En juillet 1919, il y eut ainsi 53 pogroms de Juifs. Ceux-ci n'étaient pas les seules victimes. Ayant changé quatre fois de maîtres en deux ans, les paysans ukrainiens payèrent le plus lourd tribut à la guerre civile. Maître de l'Ukraine, Denikine lança une grande offensive vers le Nord ; le front s'étalait sur 700 kilomètres, de Kiev à Tsaritsin (Stalingrad). Les Blancs disposaient d'environ 150 000 hommes face aux 170 000 hommes de Trotsky, une grande bataille déciderait de l'issue de la guerre. En septembre, l'armée de Denikine atteignait Voroneje, Koursk, bientôt, Orel à moins de 400 kilomètres de Moscou. Son avance semblait irrésistible. Iodenitch lança alors une offensive depuis les Pays Baltes ; il ne disposait que d'une petite armée constituée avec les restes de l'armée allemande et des formations esthoniennes ou lettones. Ses chars d'assaut, livrés par la flotte britannique, firent reculer l'Armée Rouge, semant la panique. Ioudenitch eut ses avant-postes à moins de 100 kilomètres de Pétrograd. Lénine voulait abandonner l'ancienne capitale, concentrer les efforts face au sud, où Denikine représentait le danger principal. Trotsky réussit à lever des contingents lettons qui, avec l'appui des habitants de la capitale, repoussèrent les armées de Ioudenitch.

Devant Orel, Denikine piétinait ; sur ses arrières, une révolte des montagnards du Daghestan, le soulèvement de l'Ukraine sous l'égide de Makhno le privèrent des renforts qu'il attendait pour entrer dans Moscou. Une victoire des cavaliers de Boudenny sur les Cosaques du Kouban sema le désarroi parmi les Blancs ; la perte d'Orel et de Voroneje en octobre 1919 fut un autre coup dont les Blancs ne se relevèrent plus. Les officiers accusaient Denikine de manquer de fermeté ; soupçonnant ce fils de paysan d'être républicain, ils lui préféraient le baron Wrangel. La retraite de Denikine s'opéra dans un ordre relatif jusqu'en Crimée, mais l'arrière et les services ne fonctionnaient plus. Conscient de son échec, incapable de refréner le ressentiment de son compagnon, n'ayant plus que quarante mille hommes avec lui, Denikine céda son commandement à Wrangel.

« La Russie sera grande, unie, indivisible » ; ce slogan des armées de Denikine définit bien l'idéal de ceux qui la dirigeaient ; il donne également la mesure de leur aveuglement. L'intransigeance nationaliste coûta plusieurs fois la victoire aux Blancs : près de Pétrograd, quand ils refusèrent de reconnaître l'indépendance de l'Esthonie et de la Finlande ; en Ukraine, quand ils refusèrent de discuter de la frontière galicienne avec l'État polonais ressuscité en 1918 ; dans le Caucase, où les nationalités se seraient accommodées d'un statut fédéral ; l'intransigeance vis-à-vis des revendications des Cosaques retira aux Blancs jusqu'au soutien de leurs meilleurs alliés.

Surtout, le retour des Blancs apparut comme la revanche des émigrés. Ils n'avaient rien appris, n'avaient rien oublié : interdisant les partis socialistes et les syndicats, abolissant les décrets d'Octobre, rétablissant l'intégralité des droits des propriétaires, notamment en Ukraine, ils imaginaient revenue la belle époque et se croyaient sûrs de l'impunité. La reconquête des armées blanches fut « une véritable bacchanale de corruption, de débauche, de violence où les soudards faisaient la loi ».

Les Rouges furent également responsables de multiples excès : la Tcheka dans les villes, les Comités de Pauvres dans les campagnes multiplièrent les crimes au nom du socialisme. Pourtant, lorsque à l'arrière des lignes rouges, le blanc Mamontov voulut rallier les paysans de la province de Tambov insurgés contre les réquisitions, ce fut un échec ; inversement, quand Denikine est à Orel, à deux étapes de Moscou, que le régime bolchévik paraît condamné et qu'il fait appel aux dernières bonnes volontés, 20 000 hommes répondent à l'appel de Trotsky et de Lénine.

Fin de la guerre civile et de la guerre étrangère.

A la fin de 1919, Denikine vaincu, la victoire semblait définitivement acquise aux Rouges : Wrangel menait en Crimée un combat sans issue, et à Arkhangelsk le gouvernement blanc fantôme perdait espoir de se maintenir avec le départ des armées de l'intervention ; la paix se négociait avec la Lituanie, la Pologne. Brusquement, les Polonais lancèrent une grande offensive en direction de l'Ukraine. Pilsudski ne s'était pas mêlé des affaires russes du temps de Denikine, car, ne s'imaginant pas que les soviets l'emporteraient, il savait qu'il n'y avait aucun agrandissement territorial à espérer des Blancs. Ceux-ci hors de combat, la situation changeait ; ce nationaliste jugea que l'heure était venue de reconstituer la Grande Pologne. Les puissances occidentales n'y seraient pas défavorables. Épuisés par la guerre et la guerre civile, les Soviets ne pourraient mettre un frein à la décomposition de l'ancien Empire : la Finlande, les États Baltes, la Géorgie, l'Arménie et l'Azerbaijan se détachaient déjà. Les Polonais espéraient que la Lituanie, l'Ukraine, les pays Cosaques constitueraient les États vassaux d'une Grande Pologne qui s'étendrait ainsi de la mer Baltique au Caucase. Les Puissances occidentales se féliciteraient de cet amoindrissement de la République des soviets.

Réfugié dans les montagnes de Galicie, Petljura accepta cette alliance de la dernière chance ; il conclut un accord pour la formation d'une union polono-ukrainienne. Les Polonais purent occuper Kiev grâce à son aide (avril 1920). En Ukraine pourtant, le sentiment populaire était plus hostile aux Polonais qu'aux bolchéviks. Ceux-ci surent donner un caractère patriotique à la résistance de l'Armée rouge, soulevèrent les paysans contre les barons polonais et firent même appel aux conseils de l'ex-généralissime Broussilov. Une fois les Polonais chassés d'Ukraine et la guerre portée sur le territoire polonais, Trotsky changea de slogan : l'ennemi n'était plus le peuple polonais, mais les féodaux et les bourgeois : « Il ne fait aucun doute que la guerre de la bourgeoisie polonaise contre les ouvriers et paysans ukrainiens et russes se terminera par la révolution en Pologne. » Après avoir occupé la Galicie, les généraux soviétiques Boudenny et Toukhachevski réussirent à franchir la Vistule, à s'approcher de Varsovie. Le IIe Congrès du Komintern, réuni à Moscou sur ces entrefaites, saluait déjà avec enthousiasme le triomphe de la révolution en Pologne puis en Allemagne. Aux Polonais qui demandaient la paix, les soviets offrirent la formation d'un gouvernement ouvrier et paysan, la constitution d'une milice populaire sous le contrôle des organisations ouvrières de Pologne, d'U.R.S.S., de Norvège. Ces conditions furent rejetées. L'Armée rouge soutint l'installation, à Byalistok, d'un Comité Révolutionnaire Provisoire composé d'un Polonais, Marchlevski, et du chef de la police soviétique, Djerzinski. Ce Comité lança un appel aux travailleurs : « la terre aux paysans, le pouvoir aux soviets » ; devant les excès des Cosaques, il constitua des comités pour « combattre les activités irresponsables de l'Armée rouge et des autorités locales ».

Ces gestes de bonne volonté eurent peu de retentissement car le Comité et l'Armée rouge contrôlaient des régions peu industrialisées de la Pologne et les excès de l'envahisseur découvrirent un visage : celui de l'oppresseur et l'ennemi héréditaire, le Russe, se cachant sous le couvert du Drapeau Rouge. Un sursaut patriotique permit à Pilsudski de reconstituer une armée de 80 000 hommes, à laquelle la France envoya comme conseiller le général Weygand. Les Rouges ne disposaient que de 60 000 hommes. Ils furent repoussés puis rejetés hors du territoire national. Le 12 octobre 1920, la paix était conclue à Riga : les rêves de conquête des Polonais s'étaient évanouis et aussi l'espoir d'une révolution soviétique européenne. Comme Wrangel résistait encore et que l'aventure de la guerre polonaise avait montré combien le sort des armes était hasardeux, les Soviétiques acceptèrent de céder une partie de la Russie blanche à la Pologne. Repoussée vers l'Est, la Russie n'avait plus de frontière commune ni avec la Lituanie ni avec l'Allemagne. Mais l'U.R.S.S. était sauve.

Révolution russe ou révolution mondiale, la 3e Internationale.

Le pouvoir des soviets l'avait emporté en U.R.S.S. Toutefois, selon les bolchéviks, elle ne pourrait construire le socialisme que si l'aire de la révolution s'étendait à l'Europe avancée. L'internationalisme réussirait-il là où l'Armée rouge avait failli aboutir ?

Créer une *Troisième Internationale* était une vieille idée ; sa réalisation fut entièrement improvisée, elle ne marqua pas une phase nouvelle de la politique des soviets : elle fut bientôt la forme que prit l'organisation de la défense de l'U.R.S.S. à un moment critique pour préparer une offensive de la révolution mondiale. La 2e Internationale avait « trahi » en 1914 ; le mouvement de Zimmerwald s'était déchiré bien avant que la guerre ne fût finie. Avec la paix, la nécessité de créer une nouvelle Internationale était d'autant plus urgente que la précédente menaçait de ressusciter. Mais surtout, la fin de la Grande Guerre changeait toutes les perspectives.

Tant que la Grande Guerre avait duré, les soviets avaient affecté de mettre les deux coalitions, allemande et alliée, sur le même pied. Ils négociaient avec les deux camps. En août 1918, au moment du plus grand danger, Lénine et Trotsky choisirent de conclure un accord secret avec le Kaiser : en échange de divers avantages, ils promettaient de cesser toute propagande révolutionnaire en Allemagne. Une note confidentielle ajoutait que la Russie des soviets ferait tout son possible pour chasser l'intervention alliée ; si elle échouait, l'Allemagne pourrait l'aider, notamment en Finlande. A partir de l'été 1918, pour répondre à l'Intervention, les soviets ne ménagent plus les Puissances occidentales ; avec le débarquement massif des troupes alliées à Vladivostok et à Odessa, la « coexistence pacifique » avec les Alliés apparaît comme un mythe.

Pour Lénine, la défaite et la révolution allemandes retournaient la situation : alors que les chances de la révolution européenne étaient au plus bas, brutalement « nous nous trouvons plus prêts que jamais de la révolution mondiale ». S'illusionnant sur la nature des événements de Berlin et de Kiev, ne doutant pas des intentions des Spartakistes à l'endroit de la révolution russe, voulant prévenir la réunion de la 2e Internationale où la majorité, derrière le Suédois Branting, lançait un avertissement contre les dangers d'une « dictature de classe » à la russe, Lénine décide de fonder immédiatement la

3e Internationale. Ainsi, il espère susciter une scission au sein de la 2e Internationale de la même façon qu'une scission avait scindé la social-démocratie russe. Or, les spartakistes, principaux invités, jugent prématurée la création d'une Troisième Internationale : Rosa Luxemburg explique qu'en dissociant les vieux partis socialistes défenseurs de la classe ouvrière, on n'aura, en Occident, qu'une arme émoussée : c'est quand les masses auront pris conscience des nécessités nouvelles qu'elles remplaceront les vieux leaders. Les Allemands se récusent, mais l'éclatement de la révolution en Hongrie amène Lénine à franchir le pas. La conférence préparatoire devient le Ier Congrès du Komintern : 35 organisations figurent parmi les participants. Pure apparence : la réalité du pouvoir y appartient aux bolchéviks russes, ukrainiens, lettons, etc.

Le premier appel du Komintern « exprime sa gratitude au prolétariat russe et à son parti dirigeant ». Il appelle les travailleurs à « faire pression sur leur gouvernement y compris par des moyens révolutionnaires pour que l'Intervention cesse ». Zinoviev est élu président, Moscou choisi comme siège provisoire. Le Ier Congrès était « le signe avant-coureur de la République Soviétique internationale ». Le 1er mai 1919, alors que la révolution a gagné Budapest et Munich, et que la flotte française d'intervention se mutine à Odessa, Zinoviev annonce que « d'ici un an on aura oublié s'il y a eu jamais combat pour le triomphe du communisme en Europe ».

Ces illusions ne durent pas. Après l'échec des révolutions en Europe centrale, l'été 1919 est marqué par la menace que Denikine et Ioudenitch font peser sur le régime bolchévik. La République des soviets est en danger de mort et les appels du Ier Congrès, « Internationale de l'action directe des masses pour la réalisation de la révolution », ressemblent plutôt au message d'une bouteille à la mer.

A la fin de 1919, le régime des soviets s'est redressé. Toutefois, l'Intervention a eu pour effet de faire du cordon sanitaire une réalité : Lénine se plaint de ne pas même recevoir les journaux d'Occident. L'extrême-gauche européenne agit librement. L'espérance révolutionnaire n'a jamais paru plus grande : en Italie, en Grande-Bretagne, en Allemagne où, au regard des bolchéviks, le putsch Kapp est un nouveau putsch Kornilov, c'est à dire « l'annonce d'une victoire définitive » d'un Octobre allemand.

Avec le retournement militaire du début de 1920, l'avance victorieuse des troupes soviétiques en Pologne et la marche sur Varsovie, le IIe Congrès du Komintern se réunit dans une atmosphère d'apothéose. La révolution européenne sera-t-elle acquise grâce à l'Armée rouge ? La confiance dans le dénouement proche de la lutte des classes fut la caractéristique de ce Congrès, dont l'objet était d'organiser la troisième Internationale. Cette fois, les partis socialistes d'occident sont réellement présents. Ils veulent y adhérer. Le Komintern doit devenir l'organe combattant du prolétariat international, « un seul parti communiste ayant des branches dans chaque pays ». Ce changement de structure répondait au changement de fonction ; de boîte à lettres, le Komintern devenait un organe moteur : unité de doctrine, unité d'action, autorité unique, tels sont les principes qui impliquent l'exclusion des traîtres et la nécessité de la discipline. Agissant en grands vainqueurs qui voient poindre la révolution européenne à l'horizon, Lénine et Trotsky posent vingt et une conditions draconiennes à l'admission au Komintern. Leur acceptation amène la division de la plupart des grands partis socialistes, la naissance par scission des partis communistes. Ainsi, au moment où l'on croit la révolution victorieuse, le Komintern devient une institution dont l'appareil et le contrôle, l'inspiration, l'orientation dépendent des dirigeants soviétiques.

L'Armée rouge, instrument de la Victoire.

Au lendemain d'Octobre, le nouveau régime avait eu besoin d'une force armée ; il disposait des Gardes-Rouges, mais ceux-ci étaient plus aptes à assurer la victoire des bolchéviks face à leurs adversaires intérieurs qu'à repousser une éventuelle offensive de l'étranger ; lors de l'avance allemande du 3 mars 1918, pendant les négociations de Brest-Litovsk, le commandement militaire de Pétrograd envoya deux détachements vers Pskov. Ceux-ci ne dépassaient pas mille hommes. A cette date, Kaledine s'était déjà soulevé dans le sud et Lénine prévoyait que « plusieurs autres Vendées » naîtraient. L'ancienne armée commençait à se démobiliser, elle tenait encore le front, empêchant une perçée allemande, elle acceptait de demeurer sur place quelques temps encore, mais le grand exode commençait.

Que faire ? Krylenko avait proposé de constituer une force armée avec des éléments encore en position. Les Gardes-Rouges voulaient instituer un service ouvrier obligatoire. Lénine et Trotsky rejetèrent ces deux propositions : créer une force armée d'un type nouveau, comme sous la révolution française (officiers élus, soldats volontaires, etc.), correspondait au vœu de tous ; généraliser l'institution des Gardes-Rouges reviendrait à vider les usines de leurs travailleurs. Lénine pensait que, face aux Allemands et aux Tchèques, il fallait disposer de soldats expérimentés. Les premières forces rouges furent ainsi composées de contingents de volontaires de l'ancienne armée, mais cautionnés par le syndicat ou le parti bolchévik. Tandis que les Gardes-Rouges combattaient sur le front intérieur, les soldats luttaient face aux Blancs et aux Tchèques. Ce partage des fonctions était mal commode. Trotsky se fit l'avocat d'une armée régulière dont « les bolchéviks seraient les samouraïs » et qui ferait appel à la compétence d'anciens officiers. Il allait contre le sentiment général, mais Lénine le soutint. Comme il fallait beaucoup de soldats, les bolchéviks revinrent aux anciennes pratiques ; ils mobilisèrent les jeunes classes à Moscou ; les riches, les bourgeois étaient « exclus » ; pour que ce ne soit pas un avantage, Trotsky, commissaire à la Guerre, les utilisa pour les tâches les plus dures : « Vos grands-pères et vos pères ont obligé nos grands-pères et nos pères à nettoyer leurs bottes, c'est vous qui nettoyerez les nôtres. » D'accord avec Lénine, Trotsky fit de plus en plus appel à d'anciens officiers tsaristes. Des commissaires les surveillaient. Ces 50 000 ralliés étaient des officiers de tranchée qui avaient été solidaires des soldats contre les officiers d'active, noyau de l'Armée blanche. Les trahisons furent rares. Néanmoins, l'appel aux officiers de l'époque tsariste souleva des oppositions.

Au bout de six mois, l'expérience d'une armée démocratique s'étant révélée désastreuse, Trotsky rétablit une discipline rigoureuse dans l'Armée rouge et lutta énergiquement contre les désertions : un ordre du jour institua le système des otages, la famille des déserteurs ayant à payer pour les défaillants. Un autre ordre prévoyait qu'en cas de trahison d'un officier, le commissaire responsable serait fusillé. Grâce à ces procédés, à l'indomptable énergie de son chef, dont le train blindé sillonnait toute la Russie, l'Armée rouge vit ses effectifs passer de quelques milliers à 150 000 hommes au 1er avril 1918, à 411 000 hommes au 15 août 1918, trois millions d'hommes au 1er janvier 1920, dont 300 000 membres du parti bolchévik. L'Armée rouge faisait place à l'Armée soviétique.

III. LE GOUVERNEMENT ET LA SOCIÉTÉ.

Le parti, le gouvernement, les soviets, l'État.

Artisan de la victoire, le parti bolchévik, désormais appelé parti communiste, est un corps organisé d'un demi-million de communistes unis par la même foi, les mêmes ambitions, la même certitude également que « le peloton d'exécution les attend s'ils ne sont pas victorieux ». Depuis février 1917, le parti bolchévik de la clandestinité a fait place à une organisation de masse, surtout après la victoire d'Octobre, lorsque les « carriéristes » affluent : les 24 000 « révolutionnaires professionnels » sont devenus 120 000 en janvier 1918, 250 000 en mars 1919, 611 978 en mars 1920. Dans un pays où les structures sociales ont éclaté, où les autorités traditionnelles ont disparu, ces hommes à la veste de cuir, et surtout, parmi eux, l'armée des commissaires politiques, constituent une force considérable.

Le respect de la discipline de parti constitue en effet le trait spécifique de cette organisation *. Jusqu'en 1920, la libre-discussion règne dans les instances supérieures du Parti, la règle d'or est que la minorité doit se soumettre à la majorité. Le Parti est conçu comme une armée dont les combattants assumeraient les objectifs et les méthodes de ceux qui prennent les décisions en leur nom : « J'ai entendu des syndicalistes communistes tenir sur la conscription du travail des propos exactement contraires à ceux qu'ils tenaient la semaine précédente. Des contradicteurs le leur rappelaient et ils convenaient qu'ils s'étaient ralliés à la décision du Parti, qu'ils défendaient maintenant avec la même violence qu'ils l'avaient combattue auparavant », écrit Arthur Ransome. Kamenev avait donné l'exemple : combattant le principe d'une insurrection à la veille d'Octobre, il avait été aux premiers rangs des combattants pendant son déroulement. « C'est parce que le Parti est très discipliné [...] que des dizaines, des centaines, des milliers d'hommes marchent comme un seul homme quand le Comité central donne un ordre, que le miracle de notre victoire a pu s'accomplir. »

La discipline et l'organisation constituant « la seule arme du prolétariat », le Parti, « qui est la section la plus progressive, la plus consciente de la classe ouvrière », est fondé sur le principe du centralisme démocratique. Dans la pratique, le centralisme est évident, la démocratie l'est moins. Quand la base se plaint, Lénine explique que « le centralisme démocratique, c'est la libre élection des responsables locaux qui ont à respecter les décisions du Comité central ». Au moins cette démocratie existe-t-elle au niveau du recrutement. Depuis Octobre, l'afflux des ouvriers compense le nombre des intellectuels petits-bourgeois, celui des non-Russes atteint 105 000 sur les 375 000 membres du Parti en 1922 : 22 078 Ukrainiens, 19 564 Juifs, 9 512 Lettons.

Le centralisme est assuré par un système en pyramide : réseaux des cellules de base, de comités locaux, urbains, fédéraux avec à leur sommet le Congrès, dont le Comité central est l'organe permanent. Dans la réalité, le pouvoir appartient au Bureau politique (*Politburo*) de six membres, dont Lénine, Trotsky, Zinoviev, Sverdlov, ainsi qu'au

* *Ce principe n'avait guère eté appliqué pendant la révolution : le comité central était divisé, le comité de la capitale et l'organisation militaire agissaient à leur guise. Après la victoire d'Octobre, tout change peu à peu.*

Bureau organisationnel (*Orgburo*) qui contrôle l'appareil. Bien que, selon les statuts, il faille élire les membres de ces bureaux, dans la réalité, les congrès approuvent un choix opéré par en haut. Les initiatives politiques viennent également d'en haut et on a pu dire que le centralisme démocratique est un système politique dans lequel le sommet a réussi à convaincre la base que c'est elle qui a pris toutes les décisions. Bientôt, un troisième organe joue un rôle décisif, le secrétariat du Comité central, tenu par Sverdlov, qui meurt en 1919. En 1922, Staline était le seul bolchévik à la fois membre du Comité central, du Politburo, de l'Orgburo, du secrétariat.

Le parti des révolutionnaires professionnels, l'état-major d'Octobre, n'avait ni projet, ni plan concernant sa métamorphose en appareil d'État. Devenus maîtres des soviets, les bolchéviks se trouvaient à tous leurs comités exécutifs. Le Parti contrôlait ainsi d'un côté les soviets, de l'autre les instances gouvernementales créées en octobre 1917. Les membres du Parti se retrouvant ainsi dispersés dans l'État, quelle pouvait être encore la fonction du Parti ? Preobrajenskij pensait que dans la mesure où les bolchéviks étaient maîtres des soviets, le Parti perdait sa raison d'être. Sverdlov, à la fois président des soviets et organisateur du Parti, voyait au contraire dans le Parti la pépinière de l'État alors que les soviets assuraient la relation avec la société ; ce point de vue prévalut. Aux soviets recrutés démocratiquement, et par conséquent incertains, Lénine préférait un parti discipliné qu'il avait forgé dans le combat et dont il contrôlait le fonctionnement.

L'absolutisme bolchévik : la suppression des oppositions.

En octobre 1917, il ne venait à l'idée de personne, et pas même des bolchéviks, que leur Parti exercerait la totalité du pouvoir. La formation d'un gouvernement purement bolchévik fut mise au compte des circonstances. On pensait qu'un gouvernement des soviets ne pourrait survivre qu'en faisant appel à des socialistes non bolchéviks. Pour Lénine et Trotsky, cette alliance apparaissait seulement comme une nécessité tactique, non comme une obligation. Mais bien des ralliés à Octobre pensaient qu'au sein du Parti l'option démocratique animée depuis Février 1917 par Kamenev l'emporterait nécessairement. L'entrée de trois S.R. de gauche au gouvernement sembla le confirmer ; mais déjà la dissolution de l'Assemblée constituante, la rupture avec les S.R. de gauche lors de la paix de Brest-Litovsk manifestaient la volonté bien établie du Parti communiste de prendre seul toutes les décisions. En principe, le gouvernement émanait des soviets, encore fallait-il que les congrès se réunissent. Entre-temps, les pouvoirs du gouvernement lui permettaient de mettre au pas les soviets à majorité non bolchévik, qui mettaient en cause sa politique. Par exemple, il chargea le Comité Militaire Révolutionnaire de disperser le soviet de Louga. En vérité, cette épuration des éléments non bolchéviks fut souvent une initiative populaire soutenue et quelquefois suscitée par le Parti : l'existence de soviets à majorité non-bolchévik lui apparaissait une limitation insupportable.

Entre l'impossibilité pour une majorité non bolchévik dans un soviet d'exercer ses responsabilités, les tentatives des minoritaires bolchéviks de se substituer à cette majorité, les mesures prises pour y parvenir par toutes sortes de moyens violents comme la saisie des journaux d'opposition, leur interdiction temporaire ou définitive, l'arrestation de dirigeants, des pressions exercées sur les militants, il y a toute une série d'étapes qui furent franchies tantôt à l'initiative de la base, tantôt de la police politique (Tcheka), tantôt des instances supérieures du Parti, mais qui, dans l'ensemble, allèrent toujours dans le même sens. Le terme fut atteint en 1922, soit deux ans environ après la fin de la guerre civile : à cette date, il n'y avait plus de socialistes non bolchéviks pouvant jouer un rôle autre qu'individuel dans les instances soviétiques. Les grandes formations politiques de la tradition révolutionnaire, anarchistes, socialistes-révolutionnaires, menchéviks, avaient été brisées, décimées. Sans parler des partis « bourgeois », les K.D, interdits dès Octobre 1917.

Dès janvier 1918, un décret de Lénine institua des tribunaux spéciaux munis de pouvoirs forts contre les « crimes de presse » ; dès lors, toute critique du Parti devenait une manifestation contre-révolutionnaire ; la Tcheka avait le droit et le devoir d'agir souverainement. Un arrêté de 1920 précisait que « tous ceux qui sont connus pour avoir fait de l'agitation malveillante contre le pouvoir soviétique... doivent être arrêtés et déférés devant les tribunaux ». Ainsi tous les militants non communistes étaient vulnérables. D'ailleurs, l'article 23 de la Constitution, instituée en 1919, sans stipuler que les partis socialistes étaient privés du droit d'exister, indiquait que, « pour sauvegarder les intérêts de la classe ouvrière, la République des soviets refusait aux personnes et aux groupes les droits dont ils peuvent se servir au détriment de la révolution socialiste », dispositions vagues qui autorisaient tous les abus de pouvoir.

Premier Parti frappé, soutien des bolchéviks en Octobre, *les S.R. de gauche*. D'accord sur l'essentiel avec les nouveaux vainqueurs, ils souhaitent la constitution d'un gouvernement d'union socialiste. Ils rompent avec les bolchéviks sur deux points : l'institutionalisation de la terreur, qui donne des pouvoirs exorbitants à la Tcheka, la paix de Brest-Litovsk, une « trahison ». Proches sur ce point d'hommes comme Boukharine, ils ne rentrèrent pas dans le rang comme lui, ils assassinent l'ambassadeur Mirbach et organisent un coup d'État contre les bolchéviks. Bientôt interdits, sans journaux, un certain nombre d'entre eux sont fusillés. « Il est dommage que vous ne les ayez pas tous arrêtés », écrit Lénine à un soviet bolchévik, « mais il est évident que je ne peux pas vous en donner l'autorisation écrite ». A la suite de leur procès, fin 1918, leurs leaders peuvent émigrer, une trentaine de leurs militants sont fusillés.

Les autres S.R. se montrent des adversaires inconditionnels des bolchéviks depuis Octobre. Intransigeants sur leurs principes, ils entendent combattre à la fois les bolchéviks et les Blancs, prétention dérisoire vu la faiblesse de leur organisation. Soucieux de ne pas être confondus avec leurs adversaires, ils ne veulent pas verser le sang du peuple : lorsqu'une garde S.R. se constitue lors de la réunion de l'Assemblée constituante pour en assurer la sauvegarde, le Comité central S.R. interdit à ses troupes d'intervenir militairement : « Croyez-vous que les bolchéviks soient des enfants, s'écrie un des soldats, ils n'hésiteront pas à tirer sur nous si nous sommes sans armes. Ou voulez-vous nous voir détaler comme des lapins ? » Les soldats S.R. défilèrent sans armes en l'honneur de la Constituante ; la Garde Rouge tira, fit une centaine de morts et de blessés. Ensuite le Comité exécutif des soviets exclut les S.R. de son sein, « pour collusion avec les contre-révolutionnaires ». Bientôt chassés de la plupart des soviets, poursuivis, leurs journaux confisqués, les S.R. s'insurgèrent et demandèrent l'aide des Tchèques. Au nom de la Constituante, dont ils formaient le parti majoritaire, ils décidèrent de lutter par la force des armes contre Kolchak et contre Lénine. Leur aventure de Samara avorta parce qu'ils souffrirent tout le temps de la crainte qu'ils avaient, en luttant contre les bolchéviks, « d'aider involontairement une dictature réactionnaire à prendre le pouvoir ». Bientôt vaincus, leur procès eut lieu, ils n'eurent pas le droit de faire témoigner la défense, et ils furent condamnés comme complices de Denikine.

L'accusation ne valait pas contre *les menchéviks* (sauf ceux de Géorgie) qui, derrière Martov et Dan réconciliés, pratiquaient le jeu d'une opposition loyale dans le cadre strict de la légalité soviétique. Ils n'en furent pas moins exclus des soviets avec les S.R. auxquels les bolchéviks les associaient d'office en souvenir de l'époque du gouvernement provisoire, bien que la tendance Martov (à laquelle Dan s'était rallié) ait toujours été hostile aux différents gouvernements de coalition et qu'en Octobre, tout en condamnant le coup de force, il s'y soit rallié. L'interdiction frappa toute la presse menchévik, puis les menchéviks eux-mêmes : le Comité central du Parti communiste donna l'ordre d'« arrêter tous les menchéviks dont on ne savait pas qu'ils étaient prêts à combattre Kolchak ». Comme l'impopularité des bolchéviks croissait dans les milieux syndicaux, les menchéviks redevenaient des opposants écoutés : ils préconisaient la fin de la terreur, le retour aux libertés démocratiques pour tous les partis socialistes et, du point de vue économique, des mesures qui seront plus tard celles de la N.E.P. Le syndicat de Moscou des industries chimiques se rallia à leurs vues et élut même Martov contre Lénine comme président d'honneur. C'en était trop. L'attaque finale contre les menchéviks fut lançée lorsque la N.E.P. fut adoptée. « La place des menchéviks et des S.R., qu'ils soient déclarés ou camouflés en sans-partis est en prison », écrivait Lénine qui ajoutait : « Menchéviks et S.R. : à fusiller s'ils montrent le nez. » Une vague d'arrestations suivit, deux mille militants furent arrêtés dont les membres du Comité central, bientôt exécutés. La possibilité fut donnée à Dan et Martov de choisir entre la Sibérie et l'émigration. Ils passèrent à l'étranger.

Les menchéviks avaient péri sans avoir tiré un seul coup de fusil, les anarchistes vendirent chèrement leur peau. Comme les S.R. de gauche, ils avaient été les compagnons de route des bolchéviks en juillet et en Octobre. Ensemble, ils avaient préconisé le pouvoir des soviets. Certes, Voline avait prévu qu'une fois au pouvoir les bolchéviks institueraient une tyrannie étatique « au nom de la classe ouvrière ». Il ne les aida pas moins à abolir l'ancien régime, condamnant seulement les procédés autoritaires des nouveaux dirigeants. Dès lors que l'État soviétique se renforça, il trouva les anarchistes contre lui, mais Lénine essaya de ne pas les frapper ouvertement car, sur ce point, l'opinion populaire ne l'eût pas suivi. Aussi, prenant pour habitude de faire endosser les excès populaires aux anarchistes, les bolchéviks ne les firent jamais passer en justice pour des raisons politiques mais comme des accusés de droit commun. La presse anarchiste survécut ainsi, plus longtemps que les autres. Lénine était assez sensible à ses critiques : elle fut néanmoins supprimée à son tour après les grandes insurrections de Makhno et de Kronstadt.

La révolte de Makhno différait des révoltes paysannes qui avaient gagné le sud du pays pendant la guerre civile. Cet Ukrainien n'est ni nationaliste, ni antisémite, ni ouvriériste, mais volontiers internationaliste : Grecs, Russes, Juifs, paysans, cheminots, petits-bourgeois voisinent derrière le (*batko* petit-père). Lors de l'invasion allemande en 1918, il mène la lutte contre l'occupant à partir de son village natal Goulai-Pole ; puis il combat Petlioura et Denikine contre Moscou durant l'été 1919. Le soulèvement de ses partisans contribue largement à l'échec des Blancs. Avec une quarantaine de milliers d'hommes, il occupe Ekaterinoslav, Azov, Berdiansk : il annonce l'inauguration d'un régime anarchiste. Les prisons sont ouvertes, puis détruites, les cheminots ont la charge des chemins de fer, les paysans font ce qu'ils veulent de la terre mais ne peuvent employer d'ouvriers salariés, toutes les libertés politiques sont rétablies, « le rôle de nos armées n'est pas d'imposer un pouvoir aux travailleurs, mais d'empêcher qu'un pouvoir n'opprime le peuple des travailleurs [...] L'organisation de la vie politique est fondée sur l'existence de soviets, comités d'usine, associations diverses librement formées [...] et qui établiront entre eux les relations qu'ils jugeront nécessaires pour la gestion collective sur une large échelle ». Ces soviets et autres organes de liaison peuvent aussi bien représenter des villes, des villages, des régions. L'essentiel est qu'ils s'organisent librement. En aucun cas, des institutions politiques avec politiciens, militants professionnels et partis politiques ne doivent dicter leur volonté et acquérir un pouvoir politique sous le masque du pouvoir des soviets.

Il en eût fallu moins pour être condamné, mais Makhno était une force, appuyée sur le peuple, et le pouvoir bolchévik dut supporter qu'il dénonce les abus « des commissaires et de la Tcheka, institutions de la violence et de l'arbitraire ». Selon Trotsky, champion de la centralisation, Makhno était plus une menace pour le pouvoir bolchévik qu'une aide dans la lutte contre les Blancs. « Il fallait en finir avec cette mystification anarcho-koulak ; grattez un partisan de Makhno, vous trouverez un partisan de Grigoriev [1]. » Il retira à Makhno le commandement de son armée. Celui-ci ignora la destitution, continua à combattre les troupes de Denikine en retraite, repoussa celles de Wrangel. Celles-ci définitivement vaincues par les communistes, l'Armée rouge se retourna contre Makhno : la lutte fut impitoyable, Rouges et Noirs procédant à des exécutions massives. N'ayant plus à lutter contre les Blancs, les Rouges avaient désormais la supériorité du nombre ; en août 1921 les derniers partisans de Makhno franchissaient la frontière roumaine. La première et unique expérience de république anarchiste avait vécu.

Le communisme de guerre.

La guerre civile suivit de très près les mesures prises en Octobre. Les bolchéviks durent improviser un mode de fonctionnement économique dans les conditions les plus difficiles. En octobre 1917, après trois années et demi de guerre et six mois de révolution, l'économie du pays était en ruines. En outre, l'espace même de la République des soviets fut réduit et les régions les plus riches, l'Ukraine, les pays de la Volga, la Sibérie occidentale notamment, restèrent longtemps aux mains de leurs adversaires. Les nouveaux dirigeants entendaient développer la production, instituer un système économique qui réponde à l'attente des travailleurs, satisfaire aux principes du marxisme, assurer une amélioration réelle de leur condition matérielle, construire avec eux une société nouvelle. Or, les masses avaient commencé à s'organiser. Dès 1917, les paysans avaient saisi la terre ; dans les villes, la poussée des travailleurs avait tendu vers la gestion ouvrière des entreprises. Réalisées dans des conditions aussi catastrophiques, à une date où le grand capital contrôlait les rouages d'une économie moribonde, conduite par une classe ouvrière au bord de l'épuisement, les premières tentatives d'autogestion ouvrière eurent des résultats catastrophiques. Venue trop tôt, l'expérience avorta et cet échec permit aux syndicats et aux bolchéviks d'écarter à jamais un mode de production qui allait très exactement contre leur conception centralisatrice et planificatrice. Après avoir nationalisé les

1. *Chef paysan révolté.*

moyens de production : mines, banques, chemins de fer, grandes entreprises, « celles qui avaient plus de dix ouvriers ou celles de plus de cinq ouvriers qui fonctionnaient au charbon », soit quarante mille entreprises, le gouvernement abolit le commerce intérieur et les échanges furent placés sous la responsabilité de Commissariats. L'ensemble des mesures extraordinaires prises pour gérer cet espace fut appelé le communisme de guerre. Il présente plusieurs traits spécifiques :

1. L'État contrôle les moyens de production et ne laisse à l'initiative et à la propriété privée que la part de l'économie la plus réduite possible.

2. L'État contrôle l'activité économique de chaque citoyen : ainsi furent constitués des armées du travail et un service du travail obligatoire : mesure demandée par les travailleurs contre les bourgeois capitalistes et qui se retourna bientôt contre eux. Dans les campagnes, la réquisition et la taxation deviennent la règle.

3. L'État essaie de produire tout ce qui est nécessaire à la société pour ne plus dépendre des États voisins capitalistes (autarcie).

4. La plus grande centralisation est instituée, « à l'allemande » ; les 40 Directions du Conseil Économique (*Glavki*) comprennent des élus des syndicats, des soviets, des coopératives, quelques représentants des comités d'usine. Bientôt, Rykov, président du Conseil Économique, juge que « l'on parle trop dans ces réunions collégiales » ; dans chaque branche, il institue un responsable unique.

5. L'État n'est pas seulement seul producteur, mais seul distributeur. Les citoyens sont classés en quatre catégories de consommateurs, depuis les travailleurs de force jusqu'aux oisifs, avec des rations décroissantes. Vu la pénurie, les plus favorisés recevaient à peine le quart des quantités prévues. Une demi-livre de pain par jour, une livre de sucre par mois, une demi-livre de matières grasses, quatre livres de harengs ne permettaient pas de vivre. Ils quittèrent l'usine. Les plus défavorisés, servis les derniers, ne recevaient souvent rien du tout. La famine devait frapper beaucoup de ceux qui ne savaient pas « se débrouiller », car le marché noir permettait encore de consommer « les restes de l'ancienne splendeur de la Russie Impériale ». Même les coopératives furent surveillées et elles durent cesser leurs activités.

6. L'abolition de la monnaie comme moyen d'échange était un des objectifs du communisme de guerre ; en fait, l'économie d'échange fut une séquelle de la pénurie et les formes qu'elle prenait, des formes « illégales ». Les soviets connurent l'inflation, une fois épongée la taxe payée par les riches, une forme d'expropriation collective du numéraire opérée aux dépens des anciens bourgeois et petits bourgeois.

Produit de l'idéologie marxiste confrontée aux nécessités et aux limitations d'une situation difficile, le communisme de guerre fut un échec : retour à « l'économie de subsistance » dans les campagnes, chute de la productivité, cessation des cultures industrielles, sous-alimentation, maladies, notamment le typhus et le choléra, apparition d'une économie « sauvage » où l'on brûlait les poteaux télégraphiques pour pouvoir se chauffer l'hiver, etc.

Devant cet échec, les bolchéviks essayèrent de trouver des stimulants. Certains, comme le *Soubbotnik*, c'est-à-dire le travail volontaire des membres du Parti communiste pendant les jours de congé, symbolisaient bien l'esprit des nouveaux dirigeants. Ses effets étaient faibles, tout comme ceux des Kino-trains du cinéaste Medvedkine, dont les programmes encourageaient les travailleurs à produire.

Au lieu de rendre moins contraignant le fonctionnement du système, Trotsky proposait de le rendre plus systématique. Il souhaitait enrégimenter la société, militariser la production, transformer en somme l'Armée rouge en une armée du travail. Son succès garantirait qu'elle remporterait une victoire sur la nature après avoir remporté la victoire sur l'ennemi. Lénine était favorable. Des tentatives furent faites dans les régions contrôlées directement par Trotsky : par exemple les chemins de fer d'Ukraine furent militarisés, la grève était assimilée à une désertion. Après sa victoire sur Kolchak, la IIIe armée, dans l'Oural, devint « la Ire armée révolutionnaire du travail ». Une seconde fut constituée à Kazan. Les résultats furent pitoyables, car les soldats ne comprenaient pas pourquoi, la victoire remportée, ils devaient couper les foins aux armées alors qu'ils avaient à le faire chez eux. De leur côté, les habitants étaient furieux de voir leurs forêts abattues, leurs récoltes engrangées par des soldats venus d'on ne savait où. L'expérience fut abandonnée et laissa un très mauvais souvenir dans la campagne russe. La militarisation du travail et l'initiative de Trotsky laissèrent également un très mauvais souvenir dans les villes, car les syndicats et les soviets y perdaient tous leurs droits, toute leur influence, les pouvoirs réels appartenant désormais à l'autorité militaire.

Certes, la guerre civile, le blocus étranger étaient autant à l'origine de cette faillite que les erreurs du système. Jamais la Russie ne fut si bas ni le Russe si malheureux qu'en 1919-1921. Pourtant le régime ne fut pas mis en cause, car la situation n'était pas meilleure chez les Blancs, où la richesse des « classes dirigeantes » était ressentie comme une insolence insupportable. La croyance que ce marasme était provisoire, que les contraintes cesseraient dès que la guerre civile serait gagnée expliquent que l'apathie du grand nombre ne se transforma pas en hostilité. Les ralliés débarrassés des patrons, des propriétaires, des prêtres, des « messieurs », entrèrent dans la bureaucratie et formèrent dans la population cette armée de réserve qui permit aux Rouges de l'emporter.

L'insurrection de Kronstadt.

1921. La guerre civile était terminée, le régime consolidé. Toutefois, le pays avait faim, avait froid, en avait assez des réquisitions, du travail forcé, de la terreur, de la perte de ses libertés. La Russie était un cimetière, le paradis soviétique un désert. Aux yeux des travailleurs, des paysans, des citoyens, rien ne justifiait plus ce régime de terreur. Une sorte de barrière s'était établie entre les dirigeants et les masses; même dans le Parti communiste des dissensions exprimaient ces désillusions.

Dans les campagnes, les paysans ne cessent de se révolter contre les réquisitions ; pendant la seule année 1921, on compte dix grands soulèvements paysans en Sibérie, dans la région de Saratov et surtout de Tambov, où 200 collecteurs de récoltes sont assassinés ; en Ukraine, l'Armée rouge réprime au même moment une autre insurrection paysanne, celle de Makhno.

Dans les villes, la famine et la maladie gagnent : une mission de la Croix-Rouge suédoise remonte la Volga en 1921 : elle a filmé les malheureux qui se pressent aux distributions, ils quémandent le pain, les médicaments, le sucre, le tabac ; plus loin, de longues files d'enfants déformés par le typhus attendent la visite du médecin. A Pétrograd, en février 1921, soixante-quatre des plus grandes usines de la capitale, dont Poutilov, avaient fermé, faute de combustible. La production industrielle est d'environ 15 % de celle d'avant-guerre, l'industrie lourde 2 %. Les salaires des ouvriers leur permettent d'acheter la moitié de ce qui est nécessaire au minimum vital : la valeur de 1 200 à 1 900 calories par jour, selon les statistiques des autorités ; une partie des objets fabriqués disparaît, les travailleurs essayent de survivre en les vendant au marché noir. Ils voient avec dépit leurs dirigeants bien habillés, bien nourris : « Nous ressentons envers eux une haine de classe », écrit un ouvrier dans la *Pravda*. Au reste, ces ouvriers ont quitté l'usine et le prolétariat se désintègre : les anciens militants peuplent l'État, les nouveaux animent les syndicats, la classe ouvrière a diminué de moitié depuis 1917, l'absentéisme atteint 50 % des effectifs : une débâcle.

La situation de la classe ouvrière est dénoncée depuis longtemps par l'*Opposition Ouvrière*, un groupe de militants qu'animent Chljapnikov et A. Kollontai : ils demandent que la gestion de l'économie soit confiée aux syndicats, qui, à cette date, face au Parti représentent la base, et que la gestion ouvrière des usines soit ré-instaurée. Ce retour aux sources va à l'encontre des positions de Trotsky, qui estime que dans un État ouvrier le syndicat n'a plus à défendre les travailleurs ; il souhaiterait que les syndicats s'intègrent à l'État, en deviennent un organe responsable. Il avait substitué une organisation des transports, le *Tsektran*, au syndicat. Devant l'échec, Lénine juge que poursuivre serait aller à contre-courant : il est bon « que dans notre État qui n'est pas encore un État ouvrier, les élus syndicaux défendent les travailleurs contre la bureaucratie de l'État ». Rejetant la plate-forme de l'opposition ouvrière, le Comité central repousse également celle de Trotsky. Tout en « défendant les formes saines de la militarisation du travail, il condamne la dégénérescence de la centralisation et du travail militarisé en bureaucratie, en morgue, en fonctionnarisme malsain, mesquin et en ingérence tracassière dans les syndicats ». Les syndicats n'en sont pas moins réduits au rôle d'éducateurs, le Parti garde un contrôle sur eux.

De son côté, Zinoviev, sensible à l'humeur générale, conscient que les procès politiques incessants discréditent le régime, mène campagne en faveur de plus de libertés : « Si nous avons confisqué les droits démocratiques les plus élémentaires pour les ouvriers et les paysans, il est temps aujourd'hui d'en finir avec cet état de choses. Une ère nouvelle doit commencer. » Ces propos scandalisent le Parti, Proebrajenskij obtient qu'un blâme soit adressé à Zinoviev. Celui-ci est seulement soutenu par Staline et par Tomski, président des syndicats. L'insurrection de Kronstadt, qui éclata en 1921, démontra que les thèses de Zinoviev correspondaient aux aspirations populaires, car ce ne sont ni les bourgeois, ni les paysans, ni les Blancs, ni les militaires qui se soulevèrent, mais ceux qui avaient été le fer de lance d'Octobre, les marins et ouvriers de Kronstadt. Pour le régime, cette mise en cause était la plus grave de toutes les condamnations.

Ces combattants de 1917 supportaient moins que d'autres le joug des commissaires politiques, la limitation des libertés. Au milieu d'eux, de nombreux paysans ukrainiens, engagés comme matelots à Odessa après l'échec de la révolution de Markhno, apportaient l'écho du mécontentement des campagnes ; ainsi, le Midi était aussi hostile au régime que le nord du pays.

Mars 1921, on apprend qu'à Pétrograd les commissaires politiques ont fait tirer sur les ouvriers qui demandaient la suppression des armées de travail. Depuis Octobre, les désillusions sont telles que personne n'en doute. Dans la pure tradition révolutionnaire, un Comité de défense se constitue aussitôt à Kronstadt. Il réclame « la liberté de parole et la liberté de la presse pour les ouvriers et les paysans, la réélection des soviets au scrutin secret après des débats et des élections libres, la liberté de la presse pour les socialistes et les anarchistes, les syndicats; la libération de tous les prisonniers politiques et de tous les ouvriers, paysans et soldats emprisonnés pour avoir participé à des manifestations ouvrières ou paysannes ; la liberté de production pour les artisans n'employant pas de salariés, la suppression des réquisitions armées, le droit pour les paysans de posséder de la terre et d'utiliser du bétail pourvu qu'ils n'emploient pas de salariés ; l'égalisation du rationnement pour tous sauf les travailleurs de force ». On retrouvait pêle-mêle des revendications qui appartenaient à toutes les formations socialistes et anarchistes, mais à aucune en particulier ; on y retrouvait également les différents points de la plate-forme de Zinoviev, responsable du Parti à Pétrograd. Les dirigeants communistes n'en déclarèrent pas moins « qu'il s'agissait d'une conspiration fomentée par un général tsariste et soutenue par les menchéviks et les S.R. ». L'expérience leur ayant appris à comprendre le sens des mots, les habitants de Kronstadt forment un comité révolutionnaire provisoire avec le marin ukrainien Petrichenko à sa tête ; les deux commissaires militaires de la place sont arrêtés. Il n'y eut pas d'autre violence, ni lynchage, ni exécution, et la moitié des membres du Parti communiste se rallia au mouvement. Le président du Congrès des soviets, Kalinine, essaya d'intervenir : il fut accueilli par des ricanements et des insultes : « Avec tous les postes que tu remplis, je suis sûr que tu touches une ration pour chacun. » « Tais-toi, Kuzmine [un des commissaires], as-tu oublié comment tu as fait fusiller un homme sur dix sur le front du Nord. A la porte ! »

Pour les dirigeants, la situation est grave ; il faut étouffer dans l'œuf une révolte qui peut gagner le pays tout entier. Les régions de Tambov et de Goulai-Pole ne sont pas encore complètement soumises. La grève des ouvriers de Pétrograd est en passe de devenir une grève générale. Les appels des insurgés à une troisième révolution, « pour chasser les usurpateurs et mettre fin au régime des commissaires », risquent d'être entendus. Des délégués de Kronstadt essaient de rallier la garnison d'Orianenbaum, tandis qu'un régiment de Pétrograd promet de se rallier aux révolutionnaires. Trotsky lance un manifeste : « Dernier avertissement à ceux qui se sont dressés contre la patrie socialiste... Seuls ceux qui se rendent sans conditions auront la vie sauve... Toute la responsabilité pour les souffrances que subira la population retombera sur ceux qui se sont mutinés avec les Gardes Blancs. » En vérité, il n'y avait pas un Garde Blanc parmi les insurgés, et le général Kozlovski, conseiller technique, n'avait joué aucun rôle dans l'insurrection. Certes, les K.D., les menchéviks, les S.R. avaient applaudi au soulèvement, mais leur soutien avait été rejeté. Lénine le sait bien : « Ils ne veulent pas des Gardes Blancs, mais ils ne veulent pas non plus de notre régime. » Il s'en tint néanmoins à la ligne adoptée, « à la vive déception des marins qui n'avaient jamais cru un mot de ce que disaient Zinoviev ou Trotsky, mais ne s'attendaient pas à ce que Lénine se montre solidaire de l'hypocrisie du Parti ».

Malgré l'avis des officiers, le comité révolutionnaire de Kronstadt refusa de recourir aux armes tant que la citadelle ne serait pas effectivement attaquée. Trotsky ne voulait pas participer personnellement à l'assaut dans une région qui était un peu le « fief » de Zinoviev. Il en chargea le général Toukhachevskij. Pour tirer sur le peuple, le vainqueur de la campagne de Pologne utilisa les jeunes recrues de l'École Militaire, sans tradition révolutionnaire, ainsi que des corps spéciaux de la Tcheka et du Parti. En quinze jours, l'Armée rouge emporta la citadelle. Kronstadt avait épargné la vie des commissaires ; les commissaires n'épargnèrent pas la vie des Kronstadtiens. Le 17 mars 1921, Kronstadt tomba. « Les exécutions sommaires se multiplient », note dans son carnet l'anarchiste Alexandre Berkman. « Le 18 mars, les vainqueurs célèbrent l'anniversaire de la Commune de Paris. Trotsky et Zinoviev dénoncent Thiers et Galiffet pour l'assassinat des insurgés parisiens. »

IV. — LA N.E.P., 1921-1927.

L'introduction d'une nouvelle politique économique, la N.E.P., était dans l'air avant Kronstadt : les bolchéviks étaient plus sensibles à la révolte permanente des campagnes russes, qui avait pour effet d'affamer les villes, qu'à la colère des milieux politiques devant la disparition des libertés. « On ne peut priver les travailleurs à la fois de pain et de liberté », écrit Lénine. La N.E.P. a pour objet de rallier la paysannerie au régime, de ressusciter la confiance, de restaurer une économie aux abois.

Limitée en apparence, mais de conséquences incalculables, la décision essentielle de la N.E.P. était l'abandon des réquisitions et la substitution de l'impôt en numéraire à l'impôt en nature. Une fois l'impôt payé, la liberté était donnée aux paysans de procéder comme ils voulaient avec leurs terres, sauf les vendre. Les paysans pouvaient également disposer à leur gré de leurs surplus : les consommer, les vendre à l'État, les vendre aux particuliers. Le commerce privé était ainsi légalisé, les droits des petites entreprises commerciales et industrielles étaient élargis, les armées du travail supprimées. Cette libéralisation était un retour partiel et provisoire au capitalisme ; néanmoins les dirigeants le jugeaient indispensable pour ranimer la production tant agricole qu'industrielle. Lénine estimait que, « pour autant que l'État contrôlait les chemins de fer, les autres moyens de transport, les banques et le commerce extérieur, il n'y avait aucunement à craindre une résurrection du capitalisme ». Pourtant, cet abandon des principes du communisme de guerre irrita et troubla profondément la conscience des militants. Comme au temps de Brest-Litovsk, il leur semblait que le régime reniait ses principes, perdait ainsi sa légitimité. Ses opposants définissaient la N.E.P. « comme l'alliance du capitalisme d'État et du capitalisme privé contre le socialisme » (A. Ciliga).

Avant que ces mesures ne produisent leur effet, il fallait satisfaire aux besoins essentiels de la population, sous-alimentée et au bord de la déchéance physique. Le complément naturel de la N.E.P. est la reprise des échanges internationaux pour obtenir la livraison de produits de consommation absolument indispensables. Echaudées par l'intervention et la défaite des Blancs, les puissances occidentales ne cherchèrent pas à exploiter politiquement cet échec économique des soviets. Elles virent surtout que le marché russe se ré-ouvrait. A Moscou, la notion « d'U.R.S.S., île socialiste au milieu du monde capitaliste », qui semblait naguère absurde, commençait à prendre consistance. La guerre contre la Pologne avait donné son caractère national au gouvernement soviétique, les dirigeants déclaraient qu'ils utiliseraient au mieux « les divisions du monde capitaliste ». Cette « coexistence pacifique » était nécessaire, au moins provisoirement. L'horizon de la révolution mondiale s'éloignait : « Le paysan russe avait su défendre son pays, mais le prolétariat européen n'avait pas pu abattre ses propres capitalistes. » La politique du Komintern subit le contre-coup de la N.E.P. Le IIIe Congrès préconise bientôt le « front unique avec les socialistes », à l'opposé des décisions prises l'année précédente. Les accords négociés impliquent également une révision de la politique du Komintern en Orient. Les appels à la révolte des peuples colonisés lancés au Congrès de Bakou sont mis en veilleuse, car la poursuite d'une politique révolutionnaire en Asie aboutirait à une rupture des relations avec la Grande-Bretagne. Au IIIe Congrès, l'Indien N. Roy déclarait « que cet opportunisme était digne de la 2e Internationale et qu'il apparaissait que, pour le Komintern, la libération des peuples de couleur n'était pas une fin, mais un moyen. [...] La révolution internationale ne devenait légitime pour les bolchéviks que pour autant qu'elle allait dans le sens des intérêt immédiats de l'U.R.S.S. ».

L'abandon du communisme de guerre, la révision de la politique étrangère apparurent à bien des communistes comme autant de trahisons. Lénine vivant, le Parti se divise sur ces questions, mais demeure uni. Bientôt frappé par la maladie, Lénine perd le contrôle qu'il exerçait sur le Parti ; celui-ci se déchire, mais autant qu'une querelle de fond sur ces problèmes, il s'agit d'une lutte pour la succession.

La détente sociale et culturelle à l'époque de la N.E.P.

La liberté rendue au petit commerce et aux paysans n'avait pas été longue à manifester ses effets. Ayant à choisir entre le système communautaire et le système individuel, les collectivités rurales s'étaient désagrégées au dépit des théoriciens de la collectivisation. L'idéal paysan n'était pas le collectivisme, mais la propriété familiale ; sur leur lopin, ceux qui se trouvent avoir une avance en numéraire en tirent rapidement avantage, prêtent de l'argent, concluent avec les plus défavorisés des accords de métayage : devenus les nouveaux « maîtres » du village, ces koulaks ne sont pas de grands propriétaires puisque le *Code Agraire* interdit la vente et l'achat des terrains. Néanmoins ils sont aisés, relativement puissants et haïs des paysans qui n'ont pas réussi. La libéralisation du régime agraire, « un pas en arrière », s'est traduite par une amélioration immédiate de la production, des échanges, des conditions générales d'existence : dès 1925, production et productivité rattrapaient le niveau de 1913. Parallèlement, la libéralisation du petit commerce a suscité l'apparition d'une classe de trafiquants en tout genre, les *nepmen*, pratiquant aussi bien le troc et concurrençant victorieusement ce qui reste de commerce coopératif. Les artisans tenant boutique obtiennent quelques facilités (droit d'avoir un ou deux employés, reconnaissance de leur statut en échange du paiement de la patente, chasse aux vendeurs à la sauvette). A défaut de prospérité, le pays connaît une renaissance des circuits économiques qui donne l'illusion qu'il commence à sortir du marasme. Pourtant, la production demeure faible, la qualité des produits est incroyablement médiocre : une paire de souliers dure un mois. En outre, les villes sont incapables d'absorber l'excédent de population venu des campagnes, les sans-travail sont très nombreux et vivent d'expédients. La société pure et dure dont rêvaient les dirigeants prend l'aspect, peu à peu, d'une société où les parasites, les oisifs, les « hooligans » et les commissaires font la loi. La gangrène gagne. Une « campagne d'honnêteté » menée au sein du Parti en 1924 amène l'exclusion ou l'arrestation de 30 000 militants. Aussi, dix ans après Octobre, quand l'ancienne classe ouvrière s'est peu à peu décomposée, qu'un nouveau prolétariat se constitue avec le trop-plein de la population rurale, qu'à nouveau la paysannerie garde ses produits puisqu'elle ne reçoit rien en échange et qu'un laisser-aller général éloigne de plus en plus la société des objectifs déclarés du socialisme, les dirigeants communistes mettent en cause la N.E.P., jugent que malgré les apparences elle est un échec et poussent à la collectivisation forcée : celle-ci l'emporte à l'époque stalinienne.

Pourtant, entre la guerre civile et l'époque de la collectivisation forcée, l'époque de la N.E.P. apparaît comme une période lumineuse de l'histoire des soviets. Au lendemain d'une crise mortelle, c'est une période de convalescence. Une relative joie de vivre transparaît au travers des œuvres littéraires et artistiques de cette époque où certaines aspirations de la société sont partiellement satisfaites : une fois les anciennes classes dirigeantes chassées, ses rares survivants réduits aux activités de tous les autres citoyens, la possibilité de mieux vivre apparaît, permet de rêver à tous ceux dont naguère l'apanage était l'humiliation, la misère. Des paysans viennent à la ville, espèrent y construire une nouvelle vie ; les ouvriers attendent les bons salaires que le régime leur promet ; l'enrichissement de quelques-uns aiguise les ambitions des autres. Le spectre de la misère et de la faim s'éloigne. A défaut de libertés politiques formelles, les acquisitions de la révolution commencent à prendre un sens. Par exemple, celles qui concernent la famille. Les femmes deviennent juridiquement les égales des hommes, le droit au divorce est reconnu, la femme qui travaille et la femme de travailleur ont droit à des congés payés de maternité, à des subsides ; les femmes sont protégées par de multiples articles du Code du travail auquel collabore A. Kollontai. L'U.R.S.S. est ainsi le premier pays qui émancipe socialement et juridiquement la femme. Toutefois, les réformes qui concernent la liberté du couple (droit instantané au divorce, liberté de l'avortement, union libre, etc.) sont remises en cause ainsi que la liberté sexuelle : elles détériorent l'image que les dirigeants veulent donner de l'U.R.S.S. et elles risquent d'aller contre la politique nataliste jugée nécessaire après les saignées de la Grande Guerre et de la guerre civile.

Les créations artistiques, notamment le cinéma, expriment la vitalité de la société à l'époque de la N.E.P. Tandis qu'Eisenstein vise à légitimer et à soutenir la politique des bolchéviks en rappelant les conditions de vie dans l'ancien régime (dans *La Grève*, *Le Cuirassé Potemkine*) ou en encourageant à la collectivisation des campagnes (*La Ligne générale*), des œuvres plus populaires, « sans contenu social », qui ne cherchent pas à endoctriner, comme celles de Ermler (*L'homme qui a perdu la mémoire*, *Le Cordonnier de Paris*), révèlent une société relativement affranchie. Pendant la N.E.P., la création artistique bénéficie d'une certaine liberté : « les méthodes de l'Art ne sont pas celles du marxisme », écrivait Trotsky dans *Littérature et Révolution*. « Les communistes doivent accorder une totale autodétermination à l'artiste pour autant qu'il n'est pas contre la révolution. » Ainsi, le régime ne prend pas nettement position entre le *Front Gauche de l'Art*, avant-gardiste ou futuriste et équivalent russe du surréalisme français (Maïakovski, Kandinski), et le *Prolet Kult*, qui rejette l'art « bourgeois » et croit en l'avenir d'une culture proprement prolétarienne. Sans doute, dans un système en grande partie étatisé, la bureaucratie avantage bientôt les courants les mieux représentés dans l'appareil du Parti, ceux qui chantent les louanges du régime, mais le Parti communiste ne s'accorde encore qu'un droit de regard assez lâche : par exemple, il juge Eisenstein trop formaliste ; il reproche à certaines œuvres de manquer de « contenu social », d'être « inutiles ». L'idée que l'œuvre d'art doit devenir une arme idéologique au service de l'État et du Parti ne l'emporte qu'ultérieurement, à la fin de la N.E.P., quand la décision de collectivisation forcée implique l'encadrement total de la société : à l'école, au travail, dans ses loisirs. Le tournant est manifeste à la fin de 1927, lorsqu'à une production de libre création se substitue une série d'œuvres uniformément destinées à promouvoir le régime et à glorifier « l'homme socialiste » et la conquête de la nature (par exemple celles de Cholokov en littérature, de Dovcenko au cinéma). Dès 1934, les principes de ce « réalisme socialiste » étaient autoritairement définis par Jdanov : celui qui ne les appliquait pas, n'était plus considéré comme un artiste et n'était plus ni édité, ni diffusé.

L'Église, l'Islam et les nationalités.

A l'époque de la N.E.P., une certaine détente s'était manifestée sur le plan social, économique, culturel. Elle permit à la société de goûter les avantages de la paix civile. Parallèlement, les libertés politiques achevaient de disparaître : depuis le Xe Congrès du Parti communiste, en mars 1921, l'opposition, même à l'intérieur du Parti, était bâillonnée, toute critique du Comité central sanctionnée. Mais la mort ne frappe pas encore à l'intérieur du Parti, ce qui sera un des traits spécifiques de l'époque stalinienne.

Cette tension est l'expression de difficultés économiques ou sociales. Elle se traduit, à l'extérieur du Parti, par la mise en accusation des Églises, jugées responsables, une fois les oppositions politiques réduites, des échecs du système. Suscitée et encouragée par le Parti communiste dix ans après Octobre, cette campagne antireligieuse vise d'abord l'Église orthodoxe, qui dresse les paysans contre le régime. Une partie de l'opinion publique soutient cette campagne, la *Ligue des Sans Dieu* comprenant jusqu'à cinq millions d'adhérents. Elle manifeste le sentiment que pour peu que les libertés disparaissent en U.R.S.S., celle-ci ne s'identifie pas pour autant à l'oppression obscurantiste telle qu'elle régnait avant 1917.

Le cas de l'Islam est différent. Il s'était divisé pendant la Révolution et la guerre civile et, pour l'essentiel, avait fait alliance avec les Blancs : les dirigeants bolchéviks russes vivant en pays musulmans n'avaient qu'indifférence pour les aspirations nationales des musulmans et témoignaient d'une hostilité inconditionnelle envers l'Islam. Néanmoins, des musulmans ayant rompu avec la vieille foi avaient adhéré au régime nouveau, des jeunes surtout ; avec Sultan Galiev ils s'imaginaient que le régime soviétique trouverait légitime la constitution d'un État communiste national musulman associé à la République russe. Mais Staline n'était pas plus favorable que Lénine à l'éclatement de l'U.R.S.S.[1] Il l'avait montré en mettant fin, par la force, à l'existence des Républiques indépendantes d'Arménie, de Géorgie, etc. Les partisans de Sultan Galiev furent liquidés (1921-1927). L'assaut contre l'Islam et la répression antinationale allèrent ensuite

1. Le décret des nationalités n'a pas reçu une seule application — c'est au prix d'une guerre que la Finlande est devenue indépendante ; de même, les États Baltes, dont la souveraineté a été reconnue au lendemain du conflit Sovieto-polonais (1920).

« Le droit au divorce n'est pas l'obligation de divorcer » disait Lénine qui faisait valoir que le séparatisme favorisait les ennemis du régime, il fallait le combattre. Ainsi en alla-t-il en Ukraine, dans le Caucase, etc. Comme il y eut toujours, et partout, des bolcheviks allogènes favorables à l'union avec les Soviets de Russie, ce groupe représentait, pour les dirigeants de Moscou, le parti de la légitimité révolutionnaire. En son nom, l'armée Rouge intervenait contre les partisans de l'indépendance.

C'est au nom de la même dialectique que les Soviétiques envahirent la Tchécoslovaquie en 1968.

de pair, l'apogée se situant dans les années 1928-1938. Leur brutalité explique le ralliement ultérieur des Tatars de Crimée et des Tchetchen aux Allemands en 1941 et en 1942, leur massacre partiel et la déportation en Sibérie des survivants par les autorités soviétiques au lendemain de la Seconde Guerre mondiale.

Cette persécution n'allait pas sans une contrepartie pour ceux qui admettaient le système soviétique ou jugeaient plus adroit de s'y soumettre. La constitution des Républiques Soviétiques nationales, même si leur réalité internationale est fictive, aide à la résurrection ou à la survivance du passé culturel et national, souvent indiscernable de l'Islam, d'autant plus que la langue des musulmans d'Asie centrale est reconnue comme langue officielle, que son enseignement est encouragé, qu'un très grand nombre d'ouvrages russes (ou autres) sont traduits en tatar, en arabe, etc. En outre, le développement de la scolarisation, l'égalisation avec les Russes progressent, même si l'on n'observe pas les mêmes changements dans tous les domaines. Ainsi, l'émancipation de la femme n'est une réalité que pour une minorité, même si la Constitution soviétique a proclamé ses droits. C'est qu'elle est perçue par les musulmans comme une tentative pour briser la famille et détruire la spécificité de la communauté non russe, déjà émiettée par la socialisation des campagnes qui a frappé la grande tribu indivise. Limitée aux campagnes, la réclusion des femmes survit aussi, malgré une propagande active du régime en faveur de l'émancipation. En outre, malgré cinquante années de régime soviétique, Russes et musulmans continuent à cohabiter sans se fondre : il n'y a que très peu de mariages mixtes. La différence avec le passé est que le statut économique ou politique des uns et des autres s'est uniformisé, mais il ne s'est pas confondu.

De Lénine à Staline.

A l'époque de la N.E.P. les dirigeants bolchéviks étaient hantés par la crainte que les paysans enrichis et les « nepmen » ne constituent une force qui abattrait le régime, qu'une trop grande inégalité sociale ne renaisse, ce qui serait pour eux un aveu d'échec inadmissible. Ils voyaient également que l'industrie stagnait, que le régime se bureaucratisait, se gangrénait. Pour épurer le Parti, il fut décidé que « les ouvriers qui étaient restés longtemps au service des soviets ou du Parti devaient être employés dans l'industrie ou l'agriculture dans les mêmes conditions que les autres travailleurs ». Cette mesure devait également assurer « le tourniquet des militants », établir des liens plus étroits entre les dirigeants et les travailleurs. Elle eut l'effet inverse. Consolidant le pouvoir de la « vieille garde », quant à elle inamovible, elle creusa encore plus l'écart avec la base du Parti, avec la société. Ce phénomène de bureaucratisation se ressentait désormais à tous les niveaux, l'appareil se substituant au Parti comme le Parti s'était substitué aux soviets.

Cette évolution fut mise en cause par Trotsky ; comme il visait la *troïka* Kamenev-Zinoviev-Staline, qui contrôlait quelque peu l'appareil, cette querelle sur la bureaucratisation du Parti se confondit bientôt avec la lutte pour la succession de Lénine. [1] En

1. Si Lénine lui-même jugeait inutile d'avoir un successeur, il est pour le moins paradoxal de constater que le régime des " Soviets " a abouti à une personnalisation du pouvoir.

mai 1922 Lénine a subi une première attaque de paralysie, qui l'oblige à quitter la direction effective du gouvernement jusqu'en octobre 1922. Mais dès décembre de la même année, mal rétabli, il doit à nouveau fortement diminuer ses activités, il semble acquis qu'à la fin de cette année, ses rapports s'aigrissent fortement avec Staline, tandis qu'il utilise davantage Trosky pour régler différents problèmes urgents (en particulier la répression en Georgie); c'est également alors qu'il dicte des notes préparatoires pour son rapport au prochain congrès du parti, notes appelées aujourd'hui "Testament"; Lénine jugeait que Staline était « trop brutal avec les camarades, qu'il avait accumulé trop de pouvoirs » ; Trotsky « trop porté à ne voir que l'aspect bureaucratique des problèmes ». Il demandait qu'on écartât du secrétariat général Staline, responsable de la répression sanglante du mouvement national tatar et géorgien. De toute manière, nul ne peut préjuger de l'attitude que Lénine aurait eu au congrès, puisque le 9 mars 1923 une seconde attaque le prive de la parole et condamne Lénine à une existence de moribond, loin de Moscou, jusq'au 21 janvier 1924, où une troisième attaque le terrasse. L'émotion en URSS est profonde.

Bien tenu en main par la troïka, le Comité central ne tint pas compte des recommandations de Lénine. Au reste, il paraissait étrange que Trotsky, connu pour son autoritarisme et sa volonté d'enrégimenter la société, se fasse le défenseur de la démocratie dans le Parti, qu'il condamne la bureaucratisation, qu'il exige un *cours nouveau.* Son prestige était grand, on l'accusa de vouloir jouer les Bonaparte. Pour les militants, la troïka était une direction collective qui apparaissait plus rassurante à tous ceux, les syndicats notamment, qui avaient eu maille à partir avec Trotsky. En outre, la plupart jugeaient que le temps de l'internationalisme guerrier était passé, Trotsky s'identifiait à cette époque révolue : l'U.R.S.S. avait besoin de calme, de paix intérieure « pour construire le socialisme », même si, au regard de la doctrine, la construction du socialisme dans un seul pays était une hérésie.

Trotsky n'était ni un Bonaparte, ni un homme d'appareil. Il fut aisément éliminé et ses amis furent écartés des instances dirigeantes. La troïka se divisa à son tour. La racine du conflit se trouvait dans le développement de la N.E.P., qui ne cessait de creuser l'écart entre riches et pauvres à la ville comme à la campagne. Alors que Boukharine et Staline jugeaient que, pour quelque temps encore, « il valait mieux élever des poules aux œufs d'or que les tuer », Preobrajenski, Zinoviev et Kamenev, bientôt soutenus par Trotsky, estimaient qu'« un État ouvrier ne devait pas tourner le dos à la classe ouvrière ». La construction du socialisme impliquait la construction prioritaire d'une industrie lourde, puis d'une industrie légère ; la production devait passer avant la consommation si l'on voulait assurer la sauvegarde du régime. Faute de moyens, l'équipement du pays devait être à la charge de la seule catégorie sociale qui héritait quelque avantage de l'ancienne société : la paysannerie. Les nepmen devaient payer aussi. Bientôt, cette politique l'emportera ; mais, pour l'heure, elle est la plate-forme de l'opposition qui s'appuie sur la région de Léningrad. Au XIVe Congrès du Parti, en 1925, Staline maître de l'appareil du parti, réussit à la briser, à battre l'opposition. Sa puissance, longtemps occulte, est de plus en plus visible : lorsque, à la suite de la révolution chinoise, alertée par le mot d'ordre de Trotsky, « tout le pouvoir aux soviets », la Grande-Bretagne rompt ses relations avec Moscou, Staline stigmatise cette politique « aventuriste » de soutien aux communistes chinois en des termes qui annoncent les procès de l'avenir : « La croisade anti-bolchévik se reconstitue, avec son front commun de Chamberlain à Trotsky. » L'heure du stalinisme, dernière étape vers le pouvoir absolu, approchait.

Troisième Partie

LE MONDE SOVIÉTIQUE

7.
L'U.R.S.S. des premiers plans quinquennaux.

I. LE PASSAGE A UNE ÉCONOMIE PLANIFIÉE OU LA SECONDE RÉVOLUTION (1928-1933).

L'heure du choix, 1928, "l'année sans boussole" [1].

La réussite de la N.E.P. condamne inévitablement la N.E.P. ; à partir de 1926, moment où le niveau de la production agricole d'avant-guerre a été retrouvé, le problème économique posé aux dirigeants soviétiques apparaît clairement : l'U.R.S.S., dont la population demeure largement rurale (18 % des 147 millions d'habitants sont des urbains exactement comme en 1913), doit modifier radicalement ses structures économiques et sociales afin de constituer une industrie solide, seule susceptible de lui assurer son indépendance face au monde capitaliste, et seule susceptible de donner de réels emplois nouveaux à une population dont le rythme d'accroissement annuel est de 2 % [2]. Pour réaliser pareil objectif, il est nécessaire de posséder de vastes ressources en capitaux, et où peut-on prélever ces capitaux en dehors des milieux ruraux enrichis, puisqu'on ne peut s'adresser à l'étranger ? De plus, pour nourrir les habitants des villes ou des régions industrielles, il faudra obtenir une accélération et une augmentation des ventes agricoles, donc la réduction du système d'auto-consommation qui s'est généralisé à la campagne grâce à la N.E.P. Enfin pour rationaliser et améliorer la production nationale, on ne peut plus compter sur la juxtaposition des intérêts privés et des initiatives individuelles; il convient d'y substituer une volonté unique d'aménagement, donc de faire passer l'U.R.S.S. de la planification théorique à une réelle centralisation planificatrice. Tous les

1. *Nous reprenons ici un titre du livre de Moshe Lewin,* La paysannerie et le pouvoir soviétique, *Paris, 1966.*

2. *En 1927, le gouvernement reconnaît l'existence d'environ 1,7 million de chômeurs.*

dirigeants sont bien d'accord sur ces grandes lignes de l'évolution future, mais des divergences sérieuses demeurent quant aux moyens à mettre en œuvre pour dépasser la N.E.P., et surtout quant aux rythmes qu'il conviendra de suivre.

En apparence la situation politique est claire après l'élimination de l'opposition Trotsky-Zinoviev en novembre 1927 ; le XVe Congrès du P.C., réuni en décembre 1927, a ratifié largement ces exclusions (724 000 mandats pour, 4 000 contre) ; toutefois la disparition de Trotsky par l'exil à Alma-Ata signifie-t-elle la victoire des thèses économiques de Boukharine, allié de Staline, si tant est que les choix en la matière soient réduits à l'alternative proposée lors de la polémique développée en 1925-1926 entre Boukharine et Preobrajenski (celui-ci avait alors reçu le soutien de Trotsky) ? Preobrajenski, dans son livre *Novaïa ekonomika*, publié en 1926, pense que la N.E.P. est une période d'accumulation socialiste primitive, c'est-à-dire un moment où le secteur socialisé de l'économie est encore en rivalité avec le secteur privé ; pour assurer le triomphe du premier sur le second, il convient de passer à la planification et à l'industrialisation en pompant (*perekatchka*) dans la paysannerie les fonds nécessaires au secteur socialiste par le moyen d'impôts, d'échanges inégaux (en majorant les prix industriels) ; il faudra franchir au plus vite cette période très dangereuse pour le jeune État socialiste ; sinon au bout du compte le secteur étatique sera anéanti ; Preobrajenski soutient qu'il faut prendre beaucoup à la paysannerie, sans toutefois oublier la croissance lente de l'accumulation à la campagne Boukharine critique ce point de vue, auquel il reproche son caractère outrancier en préconisant une marche plus lente, « à pas de tortue » ; pour lui, les structures nationalisées, la force de l'État, la planification aideront le secteur socialisé de l'économie, mais ce secteur n'aura pas besoin pour triompher de rompre l'alliance (*smytchka*) entre paysannerie et prolétariat ouvrier ; le succès progressif du secteur socialisé sera dû à sa plus grande efficacité, qui incitera par exemple les paysans pauvres à se grouper en coopératives, premières bases de la collectivisation agricole. On pourra aider ce processus par des prélèvements limités sur les paysans riches, par le moyen d'impôts par exemple, quitte à préconiser l'enrichissement des masses paysannes, d'où le fameux slogan : « Enrichissez-vous ! » De toute façon un régime socialiste en Russie qui s'opposerait nettement à la paysannerie se condamnerait soit à périr, soit à se pervertir en pure dictature policière. En fait cette querelle entre les deux co-auteurs de l'*A.B.C. du communisme* n'avait pas bouleversé les militants du parti, ni même la majorité des dirigeants, tant que la N.E.P. avait encore à panser les plaies vives de l'économie soviétique. En 1927, on se trouvait à la croisée des chemins : fallait-il « pressurer pour supprimer » ou bien « limiter et tondre » ?

Le XVe Congrès répondit de manière ambiguë ; sans doute des directives pour la préparation d'un plan quinquennal furent édictées en partant des « perspectives socialistes actuelles », la lutte contre les koulaks et les tchasniks (commerçants enrichis) fut renforcée, l'idée d'une collectivisation plus accélérée des terres fut retenue, mais ni les rythmes du plan futur, ni les moyens précis de le financer ne furent pratiquement décidés. On était encore trop proche des combats politiques entre Trotsky-Zinoviev et Staline-Boukharine. L'accélération du processus novateur fut le résultat de contraintes économiques circonstancielles beaucoup plus que celui de choix idéologiques. Les récoltes de 1927 avaient été moyennes ; leur collecte pendant l'hiver se révéla décevante, aussi au printemps 1928, pour éviter la famine dans les villes, le Comité central décida d'envoyer des directives plus strictes aux militants et de prêcher par l'exemple dans diverses régions ;

Staline fit ainsi une tournée en Sibérie ; partout les cadres locaux du Parti rendus responsables du succès de cette campagne utilisèrent les procédés classiques d'intimidation à l'encontre des paysans, ne distinguant pas clairement entre koulaks et seredniaks (paysans moyens), entre collecte et confiscation ; on en revenait aux procédés utilisés en 1919-1920. En avril 1928 le Comité central critiqua les déviations et les excès commis çà et là, mais, comme les semailles de printemps se réalisaient lentement, pour vaincre la force d'inertie opposée par les ruraux, on laissa les cadres locaux reprendre les mêmes méthodes, quitte à condamner les déformations de la ligne générale. En fait la dékoulakisation était déjà en marche au printemps 1928.

Comme secrétaire général du parti, Staline a incontestablement préconisé cette offensive ; or, en juillet, la médiocrité des résultats obtenus, face à la vague de mécontentements profonds parmi les paysans, y compris chez les paysans pauvres, pousse les « modérés » du bureau politique à réagir ; le C.C. réaffirme alors le maintien de la N.E.P. ; Staline va-t-il se rallier aux positions de Boukharine ? C'est mal connaître l'habileté manœuvrière du secrétaire général ; celui-ci peut au surplus s'appuyer sur la mentalité offensive de la majorité des militants et cadres du Parti qui, face aux difficultés économiques réelles et à l'hostilité à peine voilée des masses paysannes, sont prêts à « foncer à toute vapeur » pour sortir de la passe difficile. On ne retiendra donc pas les principes de l'analyse boukharinienne, exprimée dans les *Notes d'un économiste* (30 septembre 1928) et *Le testament politique de Lénine* (janvier 1929), c'est-à-dire le souci d'une planification vraiment scientifique et modérée, le désir de conserver une base agricole prospère en limitant le développement des kolkhozes et des sovkhozes, le refus d'une hyper-centralisation accompagnée d'une prolifération de la bureaucratie administrative.

Il est vrai que la clarté de cette analyse théorique ne s'accompagne pas d'une semblable maîtrise de la conduite politique quotidienne. Pendant toute la seconde moitié de l'année 1928, Boukharine, Rykov et Tomski, malgré leurs fortes positions dans l'appareil du Parti [1], vont se laisser enfermer dans un combat secret et souterrain au sein du seul bureau politique, alors que Staline souligne à l'extérieur l'unité de vues de la direction politique ; désormais, selon lui, celle-ci doit surtout combattre « les droitiers opportunistes, capitulards, prêts à admettre la restauration du capitalisme en U.R.S.S. »; le Parti est ainsi mobilisé contre ses adversaires avant que des noms de dirigeants soient accolés à cette tendance. Lorsqu'au début de février 1929, Boukharine passe violemment à l'attaque contre Staline devant le Comité central, l'accusant en particulier de détruire la direction collective au sein du Comité central, Staline n'a aucune peine à obtenir le soutien du Comité central, à la fois parce qu'il tient solidement les cadres du Parti, mais sans doute aussi parce que, devant la crise économique, la théorie stalinienne de l'exaspération de la lutte des classes, au fur et à mesure des succès du socialisme, paraît mieux adaptée aux circonstances, puisqu'elle légitime une contre-offensive violente et (on l'espère) brève. Pour rassembler les énergies, le saut dans l'inconnu, l'exaltation révolutionnaire paraissent plus adéquats que la progression mesurée. Si le « trio » n'est pas encore exclu du bureau politique au début de 1929, il perd ses positions dans l'appareil ; désormais la voie est libre pour le pouvoir personnel de Staline et pour la nouvelle politique industrielle et agricole, adoptée à la XVIe Conférence du Parti (23-29 avril 1929).

1. *Boukharine dirigeait* La Pravda, *Rykov était chef du gouvernement, Tomski dirigeait les syndicats.*

La collectivisation des campagnes (1929-1930).

L'empirisme continua cependant à prévaloir. Le *Gosplan*, chargé dès 1926 de préparer les objectifs d'un plan futur, avait proposé en août 1928 un projet préliminaire ; les prévisions des économistes (Krjijanovski, Stroumiline) étaient grandioses ; grâce à une augmentation massive des investissements on prévoyait en 5 ans une progression de l'industrie de 135 % à 181 % [1]. La priorité irait à l'industrie des biens d'équipement qui recevrait 80 % des investissements, équivalant au tiers ou au quart du revenu national. Les salaires réels des ouvriers progresseraient de 58%, ceux des agriculteurs de 30 %, tandis que le revenu national s'élèverait en 5 ans de 81,6 % ; on prévoyait cette augmentation des salaires réels par une amélioration sensible des rendements et par une baisse des coûts de production. Sur le plan agricole il était prévu de faire entrer graduellement 20 à 25 % des paysans dans les entreprises d'État (sovkhozes) ou dans les coopératives (kolkhozes). Cependant les économistes et les spécialistes du Gosplan soulignaient le caractère assez théorique de leurs évaluations, montrant par exemple que la version optimale du plan supposait une série ininterrompue de bonnes récoltes, un développement favorable des échanges internationaux, de bonnes relations internationales pour éviter de fortes dépenses militaires ; la prudence comptable était de rigueur. Or Staline et le Conseil Suprême de l'Économie Nationale (V.S.N.H.) mené par Kouïbichev optèrent pour l'audace révolutionnaire : non seulement au printemps 1929 la version optimale du Gosplan fut seule retenue, mais en septembre 1929 on lança le mot d'ordre de réaliser le plan en 4 ans, donc d'accélérer encore les cadences ; le rythme annuel d'augmentation passerait pour l'industrie à 32,3 % au lieu des 22,5 % prévus pour 1930, la production générale grimperait de 21 % au lieu des 16 % prévus par le plan.

Pourquoi cette hâte et comment parvenir aux buts fixés ? En vérité, l'interprétation de ce saut dans l'inconnu semble devoir être cherchée dans trois directions : l'inégal succès de l'industrialisation à ses débuts, l'activité personnelle de Staline, et surtout le goulot d'étranglement constitué par la passivité de la paysannerie. Sur le plan industriel, le bilan de l'année 1929 paraît fort incertain : tandis que grâce à l'ampleur des investissements on met en chantier de gigantesques entreprises hydroélectriques ou métallurgiques, qui, quelques années plus tard, auront effectivement bouleversé la carte économique de l'U.R.S.S., la productivité demeure quasi-stationnaire malgré l'héroïsme des *piatiletkistes*, des ouvriers de choc (le mouvement des *oudarniki* a été créé en novembre 1928), et de nombreux cadres du Parti ; en effet la nouvelle masse ouvrière, encore mal dégagée des habitudes prises à la campagne, reste une masse de manœuvres, volontiers prête à errer d'une usine à l'autre, pleine de bonne volonté, mais sous-alimentée et sous-équipée ; si la quantité de la production augmente, la qualité des produits finis baisse, stoppant souvent la production ou la soumettant à des à-coups brutaux ; de plus, malgré l'appel à des techniciens étrangers, souvent américains, la direction technologique demeure médiocre. Pouvait-il en être autrement dans un pays encore peu développé, où l'instruction technique était encore déficiente, malgré la gigantesque œuvre d'alphabétisation

1. Le modèle préliminaire comportait une version forte et une version faible, d'où les deux pourcentages ; le rythme annuel de progression industrielle se situerait soit entre 17,5 % et 21,5 %, soit entre 21,5 % et 25,2 %.

entreprise depuis la révolution d'Octobre [1]? L'U.R.S.S. payait le prix, élevé pour un pays isolé, du passage rapide du sous-développement à la croissance ; l'enthousiasme révolutionnaire ou la discipline stricte d'un camp retranché étaient insuffisants pour triompher des difficultés, même s'ils en étaient des conditions nécessaires.

On comprend mieux alors la politique personnelle menée par Staline, qui s'appuie sur une petite équipe au sein du Politburo (Molotov, Kouïbichev, Kaganovitch, Mikoian, Kirov). Puisque la décision a été prise de modifier radicalement les structures économiques de l'U.R.S.S., donc de réaliser la seconde révolution, il faut aller vite, d'autant plus que les pays étrangers, bientôt atteints par la crise économique, peuvent être tentés de trouver une solution à leurs troubles dans une guerre d'Intervention contre l'U.R.S.S. Comme le temps presse, il est hors de question de ralentir l'offensive quinquennale, même si des erreurs sont commises, même si les objectifs ne sont pas réellement atteints ; il suffira de faire porter la responsabilité de ces erreurs par des boucs émissaires, techniciens, membres du Parti, accusés de mollesse, de déviationnisme de droite ; ainsi l'Académie des Sciences sera épurée, mise au pas, des ingénieurs et professeurs seront condamnés en décembre 1930 pour avoir constitué un « parti industriel » (*Promparti*), « organisateur du sabotage économique en liaison avec l'étranger » ; les intellectuels, les cinéastes seront embrigadés pour vanter les mérites et les exploits du Plan, et surtout on créera le mythe de l'infaillibilité du chef suprême ; le culte de la personnalité apparaît à la fin de l'année 1929 : « la béatification » du *Gensek* (secrétaire général) commence ; théoricien génial, stratège émérite, travailleur infatigable, seul continuateur de Lénine, Staline devient l'homme inaccessible, jamais en défaut, parfois mal servi, parfois mal compris, mais incarnation vivante de la « ligne générale juste », devant laquelle tous doivent plier ; le camp retranché avait besoin d'un chef, on en fit un dieu. Dès lors les luttes politiques entre tendances dans le P.C. étaient non seulement inutiles, mais inconcevables : les opposants d'hier (Rykov, Tomski, Boukharine) firent leur complète autocritique en novembre 1929 [2] ; les opposants d'avant-hier (Trotskistes) se rallièrent, même s'ils maintenaient leur point de vue doctrinal (dès 1929 Piatakov, Preobrajenski, Radek, Smilga) ; seul Trotsky, exilé, continua son opposition contre Staline [3]. Un rallié, Smirnov, expliquait ainsi sa volte-face : « Je ne peux supporter l'inaction. Je veux bâtir ! Même de façon barbare et souvent stupide, le C.C. bâtit pour l'avenir. Nos divergences idéologiques ont peu d'importance devant la construction des grandes industries nouvelles. » Au XVIe Congrès du Parti (juin 1930) on annonça le passage au socialisme, mais on institua aussi le mythe du génial « meilleur élève de Lénine ».

Pour construire, il fallait cependant détruire ; en effet dans un pays encore essentiellement agricole, comment faire progresser l'industrie, si l'agriculture ne fournissait

1. L'enseignement primaire général obligatoire commence en 1930 (décision du 14 août) ; le nombre d'élèves double presque entre 1927-1928 et 1932-1933 (de 11,6 millions à 21,4 millions).

2. Cependant Boukharine seul fut exclu du Bureau politique en novembre 1929 ; Rykov le sera en décembre 1930. Molotov remplace ce dernier à la tête du Conseil des Commissaires du Peuple.

3. Les ralliements des oppositionnels de gauche ou des trotskistes continueront jusqu'en 1934, même de la part de ceux qui avaient déjà subi de dures conditions d'éloignement ou d'emprisonnement ; il faut faire taire ses querelles devant la seconde révolution.

pas le ravitaillement quotidien et les surplus exportables, grâce auxquels on pourrait acheter les machines indispensables? Or les structures agraires en 1929 demeuraient marquées par l'autoproduction, le faire-valoir direct et la faiblesse de la production marchande ; peu sensibles aux grands idéaux mis en avant par le Parti, qui restait mal implanté à la campagne, les paysans, en majorité répertoriés comme seredniaks (60 % de paysans moyens), étaient méfiants vis-à-vis des autorités qui les forçaient à livrer une part toujours plus grande de leurs récoltes ; la division théorique entre koulaks (5 à 6 % des paysans), seredniaks, bedniaks (35 % de pauvres) répondait peu à la solidarité villageoise vis-à-vis des « étrangers de la ville ». L'idéal du lopin de terre personnel demeurait vivace ; sa productivité faible le condamnait toutefois dans la perspective d'une planification rénovatrice. Pourtant même les paysans pauvres hésitaient à entrer dans des organisations agraires collectives ; en juin 1928, 2,1% des foyers paysans se trouvaient dans les kolkhozes, en juin 1929 ce pourcentage s'élevait à 3,9 % bien qu'une campagne de propagande eût déjà été entreprise pour inciter les paysans pauvres à y entrer.

Six mois plus tard, 21,6 % des foyers paysans se sont fondus dans les kolkhozes ; pourquoi cette rapide transformation? L'action énergique, parfois violente, des 25 000 agitateurs venus à la campagne et des collecteurs des récoltes en est responsable ; presque partout le processus a été identique : réunissant les paysans d'un village en assemblée, on leur présente les avantages du travail coopératif grâce auquel des tracteurs, des engrais, des semis pourront facilement être procurés par l'État ; on leur propose de signer des contrats de livraison, d'accepter le labour en commun des terres par les moyens des nouvelles Stations de Machines et Tracteurs (M.T.S.), créées en juin 1929 ; les bedniaks, les jeunes se laissent assez vite convaincre, aux autres on ne tarde pas à promettre le sort peu enviable des koulaks, promus depuis peu au rang « d'ennemis de classe » (cf. M. Cholokhov, *Terres défrichées*). La résistance passive, les manifestations de paysannes, le faible zèle des membres paysans du Parti pesèrent peu face aux méthodes de plus en plus coercitives (amendes, déportations); bon gré, mal gré, les paysans entrèrent dans des kolkhozes, soit dans des kolkhozes-géants regroupant plusieurs villages, soit dans des régions dites de complète collectivisation. Sur le plan idéologique, les dirigeants évoquèrent « le ralliement des seredniaks » à la collectivisation ; puisque depuis longtemps les paysans pauvres y étaient officiellement ralliés, on put résoudre le problème du futur bond en avant, en présentant tout opposant à la collectivisation comme un koulak ou un « allié objectif des koulaks » ; la dékoulakisation allait désormais de pair avec la collectivisation; « la lutte de classes » passait dans la paysannerie.

Dans un article de *La Pravda* du 7 novembre 1929, Staline annonça « le grand tournant » de la paysannerie, promit à l'U.R.S.S. l'abondance du blé dans un délai de trois ans grâce à la collectivisation ; le 5 janvier 1930, le C.C. adopta la thèse de la liquidation des koulaks en tant que classe et prescrivit les échéances dans lesquelles les diverses régions de l'U.R.S.S. seraient collectivisées (un an pour le Caucase et la vallée de la Volga, deux ans pour les terres noires, l'Ukraine, trois ans pour les dernières régions). Les faits suivirent ces résolutions venues d'en haut : de janvier à mars 1930 les paysans se hâtèrent d'entrer dans les exploitations collectives : 59,3 % des foyers paysans furent réunis dans ces nouvelles formes agricoles ; toute la vie quotidienne, toutes les traditions, toutes les habitudes du monde rural étaient révolutionnées en moins d'une année ; ainsi dans la région de Moscou, 83% des paysans étaient exploitants individuels en mai 1929, 62,5 % en janvier 1930, 27% en mars 1930. Si l'on ajoute que cette collectivisation prit souvent la forme la plus absolue, celle de la kommuna, où tous les biens sont mis en commun, (le logement est assuré en maison commune), où le salaire est supprimé puisque tous les besoins sont pris en charge par la collectivité, tandis que jusque-là le kolkhoze consistait surtout en la seule réunion des terres individuelles, sans celle des ousadbas, des instruments aratoires et du bétail (système dit du *tozi*), on mesure l'ampleur colossale de ce bouleversement. La campagne soviétique subissait un choc beaucoup plus violent que celui accompli en ville depuis 1917. La révolution de 1930 mettait fin au vieux monde rural russe.

Chez les dirigeants la justification de ces mesures reposait dans leur conviction que les récoltes de céréales sortiraient alors des greniers individuels et que le blé marchand serait fourni sur les marchés urbains en quantités considérablement supérieures ; en avril 1929, alors que sovkhozes et kolkhozes représentaient 13 % des emblavures, ils avaient fourni 42 % du blé-marchand ; si les régions céréalières se convertissaient à la collectivisation, la bataille du blé serait rapidement gagnée ; l'industrialisation pourrait alors suivre les rythmes forcenés prescrits. Comme à la fin du XIXe siècle, les sacrifices des paysans permettraient la modernisation de la Russie. En fait les paysans refusèrent à nouveau d'être les victimes du progrès économique ; ils le montrèrent nettement : le bétail était abattu plutôt que d'être livré au kolkhoze, les stocks étaient cachés ; violences, jacqueries, errances se mutiplièrent, les semailles de printemps risquaient de ne pouvoir être faites. Staline utilisa alors le procédé classique : le zèle maladroit, antiléniniste, de responsables locaux qui obligent les paysans à entrer de force dans les kolkhozes, doit être blâmé ; il importe pour les animateurs communistes de ne pas succomber « au vertige du succès » (titre d'un article paru dans *La Pravda* du 2 mars 1930). Aussi dans les régions non-céréalières libéra-t-on les paysans d'une tutelle reconnue trop rigoureuse ; les excès « gauchistes » de la ligne générale furent condamnés ; en quelques mois (de mars à juillet) le pourcentage des foyers « collectivisés » tomba de 59,3 % à 23,6% ! On pouvait difficilement soutenir que les seredniaks s'étaient ainsi convertis à la collectivisation ; pourtant le mot d'ordre de dékoulakisation resta en vigueur ; le cas échéant il permettait d'exercer une action coercitive et de continuer le passage à la collectivisation. On avait soufflé au printemps 1930, en attendant la récolte ; on put reprendre ensuite, d'autant plus que la récolte de 1930 avait été un incontestable succès, dû aux conditions climatiques, aux efforts réels des brigades de choc, au développement et à la rationalisation du machinisme agricole ; certains paysans furent effectivement convaincus de la valeur du travail coopératif, d'autres préférèrent se soumettre ; d'autres encore ayant abattu leur bétail (le troupeau bovin passe de 68 à 52 millions de têtes, les ovins de 147 à 108 millions de têtes) n'avaient plus les moyens de travailler seuls ; la marche en avant reprit : 52,7 % des foyers paysans étaient entrés dans les kolkhozes en septembre 1931, 61,5 %, en septembre 1932, 84,5 % en septembre 1933.

Le retour à des récoltes médiocres en 1931, 1932, 1933, prouvait au demeurant que la recette de la collectivisation ne donnait pas les résultats escomptés ; non seulement les exportations de blé étaient impossibles, mais encore de véritables famines sévissaient régionalement. En 1932 la famine atteignit une ampleur nationale ; il fallut improviser diverses mesures pour pallier la prochaine catastrophe : d'une part les contraintes furent renforcées pour obtenir plus de productivité, pour accroître les livraisons obligatoires à l'État, d'autre part on libéralisa quelque peu le système des ventes sur les marchés, en acceptant le retour des kolkhoziens sur les marchés paysans pour la vente des surplus agricoles disponibles, après versement à l'État des livraisons obligatoires (véritable impôt en nature prélevé sur les revenus des agriculteurs); en fait la spéculation reprit ses droits, d'où la hausse brutale des prix agricoles, non seulement sur le marché libre (celui des « surplus »), mais dans les coopératives et magasins d'État. On dut réviser le système des différents magasins d'État, défendre le rouble, sans parvenir à enrayer la misère et le dénuement. Le rationnement, mis en vigueur en 1928, continuait à la fin du 1er Plan quinquennal. La courbe démographique porta nettement la trace de ces difficultés : l'U.R.S.S. se serait accrue de 74 000 âmes seulement en 1932-1933 ! La vie quotidienne demeurait tout aussi sombre après quatre années de collectivisation. Quantitativement l'opération entreprise se soldait par un échec, qualitativement elle ruinait pour longtemps le dynamisme agraire en U.R.S.S., faisant de l'agriculture la partie faible de tout l'édifice soviétique ; sans compter les pertes humaines estimées au minimum à 3 ou 4 millions de morts (koulaks exécutés, déportés, réduits aux rations minimales), on peut considérer que la fin de l'agriculture traditionnelle en Russie ne procurait pas à l'homme soviétique les bienfaits qu'en espéraient les divers théoriciens, qui avaient envisagé ce problème aux XIXe et XXe siècles.

La révolution industrielle.

En regard le bilan de l'industrialisation paraît beaucoup plus positif ; pourtant là encore il faut nuancer les jugements, tant les statistiques peuvent être (et ont été) maniées avec dextérité par les uns et par les autres. Incontestablement l'industrie lourde a connu une profonde mutation ; d'une part la création de nombreux nouveaux centres d'exploitation du charbon et du fer, a donné naissance à ces gigantesques combinats [1] métallurgiques, qui dans l'Oural, en Sibérie occidentale, au Kazakhstan éveillent ou réveillent ces régions lointaines ; l'ère des grandes centrales hydro-électriques soviétiques commence par le fameux Dnieprogrès, achevé en octobre 1932. La carte économique de l'U.R.S.S. en sort profondément modifiée, en particulier par le déplacement du centre de gravité économique vers l'Est ; l'industrialisation pénètre dans les républiques nationales d'Asie ; Magnitogorsk, créé ex-nihilo en 1929 et qui compte 150 000 habitants en 1934, le Kouznetz, le Karaganda sonnent comme autant de noms de victoires économiques dépeints par Kataev (*O temps, en avant*), Pilniak (*La Volga se jette dans la Caspienne*), Léonov (*La rivière Sot*) et par le jeune cinéma soviétique (*Ivan* de Dovjenko, *Contre-plan* de Youtkevitch). Le courage et l'ardeur de milliers de « constructeurs », en particulier des jeunes *komsomols*, travaillant dans des conditions quotidiennes épouvantables, ont permis ces réussites. D'autre part, quantitativement, le bond en avant a été remarquable (cf. tableau p. 163).

Toutefois à la fin du 1er plan quinquennal, au printemps 1933, on peut se demander si les résultats sont aussi brillants qu'on le souhaiterait ; s'il est relativement normal de constater la faiblesse de la progression des industries de biens de consommation, comme les textiles (le plan est réalisé à 84,4 % pour les articles de consommation

1. Les combinats sont des entreprises jumelées qui, parfois à des distances considérables (Oural-Kouzbass par exemple), lient l'exploitation des ressources complémentaires, tel fer et charbon pour la sidérurgie.

courante), puisque les investissements ont été attribués en priorité à l'autre secteur industriel [1], on peut s'interroger sur les causes des retards par rapport aux prévisions du Plan dans les domaines-clés comme l'industrie charbonnière (production prévue en 1932 : 75 millions de tonnes) ou la sidérurgie (40 millions de tonnes d'acier et de fonte prévus); sans doute les installations géantes des combinats, créées lors du Ier Plan quinquennal, travailleront à plein seulement dans le second quinquennat, mais d'autres facteurs expliquent la relative « impasse » dans laquelle se trouve l'U.R.S.S. en 1932-1933.

Tout d'abord les prévisions faites par le Gosplan sur l'amélioration de la productivité se sont révélées trop optimistes ; en 1929 on avait tablé sur un doublement de l'efficacité des entreprises industrielles à la fin du Plan ; or, en 1932, celle-ci a effectivement progressé de 41 % (et de 53 % dans l'industrie lourde) ; cette amélioration est donc insuffisante pour maintenir les rythmes projetés, sans hausse des coûts de production. L'origine de cette situation est à chercher dans la structure même de la nouvelle classe ouvrière russe ; celle-ci se compose pour moitié de paysans-manœuvres transplantés récemment dans les centres urbains anciens ou dans ces gigantesques campements improvisés, nés autour des nouvelles installations géantes (les ouvriers d'usine passent de 11 à 22,6 millions lors du Ier Plan) ; technologiquement incultes malgré la multiplication des *technicums* et autres centres d'instruction, contraints de vivre dans des conditions de logement, de nourriture très difficiles, bien que les ouvriers d'usines bénéficient de rations alimentaires supérieures à celles des autres catégories sociales, ces ouvriers obéissent mal aux impératifs d'une croissance accélérée ; ils doivent travailler 10 à 11 heures par jour, selon des normes imposées par une direction ressentie par eux comme contraignante ; Staline devra rappeler en juin 1931 la nécessité d'obéir aux techniciens, tandis que les syndicats se préoccupent surtout d'inciter les ouvriers à remplir les objectifs du Plan. Sans doute de très grands efforts sont entrepris pour développer les avantages sociaux de la classe ouvrière (crèches, écoles, dispensaires, etc.), mais la pauvreté du salaire réel face à la montée des prix réels n'incite guère à l'enthousiasme, une fois passée la période initiale du Plan, pendant laquelle on avait réellement cru pouvoir changer rapidement la vie au prix d'un violent effort.

En fait cette situation est à la fois cause et effet d'un autre phénomène négatif, l'augmentation excessive du nombre des ouvriers ; certes le chômage a disparu, mais la multiplication des emplois a été réalisée autant pour résorber le chômage que pour pallier l'insuffisance de la productivité ; la masse ouvrière, qui devait augmenter de 33 %, a doublé en 1932 (dans l'industrie lourde le pourcentage d'accroissement est de 200 % au lieu des 59 % prévus). La masse salariale, qui devait s'enfler de 40 % pendant le Ier Plan quinquennal, a doublé en 1932. Comme le budget de l'État soviétique dépend dans une très large mesure de cette masse salariale, les ressources financières nécessaires ont dû être trouvées dans le recours à une très forte pression fiscale, directe et indirecte, et dans l'utilisation de l'inflation monétaire. On imagine aisément la conséquence de ce dernier fait ; les prix des produits de consommation ont eu tendance à s'élever, rejoignant et amplifiant ainsi la tendance à la hausse des prix alimentaires, déjà notée, suite logique des effets négatifs de la collectivisation [2]. Sans qu'il soit possible d'évaluer précisément

1. A la fin du Ier Plan quinquennal 86 % des investissements ont été accordés à l'industrie lourde (secteur A) contre 14 % à l'industrie des biens de consommation (secteur B).

2. Les prix auraient augmenté en moyenne de 9 % par an entre 1928 et 1932.

TABLEAU DE L'ÉCONOMIE SOCIÉTIQUE — 1928-1980

	1928	1932	1937	1940	1950	1955	1960	1965	1970	1975	1980
Population											
Totale	150,5	163	163,5	170,6*	181	195	213	230	241,7	253	266
Urbaine	27,3	35,5	50,2	60,4	73		104	122	136	153	165
Agriculture											
Superficie ensemencée	113	130	135	150	146	180	200	207	210	215	
Production céréalière	73,3	69,8	95,9	77,9	99,7	108	134	147	185	139**	189
Bovins	60/70	40,7	47/57	54,8	57,2	58,8	75,8	90	101	106	115
Ovins	107/140	52	53/70	107	99	116	133	139	139	143	115
Industrie											
Houille + lignite	36,4	64,4	127,3	165,9	260	390	510	578	624	630	653
Pétrole	11,6	21,4	27,8	31,1	37,9	70,8	148	243	352	490	603
Électricité	5	13,5	35	48,3	87	166,8	292	507	741	1 050	1 295
Acier	4,3	5,9	17,5	18,3	27,3	45,3	65	91	116	141	148
Fonte	3,3	6,2	14,5	14,9	19,2	33,3	46,8	66	82	103	120
Ciment	1,8	3,5		5,7	10,2	22,5	45	72	95	123	124
Tissus de coton	2,68	2,69	3,44	3,93	4,5	5,9	6,38	7,07	6,44	6,7	6,9
Tissus de laine	0,08	0,08	0,10	0,11	0,15	0,25	0,34	0,36	0,49		0,77
Tracteurs	1,8	50,8	50,9	66,2	117	163	239	350	459	550	787
Automobiles***					0,06	0,107	0,130	0,207	0,344	1,200	1,300
Camions	0,013	0,023	0,082	0,145	0,294	0,337	0,362	0,379	0,524	0,750	0,872
Engrais minéraux	0,13	0,92		3,2	5,5	9,6	14	27	55,4	75,7	204
Commerce extérieur											
Flotte marchande						2,5	3,4	7,5	14,8	19,5	24
Exportations	0,62	0,45	0,29	0,24	1,61	3,1	5	7,35	11,5	24	49,4
Importations	0,74	0,55	0,22	0,24	1,31	2,7	5	7,24	11,5	26,7	44,4

N.B. Unités de mesure utilisées :

Millions d'habitants pour la population.
Millions de tonnes pour la production céréalière, la houille, le pétrole, l'acier, la fonte, le ciment, les engrais minéraux.
Millions d'hectares pour les superficies ensemencées.
Millions de têtes pour les bovins et les ovins.
Milliards de Kwh pour l'électricité.
Milliards de mètres carrés courants pour les tissus de coton, laine.
Millions d'unités pour les camions et les automobiles de tourisme.
Milliers d'unités pour les tracteurs.
Milliards de roubles actuels pour le commerce.
Millions de tonneaux pour la flotte marchande.

* Sur le territoire de 1939. Avec les annexions, 194,1 millions.

** L'année 1975 a été exceptionnellement médiocre ; moyenne mobile des années 1973-1977 : 188 millions de tonnes.

*** La production des automobiles de tourisme est à peu près inexistante avant 1950. En 1940, 5,5 milliers de véhicules fabriqués.

la baisse réelle du rouble et la baisse corrélative des salaires réels, tant les estimations des experts divergent sur ce point (comment en particulier évaluer dans le salaire réel les avantages sociaux offerts aux travailleurs), on peut conclure sans erreur à une stagnation véritable du niveau de vie ouvrier à la fin du Ier Plan quinquennal, à l'exception peut-être des ouvriers qualifiés ou des techniciens qui bénéficient d'avantages pécuniers à partir de 1931.

Pouvait-on cependant éviter cette exploitation du matériel humain si l'on voulait parvenir aux objectifs du Plan ? Dans ce pays encore sous-développé (la guerre et la révolution ont ruiné les acquis économiques de la période tsariste), sans aides extérieures, le financement des investissements pouvait seulement être réalisé par une ponction sévère et continue sur la consommation. L'utilisation de deux armes économiques efficaces, le maniement des prix intérieurs et l'impôt sur le chiffre d'affaires, prouva que l'équipe dirigée par Staline entendait maintenir le cap fixé en 1929-1930, quoi qu'il pût en coûter aux hommes soviétiques ; en effet les prix officiels de vente des denrées de première nécessité dans les magasins de l'État obéissaient moins à la réalité de leur coût de production, qu'à l'établissement autoritaire de prix fictifs, composés de façon à permettre le prélèvement indirect par l'État des sommes destinées aux investissements industriels ; de même l'impôt sur le chiffre d'affaires était proportionnellement beaucoup plus élevé pour les industries de biens de consommation que pour les industries lourdes. On peut donc parler de choix délibérés de Staline ; l'industrialisation de l'U.R.S.S. se fait aux dépens de la consommation ; le présent est sacrifié au futur. De Pierre le Grand à Witte n'est-ce pas la tradition de la modernisation en Russie ?

Ce sacrifice des hommes, peut-être nécessaire, contribuait à la vie du Plan, mais la gestion de la planification offrit bien des anomalies pendant la période 1928-1933. La conduite de l'économie obéissait-elle toujours aux impératifs économiques ? Il semble que des décisions essentielles ont été prises au vu de critères surtout politiques ; Staline, grand maître de la planification, n'est pas un économiste, pas plus que les dirigeants du V.S.N.K., mené par des militants bolchéviks dévoués et efficaces, tels Kouïbichev et Ordjonikidze [1] ; les véritables économistes du Gosplan ont été soit mis à l'écart, soit maintenus dans des fonctions plutôt théoriques, au niveau des hypothèses sur le long terme ; la réalité de la planification à court terme, celle qui d'année en année accentue les rythmes (en 1930) ou les transforme (1931-1932), a obéi aux directives du Comité central ou du bureau politique. Or à ce niveau certaines options discutables paraissent plutôt provenir des circonstances ambiantes que de vues prospectives. Ainsi, on peut s'interroger sur le bien-fondé de l'insuffisance des crédits accordés aux transports pendant le 1er plan quinquennal ; comment pouvait-on espérer accroître la production industrielle dans ce pays immense, en se contentant d'utiliser au mieux une implantation ferroviaire déficiente et âgée ? Certes de nouveaux grands axes tel le Turksib, reliant le Kazakhstan au Kouznetz, étaient achevés dès 1932 [2], mais en cette même année 1932 des millions de tonnes de produits vitaux (pétrole, bois, grains, fer) étaient engorgés

1. En janvier 1932 le V.S.N.K. est transformé ; il donne naissance à 3 commissariats (ministères) dont un spécialement chargé de l'industrie lourde, dirigé par Ordjonikidze ; Kouïbichev est président du Gosplan.

2. En 1933 on achève le canal reliant la mer Blanche à la Mer Baltique.

50 ANNEES D'ADHESIONS AU PARTI COMMUNISTE DE L'U.R.S.S. 1918-1968

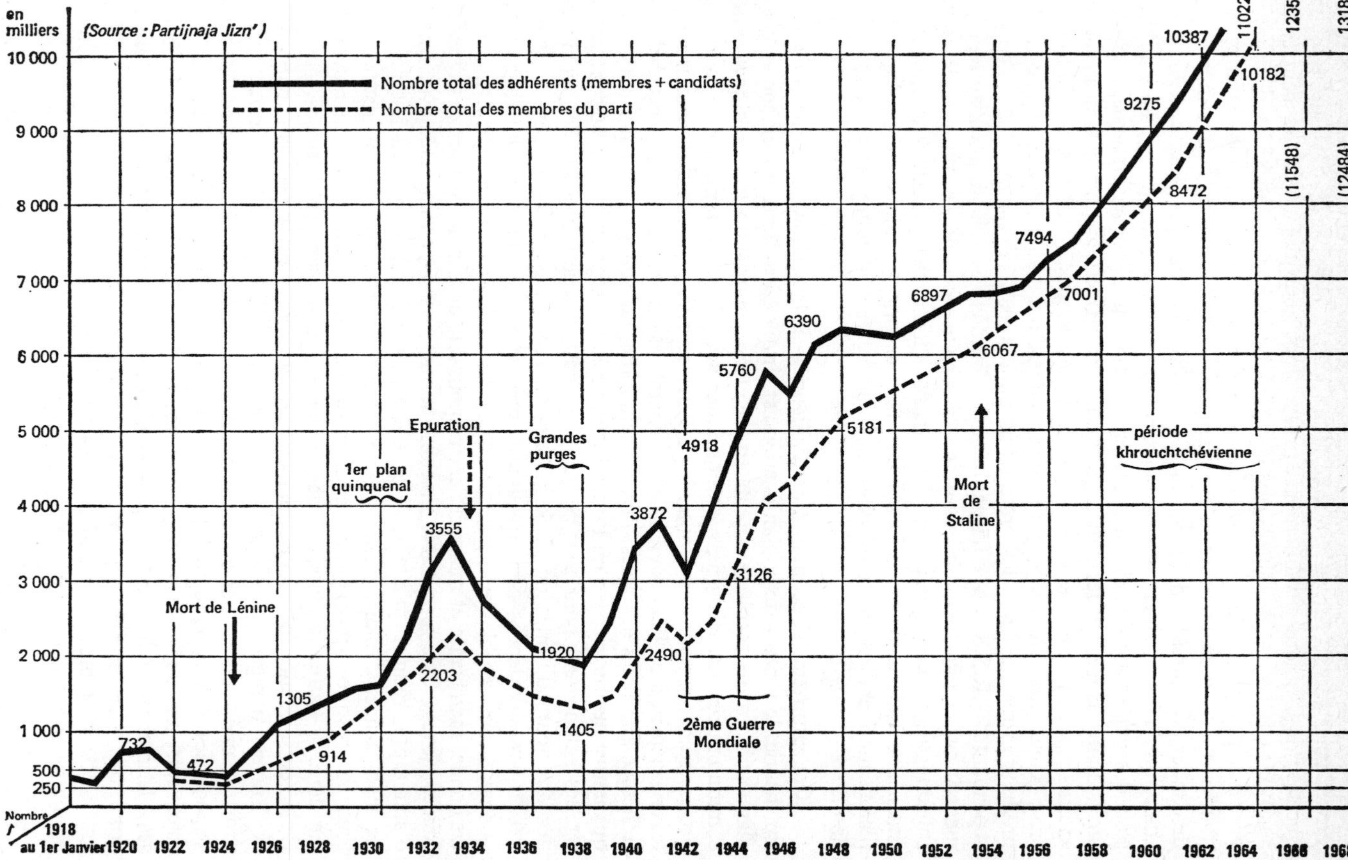

sur les voies ferrées ; il est vrai que la fabrication massive de rails supposait résolue la question de la sidérurgie différencée ; mais alors pourquoi créer des centres nouveaux aussi distants les uns des autres que les implantations sibériennes ? La décision politique de développer celles-ci parce qu'elles seront à l'abri des incursions étrangères, répond pour partie à ce choix, rationalité politique plus qu'économique. De même on peut se demander pourquoi les dirigeants de l'U.R.S.S. ont pratiqué un système de plus en plus autarcique (contrairement aux options primitives des planificateurs), alors qu'une expansion des exportations aurait permis en échange un approvisionnement en machines-outils moins onéreux et technologiquement plus perfectionné (cf. le tableau du commerce extérieur p. 163). Comme tous les pays peu développés, l'U.R.S.S. a subi les effets de la crise économique de 1929-1932, qui entraînait une baisse plus marquée des prix des produits bruts que ceux des produits manufacturés ; « l'échange inégal » condamnait-il cependant l'U.R.S.S. à une fermeture aussi complète avec le monde extérieur ? Évidemment il aurait fallu pouvoir exporter des surplus agricoles, et on a vu les effets de la collectivisation, alors que les prix mondiaux s'effondraient ; aussi, comme pour d'autres États, l'autarcie complète paraît avoir été plus imposée que voulue. Mais, au total, la planification stalinienne n'est-elle pas faite surtout d'empirisme, une fois le branle donné ?

Cet empirisme s'accordait bien d'ailleurs avec la gestion des entreprises soviétiques. En théorie, le schéma de la planification est simple : les directives élaborées par le Gosplan sur le vu des résultats obtenus et décidées par les autorités politiques sont ensuite communiquées aux dirigeants économiques sous forme d'impératifs quantitatifs à respecter, à charge pour eux d'obtenir de leur entreprise efficacité et rendement ; remplir les engagements du Plan devient la loi générale essentielle. En réalité cette belle harmonie se heurte à tous les obstacles d'une vie quotidienne difficile : absentéïsme et médiocrité qualitative des ouvriers (d'où l'introduction à la fin 1932 du salaire aux pièces), désintérêt des kolkhoziens pour tout ce qui n'est pas propriété personnelle, souci primordial des directeurs d'usines ou de kolkhozes de remplir quantitativement le Plan au jour fixé, fût-ce aux dépens de la qualité, et surtout installation d'une bureaucratie numériquement considérable (en 1937, 7 millions de soviétiques travaillent dans les bureaux), tâtillonne, menaçante et menacée, car responsable en dernier ressort des réussites et des échecs locaux. Une formidable machine se met peu à peu en place avec une efficacité d'autant plus réduite qu'elle ne dispose elle-même que de moyens dérisoires pour pallier les insuffisances d'équipement ; bonne volonté et dévouement sont insuffisants lorsque tout, ou presque tout, manque ; pour sortir de cette impasse, cette bureaucratie se réfugie derrière l'attitude classique des *tchinovniks* (fonctionnaires) russes, obéissance aux règlements, et aux supérieurs, menaces et coercitions vis-à-vis des subordonnés ; bien des travers fustigés par Gogol ou Saltykov-Chtchédrine au XIXe siècle retrouveront droit de cité dans ce personnel, souvent critiqué par les journaux soviétiques ; mais, au fond des choses, où se situe la responsabilité véritable de cette militarisation de la vie soviétique, tempérée, il est vrai, par le fatalisme et l'entraide, traditionnels chez les Russes ? L'émergence du sous-développement s'est-elle jamais faite dans une liberté égale pour tous ? Les *workhouses* anglais ou les corons français de la première moitié du XIXe siècle sont bien les parents des taudis soviétiques des années 30. Un nouveau monde s'enfante dans la misère et l'obéissance.

II. LA DICTATURE STALINIENNE (1934-1941)

Le répit de 1934.

Ce monde devait-il se développer dans la terreur et le travail forcé pour triompher ? Le stalinisme dévorant est ici en cause. Comme on l'a vu, au terme du 1er Plan quinquennal, en 1933, le bilan de la seconde révolution est incertain : d'un côté des réussites spectaculaires dans l'industrie lourde, de l'autre une collectivisation qui a épuisé inutilement l'agriculture soviétique, et un niveau de vie encore très bas. Dans la mesure où Staline incarne la politique menée depuis 1928, il est logique de porter à son compte échecs et réussites ; or qui peut, hors du Parti, demander des comptes au Gensek (secrétaire général) ? Si l'on ajoute que la bureaucratie dirigeante, en milieu urbain comme en milieu rural, tend à se confondre avec l'appareil du Parti, il devient évident que tout débat politique sur le passé et le futur proches se déroulera à l'intérieur du Parti, et de lui seul. Or la vie du Parti pendant le 1er Plan quinquennal a été sensiblement modifiée (cf. croquis de la page 169) ; en 1929 une purge (*tchistka*) a chassé du Parti nombre de paysans hostiles à la collectivisation et les intellectuels « soutiens des droitiers » ; puis de 1930 à 1932 les adhésions ont été très nombreuses, puisque les membres du Parti passent de 1 677 000 en janvier 1929 à 3 555 000 en janvier 1933 (dont 100 900 et 2 203 000 titulaires [1]) ; on acceptait alors beaucoup d'ouvriers, travailleurs ardents, mais souvent politiquement néophytes. En avril 1933 une nouvelle épuration est décidée contre « les ennemis du peuple, les arrivistes, les saboteurs hypocrites, les indisciplinés, les ivrognes, les dégénérés » ; le Parti perd 17 % de ses titulaires et plus de 800 000 Soviétiques, titulaires et suppléants, sont éliminés sur un total de 3,5 millions de membres. Lorsque débute le XVIIe Congrès du P.C. (26 janvier 1934), c'est un Parti sensiblement modifié qui entend ses rapporteurs présenter les objectifs du second plan quinquennal (en principe déjà entamé).

« Le Congrès des Vainqueurs » (surnom choisi par La *Pravda*) se déroule dans une atmosphère d'unanimité satisfaite, rarement atteinte : les opposants d'hier, droitiers (Boukharine), trotskistes (Rakovski), affirment hautement la rectitude de la ligne générale imposée par Staline depuis 1928 ; ils magnifient Staline et, une fois encore, reconnaissent leurs erreurs. L'unité retrouvée du Parti paraît démontrée lorsque certains de ces opposants sont élus au Comité central (Piatakov, Boukarine, Sokolnikov, Rykov, Tomski), toutefois le bureau politique nouvellement élu rassemble une équipe de 10 titulaires et 5 suppléants dévoués à Staline et pratiquement inchangés depuis 1930 (cf. tableau p. 169). Les résolutions adoptées confirment les orientations antérieures pour la planification, priorité à l'industrie lourde, achèvement de la collectivisation à la campagne, élévation du niveau de vie des Soviétiques ; on remarque néanmoins que, sur proposition d'Ordjonikidzé, le Congrès abaisse le taux de développement industriel préconisé dans le projet primitif. Va-t-on vers une détente dans la planification, tout comme dans la dictature, puisque quelques mois plus tard, en juillet 1934, la G.P.U.

1. L'entrée au Parti se fait en 2 temps : d'abord l'adhésion dans une cellule comme kandidat, *puis après un stage de durée variable, de six mois à deux ans, selon les catégories sociales (plus court pour les ouvriers), la cellule peut admettre le stagiaire comme titulaire.*

est résorbée au sein du commissariat aux Affaires intérieures (N.K.V.D.)[1], tandis que les pouvoirs policier et judiciaire sont réorganisés afin d'éviter procédures arbitraires et jugements iniques ?

Il est évident que la direction du Parti recherche de nouveaux moyens pour relancer l'économie soviétique ; on a conscience de l'engorgement des transports et le plan adopté par le Congrès doit colmater les brèches dans ce secteur, grâce à une forte modernisation des lignes existantes ; de même l'industrie des machines-outils, quelque peu sacrifiée jusque-là, recevra plus d'investissements, tout comme certaines industries légères, qui permettront de satisfaire davantage les demandes de la consommation intérieure ; les rythmes d'accroissement choisis seront plus en rapport avec les possibilités réelles (productivité accrue de 63 %, forces de travail dans l'industrie accrues de 28 %, et pour toute l'économie de 26 %) ; à la campagne on s'oriente vers une relative autonomie de gestion pour les paysans, en leur abandonnant la libre possession d'un enclos et de quelques têtes de bétail. Le Comité central, réuni à la fin novembre 1934, décide d'abolir le rationnement du pain après la bonne récolte de 1934 ; le statut de kolkhozien garantissant la libre jouissance de l'oussadba et du cheptel privé est adopté en février 1935. Bref, au-delà des affirmations répétées des grands succès sur le front du travail, on cherche empiriquement les moyens adéquats pour satisfaire les masses soviétiques ; la diminution de la tension ne serait-elle pas le secret de la reprise ?

Le nouveau tournant politique, le terrorisme (1934-1936).

Le 1er décembre 1934, S.M. Kirov, ami et protégé de Staline, est assassiné à Léningrad dans des conditions qui aujourd'hui encore restent assez troublantes ; immédiatement des décrets draconiens sont édictés, permettant une « accélération » des procès des « terroristes » et enlevant aux accusés toute possibilité réelle de défense. La terreur passe à l'ordre du jour, l'ère des grandes purges va débuter. L'historien occidental touche ici à l'un des points les plus obscurs de l'histoire de l'U.R.S.S., tant les faits ont été outrageusement déformés à l'époque (et pendant longtemps) du côté soviétique, et tant il est difficile de construire un récit cohérent et vraisemblable sur des sources fragmentaires, même si les mises au point intervenues après le XXe Congrès (1956) ont pu confirmer certaines révélations faites par des transfuges ; si au travers de ces publications il est possible de situer le comment de la terreur stalinienne, il est beaucoup plus malaisé d'en fixer le pourquoi, non pas au niveau de la réflexion sur la nature du pouvoir dictatorial, mais sur le plan des motivations personnelles de Staline ; abandonnons les méditations sur la caractérologie stalinienne (tendance au secret de l'ex-séminariste, goût pervers de la force brutale, absence de sentiments personnels face aux hommes, etc.) ; elles peuvent expliquer l'impassibilité de ce travailleur nocturne face à l'incroyable prix humain de la terreur ; elles nous renseignent peut-être sur cet « homme d'acier » (surnom de Joseph V. Djougachvili), mais elles sont insuffisantes pour éclairer le processus qui a mené de la contrainte révolutionnaire à la violence sanglante. Le choix de la terreur par Staline a été un choix politique et c'est sur les raisons politiques de cette décision qu'il convient de s'interroger.

1. G.P.U. = gosoudarstvenny polititchesky ouezd (service de la police politique). N.K.V.D. = narodny kommissariat vnoutrennim delam (commissariat du peuple aux affaires intérieures).

LA DIRECTION POLITIQUE DE L'U.R.S.S.
entre 1930 et 1960

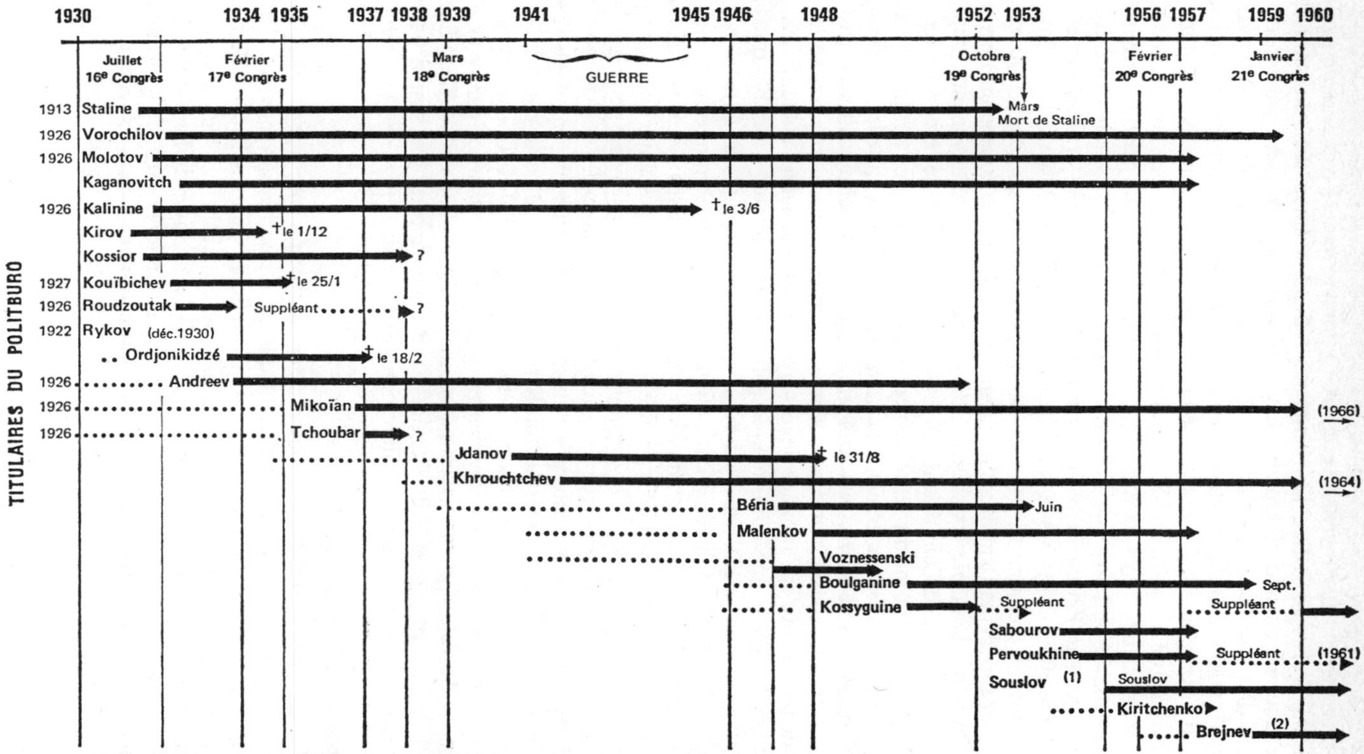

(1) Après le 19e Congrès, le Politburo comprend, outre les 12 personnalités citées, 13 autres titulaires qui perdront ce poste à la mort de Staline
(2) 6 autres personnalités deviennent titulaires avec Brejnev : Aristov, Belaiev, Ignatiev, Kozlov, Chvernik et Madame Fourtseva.

Les dates d'entrée en fonction figurent lorsqu'elles sont antérieures à 1930.

durée de la fonction — **? cas de disparition** — **Suppléant du Politburo**

Tout d'abord, quand a-t-il fait ce choix? Le meurtre de Kirov semble avoir été le prétexte de la décision (Staline lui-même n'a-t-il pas trempé dans l'organisation de l'assassinat? Les rapports de Khrouchtchev conduisent à le penser). En fait dès 1932-1933, c'est-à-dire dès la fin du 1er Plan quinquennal, Staline a dû envisager le recours à une aggravation des méthodes policières ; dès ce moment il s'entoure de ceux qui porteront ensuite la responsabilité personnelle de l'Inquisition, comme Iéjov (membre de la Commission d'épuration de 1933, membre de l'Orgburo en 1934), Poskrebychev (chef du secrétariat personnel de Staline), Vychinski (procureur général) ; en 1936 Staline écrira lui-même à Iéjov que la G.P.U. avait 4 années de retard dans son action (télégramme cité par Khrouchtchev). Or nous savons combien la machine soviétique connaît des difficultés économiques et sociales à ce moment ; le Parti lui-même, gonflé très rapidement, ne donne pas toute satisfaction puisqu'il manque d'efficacité et que, de l'intérieur, des dirigeants (Rioutine, Eismont, Tolmatchev) réclament un renversement de la planification à la manière stalinienne (réduction des investissements, suppression des kolkhozes). Devant le Comité central, en janvier 1933, Staline insiste sur les dangers du sabotage et codifie sa loi du renforcement de la résistance des derniers vestiges des classes expirantes : « C'est justement parce qu'elles expirent, qu'elles passeront d'une méthode d'attaque à une autre, plus violente, en faisant appel aux masses arriérées de la population et en les mobilisant contre le gouvernement soviétique. » Cet appel au renforcement de la vigilance et l'annonce de luttes encore plus violentes n'aboutissent pas sur le moment ; pour autant que l'information soit à ce jour connue, il semble que la majorité du bureau politique ait hésité à suivre la version stalinienne des faits et leur conséquence logique, la terreur policière ; déjà, en octobre 1932, le Comité central avait refusé la tête de Rioutine ; lorsque la Commission d'épuration du Parti est constituée en 1933, le dosage de sa composition paraît répondre aux divers groupes qui s'opposent au sommet ; en tout cas, le président de la Commission, Roudzoutak, passe pour être hostile à une coercition extrême ; en mai 1933 une circulaire de Staline et de Molotov prescrit à la G.P.U. de mettre fin aux déportations massives à la campagne : n'ont-ils pas agi en conformité avec les vues des modérés, dont Kirov deviendrait le porte-parole? On remarque le grand rayonnement personnel de ce dernier au cours du XVIIe Congrès et sa nomination au rang de secrétaire du Comité central aux côtés de Staline, Jdanov et Kaganovitch. Dans ces conditions son assassinat serait le signal d'une nouvelle offensive de Staline, décidé à ne plus tolérer de frein à sa toute-puissance et à sa vision personnelle des événements ; ainsi après une première période de tension (1932-1933), on entre dans l'ère des grandes purges au début de 1935 ; après l'accalmie de l'année 1934, la tempête dure de 1935 au milieu de l'année 1938.

Les étapes de ce terrorisme autodestructeur sont nettes ; en 1935, après l'annonce de grands procès (Kamenev et Zinoviev sont mis en accusation dès janvier), l'épuration du Parti reprend sur une grande échelle (circulaire du 27 juin sur le contrôle des cartes du Parti) ; elle concerne surtout les cadres moyens et subalternes, liés aux organismes économiques et administratifs ; par exemple, d'après les archives du Parti à Smolensk, sur 455 épurés en 1935, un tiers des exclus appartient au premier groupe, un quart au personnel judiciaire, un autre quart aux autorités administratives locales (Soviets) [1] ; une vie incertaine commence pour tous les militants qui, un jour appelés par leurs supérieurs à

1. *Chiffres repris de l'étude de M. Fainsod,* Smolensk à l'heure de Staline, *Paris, 1967.*

condamner sans preuves réelles des camarades bien connus jusque-là pour leur fidélité et leur zèle, sont eux-mêmes le lendemain menacés du même sort, sans compter la brutale destitution, pour trahison ou déviationnisme, des chefs qui avaient mené la répression. La terreur révolutionnaire a déjà connu d'autres moments où le vainqueur d'un jour rejoint le vaincu d'hier dans une commune condamnation (cf. la terreur du printemps 1794 en France), mais du moins celle-ci pouvait se justifier par la proximité du danger et la nécessité terrible de vaincre ou de mourir.

Or en U.R.S.S., au moment où les condamnations se multiplient, le pouvoir central affecte de libéraliser le régime en adoptant une constitution de forme très démocratique ; présentée le 11 juin 1936 pour une discussion publique, après une élaboration minutieuse (la décision initiale de réviser la constitution de 1922 a été prise en février 1935 par le Comité central), la nouvelle constitution est ratifiée par le VIIIe (et dernier) Congrès des Soviets en décembre 1936. Les libertés fondamentales (réunion, association, parole, presse) sont solennellement garanties, « conformément aux intérêts des travailleurs et en vue d'affermir le système socialiste » (article 125), rédaction normale pour un État prolétarien isolé, mais qui permet ou justifie toutes les entraves si certains s'octroient, unilatéralement, la représentation des intérêts des travailleurs. De même le droit de vote universel, secret, direct, égal pour tous (hommes et femmes, Russes et non-Russes) est accordé à tous les citoyens soviétiques, mais ceux-ci sont appelés à ratifier par leurs bulletins les candidats présentés par le Parti ou par les organismes sociaux (Soviets, syndicats, komsomols) ; le Parti unique reste l'élément moteur du pays, « avant-garde des masses ouvrières » (article 126), mais n'est-ce pas dans la logique d'un système économico-social qui prétend avoir fait disparaître l'antagonisme des classes en accédant à l'« ordre socialiste ? » Aussi, le 12 décembre 1937, 91 millions de Soviétiques votent pour élire le nouveau Soviet Suprême (98,6 % des inscrits) [1]. Naturellement, l'histoire du P.C. bolchévik de l'U.R.S.S., rédigée et publiée sous l'autorité directe de Staline en 1938-1939, se termine sur cet épisode : « 90 millions de personnes confirmèrent par leur vote unanime la victoire du socialisme en U.R.S.S... Ce fut le triomphe du parti bolchévik. L'unité morale et politique du peuple soviétique... reçut en cette occasion une brillante consécration. »

Les grands procès (1936-1938).

Pouvait-on parler « d'unité morale et politique » tandis que parallèlement se déroulaient les grands procès et une nouvelle tchistka ? Celle-ci devait éliminer définitivement du Parti tous ses ennemis, « la qualité fondamentale de tout bolchévik dans les circonstances présentes devant être son aptitude à reconnaître un ennemi du Parti, aussi bien masqué soit-il » (circulaire du 29 juillet 1936). Le premier grand procès public avait eu lieu en août 1936 : Zinoviev, Kamenev, Evdokimov, Smirnov sont les principales têtes

1. Le Soviet Suprême de l'U.R.S.S. est composé d'un Soviet de l'Union, élu dans des circonscriptions constituées localement (1 député pour 300 000 électeurs) et d'un Soviet des Nationalités, élu dans le cadre des républiques fédérées (dont le nombre passe de 7 à 11), des républiques autonomes, des régions autonomes et des arrondissements nationaux (cf. carte de l'U.R.S.S. p. 122), sur la base de 25 députés pour les premières, 11 pour les secondes, 5 et 1 pour les deux dernières catégories. Le président du Præsidium du Soviet Suprême devient le chef de l'État.

de cette première fournée, dite « des 16 » ; les aveux publics des accusés frappent les observateurs étrangers qui, presque tous, considèrent comme juridiquement inattaquable la forme de ces procès, où s'illustre le procureur général Vychinski ; rares sont ceux qui peuvent alors démonter le mécanisme préparatoire à cette mise en scène tragique, présidée par le nouveau chef de la police politique Iejov (substitué à Iagoda le 26 septembre 1936) ; contraintes morales, tortures physiques, bien connues aujourd'hui par les témoignages des survivants, réhabilités après 1953, permettent d'amener dans le box des accusés d'anciens chefs bolchéviks, brisés, « victimes de l'histoire », sauf dans quelques cas où la volonté personnelle de vieux militants intraitables oblige les bourreaux à agir dans l'ombre. Après Kamenev-Zinoviev, la machine broie en janvier 1937 les économistes ou les ralliés du 1er Plan quinquennal : Piatakov, Serebriakov, Radek et 13 autres accusés. Impuissant devant ce carnage, Ordjonikidze se suicide en février 1937, tout comme Tomski l'avait fait en octobre 1936 (et peut-être Gorki en juin 1936, et Kouïbichev en janvier 1935 ?). En mars 1937 Boukharine et Rykov sont exclus du Parti, mais leur condamnation publique attendra une année (mars 1938), car la *Iejovtchina*, qui connaît son paroxysme, de mars 1937 à l'été 1938, s'attaque tout d'abord aux cadres militaires ; les héros incontestés de la guerre civile, Toukhachevski, Iakir, Ouborevitch sont exécutés sans procès public en juin 1937, tandis que le chef des services politiques de l'armée, Gamarnik, se suicide. La dernière grande mise en scène a lieu en mars 1938 pour Boukharine, Rykov, Krestinski, Iagoda et pour 17 autres ex-dirigeants. Un grand procès des diplomates ne pourra avoir lieu, mais un très grand nombre d'ambassadeurs sont révoqués et disparaissent. On aura une idée assez précise de l'ampleur des condamnations, avouées lors des procès, étouffées dans le silence des camps de concentration, en citant ces chiffres indiqués par Khrouchtchev en 1956 : 98 des 139 membres du Comité central élus au XVIIe Congrès en 1934 ont été exécutés en 1937-1938, soit 70 % d'entre eux, ainsi que 1108 des 1 966 délégués au Congrès, soit 56 % d'entre eux ; 90 % des généraux et 80 % des colonels soviétiques auraient été fusillés ! Il est très difficile d'évaluer véritablement l'ampleur de la purge au niveau local ; on a cité le chiffre de 2 millions de victimes pour la *Iejovtchina*. Quoi qu'il en soit, un fait patent demeure, même si la répression frappe inégalement selon les secteurs, même si les bureaucrates inférieurs sont proportionnellement moins touchés que leurs supérieurs hiérarchiques, l'atmosphère de l'U.R.S.S. est désormais celle d'un camp retranché où chacun soupçonne son voisin ; délations, trahisons, condamnations forment le lot commun de la vie politique soviétique. Bien naturellement les masses s'en détournent ; un ressort essentiel dans un pays révolutionnaire a été brisé ; l'obéissance obligatoire engendre vite la passivité .

Les raisons de la terreur — Le second plan quinquennal.

Pourquoi Staline a-t-il couru pareil risque ? Bien des hypothèses ont été avancées ; selon Isaac Deutscher, biographe de Trotsky et de Staline, la terreur stalinienne provenait de l'évolution interne de l'U.R.S.S. depuis la Révolution : la révolution prolétarienne faite dans un pays socialement et politiquement inculte, avait pu tenir grâce à la constitution d'une bureaucratie incarnée par Staline ; devant les menaces de guerre de plus en plus évidentes après l'accession d'Hitler au pouvoir (1933), Staline aurait craint de voir se créer une direction de rechange susceptible de lui succéder en cas de revers militaires ; il l'aurait alors brisée. Pour Trotsky, considéré dans tous les procès comme le nœud de toutes les conspirations fomentées contre l'U.R.S.S. (d'où, dans la logique de ce système, son exécution en 1940 à Mexico par un agent stalinien), l'origine de ces tueries serait à chercher dans le désir des bureaucrates parvenus au pouvoir derrière Staline de se débarrasser de tout leur passé révolutionnaire, des tâches pendantes de la révolution mondiale, et même des principes pour lesquels la Révolution d'Octobre avait eu lieu ; en même temps la disparition massive des cadres dirigeants fournissait à tous les Soviétiques arrivistes, envieux ou simplement dociles, une possibilité d'ascension sociale, propre à en faire les soutiens du stalinisme. Il est indéniable que cette « promotion » a attiré un assez grand nombre de gens ; malgré les épurations et à cause de ces épurations, le Parti a par exemple grossi fortement à partir de 1938 (cf. croquis, p. 165); désormais ses militants sont des exécutants sinon convaincus, du moins soumis à Staline, auquel ils doivent tout, et qui, en outre, porte l'auréole du dernier grand révolutionnaire, puisque les autres épigones de la Révolution d'Octobre ont disparu en se discréditant. Au moment du XVIIIe Congrès (en mars 1939), 30 % seulement des 1 589 000 membres du Parti y étaient entrés avant 1929 ; les nouveaux adhérents étaient jeunes (les 3/4 des délégués au Congrès avaient moins de 40 ans) ; ils étaient plus représentatifs des nouveaux cadres, techniciens et des employés de bureau que des milieux ouvriers et paysans ; aux plus hauts postes, seuls demeuraient ceux qui avaient constamment soutenu la politique personnelle de Staline (cf. la liste du Politburo en 1939) [1].

Toutefois le renouvellement des cadres n'est sans doute pas le but essentiel recherché par Staline entre 1935 et 1939 ; si l'on retient les dates précises des grandes épurations (1936-1938), et si l'on remarque combien dans les grands procès l'accusation a tenu à souligner le rôle de saboteurs de la planification tenu par « les centres trotskistes et leurs affidés », l'hypothèse du bouc émissaire vient à l'esprit. Les déboires du second plan quinquennal suscitent la recherche de coupables.

En 1937, le second plan quinquennal connaît des difficultés sérieuses, bien que la socialisation des moyens de production soit alors presque entièrement achevée (94,1 % de la population active sont occupés dans le secteur socialisé) ; en février 1937, Staline se plaint du retard dans des branches essentielles comme les houillères, la métallurgie du Donets ; la production charbonnière et métallurgique stagne en 1937 ; les moyens de l'industrie lourde se révèlent insuffisants malgré l'ampleur de leurs investissements, puisque la progression réelle de l'industrie lourde entre 1937 et 1940 sera de 3 % pour l'acier et la fonte, de 10 % pour les laminés ; les industries électrotechniques, de l'automobile, des tracteurs, des moyens de transport, des machines pour les ponts et chaussées et pour le bâtiment sont même alors en baisse. Sans doute l'effort de réarmement, commencé en 1934-1935, oblige-t-il à consacrer aux industries de matériel de guerre une part considérable du budget de l'État, mais ces raisons supérieures peuvent-elles convaincre les Soviétiques d'attendre encore pour voir s'améliorer leur vie quotidienne ? En effet, si le salaire ouvrier moyen a doublé entre 1933 et 1937, à Moscou le pain a augmenté de 160 %, la viande, le beurre, le sucre, le lait ont triplé ou quadruplé. L'amélioration des récoltes céréalières (sauf en 1936) prouve que les effets de la collectivisation commencent à porter leurs fruits ; les sovkhozes géants obtiennent de bons résultats pour le coton au Turkestan, pour les cultures sucrières en Ukraine centrale et méridionale, mais le bilan du cheptel demeure toujours négatif, bien que les paysans veillent

1. Iejov, trop compromis, ou trop renseigné sur les conditions de l'épuration, disparaît lui-même en 1938 ; Béria le remplace, ce qui paraît alors entraîner un ralentissement de la tchistka.

avec soin sur leur petit troupeau personnel. En fait, face à l'augmentation de la population due à des progrès sensibles de l'hygiène et de la prévention sanitaire (la natalité remonte un peu après 1936, mais elle demeure sensiblement inférieure au taux enregistré pendant la N.E.P., 30 % contre 43 %), la quantité des produits agricoles mis à la disposition du marché national reste insuffisante, les importations de ce type étant à peu près nulles. Les techniques utilisées dans les kolkhozes s'améliorent, mais le nombre de techniciens agricoles est insuffisant (20 000 ingénieurs pour 250 000 kolkhozes en 1937), le machinisme progresse grâce aux M.T.S. qui effectuent plus rapidement les gros travaux, mais la nature des sols continue à pénaliser les paysans des régions podzolitiques du Nord et du Centre, incapables de tirer parti des gros engins mécanisés sur des sols trop meubles ; comparativement le sort du paysan des Terres noires est bien meilleur, quoique l'électrification et l'adduction d'eau y soient encore objets de promesse ; l'infrastructure des communications locales manque ! aussi les villages demeurent-ils semblables à eux-mêmes, isbas en bois au Nord, khatas en torchis au Sud, le bâtiment neuf qui sert de club et d'entrepôt ayant seul modifié l'image ancestrale du village russe.

En ville, à côté de constructions ostentatoires (rue Gorki à Moscou, stations en marbre du nouveau métro inauguré en 1935), subsistent bon nombre de rues lépreuses ; les différences salariales entre les ouvriers et les *apparatchiki*, fonctionnaires, techniciens, s'accentuent (la grille des salaires s'ouvrirait de 1 à 25 en 1937) ; ces derniers vivent mieux, profitent des très réels efforts de scolarisation secondaire (en 1939 1,6 million d'élèves dans le secondaire pour 16 millions de jeunes entre 13 et 18 ans) ; mais pour les 40 millions de paysans, les 16 500 000 ouvriers (chiffres de 1937), la vie quotidienne demeure toujours aussi difficile, tant pour le ravitaillement, que pour le logement ou la durée du travail. Même si la presse continue à vanter les exploits des héros du travail, ceux des stakhanovistes en particulier [1], tout en continuant à fustiger les erreurs ou les déficiences de la bureaucratie grâce aux lettres des lecteurs, l'impression dominante pourrait être traduite par l'expression proverbiale : « Plus ça change et plus c'est la même chose ! » Les résultats du second plan quinquennal paraissent ainsi rejoindre ceux du premier plan : au niveau de la production d'ensemble (cf. tableau p. 163) une progression existe, grâce aux investissements massifs entrepris et grâce à l'effort soutenu des Soviétiques, mais au niveau de la vie quotidienne dénuement et restrictions subsistent.

Puisque les principes de la planification sont justes, puisque l'inspirateur, le guide de cette politique ne peut s'être trompé, compte tenu de la déification consacrée depuis 1930, où se trouvent les responsables des défectuosités du Plan ? Bien évidemment parmi les responsables de la bureaucratie, c'est-à-dire dans le Parti ; mais Staline ne pouvait se contenter de frapper sur des subalternes, tant l'organisation du Parti était devenue centralisée depuis les débuts de la planification ; on aurait trouvé inutile la révocation des exécutants ; on frappa donc sur les autres supérieurs : la plus grande partie des secrétaires d'*Obkom* (Comité régional du Parti) ou de *Raïkom* (Comité de district du Parti)

1. Afin d'améliorer la qualité du travail ouvrier, on a brusquement en août 1935 lancé le mouvement stakhanoviste. Prenant l'exemple d'un mineur du Donets, A. Stakhanov, qui à Irmino a augmenté de 14 fois la productivité de son travail au fond, grâce à une rationalisation des emplois dans son équipe (brigade), les dirigeants s'efforcent d'obtenir la participation des ouvriers à une amélioration de leur rendement. Le Ier Congrès des ouvriers stakhanovistes, tenu en novembre 1935, illustre cet effort pour augmenter la productivité ouvrière. Celle-ci augmentera de 40 % pendant le second plan quinquennal.

furent changés, souvent sous le prétexte de leur excessif autoritarisme, de leur affairisme, voire de leur débauche ; tous ceux qui avaient eu à supporter auparavant l'arbitraire de ces chefs locaux pouvaient être satisfaits de cette apparente justice ; bien plus elle servait le mythe de Staline, dieu bon, mal servi jusque-là, mais qui n'hésitait pas à châtier les coupables, même très haut placés. Quant à ces derniers, quelle opposition auraient-ils pu manifester contre celui au nom duquel, depuis des années, ils avaient eux-mêmes tant sacrifié? Enfermés dans l'implacable logique du mythe du chef génial, ils pouvaient tout au plus espérer servir une dernière fois le Parti en se sacrifiant ; au demeurant, au nom de quoi ou de qui auraient-ils pu résister, puisque fort habilement on ne les livrait pas eux-mêmes à la vindicte populaire? Les condamnés publics étaient tous ceux qui, à un moment où à un autre, avaient hésité ou lutté contre la ligne générale juste. Aucun des dirigeants pro-staliniens du début des années 30, éliminés en 1936-1939, n'a été jugé dans un procès public. Lutter contre cette ligne eût été lutter contre le Parti ; admettre que les moyens choisis pour la planification étaient médiocres au moment où l'on proclamait l'arrivée de l'U.R.S.S. au socialisme, eût abouti à nier le socialisme en U.R.S.S. La seule issue logique était donc de mourir pour Staline.

Quant à ce dernier, également prisonnier des choix faits vers 1930 et du mythe sécrété à ce moment, pouvait-il modifier la route choisie sans se condamner lui-même, donc sans condamner le parti de Staline? En supposant que Staline ait voulu modifier la ligne générale, procéder à une sorte de nouvelle N.E.P., sur quelles couches sociales aurait-il pu s'appuyer en 1937-1938? Lors de son procès, Boukharine avait tenté de montrer que le choix décisif avait eu lieu en 1929 et que sa contre-révolution consistait en fait à revenir au « capitalisme d'État, au moujik aisé », à « l'idéal d'un pays agraire de koulaks avec comme appendice, une industrie » ; cette « contre-révolution » était bien une autre voie politique, glissant vers la liberté bourgeoise, vers la coalition avec les menchéviks, les socialistes révolutionnaires et les autres socialistes russes ; cette voie conduisait à la liberté et à la pluralité des partis socialistes. Elle était évidemment en contradiction avec le Parti unique et le centralisme de moins en moins démocratique, développé à l'intérieur de celui-ci depuis la fin des années 20. La seconde révolution des années 30 aboutissait logiquement au stalinisme puisqu'il était impossible dans un pays isolé, à dominante agricole, de passer rapidement du sous-développement à une économie d'abondance. Les traits dominants de l'U.R.S.S. stalinienne provenaient moins d'une mégalomanie personnelle de Staline que des conditions objectives de la construction accélérée d'une économie moderne dans un pays arriéré. L'assimilation de Staline avec les héros légendaires de l'histoire russe, Ivan le Terrible, Pierre le Grand, tyrans constructeurs justement remis à l'honneur en ces années-là, paraît pertinente (Eisenstein commence en 1941 son film sur *Ivan le Terrible*, Alexis Tolstoï obtient la consécration officielle par un roman historique sur *Pierre le Grand*, devancier des transformateurs actuels de la société). Mais le très haut coût humain de la planification ne condamnait-il pas le choix fait en 1929?

8.
L'épreuve de la guerre mondiale, ses conséquences intérieures et extérieures.

I. LA GRANDE GUERRE PATRIOTIQUE, 1941-1945.

La marche vers la guerre.

Depuis la fin de la N.E.P. et l'élimination de Trotsky, la théorie stalinienne concernant la possibilité pour un État socialiste isolé de vivre pacifiquement au milieu des puissances capitalistes, reste le dogme fondamental de la politique extérieure soviétique. Méfiance et vigilance face au reste du monde capitaliste n'empêchent pas la recherche d'accords avec certains États. Pratiquant une politique de bon voisinage avec tous les pays limitrophes, en Europe et en Asie, l'U.R.S.S. est parvenue vers 1932-1933 à éviter des risques directs de conflits ; toutefois après 1931, les conquêtes japonaises en Mandchourie et en Chine sèment l'inquiétude. Vis-à-vis des grandes puissances, les résultats obtenus alors sont inégaux : avec l'Allemagne de Weimar les rapports politiques sont bons, les relations commerciales étroites ; avec la Grande-Bretagne, conservatrice, les uns et les autres sont nettement mauvais ; avec l'ancienne prêteuse française la question des dettes obère tout rapprochement politique réel ; aux États-Unis la simple reconnaissance de l'existence soviétique a été refusée jusqu'à l'arrivée au pouvoir de F.D. Roosevelt (1933). Le VIe Congrès du Komintern (juillet-septembre 1928) a maintenu cependant le mot d'ordre de lutte générale contre deux ennemis idéologiques, les fascistes et les sociaux-traîtres.

L'arrivée au pouvoir d'Hitler, les persécutions entreprises contre l'ensemble de la gauche allemande, les manifestations belliqueuses du nouveau régime allemand vont modifier radicalement la ligne de conduite soviétique en Europe. Se rapprochant de la France radicale (Herriot) et modérée (Barthou), le régime soviétique tempère bientôt son soutien à l'Allemagne, qui, de vaincue et victime à Versailles, devient agressive et expansionniste ; il adhère à la Société des Nations (septembre 1934), tente de promouvoir une politique de sécurité collective en Europe centrale et orientale ; en août 1935, le VIIe Congrès de la 3e Internationale ratifie la politique de Front Populaire qui, en 1936, triomphe en France et en Espagne. D'une politique européenne plutôt axée sur un rapprochement avec les pays vaincus en 1918, l'U.R.S.S. passe à une politique de rapprochement avec les puissances démocratiques et libérales ; M. Litvinov, porte-parole de l'U.R.S.S. à la S.D.N., incarne cette dernière tendance qui semble aboutir à des manifestations concrètes lors de la signature du pacte d'assistance mutuelle avec la France (2 mai 1935) et avec la Tchécoslovaquie (15 mai 1935) ; toutefois les contacts militaires esquissés entre ces pays vers 1933-1934 demeurent sans suites réelles.

En fait l'hostilité des milieux conservateurs occidentaux à l'égard de l'U.R.S.S. n'a pas cessé ; les cercles militaires occidentaux, un instant séduits par la belle tenue de l'Armée rouge lors des manœuvres de 1934-1935, considèrent à partir de 1937 que les purges ont considérablement réduit la puissance militaire soviétique. Aussi les réticences des Occidentaux se multiplient-elles et certains, surtout en Grande-Bretagne, ne désespèrent pas de détourner l'humeur annexionniste de Hitler vers l'Europe orientale, U.R.S.S. comprise. Une large majorité des dirigeants occidentaux répugne à s'appuyer sur l'U.R.S.S. face à la menace des États fascistes. De leur côté, les Soviétiques, sans illusions sur les tendances dominantes des diplomaties occidentales, se réservent d'agir à leur guise. Ainsi, lors de la guerre d'Espagne, l'U.R.S.S. accepte d'abord le plan de non-intervention préconisé par les gouvernements français et anglais ; puis, devant les évidents appuis apportés par les États fascistes au général Franco, elle reprend sa liberté d'action ; elle fournit aux républicains espagnols armes et munitions, tandis que le Komintern occupe une place essentielle dans l'organisation des brigades internationales ; toutefois elle se garde bien de s'engager trop à fond dans une affaire où les principales puissances intéressées manifestent tant d'attentisme et d'aveuglement. Au fond des choses, la situation est claire : la politique d'équilibre et le désir de maintenir le statu-quo en Europe ont poussé l'U.R.S.S. à s'entendre avec les Occidentaux ; cela ne signifie point que l'U.R.S.S. soit disposée à faire les frais d'une guerre où elle estime avoir tout à perdre. La passivité occidentale lors de l'annexion de l'Autriche par Hitler en mars 1938, et plus encore le « lâche soulagement » de la France et de la Grande-Bretagne à Munich en septembre 1938 entraînent la nouvelle stratégie soviétique : dès octobre 1938, le vice-ministre des Affaires étrangères, Potiemkine, recevant l'ambassadeur français Coulondre, s'écrie : « Qu'avez-vous fait, vous nous condamnez à un nouveau partage de la Pologne ! »

La ligne directrice de la politique extérieure soviétique est désormais tracée en fonction de l'axiome suivant : les puissances occidentales, décidées à ne pas entrer en guerre contre Hitler, sont prêtes à lui laisser les mains libres en Europe orientale, comme le prouvent les accords de Munich ; elles chercheront même à envenimer les rapports soviéto-allemands pour pouvoir « tirer les marrons du feu » lorsque les deux adversaires seront épuisés (cf. le discours de Staline au XVIIIe Congrès du P.C. en mars 1939). Dans ces conditions l'U.R.S.S. doit éviter tout conflit avec Hitler ; le cas échéant, on pourra même s'entendre avec lui pour partager les zones d'influence en Europe orientale, malgré les déclarations répétées d'anticommunisme du Führer. A Hitler, jugé comme un manœuvrier réaliste, répondra une politique stalinienne fondée sur le réalisme. Paradoxalement, la politique extérieure de l'U.R.S.S., fondée sur des principes idéologiques, veut ici ignorer le poids dominant de l'idéologie chez ce nouveau partenaire. Le pacte de non-agression germano-soviétique du 3 août 1939, complété par un accord secret de partage de territoires polonais, baltes et roumains, procède directement de ce « réalisme ». Puis, lorsque l'occasion en est offerte, en septembre 1939, puis en juin 1940 (la défaite française consommée), Staline rattache à l'U.R.S.S. des terres qui avaient été parties de l'ancien empire tsariste (régions peuplées d'Ukrainiens, Biélo-russes, Baltes et Bessarabiens) ; 4 nouvelles républiques fédérées (Esthonie, Lituanie, Lettonie, Moldavie) sont constituées ; ces annexions sont plutôt dues au désir de préserver les lignes défensives traditionnelles qu'au souci de reconstituer l'ancien territoire impérial [1].

Partant du même point de vue, en novembre 1939, Staline n'hésite pas à attaquer la Finlande, après avoir réclamé dans un ultimatum les territoires susceptibles de couvrir la défense de Léningrad et du golfe de Finlande ; après 3 mois d'une guerre hivernale difficile, satisfaction est obtenue (traité du 12 mars 1940 — création de la république fédérée de Carélie), mais les médiocres résultats des armées soviétiques sur ce front ne sont-ils pas inquiétants pour l'avenir ? Quelle est la valeur réelle de l'Armée rouge capable, quelques mois auparavant, d'infliger une sévère défaite aux Japonais envahisseurs de la Mongolie extérieure, alliée de l'U.R.S.S. (bataille du Khalkim-Gol en mai-août 1939), mais qui piétine des mois devant les lignes de résistance finlandaises ? Devant les risques de guerre générale, face à l'ambition d'un Hitler qui n'a jamais fait mystère d'annexer l'Ukraine au *Lebensraum* (l'espace vital) allemand, le réalisme seul est-il suffisant, s'il ne se double pas d'une solide force militaire ? Les Soviétiques ont été habitués à entendre les discours de leurs dirigeants affirmant que toute attaque contre l'U.R.S.S. serait suivie d'une riposte foudroyante, mais tout est-il prêt ? La politique de stricte neutralité de l'U.R.S.S. [2], la signature d'un traité de neutralité réciproque avec le Japon (13 avril 1941), garantissant les frontières extrême-orientales, le respect scrupuleux des accords commerciaux signés avec l'Allemagne sont des garanties complémentaires pour la politique réaliste de Staline. Quel serait l'intérêt immédiat de Hitler dans une attaque de l'U.R.S.S. alors que la guerre contre la Grande-Bretagne continue ? Plus le temps passe et plus la politique stalinienne paraît payante : en juin 1941 le « réalisme » de Staline a réussi à préserver l'U.R.S.S. d'un conflit qui dure depuis bientôt 20 mois entre « puissances impérialistes ».

L'invasion 1941-1942.

Le 22 juin 1941 l'armée allemande passe brusquement à l'attaque ; une semaine plus tôt un communiqué soviétique avait dénoncé les manœuvres de ceux qui prédisaient un prochain conflit germano-soviétique (les informations précises transmises par Sorge, espion soviétique en poste à Tokyo, et par bien d'autres sources dignes de foi, étaient tenues pour inexactes par Staline). Aussi l'effet de surprise est-il considérable dans la population soviétique ; Staline lui-même a-t-il été surpris et désarçonné pendant plusieurs jours, au point de manquer de toute réaction, comme on l'a dit ? Étant donné la

1. A noter que la Bukovine du Nord n'avait jamais fait partie de l'Empire russe. Selon la version soviétique les annexions de territoires en 1939 et 1940 ont été effectuées pour répondre aux désirs des populations de ces régions ; en fait aucun référendum n'a jamais eu lieu, pas plus qu'on avait consulté ces populations en 1919, avant de les rattacher à tel ou tel État, ou les populations de l'État tchèque avant Munich en septembre 1938.

2. Lors d'un voyage à Berlin en novembre 1940, Molotov refuse de s'engager dans une politique de partage du monde ; selon Ribbentrop, l'U.R.S.S. aurait pu s'étendre en Asie, vers les confins hindous.

structure du pouvoir en U.R.S.S., porte-t-il dès lors la responsabilité de l'effondrement moral et des revers militaires qui se précipitent de juin à septembre 1941 ? Là encore le jugement de l'historien demeure incertain devant les polémiques qui ont divisé les historiens et les militaires soviétiques au moment de la déstalinisation.

D'un côté, on fait valoir que, dès la 18e conférence du Parti, en février 1941, le IIIe Plan quinquennal avait été modifié pour accélérer les préparatifs militaires ; Voznessenski, chargé depuis 1939 de l'industrie de guerre, Malenkov, chargé des cadres du Parti, Chtcherbakov, premier secrétaire à Moscou, étaient venus alors renforcer le bureau politique ; Staline avait pris lui-même la direction du Conseil des commissaires du Peuple le 5 mai 1941. Les promotions d'officiers étaient accélérées en 1940 et 1941, les militaires professionnels retrouvant une autorité battue en brèche depuis 1937. L'exaltation du patriotisme et de la grandeur du passé russe, en particulier à l'écran [1], la politique d'apaisement à l'égard du clergé orthodoxe tentaient de reconstituer une certaine unité nationale, propre à préparer les peuples de l'U.R.S.S. aux combats futurs ; un armement plus moderne (en particulier des chars d'un nouveau modèle, les T 34) devait permettre de soutenir le choc du *Blitzkrieg*. Dans ces conditions, seul le temps aurait manqué pour que tous ces efforts portent leurs fruits dès l'attaque allemande. La super-centralisation du pouvoir, renforcée par la création le 30 juin 1941 d'un Comité d'État de la Défense (*Gossudarstvenny Komitet Oboroni* — G.K.O.) [2], les transferts rapides en Sibérie des industries de guerre, grâce à un Comité d'évacuation, créé dès le 25 juin 1941, ne continuaient-ils pas la politique menée précédemment ?

D'un autre côté, les critiques font valoir l'aveuglement de Staline, refusant jusqu'à la dernière minute de faire mettre l'Armée rouge en état d'alerte, d'où l'hécatombe inutile des troupes de couverture et la destruction au sol d'un grand nombre d'avions ; on souligne l'insuffisance de l'encadrement de l'armée (bien des chefs militaires sont encore en camp de concentration), la dispersion des forces aériennes et des unités de chars, les tergiversations inutiles pour adopter des armes nouvelles efficaces, l'absence de tout plan de recul des armées, l'incapacité d'utiliser pour la défense de l'U.R.S.S. les zones occidentales récupérées en 1939 et 1940 ; surtout on condamne l'intoxication psychologique des Soviétiques, auxquels on a promis une contre-offensive immédiate et victorieuse lors d'une éventuelle attaque extérieure, sans même envisager la possibilité d'une retraite momentanée.

Or cette retraite prend rapidement une ampleur stupéfiante ; au centre du front, dès le 16 juillet Smolensk, à plus de 500 km des frontières, est atteint par l'armée allemande de von Bock ; au Nord, von Loeb atteint Pskov dès le 20 juillet ; Léningrad est menacée dès la mi-août ; au Sud, si la progression allemande est d'abord plus lente (Kiev tombe le 19 septembre), elle devient ensuite plus grave, car de vastes territoires ukrainiens sont conquis et surtout d'importantes armées rouges sont encerclées et capturées (près de 500 000 hommes dans la « poche » de Kiev). En trois mois de combats, les républiques baltes, biélo-russe, moldave, la quasi-totalité de la république ukrainienne sont

1. *Eisenstein,* Alexandre Nevski *(1939) ; V. Poudovkine,* Minine et Pojarski *(1939),* Souvorov *(1941).*

2. *Le G.K.O. est composé de 5 membres : Staline, Molotov, Vorochilov, Malenkov et Béria ; il a tous les pouvoirs, militaires et civils. Staline est également nommé commandant en chef des forces armées.*

aux mains des envahisseurs ; Hitler et son état-major pensent se saisir rapidement de Moscou et de Léningrad. Que peut faire une Armée rouge désemparée, tronçonnée, réduite à des combats d'arrière-garde (cf. le roman de C. Simonov, *Les Vivants et les Morts*) ? A la mi-octobre les avant-gardes allemandes sont dans les faubourgs de Moscou, évacuée précipitamment par bon nombre de fonctionnaires, Léningrad est assiégée sans que la population civile ait pu être mise à l'abri.

Pourtant les deux capitales ne seront jamais prises ; après deux mois de violents combats, en plein hiver, les armées allemandes doivent commencer à reculer sur le front central, Moscou est dégagée, Léningrad tient bon ; malgré ses deux millions de prisonniers, ses nombreuses pertes en hommes et en matériel, l'Armée rouge n'est pas vaincue. Plusieurs facteurs expliquent ce redressement ; tout d'abord l'invasion allemande sécrète elle-même des anticorps : la férocité des envahisseurs nazis auxquels tout est permis, puisque le combat les oppose aux Slaves, ces sous-hommes destinés à croupir dans le système raciste nazi, suscite une réaction nationale d'une rare ampleur ; dès son premier discours à ses compatriotes, le 3 juillet 1941, Staline a évoqué le passé russe, l'histoire nationale, la fraternité de tous les peuples de l'U.R.S.S., et la nécessité de pratiquer la politique de la terre brûlée [1] ; c'est moins le régime soviétique que le peuple russe qui se défend ; Staline le reconnaît nettement lorsque le 6 novembre 1941, date anniversaire de la révolution d'Octobre, il passe en revue à Moscou les troupes soviétiques qui, le soir même, vont combattre sur le front de la capitale : « La guerre que vous faites est une guerre juste, une guerre de libération, une guerre où peuvent vous inspirer les figures héroïques de nos grands ancêtres, Alexandre Nevski, Dimitri Donskoï, Minine et Pojarski, Alexandre Souvorov, Michel Koutousov. » Un second facteur rejoint le premier : l'effort de guerre, dans les usines ou dans les kolkhozes de l'arrière comme sur le front, rassemble les énergies de tout un peuple, prêt à accepter tous les sacrifices ; dans ces conditions, l'extrême centralisation des décisions, l'organisation planifiée et même militaire de l'économie, la froide détermination des dirigeants, Staline en tête, peuvent rendre au maximum ; la levée en masse des hommes de 16 à 50 ans, l'engagement de milliers de volontaires dans les milices, l'entrée massive des femmes et des jeunes dans les usines, le transfert réussi des usines évacuées pendant l'automne et l'hiver 1941, la nomination de nouveaux chefs militaires comme Joukov, Koniev, Vatoutine, Rokossovski, en remplacement de généraux « politiques » comme Vorochilov ou Boudienny, bons entraîneurs d'hommes, mais piètres stratèges, sont les gages de succès futurs ; la première stupeur passée, les premiers affolements surmontés, l'endurance, la ténacité, l'héroïsme du peuple soviétique permettront de tenir, puis de vaincre. Dans ces conditions deux caractéristiques fondamentales de l'U.R.S.S. peuvent jouer à plein : l'immensité du territoire, la quantité de sa population ; l'Armée rouge a pu reculer sans être vaincue sur des centaines de kilomètres (elle reculera encore largement en 1942), tandis que les lignes de communication allemande s'allongent dangereusement ; malgré

1. *Pour la première fois Staline s'adresse aux Soviétiques à la radio en adjoignant au traditionnel* Tovarichtchi *(camarades) les mots « Frères et Sœurs » ; il évoque les fascistes allemands qui veulent « détruire la culture nationale des peuples de l'Union soviétique et faire d'eux les esclaves des princes et des barons allemands» (allusion évidente aux luttes passées).*

les pertes, dès janvier 1942, 180 divisions soviétiques sont au combat, l'avantage numérique ne va pas rester du côté allemand, pourtant renforcé par les légions anti-bolchéviques européennes [1]. Dans la guerre et par la guerre, l'U.R.S.S. devient l'un des deux géants du monde.

On comprend ainsi pourquoi, pendant l'année 1942, l'U.R.S.S. peut soutenir, presque seule, la nouvelle offensive allemande. Certes dès l'ouverture du conflit, Churchill a offert l'alliance britannique (un accord militaire sera signé le 12 juillet 1941, l'alliance le 26 mai 1942) ; puis après l'attaque japonaise de Pearl Harbour (décembre 1941), les États-Unis de Roosevelt ont étendu les fournitures de guerre à l'U.R.S.S., grâce à la loi Prêt-Bail ; mais d'une part, les initiatives militaires alliées restent bien limitées, malgré les engagements, pris dès 1942, d'ouvrir rapidement un second front en Europe ; d'autre part, les envois d'armes et de ravitaillement par la voie maritime de l'Arctique arrivent au compte-gouttes en 1942 (les sous-marins allemands et certaines tergiversations américaines en sont la cause) ; aussi l'U.R.S.S. en est réduite pratiquement à ses seules forces. Après une offensive soviétique manquée devant Kharkov en mai, les forces allemandes entrent à nouveau en action pendant l'été avec deux objectifs essentiels, s'emparer des pétroles du Caucase, atteindre la vallée de la Volga pour couper par le Sud des voies essentielles de communication soviétiques. A nouveau l'U.R.S.S. connaît des heures critiques, bien qu'elle ne subisse plus l'effondrement moral de l'été 1941 ; en août 1942, les Allemands atteignent la Volga vers Stalingrad ainsi que les puits de pétrole de Groznii ; en Crimée, Sébastopol et Kertch doivent se rendre ; à l'arrière, le nombre des ouvriers dans l'industrie ne cesse de baisser pour combler les vides parmi les combattants (7,2 millions fin 1942, contre 11 millions en 1940). Pourtant à partir de mai-juin 1942, la production ne baisse plus, car la productivité progresse et les circuits économiques sont efficaces, même si le ravitaillement reste défectueux, malgré un strict rationnement, engendrant marché noir, hausse des prix et « débrouillardises ».

Sur le front l'instant crucial est arrivé : en septembre 1942 commence la formidable bataille de Stalingrad, véritable tournant décisif de la guerre à l'Est. Plus d'un million de combattants sont aux prises (en septembre 1942, 590 000 hommes de part et d'autre, en décembre environ 850 000 dans chaque camp) ; en septembre-octobre, les troupes allemandes accrochées dans les ruines de la ville, étirée sur environ 30 km le long de la Volga, ne peuvent réduire les défenseurs acculés au fleuve ; pendant ce temps le commandement soviétique rassemble des réserves ; le 19 novembre il lance une contre-offensive destinée à encercler les Allemands ; le 24 novembre 1942, plus de 300 000 hommes sont encerclés ; le 2 février 1943 91 000 survivants allemands se rendent. L'effet psychologique est immense dans les deux camps et chez les neutres. En janvier 1943 Léningrad est dégagée après 900 jours de siège ; plus que les combats, la faim et le froid ont décimé la population civile ; 641 803 personnes sont mortes de privations contre 29 721 du fait des bombardements ! Mais la ville de la révolution a tenu. Le sort de la guerre est changé, désormais l'Armée rouge possède l'initiative des opérations ; l'invasion est stoppée, la libération commence.

1. L'Italie, la Roumanie, la Finlande, la Hongrie sont en guerre contre l'U.R.S.S., sans compter « les légions » de pays vassaux.

La victoire 1943-1945.

Au moment de l'extrême avance allemande en U.R.S.S., environ 50 millions de Soviétiques, 47 % du sol cultivé, 33 % des capacités industrielles de l'U.R.S.S. étaient sous l'autorité des envahisseurs. La tactique de la terre brûlée, l'exploitation forcenée des territoires occupés par les Allemands (ce qui explique sans doute l'extrême faiblesse de la collaboration parmi les populations restées sur place, sauf chez les nationalistes ukrainiens), la déportation en Allemagne de très nombreux travailleurs (4,5 millions d'hommes, femmes et enfants) sont en train de ruiner cette partie de l'U.R.S.S., assez riche avant la guerre ; si à la campagne le rythme de vie change peu, les occupants laissant subsister les organisations communautaires plus faciles à pressurer, en ville les conditions de l'existence quotidienne deviennent rapidement dramatiques, sans compter les méthodes de terreur qui frappent d'abord les membres du P.C. et les Juifs (nombreux dans le Sud-Ouest), puis tous ceux qui sont suspectés d'aider « les partisans » ; or ceux-ci se multiplient dès 1942 ; aux restes démembrés de l'armée soviétique, cachés dans les vastes forêts de Biélorussie dès l'été 1941, se joignent tous les Soviétiques menacés de représailles ou de transferts forcés en Allemagne ; bientôt de multiples centres de résistance harcèlent les communications des troupes allemandes qui répondent par des massacres locaux, d'où la naissance de nouveaux résistants. La cruauté, la violence de la guerre à l'Est dépassent largement des horreurs des combats en Occident (on compterait 8 millions de morts dans les zones occupées) ; des générations de Soviétiques apprennent ainsi à haïr l'envahisseur allemand, et pour longtemps, la psychologie collective des masses russes en sera marquée.

Sur le front les sentiments des combattants sont identiques ; c'est une lutte sans merci que se livrent les deux adversaires ; après Stalingrad, les deux armées ont préparé les offensives d'été (les batailles de chars interdisent toute grande opération pendant la *raspoutitza* [1] du printemps) ; du côté soviétique Staline, qui supervise effectivement les plans de la *Stavka* (État-major), dirigée par B. Chapochnikov, puis par A. Vassilievski (juin 1942-1945), a prescrit de mener des offensives limitées et multiples sur ce vaste front, afin de constamment faire pression sur l'ennemi, tout en concentrant à la guise de l'Armée rouge hommes et matériel ; en particulier les avions d'assaut (*chturmoviki*), les chars, et surtout l'artillerie (les célèbres *katiouchas*, lance-fusées, deviennent pour les soldats soviétiques sources d'innombrables *bylines* [2] où s'exprime le folklore patriotique russe) doivent servir à écraser l'ennemi avant que l'infanterie ne s'élance à l'assaut ; l'Armée rouge, forte de 6 millions d'hommes, possède ainsi non seulement en général l'avantage du nombre (5 millions d'Allemands), mais sur les points de rupture le rapport des forces lui est nettement favorable. Un armement désormais plus fourni que celui de l'adversaire (les usines d'armement de l'Oural ou de Sibérie produisent à des cadences plus fortes que les usines allemandes), une conviction bien ancrée chez tous les soldats de combattre dans une guerre juste pour libérer la patrie envahie, un commandement rajeuni et aguerri, des cadres et des militants toujours plus nombreux dans un parti

1. Raspoutitza = période du dégel où toutes les routes sont inutilisables.
2. Byline = chanson épique populaire.

communiste [1] qui a prouvé sa valeur dans l'adversité au point d'être désormais l'incarnation de la défense nationale, expliquent les succès obtenus, tout comme y contribuent les erreurs du commandement adverse et la lassitude des soldats envahisseurs, peu à peu conscients d'être incapables de maîtriser cet immense pays.

La bataille de chars de Koursk sonne le glas des espérances de Hitler ; du 5 au 13 juillet 1943, les Allemands essaient vainement de réduire un saillant du front ; 1 500 chars de part et d'autre s'affrontent sur un champ de bataille de 4 km de profondeur pendant 2 jours ; ce gigantesque affrontement de blindés (le plus important de toute la guerre) consacre le commencement des victoires libératrices pour les Russes. Désormais « le rouleau compresseur » russe est en marche ; pendant l'été 1943, de juillet à octobre, Sokolovski, Tolboukhine, Malinovski et les autres généraux soviétiques font progresser leurs troupes de Smolensk à Kiev et à la mer d'Azov ; en novembre, le Dniepr est franchi sur de larges profondeurs ; l'hiver ralentit la progression dans le Sud, mais en janvier 1944 une offensive partie de Novgorod dégage définitivement la région de Léningrad. En fait l'initiative des opérations demeure totalement du côté du commandement soviétique : Hitler en est réduit à prescrire une défense sur des pôles de résistance, « les hérissons », qui l'un après l'autre disparaissent ; la tactique dite du « repli élastique » fait sourire tous ceux qui, en Europe occupée, suivent avec plaisir ce recul des armées allemandes, et qui voient dans l'Armée rouge la force essentielle des Alliés. Le prestige de l'U.R.S.S. et de son chef Staline grandissent incontestablement dans le monde.

Aussi est-ce un Staline déjà sûr de sa force et décidé à en tirer le maximum d'avantages que Churchill et Roosevelt rencontrent pour la première fois à Téhéran en novembre 1943. Pendant l'année 1943, les rapports entre les Alliés se sont sérieusement dégradés ; en particulier pendant l'été 1943 les relations ont été proches d'une rupture ; d'une part, l'absence d'un réel second front affecte les Soviétiques, qui y voient la volonté délibérée des Alliés occidentaux de laisser les autres belligérants s'épuiser avant d'intervenir; de plus, en mars, les Anglais ont décidé de suspendre jusqu'en septembre les convois maritimes de ravitaillement pour l'U.R.S.S., afin d'éviter de trop lourdes pertes face aux sous-marins allemands. D'autre part, sur le plan diplomatique, les Occidentaux soutiennent les positions du gouvernement polonais en exil à Londres, qui après la découverte du charnier de Katyn (des milliers d'officiers polonais ont dû être exécutés en 1940-1941 par le N.K.V.D.) manifeste hautement sa volonté de remettre en cause les frontières acquises en 1939-1940 (d'où la rupture diplomatique entre Polonais de Londres et Soviétiques en avril 1943) ; enfin et surtout, la perspective de futures capitulations parmi les alliés de l'Allemagne (cas de l'Italie en septembre 1943) amène les puissances coalisées à se suspecter mutuellement. Pourtant en gage de bonne volonté, Staline a décidé de dissoudre le Kominform (10 juin 1943) ; il est vrai que la situation des divers P.C. en Europe ne rend plus nécessaire cet organisme de liaison. Dans ces conditions, seule une explication au sommet pouvait régler les différends et relancer la coalition.

Une conférence tenue à Moscou du 19 au 30 octobre 1943 (Molotov-Eden-Hull) permit de débloquer la situation ; les Occidentaux admettaient les nouvelles frontières

1. Au 1er janvier 1941 le Parti comptait 3 872 465 militants ; après les pertes de 1941 (800 000 membres?) les adhésions nombreuses parmi les militaires et les ouvriers, portent la masse des adhérents à 3 854 701 en janvier 1943 et à 5 760 369 en janvier 1945 (cf. croquis p. 169).

occidentales de l'U.R.S.S., une commission consultative européenne tripartite était créée pour préparer les conditions de capitulation ; les trois grands États devaient se concerter pour établir la paix future, sur la base d'une coopération et d'une sécurité collective, incarnée désormais dans la future organisation des Nations Unies. A Téhéran les trois chefs de gouvernement précisèrent leurs vues dans une atmosphère détendue : les Occidentaux s'engageaient à ouvrir en France un second front pour le 1er mai 1944, les Soviétiques s'engageant réciproquement à lutter contre le Japon, après l'arrêt des hostilités en Europe ; la Pologne nouvelle serait « poussée » vers l'Ouest, une capitulation sans conditions serait imposée à l'Allemagne, dont Roosevelt réclamait le démembrement, Staline restant prudemment muet à ce sujet ; l'O.N.U. future serait sous l'autorité des quatre Grands (en y comprenant la Chine). Ainsi on parvenait à surmonter les difficultés passées et à offrir le spectacle rare d'une réelle collaboration politique entre puissances capitalistes et État socialiste.

L'année 1944 confirme la puissance de l'Armée rouge ; de mars à mai la majeure partie de l'Ukraine est libérée ainsi que la Crimée ; Odessa est reprise en avril, les Carpathes atteintes en juin. En même temps que le débarquement en Normandie, en juin les troupes soviétiques lancent leur grande offensive d'été : la Biélorussie dépassée, les troupes soviétiques atteignent les limites de l'U.R.S.S. ; la guerre de libération nationale s'achève, mais la guerre en Europe orientale commence. En juillet on borde la Vistule, en août la guerre est portée en Roumanie, qui voit un changement de gouvernement en septembre la faire basculer du camp allemand dans le camp allié ; elle signe l'armistice avec l'U.R.S.S. en reconnaissant à celle-ci les frontières acquises en 1940. Bientôt la Bulgarie, de tradition russophile (bien qu'alliée de l'Allemagne, elle n'avait jamais déclaré la guerre à l'U.R.S.S.), imite la Roumanie, après que les armées russes aient atteint ses frontières (9 septembre). Au Nord la Finlande a fait de même : un nouveau gouvernement finlandais signe l'armistice le 2 septembre en reconnaissant les frontières de 1940, en abandonnant Petsamo et en se tournant contre l'Allemagne. Fin 1944, l'U.R.S.S. a ainsi recouvré et consolidé ses acquisitions de l'avant-guerre.

En Pologne la situation est également éclaircie : lorsque l'armée de Rokossovski a atteint la Vistule au terme d'une longue avance, les Polonais regroupés dans l'Armée secrète, liée au gouvernement en exil à Londres, ont lancé une insurrection à Varsovie pour devancer leur libération par les Russes et s'imposer ainsi à Staline ; celui-ci, fort des accords de Téhéran, n'entend pas être débordé ; froidement il laisse les Allemands mater l'insurrection polonaise ; il traitera ensuite avec le « comité de Lublin », constitué le 21 juillet 1944 sous l'influence des communistes polonais ; celui-ci, favorable à la nouvelle structure géographique de la Pologne, prend bientôt la direction politique de la nouvelle Pologne ; là encore, la consolidation des frontières occidentales de l'U.R.S.S. est effectuée avant la fin des hostilités.

Lorsque W. Churchill se rend à Moscou en octobre 1944 pour y rencontrer Staline, il trouve donc en face de lui un chef d'État qui, grâce aux succès des armées soviétiques, a pris de fortes assurances sur le futur ; Churchill est le demandeur dans le marchandage célèbre sur les zones d'influence dans les Balkans et l'Europe orientale ; le partage qui s'esquisse, entériné quelques mois plus tard lors de la conférence de Yalta (4-11 février 1945), dépend fondamentalement des positions acquises ; à ce moment, les Américains ne possèdent pas encore la bombe atomique, et, pour finir rapidement la guerre contre le Japon, Roosevelt doit obtenir l'aide soviétique ; il est donc lui aussi le demandeur sur le plan militaire ; l'obtention du droit de veto et de trois sièges à l'O.N.U. pour l'U.R.S.S. (Biélorussie et Ukraine sont représentées), le partage de l'Allemagne en zones d'occupation et le règlement définitif du problème polonais selon les vœux de Staline sont la reconnaissance des victoires de l'Armée rouge en Europe. Staline peut s'engager à intervenir contre le Japon trois mois après l'arrêt des hostilités en Europe, il y gagnera encore le sud de Sakhaline, les Kouriles et des bases en Chine (Port Arthur et Daïren) [1]. Ainsi, avant même que les armées allemandes soient totalement défaites au prix de très durs combats pour l'Armée rouge, avant que la Hongrie, puis la Tchécoslovaquie ne soient entièrement aux mains des troupes soviétiques, avant que Berlin ne soit enlevé de haute lutte (2 mai 1945) et l'armistice signé (9 mai pour les Soviétiques), la puissance acquise par l'U.R.S.S. est reconnue par tous. L'U.R.S.S. était une grande puissance avant 1945 ; en 1945 elle est devenue l'un des deux géants du monde contemporain.

II. L'APRÈS-GUERRE ET LE RENOUVEAU DU STALINISME 1945-1953.

La dictature renforcée.

Le 24 juin 1945 se tient à Moscou la revue de la Victoire ; jamais sans doute depuis la Révolution d'Octobre une manifestation n'a rassemblé en Russie une telle ferveur unanime ; une communauté de douleurs, de misères, de peines, mais aussi de joies d'avoir survécu et vaincu, unit l'ensemble des peuples de l'Union auxquels Staline rend un solennel hommage, tout en magnifiant particulièrement le « grand peuple russe ». Une ère nouvelle va-t-elle s'ouvrir dans la suite logique des changements politiques intervenus pendant la guerre ? Continuera-t-on à laisser plus libres les paysans, tolérera-t-on leur enrichissement (relatif) commencé pendant les années de restrictions, sous réserve de les voir mieux ravitailler les villes ? Laissera-t-on encore une autonomie relative au clergé orthodoxe, qui a soutenu le moral du peuple russe pendant les épreuves et qui, en récompense, peut tenir en janvier 1945 le premier synode post-révolutionnaire ? Le parti communiste restera-t-il une vaste organisation où s'engagent les meilleurs, sans que l'on en revienne à l'obéissance aveugle et aux méthodes radicales de promotion de l'avant-guerre ? Le maréchal Staline (il porte ce titre depuis 1943), qui avait su incarner la résistance de l'U.R.S.S., puis mener les armées à la victoire, saurait-il régner de manière plus débonnaire, assuré de l'estime de tout un peuple en 1945 ? L'unanimité nationale retrouvée conduirait-elle enfin l'U.R.S.S. vers les voies de la confiance réciproque, garantie des libertés fondamentales accordées à chacun ?

A tous égards la réponse fut négative. Il ne fallut pas longtemps pour que le carcan d'une dictature renforcée retombe sur les peuples de l'Union ; non seulement les contraintes d'avant-guerre (fermeture des frontières vers l'extérieur, livrets de travail, passeports intérieurs, tracasseries administratives) recommencèrent, mais on accentua les brimades ; ainsi tous les survivants des camps de prisonniers en Allemagne (3 des 4 millions de prisonniers sont morts dans les camps, victimes de sévices et de la faim) furent

1. L'U.R.S.S. entre en guerre contre le Japon le 9 août 1945 ; elle conquiert la Mandchourie ; le Japon capitule le 2 septembre après les deux bombes atomiques américaines.

tenus en suspicion et souvent envoyés dans d'autres camps de concentration en Sibérie ou dans l'Extrême-Nord ; bientôt des paysans enrichis, des peuples considérés comme collectivement traîtres à la patrie (cf. Tatars de Crimée, Allemands de la Volga) les y rejoignirent. Dans les rangs du Parti, les épurations massives recommencèrent (en 1945 le nombre des militants diminue de 250 000 unités ; en 1947 et 1948 les exclusions dépassent les adhésions) ; en particulier, vers 1948-1949, sans jugements ou procès publics, des disparitions subites parmi les dirigeants ou des mises à l'écart témoignèrent du retour au climat de suspicion et de dénonciation des années 1936-1938. L'affaire de Léningrad en mars 1949 vit une sévère épuration des cadres du Parti, dont A. Kouznetsov, secrétaire du Comité central depuis 1946, l'élimination physique de Voznessenski, premier vice-président du Conseil, grand maître du plan, et le remplacement de trois ministres importants (Mikoïan, Molotov, Boulganine) ; ainsi la peur régnait même parmi les staliniens les plus fidèles.

De même les écrivains et les artistes avaient été remis au pas par le grand-maître de l'idéologie, Jdanov (il meurt de maladie le 31 août 1948) ; on incitait à l'exaltation nationaliste et aux dithyrambes habituels envers le coryphée de la science moderne, le génial conducteur des peuples épris de paix, le protecteur tutélaire des nations socialistes, « notre Joseph Vissionarovitch Staline » ; en février 1948 bon nombre d'intellectuels avaient été accusés de formalisme bourgeois antipopulaire, tel le musicien Chostakovitch ; en juillet-août 1948 l'affaire Lyssenko-Mitchourine tendait à prouver que seuls les « favoris » de Staline avaient toujours raison au nom de la science dite prolétarienne. En effet cette période voit se confirmer la tendance, déjà affirmée dans l'avant-guerre, d'un régime dépendant d'un homme seul et de ceux qui ont su capter momentanément sa confiance ; la guerre a même facilité la concentration juridique des pouvoirs, par l'exemple du G.K.O. ; les organes supérieurs du Parti ne sont plus réunis (le Comité central est réuni deux fois entre 1945 et 1952) ; même le bureau politique de 18 membres est dépossédé de son autorité au profit d'un Comité dit des Sept créé en octobre 1946 [1]. Aucune des règles statutaires du Parti n'est observée. En fait, du fond du Kremlin, Staline convoque ses familiers la nuit pour leur dicter ses volontés ; le secrétariat particulier de Staline, dirigé par Poskrebychev, certains secrétaires du Comité central, tels Malenkov et Khrouchtchev (après 1947), et surtout les services du ministre de la Sécurité d'État, L. Béria, sont les principaux bénéficiaires de ce régime personnel.

Les conditions économiques et sociales de l'après-guerre.

Pourquoi ce renforcement des contraintes? Dans l'état actuel de l'information historique, on en est réduit aux supputations. On peut sans doute tenir pour secondaire l'explication caractérologique, qui réduit la dictature de Staline à la déformation paranoïaque habituelle chez un tyran âgé, sceptique vis-à-vis de son entourage et habile à diviser les clans qui s'efforcent de gagner sa confiance ; l'adulation frénétique et ridicule des louanges adressées au maréchal, en particulier pour son 70e anniversaire (1949), correspond à l'aspect externe du type de gouvernement instauré par Staline vieillissant, mais celui-ci est trop calculateur, pour que le culte du chef et le mythe de son infaillibilité ne correspondent au fond à des moyens politiques délibérés.

1. *Staline, Jdanov, Béria, Boulganine, Molotov, Mikoïan, Voznessenski.*

Or, sous des dehors grandioses, l'U.R.S.S. de l'après-guerre, engagée dans la dure tâche de la reconstruction, est vulnérable. A l'extérieur, les rapports avec les anciens Alliés se sont vite détériorés au point d'empêcher tout règlement définitif du problème allemand ; la guerre froide a pris le pas sur la coopération dès le début de l'année 1947 (affaire de Berlin, 1948-1949, — guerre de Corée, 1950-1953) ; dès lors, l'U.R.S.S., leader du camp socialiste, a la responsabilité idéologique et militaire d'un tiers du globe (la création de la République Populaire de Chine en octobre 1949 la renforce, mais ne met pas encore en question sa suprématie) ; a-t-elle les moyens de sa politique ? L'Armée rouge est installée dans toute l'Europe orientale, mais au XXe siècle la force d'une armée ne réside-t-elle pas d'abord dans la puissance industrielle de ses arrières ?

A cet égard la situation de l'U.R.S.S. est plus incertaine qu'il n'y paraît ; le IVe Plan quinquennal de relèvement et de développement, adopté en mars 1946, prévoit bien un relèvement global de l'industrie de 48 % par rapport à 1940 ; dès la fin de 1948 le plan est officiellement réalisé dans ce secteur (en 1950 on aurait atteint un niveau de 73 % supérieur à celui de 1940) (cf. tableau p. 163), mais les inégalités sectorielles et les conditions de réalisation du Plan laissent subsister bien des points faibles ; une fois encore l'industrie lourde a obtenu la majeure partie des investissements aux dépens des industries de biens de consommation ce qui aboutit, à court terme, au maintien d'un niveau de vie très faible ; la vie quotidienne en porte de multiples témoignages : habillement, nourriture, équipement ménager dans les villes, équipement en matériel agricole posent à l'ensemble des Soviétiques des problèmes le plus souvent insolubles, malgré le courage et la discipline manifestés dans le travail; en particulier le problème du logement, aggravé par les destructions considérables apportées par la guerre en Russie d'Europe, rend très dure la vie quotidienne. La population soviétique, usée par les restrictions et par les efforts réalisés pendant la guerre, amoindrie numériquement par les pertes dues à la guerre[1], doit, pour entreprendre le Plan, utiliser un matériel déjà abondamment sollicité pendant les combats ; même en relançant le stakhanovisme et en promouvant le mouvement des novateurs, on ne peut imposer des normes élevées à l'ensemble des travailleurs ; il faut pourtant panser les plaies de la guerre, estimées à 679 milliards de roubles, pour un revenu national annuel estimé à 96,3 milliards de roubles en 1938 !

Aussi le recours aux méthodes coercitives imposées lors des deux premiers plans quinquennaux a dû paraître la seule solution possible à Staline pour éviter le relâchement et la détente auxquels aspiraient sans doute les Soviétiques. L'U.R.S.S. victorieuse, mais épuisée, plongée dans la guerre froide, obligée de reconstruire une économie à moitié ruinée, continuera à connaître l'atmosphère d'un camp retranché ; les formes militarisées de la vie politique et économique se perpétuent avec logique ; elles devaient permettre de triompher des obstacles, mais elles témoignaient de la part de Staline d'une véritable absence de confiance dans les réactions populaires ; pourquoi le recours à la terreur policière dans un pays qui venait de surmonter l'invasion ? En fait, tout changement d'orientation politique aurait supposé le recours à l'initiative des masses, donc

1. L'U.R.S.S. n'a jamais fourni de renseignements complets sur ses pertes humaines pendant la Seconde Guerre mondiale ; vraisemblablement 20 millions de Soviétiques sont morts. Même avec ses nouvelles frontières la population soviétique globale a peu varié entre 1938 et 1945 (environ 172 millions d'habitants), (cf. Pyramide des âges en 1970, Annexe 2, p. 211).

aurait été en contradiction avec le système mis au point depuis 10 à 15 ans. Ce n'est pas au lendemain d'une victoire qu'un chef absolu est prêt à se retirer et à abandonner sa politique habituelle, fondée en fait sur l'autocratie (« forme de gouvernement où le souverain exerce lui-même une autorité sans limites ») ; cette curieuse permanence d'une forme politique condamnée en 1917, retrouvée ensuite, provient-elle de la méfiance personnelle de Staline pour son peuple, ou bien est-elle la conséquence de la situation particulière de l'U.R.S.S., pays en voie de développement sans traditions libérales et parlementaires ? L'évolution comparable de bien des pays neufs dans le monde du XXe siècle où la personnalisation du pouvoir semble de plus en plus l'emporter sur la démocratie, au nom de l'efficacité, paraît conduire à chercher la réponse à cette question dans le second terme de l'alternative précédente.

Les paysans soviétiques furent les premiers à subir le retour aux habitudes passées. Le rationnement alimentaire, maintenu jusqu'en décembre 1947, avait donné la possibilité à certains paysans de constituer un pécule personnel grâce aux ressources de leur lopin individuel et à de nombreuses infractions au statut officiel des kolkhozes (bon nombre de terres collectives servent à des fins personnelles), d'où la réapparition d'inégalités sociales certaines à la campagne. D'autre part, une sécheresse exceptionnelle en 1946 avait réduit la récolte soviétique à un niveau dérisoire, aggravant par conséquent les destructions du cheptel intervenues pendant les hostilités. Les prix des denrées de première nécessité se remirent à grimper fortement. La réaction des autorités fut brutale : une réforme monétaire en décembre 1947 réduisit à néant les épargnes des paysans enrichis et des colporteurs-spéculateurs ; on échangea les billets anciens contre des nouveaux à raison de un nouveau pour dix anciens ; en outre, en février 1947 on remit en pleine vigueur la loi sur les kolkhozes, supprimant ainsi les extensions illégales des exploitations personnelles. Bien plus, contre l'avis des experts, Staline se refusa à laisser augmenter les prix des céréales, préférant renforcer les contraintes des livraisons obligatoires des kolkhozes à des prix dérisoires ; une fois encore les paysans furent sacrifiés pour que le ravitaillement des villes soit maintenu ; mais on comprend facilement pourquoi, à la campagne, les rendements et les résultats demeurèrent médiocres, malgré les regroupements des kolkhozes en exploitations géantes (254 000 kolkhozes en 1950, 97 000 en 1952) et les projets de « villes agraires » (*agrogorod*), où les paysans pourraient bénéficier des avantages sociaux de la ville. L'agriculture soviétique restait le point faible de l'économie stalinienne ; dans un pays où la majorité de la population était rurale (probablement les 2/3 de la population vers 1950), le fait était particulièrement inquiétant.

Vers 1950 le visage de l'Union Soviétique imposé par Staline semble être fixé pour longtemps. Plusieurs traits en sont caractéristiques : l'absence de vie politique réelle, la personnalisation du pouvoir, la mystique du plan et des grandioses réalisations industrielles, la médiocrité des conditions de vie, le sacrifice de l'agriculture, l'uniformité intellectuelle, l'exaltation de la grandeur passée, la méconnaissance de l'étranger, le désir profond de paix des masses et la conviction d'être le modèle de l'humanité nouvelle. Sur le plan politique, l'absence de véritables débats intérieurs est patente ; sans doute les élections au Soviet Suprême ont lieu régulièrement selon la constitution, mais tout continue à dépendre seulement du Parti communiste ; or celui-ci, devenu organisation massive (plus de 6,5 millions de membres en 1952), est extraordinairement centralisé, hiérarchisé, dépendant de cadres (200 000 personnes) qui en fait doivent des comptes seulement aux apparatchiki (15 000 personnes environ : secrétaires de *gorkom* [villes], *raïkom* [districts] *obkom* [régions), dirigeants des républiques, etc.) ; en tant que ferment politique, le rôle du Parti est tombé, chacun se contentant d'obéir et d'encenser Staline, comme on le constate au XIXe Congrès, tenu en octobre 1952. Celui-ci va-t-il procéder à une nouvelle épuration du bureau politique, si tant est que l'augmentation massive de ses titulaires après le Congrès et l'arrivée de nouveaux promus préfigure le renouvellement du sommet? Les arrestations de médecins juifs lors du « complot des blouses blanches » (début 1953) sont-elles les prémisses des changements? En tout cas le mythe du chef clairvoyant, seul réel dépositaire de la ligne générale juste, atteint son apogée : pourquoi discuter puisqu'en définitive, Il aura toujours raison? Toute vie politique est ainsi stérilisée.

Dans ces conditions, tout Soviétique se contente de remplir régulièrement les normes indiquées par le Plan ; les syndicats, le komsomol, les soviets locaux sont préposés à les y encourager. Chaque dirigeant d'organisation s'assure lui-même contre les aléas de la production par un système surnommé « de la ré-assurance » (*perestrakhovka*), qui consiste à se couvrir quantitativement grâce à des ententes avec ses homologues, quitte pour y parvenir à faire travailler l'usine par à-coups vers les fins de mois. Sous la rigidité apparente du plan circule la vie toujours imprévue et parfois acrobatique de l'improvisation et de la débrouillardise. On peut ainsi magnifier les grandes entreprises (canal Staline entre Don et Volga en 1952, gratte-ciel de Moscou), tout en sachant la médiocrité des produits fabriqués et leur usure immédiate. L'U.R.S.S. est tout à la fois capable de fabriquer en 1949 sa première bombe atomique et incapable de résoudre son problème du logement ; les queues aux magasins, l'entassement dans de véritables bidonvilles aux portes des grandes villes, la durée quotidienne du travail de 10 à 12 heures, le travail noir (*na leva* = à gauche) sont le lot des Soviétiques qui, d'autre part, font un extraordinaire effort d'instruction primaire, secondaire et technique et de propagation de l'hygiène. Pays de contrastes, mais aussi uniformité des existences ; peut-être le sentiment général de participer aux mêmes inconvénients de la vie courante (exception faite des apparatchiki) contribue-t-il à cimenter l'unité des Soviétiques, au-delà des nationalités qui, peu à peu, sont en train de perdre leurs caractéristiques au profit d'une civilisation uniforme de Kaliningrad à Vladivostok ; seules les populations musulmanes de Caucase et d'Asie centrale préservent leur genre de vie traditionnel où la religion joue encore un rôle essentiel, tandis que dans la vieille Russie la religion orthodoxe reste le fait des gens âgés. Pourtant les inégalités de salaires sont encore marquées en U.R.S.S. (les manœuvres et les employés du bas de l'échelle gagnent environ 350 à 450 roubles alors que les oudarniki et les ouvriers qualifiés peuvent atteindre 2 à 3 000 roubles) ; plus que des augmentations de salaires, les élévations du niveau de vie proviennent des diminutions autoritaires des prix (ainsi de 15 à 35 % en mars 1950, de 10 à 15 % en mars 1951) ; ceux-ci fixés arbitrairement, sans rapports réels avec les coûts, traduisent seulement les améliorations des approvisionnements : on baisse les prix lorsqu'on est en mesure de vendre un produit. Techniciens, ingénieurs et fonctionnaires sont les (relatifs) bénéficiaires matériels du régime, mais sont aussi ceux qui proportionnellement sont les plus exposés aux effets de la rigueur policière. Cela n'empêche toutefois pas les Soviétiques d'aspirer à l'accession à ces catégories professionnelles ; aussi l'enseignement post-scolaire est-il particulièrement suivi, sauf à la campagne, ce qui contribue encore à accélérer le mouvement du départ vers les villes, spécialement vers les capitales et vers les nouveaux centres industriels de Sibérie. La mobilité sociale subsiste en U.R.S.S.

L'environnement idéologique contribue, avec cette mobilité, à façonner un état d'esprit véritablement soviétique ; l'école, la presse, la radio, les spectacles répètent à satiété les mêmes thèmes majeurs ; la dernière guerre sert de motif à la glorification des traditions russes, courage, abnégation, sens du collectif ; elle a trop profondément marqué chaque habitant de l'Union pour que le désir de paix ne soit profondément ancré en chacun ; la victoire chèrement acquise, portée au crédit de Staline, explique tout à la fois l'affection véritable portée au maître et son identification au génie du peuple russe. C'est le moment où l'ignorance des réalités extérieures à l'U.R.S.S. atteint son point culminant dans la population, tenue systématiquement à l'écart de tous rapports avec l'étranger, même purement circonstanciels ; la recherche de la grandeur aboutit même à un chauvinisme grand-russien bien étrange dans un État multinational (cf. la liste impressionnante des inventions technologiques dues à des Russes dans les manuels scolaires).

On peut même se demander si Staline n'est pas en train de transformer la politique extérieure de l'U.R.S.S. en une prolongation de la politique extérieure russe d'avant la Révolution, tant dans son souci de reconstituer les lignes de défense naturelles de l'ancien empire, que dans la manière dont les rapports sont établis avec les nouvelles démocraties populaires ; au panslavisme se substitue le pansoviétisme ; seule l'obéissance sans défaillance est admise au nom de la primauté de la défense de la patrie du socialisme; les nationalismes locaux sont condamnés ; Gomulka en Pologne (1947), Rajk en Hongrie (1949), et surtout Tito en Yougoslavie (1948) en portent témoignage ; seules les imitations parfaites du modèle soviétique sont admises, le camp socialiste doit présenter partout le même visage, celui du stalinisme.

Aussi la disparition brutale de Staline, le 5 mars 1953, est-elle un événement d'une rare ampleur ; avec l'homme, tout un système politique est en cause ; l'affliction populaire en U.R.S.S., sincère, traduit à la fois la peine des Soviétiques envers celui qui a incarné leur pays depuis 25 ans et la crainte du lendemain. Que deviendra le régime ? Se trouvera-t-il un nouveau maître, ira-t-il vers d'autres voies ?

9.

Nikita Khrouchtchev et le dégel 1953-1964.

I. L'ÉVOLUTION POLITIQUE POST-STALINIENNE : LA PÉRIODE DES TATONNEMENTS : 1953-1957.

La réorganisation des pouvoirs.

Le XIXe Congrès avait consacré les deux « dauphins » de Staline : G. Malenkov et N. Khrouchtchev. On put croire un instant que le premier nommé allait aisément s'imposer (*La Pravda* du 10 mars publie une photographie « retouchée » de Staline, Mao-Tse-Toung et Malenkov seuls) ; pourtant il apparut bien vite qu'un nouvel équilibre devait s'établir entre les « puissants », c'est-à-dire entre les membres du Praesidium qui combinaient à la fois un passé politique propre à la création de clans personnels et une autorité sur l'un des secteurs clef de l'U.R.S.S., parti, administration, armée, diplomatie, police, Gosplan, syndicats. Poskrebychev et le secrétariat personnel de Staline furent immédiatement éliminés ; par voie de conséquence, l'organisation préconisée par le XIXe Congrès, sous l'influence vraisemblable de Poskrebychev, fut abandonnée : le Praesidium, élu en novembre 1952 (25 membres titulaires et 11 suppléants, fut amputé des 2/3 de ses titulaires et des 3/4 de ses suppléants (cf. tableau page 165). La hiérarchie bien précise des nouveaux titulaires fit apparaître clairement le compromis momentané des ambitions : Malenkov, depuis longtemps secrétaire des cadres du Parti, gardait le numéro 1, Béria, tout-puissant maître des Services de Sécurité, prenait le pas sur Molotov, le plus ancien membre du Politburo (élu suppléant dès 1921), sur Vorochilov, nouveau président du Soviet Suprême, donc chef de l'État, et sur Khrouchtchev ; les autres titulaires ou suppléants étaient les vieux staliniens entrés au Politburo, avant la guerre « renforcés » par deux représentants du Gosplan (Pervoukhine, Sabourov) [1] ; le seul « nouveau », Baguirov, était un lieutenant de Béria. Cette réorganisation de la tête du Parti s'accompagna d'une restructuration des ministères : non seulement on en réduisit le nombre de 52 à

1. *Ces dirigeants ne formaient-ils pas déjà le Bureau du Praesidum, mis en place après le XIXe Congrès?*

25, mais encore on confia la gestion des principaux secteurs à 4 vice-présidents du Conseil : Béria concentra police et intérieur, Molotov reprit autorité sur la politique extérieure, Boulganine demeura le chef politique de l'armée, Kaganovitch celui des secteurs économiques ; Malenkov, nommé président du Conseil des Ministres, abandonna ses fonctions dans le secrétariat du Comité central, laissant ainsi à Khrouchtchev, appelé à se concentrer sur les tâches de secrétariat du Parti, une relative marge de manœuvre. En annonçant ces décisions, on évoqua la nécessité d'une unité de vues parmi la direction du gouvernement, afin d'éviter « divergences et panique » en ce moment difficile.

Cependant, ces divergences devaient rapidement apparaître sinon au grand jour, du moins parmi les sphères dirigeantes. Quelques épisodes fameux permettent d'en suivre le déroulement sans que l'explication de ces faits soit encore aujourd'hui aisément discernable. Entre mars 1953 et l'été 1955, cinq étapes paraissent jalonner la lutte politique pour la succession :

1. En juin 1953, L. Béria est arrêté pour « activités criminelles anti-parti et anti-gouvernementales, tendant à miner le gouvernement soviétique pour les intérêts du capital étranger », et pour avoir cherché à placer le M.V.D. (ministère de l'Intérieur) au-dessus du gouvernement et du Parti (en décembre un procès « posthume » le condamnera à mort) ; le ministère de l'Intérieur est réorganisé, ainsi que la Sécurité d'État (K.G.B.) qui redevient autonome ; la clientèle politique de Béria est peu à peu éliminée des postes occupés dans certaines Républiques ; Baguirov est arrêté.

2. En septembre 1953, lors d'une réunion du Comité central au cours de laquelle Khrouchtchev a peint la situation agricole en termes sévères et montré la déficience du ravitaillement intérieur, le secrétariat du C.C. est réorganisé, Khrouchtchev étant nommé premier secrétaire ; les ministères sont également réorganisés, Khrouchtchev obtenant un droit de regard sur les ministères de l'Agriculture et du Ravitaillement, tandis que Mikoïan s'impose pour les questions commerciales.

3. Après la décision prise par le Comité central (23 février-2 mars 1954) de lancer l'opération des Terres Vierges, sur proposition de Khrouchtchev, lors d'un plénum du Comité central tenu en juin 1954, on abandonne l'ordre hiérarchique du Praesidium, auquel on substitue l'ordre alphabétique ; Malenkov perd sa prééminence, la direction collégiale paraît l'emporter.

4. Le 8 février 1955, Malenkov reconnaît devant le Soviet Suprême son inexpérience, ses erreurs en agriculture ; le Soviet Suprême accède à sa demande d'être relevé de ses fonctions de président du Conseil. Une nouvelle répartition ministérielle en découle : Boulganine accède à la présidence, tandis que le maréchal Joukov devient ministre de la Défense ; 5 premiers vice-présidents se détachent : Molotov, Kaganovitch, Mikoïan, Pervoukhine et Sabourov ; toutefois Malenkov, simple ministre aux Centrales Électriques, demeure membre du Praesidium.

5. En juillet 1955 le Comité central (réuni du 4 au 12 juillet) prend deux décisions importantes : Kiritchenko et Souslov deviennent membres titulaires du Praesidium, modifiant ainsi l'équilibre édifié en 1953 ; surtout on décide de convoquer un nouveau congrès du Parti (le 20e) pour les débuts de l'année 1956. Celui-ci permettra-t-il d'y voir enfin clair ?

Les nouvelles tendances en politique intérieure.

Les deux années qui ont suivi la mort de Staline ont donc été marquées par le déclin progressif du numéro 1, par la disparition brutale du n° 2 et par l'ascension du n° 5. Doit-on réduire la vie politique en U.R.S.S. à un simple jeu entre personnalités dominantes ? La « kremlinologie » prend de l'intérêt, si l'on tente de comprendre le sens politique de ces rivalités personnelles au sommet. A la disparition de Staline nul n'est en mesure de s'imposer comme *le* successeur, à l'exception de L. Béria qui s'est constitué un État dans l'État grâce aux services de sécurité ; mais, ce faisant, il rassemble contre lui les autres épigones qui sont unis par la crainte de voir triompher une machine bureaucratique toute-puissante, la Police ; ils font front commun, quelles que soient les opinions des uns et des autres à l'égard de la politique préconisée par Béria. En effet, celui-ci, contrairement à son attitude passée, semblerait pousser à une certaine libéralisation intérieure (les personnalités arrêtées lors du complot des Blouses Blanches ont été libérées dès avril) ; il aurait préconisé le renforcement des nationaux au sein des républiques fédérées et l'établissement de nouveaux rapports en Europe centrale (Béria était-il prêt à « liquider » la R.D.A. et à se rapprocher des Yougoslaves de Tito ?). Or sa disparition, consécutive aux soulèvements de Berlin-Est (17 juin), n'entraîna pas le retour à une stratégie stalinienne renforcée : la *Pravda* continua à condamner « les dépassements de la légalité », « le culte de la personnalité » ; on s'achemina vers un accord en Corée (juillet 1953), la polémique contre les titistes fut graduellement atténuée. Au fond, sur ces divers points, la politique soviétique pouvait évoluer sensiblement : l'abandon des mesures coercitives à l'intérieur convenait à tous les dirigeants qui pensaient trouver ainsi le nécessaire appui populaire ; la possession par l'U.R.S.S. de la Bombe H (reconnue par *La Pravda* le 20 août 1953) aboutissait à un équilibre de la terreur atomique qui justifiait la recherche de solutions internationales négociées (le phénomène est également vrai pour les États-Unis). La tension interne et la tension externe devaient donc disparaître et laisser la place à des tactiques plus souples.

Les divergences réelles apparurent lorsqu'il fallut élaborer les moyens tactiques, tant en politique intérieure qu'en politique extérieure. Malenkov avait inauguré sa présidence par l'annonce de baisses de prix sur les denrées alimentaires et les textiles ; il avait admis que le dogme de l'absolue priorité à l'industrie lourde méritait d'être révisé, un effort particulier devant être accompli pour les industries de biens de consommation. Une telle position devait naturellement heurter les tenants de l'industrie lourde, « mangeurs d'acier » et autres techniciens du Gosplan, habitués depuis les premiers plans quinquennaux à tout sacrifier à l'industrie des biens d'équipement ; de même les militaires durent froncer les sourcils vis-à-vis d'une politique qui risquait d'amputer leur budget. L'habileté de Khrouchtchev fut alors de proposer d'aboutir à des résultats comparables (une nette amélioration de la vie quotidienne) par une autre méthode qui laisserait intacts les dogmes industriel et militaire : l'accent devait être mis avant tout sur la rénovation agricole ; Khrouchtchev entreprenait son « pari agricole », qui devait tant contribuer à son ascension et à sa chute.

Dès le mois d'août 1953, les impôts agricoles avaient été réduits de 43 %, des mesures budgétaires d'aide à l'agriculture avaient été proposées ; mais il fallut un plénum du Comité central en septembre pour que l'offensive du Premier secrétaire aboutisse :

selon lui les résultats médiocres pour les céréales, catastrophiques pour l'élevage, provenaient du système des prix agricoles et des livraisons obligatoires, de la faiblesse de l'équipement technologique à la campagne et de l'indolence des cadres du Parti dans le monde rural. Khrouchtchev obtint plusieurs satisfactions : les prix agricoles furent relevés, les crédits de l'État augmentés, les livraisons obligatoires réduites ; surtout l'envoi de 6 500 ingénieurs, de 100 000 « agronomes-techniciens » dans les kolkhozes, combiné avec la restructuration des organismes locaux du Parti, devait entraîner une augmentation du poids du Parti à la campagne. Nommé premier secrétaire du Parti, Khrouchtchev pouvait lancer son offensive agraire par le biais des cadres du Parti ; sur ce point la rupture était nette avec la période stalinienne.

En revanche, les méthodes staliniennes mises en place lors de la première *Piatiletka* furent remises en honneur lors de la seconde offensive agraire de Khrouchtchev ; l'opération des Terres Vierges fut lancée au printemps 1954 avec le même recours à l'enthousiasme collectif, le même appel aux jeunes komsomols, le même gigantisme des moyens et des buts que pour l'édification du Ier Plan quinquennal : dans le Kazakhstan, en Sibérie, au nord du Caucase, 13 millions d'hectares devaient être défrichés en 2 ans par 350 000 volontaires, équipés de 200 000 tracteurs, dirigés par des responsables efficaces (dont Brejnev) ; dès juillet 1954, on annonça que 3,5 millions d'hectares complémentaires avaient été ensemencés, 10 millions d'hectares nouveaux labourés ; pourtant les résultats obtenus demeurèrent incertains en 1954 (l'étoile du Premier secrétaire semble avoir pâli pendant l'été 1954) ; mais Khrouchtchev avait prévenu que deux bonnes récoltes sur cinq années justifieraient l'œuvre entreprise. Aussi le plénum du Comité central de janvier 1955 confirma-t-il l'orientation donnée : la priorité à l'industrie lourde demeurait, de même que la rénovation agricole qui devait utiliser une céréale-miracle encore trop peu cultivée, le maïs ! La récolte de céréales de 1955 vint soutenir pareille orientation : pour la première fois de son histoire l'U.R.S.S. récoltait plus d'un milliard de quintaux ! Pour progresser encore, ne fallait-il pas inciter les Soviétiques, paysans, ouvriers, intellectuels, à secouer de vieilles habitudes dans le rythme de travail, à faire preuve d'initiatives, à comprendre que leur destin personnel dépendait de leur propre action ? Mais comment obtenir ce réveil des Soviétiques si le gouvernement et le Parti ne prouvaient pas concrètement qu'eux-mêmes avaient renoncé aux traditions d'autoritarisme étroit et d'obéissance aveugle ? Pour rompre avec le passé, il fallait rompre avec son symbole moral, le stalinisme, mais comment y parvenir ?

Le dégel en politique extérieure.

Déjà en politique extérieure la rupture avec la stratégie de la guerre froide avait eu lieu. La conclusion d'un armistice en Corée (Pan-Mun-Jom, 27 juillet 1953), l'offre de négociations sur le futur statut de l'Allemagne débloquaient une situation issue pour l'essentiel du raidissement des deux géants ; même si au début de l'année 1954 la conférence à quatre, tenue à Berlin (Bidault, Dulles, Eden et Molotov), constatait la divergence considérable d'opinions sur les solutions à envisager pour l'Allemagne, il devenait évident que la politique extérieure soviétique, plus souple, plus imaginative, obéissait à des analyses modifiées ; le succès obtenu à Genève en juillet 1954 à propos de l'Indochine (création du Vietnam-Nord) confirmait cette tendance à l'évolution. Au fond, les dirigeants soviétiques poursuivaient trois objectifs essentiels : 1. Obtenir une sécurité réelle en Europe (question allemande) ; — 2. Maintenir la cohésion du camp socialiste sous la direction de l'U.R.S.S., en tenant compte de l'existence d'une Chine communiste et de démocraties populaires au développement économique et social inégal ; — 3. Tenir compte de la montée d'un bloc neutraliste, qui rassemble les États décolonisés (la conférence de Bandoung en avril 1955 en sera la première grande manifestation), pour établir de nouveaux rapports entre les deux camps antagonistes, un certain équilibre militaire ayant été obtenu par la possession réciproque de la bombe H.

Deux stratégies semblent avoir été préconisées en 1953-1954 : la première, défendue par V. Molotov, envisage de « faire la pause » ; il convient d'une part d'éliminer les facteurs internes de discorde dans le camp socialiste dus aux prétentions excessives de l'autoritarisme stalinien, sans renoncer au rôle dirigeant de l'U.R.S.S., d'autre part de consolider les gains acquis depuis la Seconde Guerre mondiale, sans pour autant modifier la direction générale de la politique extérieure soviétique, fondée sur l'idée d'une lutte constante et inévitable entre les blocs à systèmes économico-politiques différents ; l'U.R.S.S., ayant seulement jeté les bases du socialisme, reste une proie tentante pour les impérialistes. La seconde stratégie, soutenue par Khrouchtchev et Mikoïan, vise aux mêmes buts d'unité interne et de consolidation externe, mais en admettant plus d'autonomie pour les membres du camp socialiste et surtout en considérant que la coexistence pacifique de systèmes économico-politiques différents est non seulement possible, mais nécessaire devant le péril atomique. La pierre de touche des deux politiques apparut dans les vicissitudes du rapprochement avec Tito ; Molotov, comme Khrouchtchev, était conscient de la nécessité de renouer avec la Yougoslavie, mais il proposait à Tito d'oublier la condamnation de 1948, sans obliger l'U.R.S.S. à reconnaître ses erreurs dogmatiques (février 1955). Tito refusa cette réconciliation prudente et réclama des dirigeants de l'U.R.S.S. un désaveu net de leur position passée ; Khrouchtchev et la majorité du Praesidium acceptèrent de faire amende honorable : le 26 mai 1955 une délégation soviétique arrivait à Belgrade (Khrouchtchev, Mikoïan, Boulganine, Chepilov, sans Molotov) ; elle rejeta les fautes passées sur Béria et le 2 juin 1955 un communiqué soviéto-yougoslave admit le principe de non-intervention dans les affaires intérieures des États, en reconnaissant la pluralité des voies dans le développement du socialisme. Psychologiquement, le choc fut considérable : le polycentrisme était reconnu au sein du camp socialiste.

D'ailleurs quelques mois plus tôt (octobre 1954), la même délégation, toujours sans Molotov, avait mis fin aux rapports inégaux avec la Chine en acceptant le retour de Port-Arthur à la Chine et en augmentant sensiblement les crédits et aides techniques accordés à Mao-Tse-Toung. La concertation entre États communistes succédait à la ligne autoritaire utilisée par l'U.R.S.S. stalinienne. Toutefois, cette politique nouvelle n'empêchait pas de resserrer les liens entre l'U.R.S.S. et les démocraties populaires ; en réplique à la constitution de l'O.T.A.N. par l'Ouest, le 14 mai 1955 les sept démocraties populaires et l'U.R.S.S. signaient à Varsovie un pacte de coopération et d'assistance mutuelle, avec pour corollaire, la création d'un commandement militaire unifié, placé sous l'autorité du maréchal I. Koniev. Ainsi l'introduction de nouveaux rapports à l'intérieur du bloc communiste s'accompagnait d'un renforcement des liens internes ; ceux-ci devaient en tout cas répondre aux efforts d'intégration de l'Ouest, avec lequel un accord profond et durable était encore irréalisable (cf. l'échec de la conférence au sommet en juillet 1955, à Genève où la délégation soviétique, dirigée par Boulganine, comporte Molotov, Joukov et Khrouchtchev). Dans ces conditions, la tendance à la coexistence pacifique n'était-elle pas prématurée et inconséquente, l'amende honorable devant Tito inutile? Devant le plénum du Comité central de juin 1955 Molotov avait maintenu son opposition à l'égard de la politique extérieure de Khrouchtchev. Le XXe Congrès ne devrait-il pas trancher souverainement en cette matière comme en politique intérieure? En attendant, Boulganine et Khrouchtchev commençaient une politique de visites amicales aux pays du Sud-Est asiatique (voyages aux Indes, en Afghanistan, en Birmanie en novembre-décembre 1955), afin de prendre appui sur ces puissances auxquelles d'amples crédits étaient ouverts pour leur développement économique ; à une politique décidée souverainement du fond du palais du Kremlin succédait une politique de contacts personnels multipliés ; en outre, l'admission de touristes occidentaux et une meilleure connaissance des réalités occidentales commençaient à modifier les schémas mentaux des Soviétiques. N'était-ce pas une autre forme de déstalinisation?

Le XXe congrès et ses suites, 1956-1957.

Le 14 février 1956, les 1 355 délégués du XXe Congrès du P.C. soviétique sont réunis à Moscou ; ils représentent les 7 215 000 membres du Parti qui, depuis le plénum de juin 1955, a vu un certain renouvellement de ses cadres moyens, 9 500 secrétaires ont été récemment choisis, soit 20 % des postes ; 80 % des délégués ont plus de 40 ans et les 2/3 d'entre eux ont adhéré au Parti avant 1941, alors que le nombre des militants a doublé depuis cette date (cf. croquis p. 169) ; c'est donc à un Congrès de militants chevronnés que s'adresse le premier secrétaire.

En politique extérieure, N. Khrouchtchev expose les trois principes essentiels qui doivent guider la ligne soviétique : coexistence pacifique entre États à régimes différents, la révolution ne s'exportant pas —, possibilité d'éviter une Troisième Guerre mondiale, même en tenant compte de l'impérialisme, grâce à la force représentée par le bloc socialiste —, passage au socialisme par des voies diverses, y compris par la voie parlementaire dans certains États. En matière économique, le VIe Plan, qui doit porter en 1960 le niveau de l'U.R.S.S. à 55 % au-dessus de celui de 1955, maintiendra la priorité à l'industrie lourde, augmentera les nouvelles sources d'énergie, poursuivra les nouvelles méthodes agraires utilisées (Terres Vierges, maïs), afin d'élever le niveau de vie réel des kolkhoziens de 40 % et celui des autres travailleurs de 30 %. En somme sur ces deux plans le Premier secrétaire obtient la confirmation, par le Congrès, de sa ligne politique ; mais plus importante est la troisième partie du rapport d'activité de Khrouchtchev sur la vie du Parti : après avoir rappelé la disparition de J.V. Staline en quelques mots brefs, le Premier secrétaire insiste sur l'importance fondamentale d'une direction collective, formée d'un « groupe d'hommes non liés par des rapports personnels ou par la réciprocité des avantages, mais collectivité active de dirigeants dont les rapports se fondent sur des principes idéologiques, excluant l'indulgence réciproque comme l'intimité personnelle » ; cette direction appartient au Comité central, qui s'est élevé résolument contre le culte de la personnalité et a préconisé un renforcement de la légalité et de la démocratie soviétique. Les cadres du Parti doivent désormais être beaucoup plus compétents en matière économique, rompre avec la bureaucratie, les habitudes de phraséologie creuse (« les fainéants occupés »), se rapprocher du peuple pour l'entraîner vers la réalisation des plans, ce qui suppose des changements au niveau des districts et un renforcement de l'idéologie, afin d'éviter les erreurs des uns, qui oublient l'édification du socialisme en U.R.S.S. depuis 1936 (Molotov est visé), et les illusions des autres « sages » qui opposent l'industrie légère à l'industrie lourde (cf. Malenkov). Cette dernière partie du rapport fixe ainsi les objectifs et les moyens de la future tactique khrouchtchévienne : par l'appel à la mobilisation des masses, par le renouvellement des cadres (un bureau du P.C. est créé pour la R.F.S.S.R.) [1], il faut secouer l'apathie et la suffisance bureaucratiques, mais surtout il faut redonner au Comité central le rôle politique essentiel.

L'interprétation correcte du rapport secret de Khrouchtchev, prononcé à huis clos le 24 février, après la clôture des débats et l'élection du nouveau Comité central, est peut-être à chercher dans la même direction ; en effet, le déroulement du XXe Congrès a apporté peu d'éléments nouveaux jusqu'à la fin des travaux officiels ; seul A. Mikoïan, le 16 février, a critiqué l'absence de direction collective qui a régné sur le Parti pendant 20 ans et les conceptions historiques et économiques de Staline, puis il a fait allusion au « testament » de Lénine. Alors pourquoi brutalement le Premier secrétaire dévoile-t-il largement les tares du régime stalinien et les ignominies commises en U.R.S.S. après 1934 et jusqu'en 1953? On pourrait trouver deux motivations complémentaires à ce discours, qui donne une nouvelle dimension à la personnalité du Premier secrétaire :

1. La réhabilitation progressive des victimes du stalinisme, déjà entreprise avant le XXe Congrès (7 379 personnes ont déjà été réhabilitées par une Commission d'enquête du Parti créée en 1954), apparaît comme un geste « honteux », incapable de galvaniser les énergies des militants du Parti ; ceux-ci doivent comprendre que l'ère de l'obéissance passive va faire place à l'activité créatrice ; pour briser les habitudes, il faut un choc psychologique : la déstalinisation est le prix à payer.

2. Au niveau des dirigeants, Khrouchtchev, attaquant Malenkov, Molotov et ceux qui les soutiennent, a sûrement constitué contre lui une opposition solide, peut-être même majoritaire au sein du Praesidium ; en redonnant tout son lustre au Congrès, au Comité central renouvelé [2], en insistant sur la nécessité d'une direction collective, en soulignant combien les mérites des militaires avaient été abaissés par Staline après la guerre, ne prévient-il pas des manœuvres futures au sein d'un Praesidium qui a peu changé [3], ne quête-t-il pas l'appui de l'armée tout en fournissant aux cadres promus pendant la période stalinienne un moyen habile de se prémunir contre les questions embarrassantes des jeunes militants? En sacrifiant une partie du passé, on se garantit contre l'avenir. En tout cas, quels que puissent avoir été les motifs du Premier secrétaire et de ceux qui ont soutenu cette condamnation du stalinisme, il faut admettre que ce discours constituait un véritable tournant de la vie politique contemporaine.

On en eut rapidement des preuves : tandis que réhabilitations, retours des camps se multipliaient, l'agitation dans le monde intellectuel prouva l'étendue du choc psychologique ; en avril le biologiste Lyssenko, longtemps « dictateur » en son domaine, porté

1. R.F.S.S.R. = République fédérative socialiste soviétique de Russie.

*2. Sur 133 membres titulaires du nouveau Comité central, 30 % étaient nouvellement parvenus à ces postes responsables, 10 % étaient déjà suppléants, 60 % étaient déjà titulaires ; 58 % de suppléants (*kandidati*) étaient des hommes nouveaux.*

3. Cf. tableau, p. 165.

au pinacle sous Staline, perdit son poste de président de l'Académie Agricole, en mai A. Fadeev, l'auteur de *La Jeune Garde*, gardien vigilant de l'orthodoxie littéraire, membre du Comité central, se suicida ; en revanche la revue *Novy Mir* publia un roman de Doudintsev, *L'homme ne vit pas seulement de pain*, mettant en cause la bureaucratie soviétique et la revue *Moscou littéraire*, menée par C. Paoustovski, édita les premières œuvres d'Evtouchenko, exclu cependant du Komsomol. Le trouble était tel qu'une résolution du Comité central (30 juin 1956) donna une explication motivée de « l'élimination du culte de la personnalité » : l'U.R.S.S. isolée et assiégée avant 1945, devait maintenir de nécessaires limitations dans la démocratie socialiste ; Staline, dévoué au marxisme-léninisme, a bien commencé la lutte, mais il a commis ensuite une faute idéologique en soutenant la thèse de l'aggravation de la lutte des classes en U.R.S.S. au fur et à mesure des succès remportés ; les services de sécurité en ont profité pour exagérer leur pouvoir, ce qu'avait bien vu un noyau de dirigeants ; maix ceux-ci n'ont pu heurter de front Staline, car on aurait cru leur action dirigée contre la cause même de l'édification du socialisme ; si Staline a freiné l'initiative créatrice de millions de Soviétiques, les buts essentiels de la révolution ont été sauvegardés.

Cette interprétation du stalinisme pouvait-elle arrêter l'ébranlement de février, surtout parmi les jeunes Soviétiques, avides de questions ? De plus, les conséquences extérieures de la déstalinisation devaient renforcer le désarroi ; en Pologne, après de violentes émeutes à Poznan en juin 1956, la direction du P.C. polonais (Ochab) finit par rappeler à sa tête Gomulka, écarté en 1947 et emprisonné en 1951 ; la délégation soviétique (Khrouchtchev, Mikoïan, Kaganovitch et Molotov), venue le 20 octobre pour exprimer son avis sur les orientations à prendre [1], ne peut que s'incliner devant le « héros national » polonais, satisfaite au demeurant des assurances données par ce dernier : la Pologne restera fermement dans le camp socialiste; toutefois la voie suivie en matière agricole (large retour à la propriété privée) montre déjà la perte d'influence du « modèle » soviétique. En Hongrie l'ébranlement est beaucoup plus profond : la réhabilitation de Rajk début octobre, le second retour à la présidence du Conseil d'Imre Nagy (il avait déjà réoccupé ce poste de juillet 1953 à avril 1955), qui laisse se développer les manifestations favorables à une large déstalinisation interne, l'intransigeance des dirigeants « staliniens » (Rakosi-Geroe), conduisent aux violents soulèvements du 23 octobre ; Nagy est d'abord « compris » par Mikoïan et Souslov venus à Budapest : des erreurs antérieures ont porté atteinte aux principes d'égalité entre pays socialistes ; mais, lorsque Nagy admet la renaissance des autres partis hongrois et surtout propose la neutralisation de la Hongrie (donc sa sortie du pacte de Varsovie), les Soviétiques interviennent militairement pour soutenir la position de J. Kadar, qui préconise des réformes, mais le maintien de la Hongrie dans le camp socialiste (4 novembre). La nécessité de cette intervention militaire (de même que la menace d'une autre intervention militaire pour arrêter l'expédition franco-anglaise à Suez, début novembre) n'a certainement pas été mise en cause par les dirigeants soviétiques, ni sans doute par les masses soviétiques soucieuses de leur propre défense, mais de tels effets de la déstalinisation pouvaient contribuer à renforcer la position de ceux qui regrettaient l'ampleur des révisions accomplies.

1. Le Kominform, *organe de liaison entre les P.C., a été supprimé le 17 avril 1956.*

L'élimination du groupe anti-parti.

Le retour de V. Molotov à un poste ministériel semble prouver que l'on hésite sur la direction à donner aux affaires politiques ; écarté des Affaires étrangères le 1er juin 1956, Molotov est nommé le 20 novembre ministre du Contrôle d'État ; ce poste permet de surveiller la gestion de tous les autres ministères et administrations de l'État, et éventuellement de les sanctionner. Jusque-là ce ministère n'a pas eu une réelle importance politique, mais son nouveau titulaire peut en faire une arme redoutable. Or un autre problème délicat s'est manifesté depuis le XXe Congrès : les remous sociaux. Le Comité central, réuni le 16 décembre, doit trouver une politique économique propre à répondre aux manifestations ouvrières constatées en fin d'année ; en effet, si à la campagne le relèvement des salaires kolkhoziens en mars, la plus grande initiative laissée aux kolkhozes ont donné de bons résultats dès la récolte de 1956, dans les milieux ouvriers on a constaté un malaise certain ; le relèvement des bas salaires en septembre, la diminution des impôts n'ont pas empêché une explosion de mécontentements contre l'élévation sérieuse des normes de travail : des grèves ont lieu, des délégués des grévistes sont opposés aux cadres traditionnels des syndicats ; le gouvernement décide alors de créer de nouvelles commissions paritaires mixtes (direction-syndicat) pour mieux gérer la vie quotidienne de l'usine, mais d'un point de vue plus large, n'est-ce pas l'ensemble de l'appareil économique qui doit être révisé ?

La décision prise en décembre d'amender le plan pour 1957 (le taux d'expansion prévu est réduit) s'accompagne de la création d'un nouvel organisme planificateur, la Commission Économique d'État (*Gosekonomkomissiya*), qui coordonnera la planification à court terme, en laissant au Gosplan l'établissement de prévisions à long terme ; Pervoukhine devient le président de ce nouveau centre de direction économique; il semble que la tendance au renforcement du centralisme prédomine alors en matière économique, en opposition avec les schémas plus décentralisateurs proposés par Khrouchtchev. Celui-ci cependant ne se tient pas pour battu ; un nouveau plénum du Comité central (13 et 14 février 1957) l'entend proposer un nouveau « perfectionnement » de l'organisation de l'industrie, qui sera ensuite largement débattu dans le pays ; or ce perfectionnement est en contradiction avec la décision de décembre. Loin de laisser le rôle moteur à la *Gosekonomkomissiya*, elle en fait un simple rouage technique, la réalité des choix à long terme demeurant au Gosplan, mais leur élaboration concrète passant aux mains de nouveaux centres de décision régionaux, les *Sovnarkhozes* (Conseils de l'économie nationale) ; en outre les ministères industriels fédéraux seraient supprimés, les trop nombreuses administrations centrales seraient réduites et décentralisées. Si le plénum de février a élu un nouveau suppléant au Praesidium, F. Kozlov, il n'a pas tranché entre la solution de décembre et les thèses khrouchtchéviennes ; il laisse le débat se dérouler dans la presse, tandis que le Premier secrétaire multiple les interventions dans le pays en ne cachant pas les discordances au sommet. En mai il marque un point : le Soviet Suprême vote la création des Sovnarkhozes, la suppression de 10 ministères et la rétrogradation de Pervoukhine à un poste subalterne ; les « centralisateurs » n'ont pas pris la parole devant le Soviet Suprême, mais les « têtes de mule » dont se plaint publiquement Khrouchtchev, n'ont pas désarmé ; ils ont encore la majorité au sein du Praesidium.

Aussi le choc décisif va-t-il se dérouler à ce niveau quelques semaines plus tard ; les opposants à Khrouchtchev vont se liguer contre lui : Malenkov, Molotov, Kaganovitch et Chepilov (secrétaire) mènent l'attaque lors d'un plénum du Praesidium qui débute le 18 juin 1957 ; une majorité de titulaires (les 3 + Pervoukhine, Vorochilov, Boulganine et Sabourov) les soutient, mais les 5 suppléants, Chepilov excepté, et les secrétaires du Comité central, également présents, sont aux côtés du Premier secrétaire. Est-ce cette division qui conduit le Praesidium à remettre la décision finale aux mains du Comité central ? En tout cas celui-ci est brutalement rassemblé le 22 juin ; il va durer jusqu'au 29. Cette fois la ligne khrouchtchévienne l'emporte totalement ; les cadres du Parti ont soutenu le Premier secrétaire, également épaulé par l'armée (le rôle de Joukov semble avoir été important). Pour activités fractionnistes, refus d'abandonner de vieilles idées et méthodes dogmatiques, opposition à la ligne du XXe Congrès, les quatre anti-parti sont exclus du Praesidium et du Comité central (à noter toutefois qu'aucune sanction pénale n'est demandée contre eux) ; en outre le nouveau Praesidium élu par le Comité central est élargi à 15 membres par l'accession au rang de titulaires des suppléants (Brejnev, Joukov, Chvernik et Furtseva, la seule femme ayant jamais accédé à ce haut rang) et des secrétaires (Aristov, Belaiev) qui avaient soutenu Khrouchtchev.

Par rapport à l'équipe qui avait pris les rênes à la mort de Staline, seuls demeurent, outre Khrouchtchev et Mikoïan, Boulganine (qui est blâmé) et Vorochilov, qui a fait son autocritique ; Boulganine sera éliminé en septembre 1958, Vorochilov en mai 1960. Désormais le Premier secrétaire du Comité central, N. S. Khrouchtchev, devient le véritable « patron » de l'équipe dirigeante ; si l'on ajoute que quelques mois plus tard (en novembre 1957) le représentant de l'armée, Joukov, sera à son tour éliminé pour « culte de sa propre personne et tendance à l'aventurisme », on peut considérer les choix décisifs comme accomplis en 1957 ; Khrouchtchev, qui a lancé le mot d'ordre de rattraper les États-Unis pour la viande, le lait, le beurre par tête d'habitant, assume la responsabilité des nouvelles orientations politiques de l'U.R.S.S. : à l'extérieur coexistence pacifique, à l'intérieur relance agricole, décentralisation de la planification et surtout déstalinisation.

II. VERS UN NOUVEL ÉQUILIBRE POLITIQUE : LES RÉFORMES KHROUCHTCHÉVIENNES ET LEURS LIMITES.

Les nouvelles conditions de gouvernement.

Pendant près de 7 années (1958-1964), N. S. Khrouchtchev va dominer la vie de l'U.R.S.S. ; on serait tenté de retrouver dans les pouvoirs détenus par cet homme (1894-1971) une image de la forme prise par le pouvoir soviétique pendant la période stalinienne ; comme Staline, il cumule le premier rôle dans le Parti (premier secrétaire) et la présidence du Conseil des Ministres (élu à ce poste en mars 1958) ; les autres dirigeants reconnaissent volontiers son rôle « directeur » (« le Praesidium ou le Comité central ayant à sa tête... »). Pourtant il existe de sensibles différences dans la vie politique soviétique des deux périodes ; en dehors même de la disparition de la terreur de type stalinien, ce qui n'interdit pas la vigilance idéologique ni le maintien de directions précises pour toutes les formes de pensée en U.R.S.S. (presse, cinéma, télévision, littérature, arts), il convient de souligner trois transformations dans les conditions générales de la situation politique :

1. Même au sommet de sa popularité, Khrouchtchev n'a pas réussi à construire un mythe comparable au mythe Staline ; sa bonhomie, sa truculence, sa conviction, son goût des contacts humains peuvent le rendre sympathique, mais ses paris (« rejoindre les États-Unis »), ses multiples tâtonnements (cf. les structures remaniées du Parti à plusieurs reprises), son penchant vers les innovations rapides [1], sont autant de risques personnels, car seuls alors comptent les résultats tangibles ; en cas de difficultés intérieures ou d'échecs extérieurs, sa responsabilité personnelle sera engagée. Personnalisation du pouvoir ne signifie pas culte de la personnalité.

2. La rapide croissance des effectifs du Parti (1956 : 7,2 millions d'adhérents ; 1960 : 8,7 ; 1964 : 11 millions, (cf. croquis p. 165) entraîne une réelle modification du sens de l'adhésion au Parti (*partiinost*), car le P. C. soviétique devient le lieu de rencontre des énergies administratives, technocratiques autant que celui des convictions politiques. De plus en plus, la confusion entre cadres du Parti et cadres administratifs s'accentue (le Premier secrétaire de « rayon » joue un peu le rôle de préfet) ; le droit de contrôle du Parti sur l'État ou les entreprises conduit à la nécessité d'une technicité toujours plus grande des cadres du Parti (création en 1959 de commissions du Parti dans les entreprises afin d'en contrôler l'activité) ; si la déstalinisation a ranimé la vie interne des cellules, le souci d'efficacité des dirigeants oblige à laisser le dernier mot aux gestionnaires et aux techniciens. Dans ces conditions, prudence et réalisme sont plus prisés que fébrilité et imagination ; les résultats priment les intentions.

3. La diminution de la tension internationale, l'ouverture plus large des frontières de l'U.R.S.S. aux hommes et aux réalisations venues de l'étranger, le souci évident des Soviétiques de mener une vie quotidienne plus détendue et plus large, l'influence des jeunes Soviétiques moins complexés que leurs aînés vis-à-vis du passé, les succès de la haute technicité (course à l'espace [2]) qui donnent à l'U.R.S.S. un nouvel éclat, placent la vie politique soviétique sur de nouvelles bases : on sait que l'opinion publique ne se satisferait pas d'ambitieuses promesses non tenues, elle a le goût du prosaïque concret. Outre la paix, il faut désormais des satisfactions quotidiennes tangibles.

Dans ces conditions la vie politique de l'U.R.S.S. est dominée par le réalisme ; il faut répondre aux aspirations des masses, sans choquer « les techniciens » qui au sommet pratiquent la division du travail et des responsabilités ; pendant plusieurs années N. S. Khrouchtchev tente de garder le contact avec la population, d'où un nouveau style de gouvernement avec de nombreuses apparitions publiques, tout en utilisant comme une arme politique vis-à-vis de ses détracteurs, ses relations avec les cadres supérieurs du Parti, d'où le rôle beaucoup plus grand accordé aux plénums du Comité central, aux congrès (le XXIe en janvier-février 1959, le XXIIe en octobre 1961) et même à des conférences du Parti « élargies » aux techniciens et aux spécialistes. Mais cette relative démocratisation des formes laisse la réalité du pouvoir au « noyau de dirigeants » qui, derrière Khrouchtchev, administrent le pays ; or ceux-ci, même lorsqu'ils doivent

1. Après 1964 on critiquera le procédé trop souvent utilisé de la kampanieichtchina *(lancement d'une campagne d'agitation) pour introduire une invention technique passagèrement miraculeuse.*

2. Le premier Spoutnik est lancé le 4 octobre 1957, le premier vol de Y. Gagarin a lieu le 12 avril 1961.

leur ascension au Premier secrétaire, savent que seuls les résultats obtenus compteront ; ils refusent donc en général les coups de barre violents, les remises en ordre brutales et préfèrent les modifications dosées, les rectifications partielles ; tandis que le président du Conseil apparaît comme l'homme brutal, impulsif, d'autres dirigeants, restés davantage dans l'ombre, assurent la continuité du régime post-stalinien, fait d'une certaine déstalinisation et d'une amélioration économique certaine. Aussi, contrairement aux apparences, plus Khrouchtchev lance d'expériences nouvelles, moins il est capable d'assurer son pouvoir.

La période de suprématie de Khrouchtchev, 1958-1961.

Plusieurs étapes paraissent jalonner la période 1958-1964. Pendant trois années (1958-1960) l'équipe Khrouchtchev semble s'imposer sans difficultés ; elle dirige solidement le Parti : après avoir éliminé les anti-parti, le Praesidium est élargi uniquement par des personnalités dont l'ascension suit la fortune de l'ancien premier secrétaire du P. C. ukrainien, tels Podgorny, Polianski. Les structures gouvernementales sont hiérarchisées afin de laisser place à une relative décentralisation de la décision et à une autonomie de gestion des ministres techniciens [1] ; on semble répondre ainsi au schéma proposé au XXIe Congrès par Khrouchtchev : les transformations économiques, politiques et sociales déjà accomplies en U.R.S.S. doivent permettre d'aborder « la période d'édification interne de la société communiste », c'est-à-dire une période où le dépérissement de l'État commence ; ainsi d'une part on abandonne aux sovnarkhozes et aux institutions des Républiques fédérées une plus large partie des décisions (suppression en 1960 du ministère fédéral de l'Intérieur), d'autre part il faut confier aux organisations sociales (soviets, syndicats, coopératives, etc.) les fonctions administratives, culturelles et sociales. En fait la nécessité de ces modifications politiques dépend des résultats obtenus à l'intérieur comme à l'extérieur.

Sur le plan économique, les projets ambitieux adoptés par le XXe Congrès ont été révisés dès septembre 1957 : un plan septennal sera substitué au VIe Plan quinquennal à partir de 1959, d'où la tenue, en janvier 1959, du XXIe Congrès du Parti spécialement convoqué pour approuver ce nouveau plan ; en 7 années les industries lourdes progresseront de 85%, les industries légères de 62%, l'agriculture de 70 % ; le mot d'ordre de rattraper les États-Unis est confirmé ; l'élévation du niveau de vie sera réalisée par une hausse des salaires réels, par une réduction du temps de travail quotidien (objectif : 5 à 6 heures) ; l'idée du passage prochain au communisme est mise en avant. L'abondance est-elle pour demain ? Pour y parvenir plusieurs moyens nouveaux sont utilisés : à la campagne, point faible de l'économie soviétique, il faut laisser aux kolkhozes plus de liberté de gestion, d'où la suppression des M.T.S. en février 1958, en juin celle des livraisons obligatoires et des paiements en nature ; cela entraîne une forte augmentation des investissements des fermes collectives qui prennent ainsi partiellement le relais de

1. La plupart des ministres sont des techniciens dont les fonctions sont comparables à celles des directeurs dans les ministères français ; seuls le président du Conseil, les premiers vice-présidents (Mikoïan et Kossyguine) et les vice-présidents (8 en 1960) qui constituent le Praesidium du Conseil des Ministres, ont un véritable rôle politique.

l'État pour leur financement ; la hausse des prix de production agricoles, qui entre 1952 et 1958, a atteint de 35 à 50 % pour les céréales, les pommes de terre, la viande persiste entre 1957 et 1961 (volaille + 41 % ; pommes de terre + 22 % ; viande de bœuf + 28 %), mais elle devrait introduire l'agriculture soviétique dans une économie de marché.

Dans l'industrie, la réforme des Sovnarkhozes, mis en place en 1958 (105 créations), a pour but de donner beaucoup plus de souplesse à la planification et doit laisser enfin aux entreprises la possibilité d'une gestion équilibrée (*khozraschet*) ; les économistes soviétiques, qui multiplient alors les discussions sur la formation des prix et le rôle des investissements, espèrent enfin dégeler la puissante machine du Plan ; au niveau de l'entreprise, la création, en juillet et septembre 1958, des conférences de production permanentes, élues par le personnel, doit entraîner plus de participation des travailleurs dans la gérance de leur usine.

Ce désir d'une véritable mobilisation des énergies se retrouve aussi dans la réforme de l'enseignement (approuvée par le Soviet Suprême le 24 décembre 1958) ; celle-ci oblige les jeunes Soviétiques, après avoir suivi l'école pendant huit ans (4 années d'enseignement primaire et 4 années d'enseignement secondaire), soit à aller directement à la production (mais ils peuvent suivre les cours du soir ou par correspondance), soit à continuer leurs études secondaires (3 années dans des écoles techniques ou des écoles d'enseignement général) et supérieures, mais en travaillant deux jours par semaine à l'usine ou en accomplissant de longs stages professionnels avant d'entrer à l'université. Cette mesure correspond-elle à une situation démographique médiocre ? On peut le penser, puisqu'en ces années 1958-1960 les classes creuses (enfants nés entre 1941 et 1945) parviennent sur le marché du travail (cf. pyramide des âges p. 211) ; cependant le taux de natalité encore solide (23,8 % au recensement de 1959) et la faible mortalité (7,2 %) peuvent laisser espérer un futur plus heureux. Les augmentations de salaires, le passage à une durée quotidienne de travail de 6 heures (mai 1960), l'effort annoncé pour résoudre la crise du logement, la baisse des prix qui accompagne en mai 1960 la définition d'un nouveau rouble (mis en usage le 1er janvier 1961)[1] devraient encourager les Soviétiques à produire et à consommer plus, donc les amener à réaliser les perspectives du Plan.

Les résultats obtenus en 1960-1961 parurent répondre aux espérance des dirigeants (cf. tableau statistique p. 163) ; toutefois comme à l'ordinaire, aux bilans flatteurs de l'industrie (surtout de l'industrie lourde) répondaient des succès plus mitigés dans l'agriculture, d'où un plénum du Comité central, en janvier 1961, assez critique pour la gestion agricole (on manque encore de tracteurs, d'engrais, les « mangeurs d'acier » absorbent trop d'investissements, etc.). Surtout, on s'aperçut que l'augmentation globale de la production ne se répercutait pas totalement sur la consommation, tant les circuits de distribution régionaux restaient médiocres. La consommation des ménages évoluait qualitativement, passant d'une situation de pénurie où tout produit, même mauvais, trouvait un acquéreur, à une situation d'inégale répartition, où des produits médiocres restaient invendus tandis qu'on manquait encore, ici ou là, de produits de base pendant des durées plus ou moins longues (cf. les constantes critiques de la presse soviétique sur les

1. Le nouveau rouble vaut à l'intérieur 10 roubles anciens, mais sa parité-or, qui passe de 0,222168 g à 0,987412 g, prouve une forte dévaluation par rapport à l'or, auquel le rouble est rattaché depuis la loi du 28 février 1950.

goulots d'étranglements des transports). Globalement la situation économique s'améliorait, mais les effets immédiats de cette amélioration étaient souvent effacés par les défauts habituels de la planification centralisée : *chturmovchtchina*, coup de collier des fins de mois ou de trimestre pour réaliser le plan — *otchkovtiratelstvo*, poudre aux yeux du truquage des statistiques par les responsables locaux, qui entraîne en 1961 le rétablissement de la peine de mort pour une série de délits économiques — *val*, le « mur » derrière lequel se garantissent les directeurs d'entreprises, réalisation quantitative du Plan aux dépens de toute qualité, — *chablon*, respect littéral du « modèle » général sans souci des conditions locales particulières. Aussi dès 1961-1962, la discussion idéologique et politique autour de ces problèmes économiques s'accentue, en particulier autour des propositions émises par un professeur d'économie de Kharkov, E. Liberman (*Pravda* du 19 septembre 1962). Le profit (*pribyl*) ne doit-il pas être le critère principal de l'action d'une entreprise, le profit étant indiqué par le rapport entre la valeur réelle de la production vendue et les fonds productifs de l'entreprise ? Pour parvenir à rentabiliser l'entreprise il faut la libérer des autres carcans indiciaires de la planification.

Le déclin et la chute de Khrouchtchev, 1962-1964.

Cette réforme de l'entreprise sera accomplie, en septembre-octobre 1965, un an après la chute de Khrouchtchev ; pourtant le président du Conseil n'était pas hostile à cette novation, préparée par des expériences ponctuelles dès juillet 1964. Son déclin, puis sa chute ont donc d'autres causes. Sans doute les promesses multipliées de vie quotidienne meilleure, suivies d'améliorations relatives (cf. chiffres globaux de production), mais aussi de déboires (brutale hausse des prix laitiers et de la viande en juin 1962 pour relancer les approvisionnements sur les marchés — désastre de la récolte céréalière en 1963 d'où une forte importation de blés canadiens) ont finalement terni l'image d'un chef de gouvernement actif et péremptoire dans ses discours, mais incertain dans ses réalisations ; toutefois, peut-il être tenu pour seul responsable de ces contre-performances économiques ? En tout cas à partir de 1962 les décisions prises par le Comité central vont à l'encontre des tendances décentralisatrices khrouchtchéviennes : en novembre 1962 on ramène le nombre des sovnarkhozes à 47, on crée un Conseil de l'Économie Nationale de l'U.R.S.S. pour coordonner l'action des sovnarkhozes ; en mars 1963, un autre nouvel organisme, le Conseil Supérieur de l'Économie Nationale de l'U.R.S.S. coiffe le conseil précédent, le Gosplan, le *Gosstroï*[1] et les Comités d'État, recréés peu à peu aux lieux et places des ministères supprimés en 1957.

Mais plus importants et plus déterminants ont dû être les désaccords de certains dirigeants sur le plan idéologique et sur le plan extérieur face aux initiatives khrouchtchéviennes. En octobre 1961, lors du XXIIe Congrès, alors que dans les semaines précédentes la presse soviétique a surtout exalté les tâches grandioses de l'édification du communisme, brutalement la campagne contre Staline reprend avec vigueur : Staline est exclu du mausolée de Lénine, son nom est retiré des cartes (Volgograd au lieu de Stalingrad), un mausolée devra même être érigé en mémoire des victimes du stalinisme. Dans la littérature, dans les arts, le modernisme, le libéralisme prévalent à nouveau, surtout pendant l'année 1962 ; la télévision soviétique projette le film de Tchoukraï, *Ciel*

1. Organisme chargé de la construction et de la répartition des investissements.

pur, qui met en cause le stalinisme. Cette tendance se prolonge jusqu'à l'automne 1962 ; en octobre Evtouchenko publie dans *La Pravda* un poème sur *Les héritiers de Staline* où les tenants actuels du stalinisme sont vivement attaqués ; en novembre, la revue *Novy Mir* publie la nouvelle d'un inconnu, A. Soljenitsyne, *Une journée d'Ivan Denissovitch*, poignant récit de la vie d'un prisonnier des camps staliniens. Cependant, quelques jours plus tard, fin décembre 1962, une contre-attaque se développe rapidement : le modernisme, l'art abstrait sont condamnés; au printemps 1963 tous les auteurs libéraux, spécialement I. Erhenbourg et V. Nekrassov, sont attaqués. Désormais la déstalinisation est contenue dans de strictes limites.

Ces soubresauts de la déstalinisation ne sont-ils pas les indices d'une lutte au sommet entre dirigeants, si l'on admet que, lors du XXIIe Congrès, le Premier secrétaire avait essayé, sans succès, d'obtenir une condamnation plus nette des anti-partis (notamment de Molotov) au nom de la déstalinisation? En tout cas, les nouvelles règles édictées par le XXIIe Congrès sur le non-renouvellement des cadres du Parti dans les organes de direction, au delà de trois mandats successifs (sauf cas exceptionnels), ont été assez mal acceptées ; l'opposition a été encore plus nette lorsque le Premier secrétaire a scindé les structures du Parti, à tous les échelons, en deux organisations parallèles, l'une pour l'industrie (comités urbains surtout), l'autre pour l'agriculture, des bureaux distincts devant exister du haut en bas de l'échelle (Comité central compris). Dès le 16 novembre 1964, cette dernière réforme sera annulée pour son « improvisation, sa tendance à la confusion»; le XXIIIe congrès, tenu en avril 1966, supprimera en fait l'obligation du renouvellement des cadres. Si l'on ajoute, sur le plan économique, la suppression des sovnarkhozes dès la fin de l'année 1964 et le rétablissement, en 1965, des ministères centraux disparus vers 1958-1960, on constate combien l'œuvre de réorganisation administrative menée par Khrouchtchev a été éphémère. En fait on reprochait au président du Conseil son « subjectivisme », qui lui imposait de constamment improviser des solutions de rechange, afin de répondre à l'image d'homme actif qu'il désirait laisser à ses compatriotes. Ce n'est sans doute pas un hasard si les seuls dirigeants importants à avoir suivi Khrouchtchev dans sa chute (en dehors de ses parents et de ses très proches collaborateurs) ont été les secrétaires chargés des questions agricoles (Poliakov), idéologiques (Ilitchev) et d'organisation du Parti (Titov), toutes questions où les réformes khrouchtchéviennes avaient été impuissantes. Les autres dirigeants subsistèrent inchangés, occupant les mêmes postes de responsabilité que précédemment, à l'exception de L. Brejnev qui abandonna à Mikoïan la présidence du Soviet Suprême (donc de l'État), afin de redevenir Premier secrétaire du Comité central [1], tandis que l'autre vice-président du Conseil, Kossyguine accédait au rang de premier ministre [2].

De la même manière et sans doute pour les mêmes raisons, la politique de coexistence pacifique fut maintenue après la chute de Khrouchtchev. Pendant plusieurs années (1957-1961) les résultats de la politique extérieure de l'U.R.S.S. avaient paru répondre aux objectifs définis lors du XXe Congrès ; le style adopté par le chef du gouvernement

1. Mikoïan cède ce poste à Podgorny lors du XXIIIe Congrès, qui rétablit le titre de secrétaire général pour Brejnev ainsi que celui de Politburo pour désigner le Praesidium. Est-on assez éloigné de Staline pour reprendre le même vocabulaire?

2. F. Kozlov, qui avait été également vice-président du Conseil, est tombé gravement malade en avril 1963 ; certains expliquent le maintien de Khrouchtchev à son poste jusqu'en octobre 1964 par le retrait inopiné de la scène politique de son principal opposant ; F. Kozlov meurt en janvier 1965.

soviétique semblait heureux : par des voyages à l'étranger et des entretiens directs avec les responsables des pays étrangers, l'idée de coexistence s'affirmait dans les opinions publiques ; en septembre 1959, lors d'un voyage aux États-Unis et de rencontres avec le président Eisenhower, « l'esprit de Camp-David », fait de conciliations réciproques, était salué comme un premier pas vers la détente directe entre les deux grands ; en mars-avril 1960 un voyage en France allait dans le même sens, tout en montrant que l'U.R.S.S. n'entendait point modifier la nature de son régime interne. Avec les partenaires du camp socialiste les liens paraissaient renforcés par les contacts avec Mao-Tsé-Toung en Chine (fin septembre 1959), par la Conférence de Bucarest des partis communistes au pouvoir (en juin 1960), ou par la Conférence des 81 partis communistes tenue au Kremlin en novembre 1960, clôturée par une déclaration commune sur la cohésion de tous les partis communistes et sur le rôle « d'avant-garde » du P. C. soviétique au sein du mouvement communiste international.

Pourtant dès l'année 1960 les difficultés réelles s'accumulaient : la Conférence au sommet à Paris, en mai, était brutalement rompue après l'incident de l'avion U^2 [1] ; en octobre, aux Nations-Unies, on en revenait, dans les deux camps, aux déclarations et attitudes de guerre froide (épisode de la chaussure), et la question de Berlin, pour laquelle N. Khrouchtchev avait réclamé une solution négociée rapide dès novembre 1958, restait pendante jusqu'à ce qu'en août 1961 un mur sépare matériellement l'ex-capitale allemande en deux camps antagonistes. En outre, avait commencé dès cette année 1960 la séparation réelle avec la Chine communiste, engagée par « le grand bond en avant » (création des communes populaires) dans des voies différentes de construction du socialisme et préconisant une pression révolutionnaire offensive et continue en Afrique, Asie et Amérique latine, avec les États-Unis comme principal adversaire ; le rappel des experts soviétiques de Chine en juillet, et surtout les attaques idéologiques soviéto-chinoises lors du Conseil général de la Fédération mondiale des Syndicats (en juin), puis lors de la Conférence des 81 partis communistes, en constituaient les premiers éléments ; aux divergences idéologiques masquées devaient succéder en 1961 et 1962 les divisions au grand jour : en octobre 1961, au XXIIe Congrès, la délégation chinoise affirmait sa solidarité avec Staline, en décembre 1961 l'U.R.S.S. rompait ses relations diplomatiques avec l'Albanie, en 1962 la polémique idéologique se développait largement dans les organes officiels des deux partis ; désormais l'unité du camp socialiste n'était plus qu'un mythe. Or cette rupture intervenait au moment où la coexistence pacifique avec les États capitalistes semblait elle-même compromise, voire impossible ; déjà en juin 1961 une rencontre N. Khrouchtchev-J. Kennedy à Vienne avait montré l'étendue des désaccords ; la reprise de la course aux armements atomiques, la construction du mur de Berlin, l'intervention américaine au Vietnam jalonnaient ce retour à la guerre froide, qui trouvait son point culminant lors de la crise des fusées à Cuba en octobre 1962. Menacé d'un conflit direct avec les États-Unis, le Premier Soviétique devait alors retirer les rampes de lancement de fusées implantées à Cuba, afin d'éviter la guerre et d'obtenir la reconnaissance de l'existence du régime castriste par les États-Unis ; les dirigeants soviétiques ont-ils considéré cette « reculade » de Khrouchtchev comme un échec personnel sanctionnant l'utilisation de moyens inadaptés aux buts poursuivis ? Certains le pensent, mais la stratégie menée à Cuba était-elle l'œuvre personnelle du chef du gouvernement ?

1. Un avion espion américain est abattu au-dessus du territoire soviétique. Selon M. Tatu, N. Khrouchtchev aurait été contraint par les autres dirigeants, contre son gré, de saborder la rencontre avec Eisenhower, Mac Millan et Ch. de Gaulle.

10.

L'U.R.S.S. brejnevienne

I. LA PRUDENCE COMME VERTU EN POLITIQUE INTÉRIEURE.

L'appareil dirigeant et la vie politique.

Pendant une dizaine d'années, le parti et l'administration avaient été secoués par la déstalinisation et le « volontarisme krouchtchévien ». La direction collégiale, débarrassée du bouillant N. Khrouchtchev, entreprit de revenir à une politique centriste destinée à rassurer les cadres ; il fallait équilibrer les diverses tendances qui, à la tête de l'État, inclinent vers des solutions diverses. L'unanimité qui s'était manifestée contre Krouchtchev ne pouvait pas en effet subsister longuement entre les traditionalistes et les novateurs, entre les dogmatiques et les réalistes, entre les « durs » et les « mous », entre les partisans d'un parti tout puissant et les partisans d'un appareil d'État autonome, entre les chefs des divers groupes de pression épaulés par des administrateurs variées (armée, K.G.B., secteur industriel, agitprop, etc), sans oublier que la centralisation du pouvoir réel entre les mains d'un petit nombre d'hommes conduit à personnaliser les différends politiques. Puisque la doctrine officielle présentait la nouvelle situation politique comme un retour sain vers la pratique de la collégialité entre membres du Politburo, il fallait recourir à un procédé classique en pareil cas, celui du compromis.

Un homme habile incarna bientôt cette pratique politique. Le premier secrétaire, Léonid I. Brejnev, sut manœuvrer pour être rapidement le premier entre ses pairs, avant de devenir le « patron » incontesté, à la titulature imposante (Secrétaire général du Parti depuis le XXIIIe Congrès d'avril 1966, Président du Praesidium du Soviet suprême, donc chef de l'État, depuis 1977, Maréchal de l'Union Soviétique depuis 1976, Prix Lénine de la paix en 1973, Prix Lénine de littérature en 1979, etc). Né en Ukraine en 1906, entré au Parti en 1931, après des études de technicien agricole et industriel, L. Brejnev avait fait carrière dans les instances régionales du Parti pendant la période stalinienne : successivement premier secrétaire à Dniepropétrovsk, en Ukraine, en 1939, pour la région de Zaporoje en 1946, à nouveau à Dniepropétrovsk en 1947, après avoir servi comme commissaire politique auprès de diverses armées pendant la guerre, il devenait premier secrétaire de la République de Moldavie en 1950, puis secrétaire du Comité central à l'issue du XIXe Congrès en 1952, premier couronnement d'une carrière de haut-fonctionnaire du Parti. Après une courte éclipse, en 1954, lors du lancement de l'opération des terres vierges, le voici envoyé au Kazakhstan comme second, puis premier secrétaire ; son action énergique le fait apparaître comme un des fidèles de la politique réformatrice de Khrouchtchev. Aussi, lors du XXe Congrès, avant même que la récolte n'ait lieu, il est élu secrétaire du Comité central et, promotion décisive, membre suppléant du Politburo ; l'élimination du groupe anti-parti lui donne vite l'occasion de devenir membre titulaire du Politburo (juin 1957). Cette rapide ascension se poursuit pendant l'ère khrouchtévienne : en 1960, il devient chef de l'État ; en juin 1963, il redevient secrétaire du Comité Central, tenu par les observateurs comme un des deux « héritiers » possibles de Khrouchtchev, position encore confirmée lorsqu'il est appelé à se « concentrer » sur son action de chef du parti en juillet 1964. Pourtant, en octobre 1964, non seulement il ne suit pas son protecteur dans sa chute, mais il parvient très rapidement au tout premier plan, dès l'été 1965. Ses qualités personnelles de bon technicien, d'organisateur, de modérateur, lui valent sans doute cette promotion, mais il y joint un sens certain de la mentalité des « apparatchiki » du parti au sein desquels il a sû nouer des amitiés durables et efficaces. Il incarne ainsi le communiste soviétique, issu de la machine stalinienne, formé dans et par le noyau central du parti, marqué par les combats de la Seconde Guerre mondiale, conscient des besoins économiques d'un pays en voie de développement, efficace dans sa gestion régionale, attiré comme beaucoup de ses concitoyens par les avantages de la société de consommation. Loin de la truculence d'un Khrouchtchev ou de la démesure d'un Staline, L. Brejnev peut davantage rassurer les Soviétiques.

La politique menée est à l'image de cet « homme moyen », discret et calculateur. Les Congrès du Parti vont être réunis avec régularité et obéir à une pratique traditionnaliste. En principe, les XXIIIe (avril 1966), XXIVe (mars 1971), XXVe (mars 1976), XXVIe (mars 1981) Congrès doivent définir la ligne politique générale et adopter les axes principaux des plans économiques qui durent pendant les cinq années intermédiaires entre deux Congrès. En réalité, ce sont le plus souvent de grandes manifestations d'unanimité et d'approbation des directives élaborées par les organes dirigeants de l'administration centrale. La preuve de cette apparence de pouvoir est fournie par la manière dont le Politburo lui-même est renouvelé : des changements interviennent par petites touches, lors de réunions du Comité central, hors Congrès. L'impression générale est celle d'un immobilisme permanent, à peine tempéré par la disparition progressive d'hommes de plus en plus âgés, car les nouveaux titulaires appartiennent à la même génération[1]. La tête de l'U.R.S.S. est chenue ; « l'U.R.S.S. du troisième âge » devient objet de plaisanteries.

Pourtant, à y bien regarder, on constate que les changements ont été plus marqués qu'on ne le croît. Dix ans après le renvoi de Khrouchtchev, en 1974, il ne reste plus que sept anciens membres du Politburo sur les dix-sept titulaires ou suppléants en poste en 1964, les autres ayant été « dégagés de leur fonction » (sauf un décédé). Peu à peu Brejnev a placé à ses côtés des compagnons de parti connus lors de sa carrière antérieure, notamment le groupe de Dniepropétrovsk. Vers la fin des années 70, à l'exception des grands « anciens », Kossyguine, Souslov et Kirilenko[2], les titulaires sont tous parvenus à ces responsabilités suprêmes pendant l'époque brejnévienne. Il s'agit donc bien d'une équipe entourant un homme expérimenté (voir en annexe la composition de cette équipe). Simplement les changements sont intervenus « en douceur », sans crises apparentes, sans dramatisation comme dans les époques antérieures. L'essentiel a été atteint : assurer la sécurité aux élites du Parti.

1. En juillet 1982, sur les 25 dirigeants supérieurs (membres du Politburo et du Secrétariat), cinq ont moins de soixante ans et onze ont plus de soixante-dix ans.
2. Kossyguine est mort en décembre 1980, Souslov en février 1982 ; Kirilenko semble écarté pendant l'été 1982.

Aussi, lorsque L. Brejnev meurt le 10 novembre 1982 après des années de santé chancelante, la succession au sommet se réalise-t-elle sans difficultés apparentes et sans émotion ou inquiétude au sein de la population soviétique. Dès le 12 novembre un nouveau Gensek est choisi : Youri V. Andropov appelé comme membre suppléant au Politburo en 1967 lorsqu'il était devenu patron du K.G.B., titulaire en 1973, avait repris la place de M. Souslov au secrétariat lorsque ce perpétuel n°2 s'était éteint en février 1982. Succession sans surprise ? L'homme compte-t-il beaucoup dans un système où la collégialité garantit le pouvoir aux bureaucraties ?

Pouvoirs et bureaucraties.

La politique intérieure suivie par cette équipe depuis plus de quinze années pourrait se définir par les deux termes, en apparence contradictoires, de continuité idéologique et de mutation technocratique. D'un côté en effet, on continue à développer le rôle directeur du Parti, « société modèle » à l'intérieur de la société civile ; ainsi la nouvelle constitution, adoptée en octobre 1977, légalise le Parti comme « la force dirigeante et le guide de la Société soviétique, le cœur de son système politique, de l'État et des organisations publiques ». L'État soviétique, « État du peuple tout entier », c'est-à-dire constitué de toutes les composantes sociales reconnues (travailleurs, paysans et intellectuels[1]), est formellement dirigé par les Chambres élues du Soviet suprême, mais bien plus réellement par les structures technocratiques qui entourent le Comité central. Il faut en effet, d'un autre côté, apprécier exactement la nature du sommet politique soviétique pour comprendre le poids politique pris par la machine bureaucratique.

Tout procède en principe du Comité central, élu lors des Congrès, mais qui peut être complété lors de Plénums. Il réunit plus de 450 membres (en 1981, après le XXVIe Congrès, 319 titulaires et 151 suppléants). Les fonctions administratives occupées dans le Parti sont des critères de choix plus sûrs que les mérites personnels pour être coopté en ce Parlement du Parti. Le Comité central est la plaque tournante de la vie politique soviétique, car il reçoit ses impulsions du Politburo et il innerve ensuite les ministères, les organisations centrales et régionales ; les premiers secrétaires des 165 *Obkoms* en font partie (ces comités régionaux du Parti sont les centres de décision dans les 165 « provinces » de l'Union). En cas de crise, le Comité central peut jouer un rôle politique réel, mais rarement réuni en session plénière (2 par an en moyenne), il laisse en fait la direction de la gestion politique aux structures bureaucratiques permanentes dirigées par le Secrétariat du C.C. Les 25 départements du C.C. *(apparat TsK pod rukovodstvom Sekretariata TsK)* exercent souvent un pouvoir supérieur aux ministères de l'État, même si les chefs de ces départements sont moins connus que les ministres. Environ 1 500 responsables ont ainsi la charge de la vie politique soviétique, car les instances supérieures (Politburo ou Secrétariat) comptent sur ces cadres pour s'occuper des problèmes ordinaires de gestion. Comme dans presque tous les grands États modernes, une bureaucratie technocratique assume la réalité du pouvoir, fût-ce seulement en préparant les dossiers.

Naturellement, comme dans les autres États pourvus d'administrations structurées,

1. Comme partout en Europe orientale, on désigne par « intellectuels » tous ceux qui ont reçu une instruction secondaire et que l'on pourrait qualifier de « cadres ».

une tendance naturelle existe vers la formation d'un esprit de corps, propre à toute grande administration ; mais au sein de chacune de ces administrations, les sections représentatives du Parti, chargées d'animer et de surveiller la ligne politique de l'administration en question se trouvent placées au centre de la décision. Par exemple, dans l'Armée, dont certains observateurs étrangers font un monde à part, une caste efficace et puissante, capable de tout dominer, il existe un appareil politique des Forces armées, dépendant du ministre de la Défense et de la section ad hoc du Secrétariat du C.C. ; cet appareil, du haut en bas des échelons, « organise et inspire » le travail des Forces armées. De cette manière, le pouvoir civil, celui du Parti, contrôle le pouvoir militaire. Toutefois, il peut exister au sein d'une même administration des tendances diverses ; tel pourrait être le cas à nouveau de l'Armée, où les tenants de l'armement conventionnel semblent se disputer crédits et influence avec les champions de l'armement nucléaire. Le parti lui-même n'est-il pas en conséquence divisé sur la politique de défense à mener et plus largement sur la politique à suivre dans les discussions sur le désarmement ?

Cependant, la haute fonction bureaucratique réclame une grande compétence technique chez les responsables. Cette nécessité tend à favoriser une nouvelle catégorie de dirigeants : formés souvent dans les Instituts de recherche, diplômés de l'Université, parfaitement intégrés au système soviétique tout en ayant une bonne connaissance des réalités étrangères, ces « super-apparatchiki » ne sont pas sans rappeler les énarques français. Efficaces, rompus aux mœurs administratives, ils expriment souvent les vues et les intérêts des administrations qu'ils animent. Une nouvelle génération de leaders s'est ainsi constituée, plus jeune (environ la cinquantaine) que les titulaires du Politburo, eux-mêmes issus de la promotion stalinienne des cadres. Leur pente naturelle est de gérer administrativement les problèmes politiques, en laissant à l'écart les aspects doctrinaires ou idéologiques. Sous le couvert de principes on s'en tient aux réalités. Pour éviter les conflits, la tendance aux compromis l'emporte avec pour propension normale de laisser une latitude assez grande aux divers secteurs administratifs. Est-ce là l'origine de l'immobilisme politique souvent constaté ?

Ces sphères dirigeantes du Parti et de l'administration, fort distinctes de la masse des Soviétiques, dominent non seulement la vie politique, mais encore la vie sociale et culturelle. Elles sont assez nombreuses pour constituer un monde particulier en U.R.S.S., car elles englobent les noyaux centraux précédemment évoqués ainsi que les « permanents » des structures régionales du Parti, c'est-à-dire les secrétaires, membres des bureaux et des services des *Obkoms* et *Raikoms*, ce qui, au total, peut aboutir à un groupe d'environ 150.000 personnes (Voir l'annexe p. 227). Or, à leur tour, tous ces responsables choisis par leurs supérieurs, disposent d'un singulier pouvoir, celui de porter sur une liste particulière, la *Nomenklatura*, les noms des hommes et des femmes jugés dignes par eux d'accéder aux fonctions administratives, économiques, sociales de quelque importance (en vérité, il existe *des* listes de nomenklatura pour les différents niveaux du pouvoir, à l'échelle de l'Union, de la République, de la région). Une véritable caste se constitue ainsi, dont le chiffre est difficile à cerner (3 millions de personnes ?), mais qui occupe une place singulière dans la société soviétique : privilèges dans la vie quotidienne, meilleures conditions d'existence, accès facilité à la formation supérieure pour leurs enfants sont le lot des inscrits sur la nomenklatura. Dans ces conditions, tous ceux qui ont la possibilité d'y accéder, cherchent à préserver ces avantages et à les transmettre à leurs enfants. On serait tenté de parler à leur encontre d'une véritable *noblesse de fonction* avec cependant la réserve que l'héridité n'est pas de droit dans la nomenklatura et que l'accession à cette caste est permise à ceux qui montrent les qualités requises. En particulier, la réussite dans l'éducation secondaire et à l'Université est une condition nécessaire pour jouer un rôle. Le Parti lui-même tend à privilégier les gens instruits ; en 1977, sur 16 millions d'adhérents, 4 millions avaient terminé des études supérieures (25 %), 6,5 millions avaient fini des études secondaires (41 %) et seulement 2 millions en étaient restés au niveau des études primaires (13,5 %). L'ascension sociale demeure ainsi ouverte à condition de respecter les « règles du jeu », dont la principale est de ne pas critiquer ouvertement le régime. On parvient alors à ces « hommes doubles », capables de servir fidèlement le régime sans partager au fond d'eux-mêmes la conviction qu'ils expriment à haute voix.

Cette situation n'est pas sans conséquence sur le système des valeurs en U.R.S.S. Une contradiction évidente apparaît entre le discours, tenu lors des Congrès ou lors des simples réunions de cellule, où les activistes ressassent les mots d'ordre, et le réel de la vie courante, où l'apathie, le cynisme, la corruption, et, plus largement, les intérêts individuels font des ravages. Sur le seul plan politique, la période brejnévienne est marquée par la séparation croissante entre les politiques et la société civile. De plus en plus, « eux » et « nous « se distinguent, ceux qui ont le pouvoir *(Vlasti)* et les hommes du rang *(Ljudi)*. D'un côté, on dirige, on décide, on organise en cherchant à limiter les débats au nom de l'efficacité gestionnaire ; de l'autre côté, on vit avec des solidarités sociales différentes, au niveau des ethnies, des familles, des croyances personnelles ou des intérêts spirituels privés. La divergence entre la politique et le réel est particulièrement nette chez les jeunes, au sein de la génération née après la Seconde Guerre mondiale : les enquêtes menées par les sociologues soviétiques ou par les autorités elles-mêmes montrent bien que les jeunes Soviétiques sont d'abord intéressés et attirés par l'aisance matérielle, par l'accès au monde extérieur, par les joies de la vie privée (vie sentimentale, enfants), par la réussite culturelle (avoir une profession vraiment révérée, c'est-à-dire de chercheur scientifique). Cette attitude ne signifie pas qu'ils s'opposent à leur régime ou qu'ils cherchent à le modifier politiquement (sauf chez les dissidents, très minoritaires). L'indifférence des masses rejoint l'immobilisme des dirigeants. L'un explique l'autre, l'un justifie l'autre. Sur ces bases curieuses, on pourrait parler d'un *consensus* entre les deux catégories.

Les contradictions sociales et économiques.

L'immobilisme politique pourrait trouver sa source profonde dans la situation actuelle de la démographie soviétique. Le fait majeur sur le plan démographique est le ralentissement marqué de la croissance de la population.

	1956	1961	1966	1971	1976	1981
Population totale	197,9	216,3	232,2	243,9	255,5	267 millions
Augmentation en % en 5 ans		+ 9,2	+ 7,35	+ 5,03	+ 4,75	+ 4,50
Popu. Urbaine	45 %	50 %	53 %	57 %	61 %	62 %
Popu. Rurale	55 %	50 %	47 %	43 %	39 %	38 %

Les causes apparentes de ce phénomène sont claires. Le taux de natalité a nettement fléchi pendant les années 60 (de 24,9 ‰ en 1960 à 17 ‰ en 1970) ; s'il a très légèrement repris depuis (18,3 ‰ en 1979), il ne permet pas un excédent naturel important, car, en regard, le taux de mortalité a lui-même tendance à s'élever (7,1 ‰ en 1960, 8,2 ‰ en 1970, 10,1 ‰ en 1979). Les causes profondes de ces deux tendances sont plus complexes à déterminer, mais plusieurs influences se conjuguent pour les expliquer. D'une part, les générations qui devraient contribuer au maximum à la procréation (hommes et femmes entre vingt et trente-cinq ans) sont celles directement marquées par les effets de la Seconde Guerre mondiale (cf. la pyramide des âges en 1970, p. 229). D'autre part, l'âge moyen des Soviétiques a tendance à s'élever, ce qui pèse sur le taux de la mortalité. Mais, à ces raisons conjoncturelles, il convient d'ajouter un autre phénomène, classique dans les pays où joue un accroissement léger du niveau de vie, c'est la rétention volontaire des naissances au sein des familles slaves. La majorité des couples habitant en Russie d'Europe choisit d'avoir un seul ou, au maximum, deux enfants. Cette tendance est particulièrement nette en milieu urbain où les difficultés à se loger et à trouver une crèche lorsque la femme travaille (cas à peu près général), expliquent cette attitude au moins autant que l'emploi des procédés contraceptifs. Or, la population urbaine est maintenant nettement prédominante en U.R.S.S. (62 % de la population en 1979 contre 50 % en 1961).

Bien que les résultats complets du dernier recensement (janvier 1979) n'aient pas encore été publiés, on peut également retenir quelques données complémentaires pour expliquer la tendance générale de la population soviétique. Tout d'abord, phénomène particulier, le nombre d'hommes par rapport au nombre de femmes est déséquilibré puisque les rapports sont actuellement de 46,6 hommes pour 53,4 femmes sur 100 habitants. Or, l'une des causes de ce déséquilibre provient d'une surmortalité masculine dans les classes d'âge entre 20 et 44 ans ; cette anomalie serait due au développement de l'alcoolisme. Quoiqu'il en soit, la main d'œuvre masculine disponible est déficitaire ; il faut donc recourir à l'emploi féminin, y compris pour des professions où les habitudes sont de réserver les travaux durs aux hommes. Actuellement les femmes représentent 51 % des actifs en U.R.S.S. ; on ne peut plus compter sur une large augmentation future de la main d'œuvre féminine puisque, par exemple pour les classes d'âge entre 20 et 35 ans, la quasi totalité des femmes (85 %) a un emploi à temps complet. Une autre raison de ce recours au travail féminin provient d'ailleurs *et* de la volonté féminine d'égalité à l'égard des hommes *et* de la nécessité pour un couple de compter sur un double salaire afin d'obtenir un niveau de vie convenable ; la natalité ressent les effets de cette situation. Au fond, sur ce plan, les choix des Soviétiques sont fort comparables aux choix des pays développés occidentaux.

Si la tendance générale de la démographie soviétique est au ralentissement, il faut apporter un correctif important en analysant les résultats régionaux des recensements. On constate que les républiques non russes et la Sibérie orientale ont des évolutions démographiques différentes. L'analyse des recensements de 1959, 1970 et 1979 est éclairante à cet égard (cf. annexe n° III, p. 230). A première vue, la progression des populations non-slaves est beaucoup plus rapide. Globalement, les populations « musulmanes »[1] estimées à 22,5 millions en 1959, soit 10,7 % du total, atteignaient en 1970

1. Uzbeks, Kazakhs, Tatars, Azeris, Turkmènes, Kirghizs, Tchouvaches, Bachhirs. Toutes ces populations ne suivent pas les rites musulmans, mais la permanence de la culture musulmane y est quasi-générale.

le chiffre de 31,5 millions, soit 13 % du total, et en 1979 elles représentenait 42 millions, soit 16 %. Est-ce suffisant pour dire, même par boutade, que l'avenir de l'U.R.S.S. est aux mains de ces Musulmans ? Certainement pas, d'autant plus que l'insertion dans le milieu slave dominant est un phénomène profond pour certaines de ces populations et que, pour elles aussi, la progression se ralentit. Il vaut donc mieux parler de rythmes de peuplement différenciés selon les zones. En gros, la Sibérie orientale, les États de l'Asie centrale, une partie du Caucase et toutes les zones urbaines croissent beaucoup plus vite que le reste. Ce sont encore les zones pionnières, celles des grands chantiers (zone de Bratsk, du B.A.M.), des industries de pointe, où des salaires plus élevés, des possibilités de promotion plus rapide attirent des populations jeunes. Ce phénomène peut expliquer par exemple que certaines républiques en Asie centrale voient le pourcentage de leur population slave demeurer important (55 % au Kazakhstan, 35 % en Kirghizie). D'où, dans ces régions, une population enfantine beaucoup plus nombreuse (les moins de 10 ans représentent environ 15 % de la population totale en Russie d'Europe, contre 25 à 30 % en Asie centrale) et un nombre proportionnel d'hommes plus élevé (49 hommes pour 51 femmes). Certes le fait musulman existe ; il serait absurde de l'omettre, mais il serait encore plus inexact d'opposer totalement un « *homo islamicus* » à « *l'homo sovieticus* ». La culture islamique continue de marquer profondément certains peuples soviétiques ; leur identité nationale est d'abord constituée par leur commune appartenance à une ethnie particulière (ouzbek, kirghiz, tatar, etc.), par leur maintien des traditions musulmanes, comme par exemple le rôle non négligeable des confréries et la revalorisation récente de la culture islamique en langue arabe ou persane (il faut penser aux voisins proches) ; les mariages mixtes sont fort rares, les mœurs demeurent celles de l'Islam, mais le nombre de mosquées est très réduit. Mais il s'en faut de beaucoup que l'Empire ne soit « éclaté » à cause du fait national en Asie centrale ; un réseau culturel existe entre ces nations et la nation russe, marqué par la connaissance commune de la langue russe, par un même système d'usages quotidiens, par des moyens parallèles d'ascension sociale et par une relative solidarité face au monde extérieur, souvent suspecté, parfois craint.

De manière plus générale, le fait national demeure à l'intérieur de l'U.R.S.S. Face au grand frère russe, les populations des États baltes, les populations du Caucase, les Ukrainiens comme les peuples d'Asie centrale tiennent à manifester leur identité, voire leur autonomie et même à marquer leur différence de civilisation. Le problème des Juifs en U.R.S.S. est loin d'être résolu, même si l'émigration de plus de 300.000 d'entre eux a marqué les années 70 ; des incidents, parfois violents, témoignent de la vivacité des sentiments nationaux et de la survivance d'un antisémitisme latent. La nouvelle Constitution de 1977 a conservé le fédéralisme comme une des bases du système soviétique. Toutefois, le problème le plus grave concernant la société en U.R.S.S. est ailleurs. Il touche à la qualité présente de la population active et à ses potentialités futures. Depuis le début des années 60, la répartition de la population active s'est sensiblement modifiée, puisque le secteur primaire est passé de 32 à 21,5 % de la population, tandis que le secondaire progressait de 34 à 38 % et que le tertiaire passait de 34 à 40,5 %. Dans les faits, d'une part, la campagne s'est vidée par le départ des jeunes, ce qui élève l'âge moyen des kolkhoziens ; d'autre part, on a fait entrer dans la vie active un plus grand nombre d'hommes et surtout de femmes : actuellement 85 % de la population en âge de travailler est entré dans la population active. D'où, aujourd'hui, une pénurie de main d'œuvre nouvelle que l'on veut compenser par l'élévation de la productivité ; or, malgré les incontestables efforts accomplis pour développer la qualification professionnelle des travailleurs soviétiques, tous les témoignages concordent vers un même jugement : l'efficacité au travail des Soviétiques est médiocre. Les objectifs fixés par la planification au sujet de la productivité du travail ne sont pas atteints : au lieu d'une progression annuelle de 5 à 6 %, prévue lors du Xe plan quinquennal (1976-1980), le résultat a été en moyenne de 3 %, avec une tendance à fléchir en fin de période. Comment, dès lors, développer largement l'économie soviétique? Incontestablement, la société soviétique aurait besoin d'une mutation qualitative profonde. Comment la susciter ?

Le contrôle politique et idéologique, maintenu, voire renforcé pendant l'ère brejnevienne, ne paraît guère y disposer. Sans doute les dissidents sont-ils peu nombreux et assez marginalisés par rapport à la masse soviétique, mais la constance avec laquelle l'action répressive s'exerce à l'encontre des hétérodoxes, notamment des intellectuels et des croyants, témoigne de la vigilance des autorités dans ce domaine. D'un côté, on a mis fin au débat sur Staline en soulignant les mérites politiques et militaires de la ligne générale suivie dans « l'édification du socialisme » tout en condamnant les excès et les illégalités. D'un autre côté, on a laissé le directeur de la revue *Novy Mir*, Tvardovski, publier des textes « critiques » jusqu'en 1970, tout en poussant les contestataires soit vers la prison (procès Siniavski-Daniel en février 1966, Guinzbourg en 1968, Martchenko en 1969, etc.), soit vers les hôpitaux psychiatriques (Chtcharansky en 1978), soit vers l'exil (Soljenitsyne, qui avait obtenu le Prix Nobel de littérature en octobre 1970 après son exclusion de l'Union des Écrivains en novembre 1969, a dû quitter la Russie en février 1974, Nekrassov en septembre 1974, Pliouchtch en 1975, etc). Dans l'ensemble, malgré les accords d'Helsinki, signés en 1975 qui, entre autres, prévoyaient la libre circulation des idées et des hommes, on peut dire que la répression vis-à-vis des intellectuels contestataires subsiste de manière stricte, depuis. Elle contraint peu à peu les auteurs du *Samizdat* (auto-édition) à se taire, après une période, au début des années 70, pendant laquelle la dissidence avait incontestablement marqué des points. Si, à l'intérieur, la défense des droits de l'homme à laquelle s'attache spécialement le savant A. Sakharov, n'a pas obtenu de grands résultats, il n'en va pas de même de cette lutte permanente entre la justice et le pouvoir totalitaire quant à l'influence sur l'image internationale de l'U.R.S.S. On le verra plus loin.

Vers la fin des années 50, Khrouchtchev fixait à l'économie soviétique un objectif grandiose, rejoindre et dépasser l'économie américaine. L. Brejnev et son équipe furent plus modestes dans leurs ambitions économiques. Le réalisme, incarné par le sobre A. Kossyguine, président du Conseil des Ministres depuis 1964 presque jusqu'à sa mort (décembre 1980), prévaut en effet dans l'élaboration et la réalisation des trois plans quinquennaux qui se sont succédés de 1966 à 1980 (8e, 9e et 10e plans). Dans l'ensemble les plans prévisionnels cherchaient à maintenir un bon rythme de développement industriel (entre + 6 et + 8 % par an) et ils s'efforçaient de développer la production agricole sans avoir trop d'illusions sur le niveau possible de la croissance agricole (+ 4 % par an). Lorsqu'on compare ensuite les prévisions avec les résultats, on perçoit de sensibles différences surtout pour l'agriculture. Toutefois le fait le plus inquiétant provient de la décélération continue de la croissance soviétique globale depuis le début des années 70.

Taux de croissance annuel du Revenu National en U.R.S.S.

1971	1972	1973	1974	1975	1976	1977	1978	1978	1980
+ 5,6	+ 3,9	+ 9	+ 5	+ 4,5	+ 5	+ 3,5	+ 4	+ 2	+ 3,8

Les taux de croissance effectifs, c'est-à-dire réalisés, baissent régulièrement d'un quinquennat à l'autre. Ainsi, dans le 8e plan, l'industrie connaissait une progression moyenne annuelle de 8,5 %, tandis que dans le 9e plan (1971-1975) le taux de progression fléchissait à 7,4 % ; il s'abaissait à 4,5 % pour le 10e plan (1976-1980). Les planificateurs tablaient sur un développement supérieur des biens de consommation ; or, dans la réalité, la croissance de ces industries restait inférieure à celle des biens d'équipement. L'agriculture se révélait encore plus malingre : + 3,9 % par an pendant le 8e plan, + 2,5 % pendant le 9e plan, + 1,7 % pendant le 10e plan. En fait, cette faiblesse agricole chronique tournait même au désastre en 1972, 1975, 1979, puisqu'il fallait importer massivement des céréales pour pallier des récoltes très déficitaires. Certes, de médiocres conditions climatiques peuvent expliquer ces défaillances, mais les constants appels des dirigeants à transformer qualitativement l'agriculture soviétique prouvent que le mal provient surtout des structures en place. Depuis 1964, de forts investissements ont été consacrés à l'agriculture afin par exemple de disposer de plus d'engrais. On veut élever la productivité agraire et même constituer une réelle industrie agro-alimentaire. Si des progrès sont enregistrés, ils ne permettent pourtant pas à l'agriculture soviétique de se situer au même niveau d'efficacité que ses homologues occidentaux. Comme on l'a vu, l'exode rural subsiste, surtout chez les jeunes ; la modernisation du monde rural laisse encore à désirer. Au fond la mentalité paysanne traditionnelle subsiste, mal adaptée à un système où le kolkhoze, propriété de tous, suscite peu l'effort individuel. Le niveau de vie des kolkhoziens a progressé, mais l'idéal du lopin individuel demeure vivant chez les paysans au point que le secteur privé (3 % des terres cultivées) produit encore le tiers de la production des légumes, la moitié des pommes de terre, le tiers des œufs, du lait et de la viande ! Au total, la paysannerie soviétique demeure le parent pauvre de l'U.R.S.S.

Dans le secteur industriel, le problème majeur consiste à équilibrer les impératifs venus de la planification centralisée avec les possibilités des entreprises. Les discussions entre économistes et politiques ont abouti à une première réforme de l'entreprise, votée en septembre 1965. D'un côté, on supprima les sovnarkhozes et on rétablit les ministères industriels ; de l'autre côté, on diminua le nombre des indices imposés aux entreprises par le plan ; on admit la constitution par les entreprises, à partir des profits réalisés, de fonds destinés à récompenser partiellement les agents de l'entreprise et capables de financer les dépenses courantes d'investissements. Entre 1966 et 1971, peu à peu, toutes les entreprises soviétiques furent touchées par cette réforme, voulue par Kossyguine. Cependant, ni la fixation des prix, ni la gestion globale de la main-d'œuvre, ni le système des ventes ne furent laissés à l'entreprise, d'où les résultats incertains de cette réforme. Aussi, à partir de 1977, le débat public reprend. En juillet 1979, un nouveau décret renforce la tutelle des administrations centrales ; il marque un certain retour à la pratique antérieure, mais le rôle des stimulants économiques est accru pour que les entreprises cherchent à améliorer leur productivité et la qualité de leurs produits. Au fond, les choix décisifs ne sont pas vraiment faits ; la tendance dominante est plutôt de laisser l'autorité au Gosplan et de concentrer les entreprises au sein d'Unions de production. Quoiqu'il en soit, l'amélioration de la productivité et de la qualité des produits reste l'objectif essentiel, sans cesse rappelé, car la tendance à la diminution des investissements demeure tandis que les exigences de la consommation interne continuent à se faire pressantes. Comment pourra-t-on relancer l'expansion ? L'appel à la technologie étrangère n'est-il pas de plus en plus impératif dans de telles conditions ? Dans la crise économique mondiale et alors que le climat international se dégrade, est-ce encore une option possible ?

II. L'U.R.S.S. BREJNEVIENNE ET LE MONDE.

Depuis la naissance de l'U.R.S.S., sa politique étrangère s'est jouée sur plusieurs terrains : La diplomatie proprement dite de l'État soviétique, la liaison du parti communiste d'U.R.S.S. avec les partis communistes de l'étranger (Komintern, Kominform) ; et, depuis 1945, le double rapport d'une part de l'U.R.S.S. avec les États satellites, d'autre part, de ces États satellites avec le reste du monde. L'articulation entre ces différentes politiques dépend également d'autres variables : d'un côté, les données propres de la politique intérieure soviétique, ses exigences et ses contradictions ; de l'autre, les données propres et les particularités du monde extérieur. Lorsque commence l'ère brejnevienne, le front principal, celui de la guerre froide, a bien failli dégénérer : lors de la crise cubaine de 1962, un conflit a manqué d'éclater. Toutefois, à Moscou, l'humeur n'est pas vraiment anti-américaine ; à l'Ouest, l'U.R.S.S. ne connaît encore d'ennemi que l'Allemand ; et les milieux dirigeants le soupçonneraient volontiers d'être le mauvais génie de la politique américaine. A cette date, les craintes viendraient plutôt de la Chine, bien que les autorités veuillent nier le divorce manifeste avec Mao-Tse-Toung qui ne cesse de dénoncer le caractère « révisionniste » de la politique soviétique, tant à l'intérieur qu'à l'extérieur. A cette date, en France comme dans le reste de l'Europe, les partis communistes sont hors de course, tandis qu'à Moscou commence à sourdre l'inquiétude quant à l'avenir des rapports avec les satellites.

En 1968, l'aire d'intervention soviétique s'est élargie.

Pour les dirigeants, néanmoins, la situation est passée au rouge, au négatif, là où, en 1961-1962, elle était encore incertaine : en Chine et dans les démocraties populaires, à Prague évidemment. Elle est demeurée négative, avec l'humiliation en plus, sur le principal « front anti-impérialiste », où les Américains ont pu impunément bombarder un allié, le Vietnam du Nord. A un degré moindre, c'est un échec de même nature que ressentent les dirigeants de Moscou lorsque, en juin 1967, Israël défait les troupes arabes équipées de matériel soviétique. Enfin, les effets de la prétendue déstalinisation sont considérés comme une maladie dont la contagion pourrait gagner d'autres démocraties populaires, les Républiques mêmes et, pourquoi pas, Moscou. Les mesures les plus rigoureuses sont dès lors prises, qui visent intellectuels et nationalistes de toute race, qui, « de Dubcek à Soljenitsyne », mettent en cause le fonctionnement du système.

A l'Ouest, c'est l'époque où les partis communistes prennent quelque distance vis-à-vis du modèle soviétique. Ils craignent qu'en agissant autrement, ils ne se déconsidèrent. C'est l'époque, également, où, manifestement, ils ne se déconsidèrent. C'est l'époque, également, où, manifestement, Moscou craint qu'une victoire de la gauche « unie » en France n'appelle les Américains à une riposte et les Européens de l'Est à vouloir imiter le nouveau modèle démocratique français.

Depuis 1974, vu de Moscou le retournement est spectaculaire.

Sur le front de la lutte anti-impérialiste, la situation au Vietnam est plus favorable qu'en 1968, tandis qu'au Proche-Orient, les forces arabes l'ont partiellement emporté (guerre du Kippour). Du côté de la Chine, ni les dirigeants ni le peuple soviétique ne sont aussi inquiets que naguère : les soubressauts du Grand Bond et de la Révolution culturelle trahissent les contradictions du régime, ce qui rassure.

Tandis que la situation dans les démocraties populaires semble se stabiliser, la réforme économique a commencé à manifester ses effets. A tort ou à raison, le régime se sent plus sûr de lui qu'en 1968-1969.

Observant la crise de l'économie occidentale, la relative passivité des États-Unis en Grèce ou au Portugal, le décollage d'une partie du Tiers-Monde et l'audace des revendications arabes, les dirigeants soviétiques se voient à nouveau confirmés dans leur hypothèse théorique générale que le cours de l'histoire va dans le sens de l'affaiblissement inéluctable du monde capitaliste. Pour la première fois, ils y participent directement au travers des problèmes pétroliers, ce qui leur permet, en outre, de mieux contrôler les démocraties populaires. Leur pacifisme est en accord avec leurs intérêts et avec les sentiments de la population.

Depuis quelques années, les États-Unis jouaient de la difficulté des Soviétiques à poursuivre à la fois la course aux armements et l'amélioration des conditions de vie en U.R.S.S. ; ils en jouent encore. Toutefois, les dirigeants soviétiques et communistes jugent que, désormais, les conditions générales leur sont plus favorables que jamais. « De nos jours, une simple comparaison entre la situation des pays socialistes et l'état de crise des pays capitalistes ne peut qu'influer sur l'accroissement de la combativité, de la conscience et de la maturité politique des travailleurs. Des millions d'hommes se convainquent que les malheurs dont ils sont victimes sont inhérents à la nature même du capitalisme : en effet, la société socialiste, qui existe et se développe sur la même planète, à la même époque historique, ne connaît ni le chômage, ni l'inflation, ni les désordres monétaires, ni les secousses financières ». Pas plus que les communistes français, ils n'entendent perdre leur identité, soumettre leur demande d'aide financière à un droit de regard sur leurs propres affaires, celles des Juifs soviétiques, ce qui pourrait, sait-on jamais, donner à réfléchir à d'autres minorités à leur tour. Ils ont vivement réagi à la réduction de l'aide américaine. Ce n'est pas mettre en cause la détente ; ni, en France, le principe de l'alliance avec les socialistes. C'est exiger du partenaire que soient établies les règles d'une « nouvelles donne », ce à quoi, précisément, tentent de s'opposer les Chinois.

Dans ce contexte général, trois domaines apparaissent essentiels : le problème du rapport avec les démocraties populaires ; les relations « privilégiées » avec les États-Unis et ses conséquences ; la mondialisation de la politique soviétique.

Europe de l'Est : Décomposition ou renforcement de la sphère soviétique.

Depuis les événements de Budapest en 1956, la « Kadarisation » constitue un exemple inédit de remise en ordre souple : s'il est vrai que la vie politique demeure désormais sous le contrôle absolu du parti, une certaine ouverture se manifeste bientôt dans le domaine culturel et scientifique ; mais surtout, une habile politique économique assure des conditions de vie qui font de la Hongrie la vitrine des pays de l'Est. Rien de tel en Roumanie, par exemple, où seule la politique extérieure du régime manifeste sa volonté d'autonomie vis-à-vis de Moscou.

Rien de tel, surtout, en Tchécoslovaquie, où la rigidité du régime et surtout les échecs au plan économique créent un profond ressentiment dans un pays qui, avant la guerre, était à la fois le plus dynamique et le mieux équipé des nouvelles nations de l'Europe centrale. Le sentiment de déchéance, au regard d'une économie qui se plaçait en 1939 à l'avant-garde, alimente une critique qui pénètre jusqu'à l'intérieur du parti. Intellectuels et cinéastes tels Kadar et Klos, dans *L'Accusé*, expriment ce profond malaise. En juin 1967, le Congrès des Écrivains, composé de communistes, entre en rébellion contre la direction du Parti. La vague est profonde, au point que Novotny, cède la place à Dubcek qui incarne « le socialisme à visage humain ». Durant le « Printemps de Prague » (1968), dans un enthousiasme populaire croissant, l'activité politique se libère, la censure disparaît, le Parti imagine de se régénérer en acceptant l'élection de ses responsables. Il est même question d'admettre l'existence d'un parti d'opposition. Dans les usines enfin, l'autonomie des entreprises est envisagée ainsi que l'autogestion. Le mouvement s'accompagne d'une ouverture à l'Ouest, au moins au plan des échanges économiques, essentiellement avec l'Allemagne de Bonn.

Pour Moscou, — et la R.D.A. qui craint les contrecoups du mouvement —, c'en est trop : à « l'appel des camarades tchécoslovaques », l'intervention militaire est décidée et, le 20 août 1968, les tanks des forces du Pacte de Varsovie occupent Prague, brisent les manifestations populaires. Dubcek est destitué, un nouveau secrétaire du parti met sur pied la « normalisation » du pays et, de désespoir, Jan Palach, étudiant à l'Université de Prague, se transforme en torche vivante pour protester contre l'occupation soviétique. 100 000 personnes assistent à son enterrement.

Dès lors, il semble que l'emprise de l'U.R.S.S. sur les démocraties populaires ne cesse de se renforcer. La sphère est-européenne ne se définit pas par « le pluralisme, la diversité, l'érosion », mais, bien au contraire, par une tendance à l'unification, à l'intégration des démocraties populaires dans un ensemble, de l'Elbe au Pacifique. En témoigne la multiplication des instances et réseaux qui ont pour fonction d'amarrer plus étroitement l'Europe de l'Est à l'U.R.S.S.

En dehors de l'organisation du Pacte de Varsovie et du COMECON, dont la création répondait également à d'autres motifs, le Kremlin a suscité la constitution de près d'une trentaine d'institutions inter-étatiques qui réglementent plus ou moins l'organisation des transports, la production de l'énergie, la coordination du fret, l'unification du matériel militaire, les industries chimiques, etc. En outre, ces institutions inter-étatiques voient leur compétence s'élargir progressivement, renforçant de façon irréversible le contrôle des Soviétiques, qui, grâce à la multiplication de ces instances, ont plus de possibilités que naguère pour surveiller les activités des « États frères ». L'emprise soviétique serait telle que, après avoir entièrement dominé ces institutions dites multinationales (celle du Pacte de Varsovie compte néanmoins, en 1977, par exemple un général bulgare et un contre-amiral polonais au milieu d'une constellation de maréchaux soviétiques), les dirigeants du Kremlin ont pu juger qu'ils avaient assez de garanties pour laisser désormais à certaines d'entre ces institutions une « façade » multinationale.

Cette politique d'intégration n'est pas un effet en retour de Prague-1968. L'affaire tchèque a eu seulement pour résultat d'accélérer un processus mis en route dès 1959 lorsque Khrouchtchev évoquait, pour l'avenir de l'Europe de l'Est et de l'U.R.S.S., « un système socialiste unique ». En 1962-1963, les premières tentatives soviétiques au travers du COMECON échouèrent par suite de la résistance des Roumains. Ultérieurement, le divorce d'avec la Chine et l'Albanie, puis Prague 68, contribuèrent à la reprise accélérée de ces tentatives qu'illustrèrent, outre la multiplicatoin des interconnexions entre institutions, l'ouverture de la frontière entre la Pologne et l'Allemagne de l'Est, le traité soviéto-tchécoslovaque de 1973, la mise en place de procédures visant à la « coordination » des fabrications de matériel militaire. On assiste à une mise en application du principe dit de la « souveraineté limitée » associé à la doctrine de l' « internationalisme prolétarien », ou doctrine Brejnev. Certes, il est des résistances, surtout de la part de la Roumanie, qui peut rejeter en 1974 la tentative soviétique d'établir une coordination plus étroite du commandement militaire des différents membres du Pacte de Varsovie ; mais ces résistances ne vont pas sans tension ; et, désormais, les instances inter-étatiques sont suffisamment nombreuses et assez coordonnées pour que la lente digestion des démocraties populaires puisse s'effectuer à la façon dont, peu à peu, les États baltes ont été absorbés, même si la procédure de « take over » a été différente. Signe de ce processus, le nombre de Soviétiques qui vivent en Bulgarie ou ailleurs : en Lettonie, il y aurait actuellement plus de vingt-cinq mille Russes qui s'installent chaque année.

Mais l'U.R.S.S. est aussi soumise à la pression idéologique de ses satellites, mieux nourris, plus modernes, et qui n'ont qu'un seul modèle en tête, celui de l'Occident. Comme l'écrit Emmanuel Todd, alors que naguère l'Occident craignait les idées en provenance de l'U.R.S.S. et que l'U.R.S.S. avait peur de l'intervention armée de l'Occident, désormais, c'est l'inverse. Situation bloquée qui explique à la fois la non-libéralisation du régime et la nervosité des autorités soviétiques devant toutes les propositions et décisions concernant l'échange des idées et l'ouverture du pays aux modes occidentales, (accords d'Helsinki en 1975).

En Pologne, où l'hostilité aux Russes et au stalinisme forme un mélange explosif, deux militants communistes, J. Kuron et K. Modzelewski animent un courant oppositionnel de caractère auto-gestionnaire qui rencontre un large écho dans une société qui se détache de plus en plus de ses institutions, église exceptée. En 1970, une hausse des prix brutale déclenche des manifestations ouvrières géantes dans les ports de la Baltique. Gomulka doit céder le pouvoir à Gierek qui incarne une sorte de renouveau politique et économique, autant qu'après Prague il se peut. Sa gestion conduit à un endettement comme aucun pays de l'Est n'avait jamais connu, qui contraint le régime à de nouvelles hausses de prix alimentaires ; le marasme de l'industrie et de l'agriculture aboutissent à une pénurie qui rappellerait, en France, les pires moments de l'Occupation, tandis que le marché noir et la corruption se développent, pratiqués notamment par des hauts responsables de l'État. Les grèves se multiplient et se renouvellent, parties de la base ouvrière ; et de plus en plus puissantes et suivies. En 1980, c'est l'apogée, à la suite des grèves de Gdansk, le régime doit accepter l'existence d'un syndicat indépendant, *Solidarnocz* (Solidarité), dont la croissance est instantanée et dont le réseau couvre bientôt tout le pays. Le syndicat libre a ainsi pris la relève de l'Église, à laquelle il s'accorde, pour devenir l'interlocuteur privilégié du parti. Un ouvrier, Lech Walesa, est élu à sa direction, le K.O.R. de Kuron et Modzelewski participe à son action.

Budapest — Prague — Gdansk : Une comparaison.

La révolution polonaise a ouvert une brèche dans le système bien clos des régimes communistes. Quelle que soit l'issue, cette brèche est plus profonde que toutes les échancrures ouvertes et refermées à ce jour, à Poznan, à Budapest ou à Prague.

Car à Prague, en 1968, devant le mécontentement général et la faillite du régime, l'initiative d'un changement avait émané du Parti communiste lui-même ; il avait senti la nécessité de se réformer et avait été à l'origine du mouvement, sauvegardant d'une certaine façon la légitimité du système. En fait, avec douze ans de retard sur Budapest, il reprenait les accents de Nagy qui avait parlé le premier « d'un communisme qui n'oublie pas l'homme ». La différence toutefois, entre 1968 et 1956, outre un plus grand degré de haine envers les Soviétiques à Budapest et Poznan qu'à Prague, était qu'en 1956, à ce mouvement venu d'en haut s'était joint spontanément un mouvement venu d'en bas, particulièrement puissant en Hongrie. Cette irruption d'un deuxième foyer révolutionnaire avait désemparé Nagy, incapable d'imaginer que la légitimité du pouvoir pût sourdre d'ailleurs que du Parti, de lui seul. Ainsi paralysé, il n'avait su ni se dresser contre l'armée soviétique ni, bien sûr, fraterniser avec l'occupant. Ce deuxième foyer était né en milieu ouvrier, comme en Pologne alors, mais les étincelles qui l'avaient fait flamber provenaient de milieux communistes « indépendants », d'intellectuels aussi. La chance de la Pologne, à cette date, fut que des réformes avaient été introduites dès 1953, que Gomulka put ensuite faire accepter aux Soviétiques une libéralisation qui apparut comme un exemple de déstalinisation et comme une victoire sur les Russes. Toutefois, devant la puissance de la pression populaire, Gomulka procéda à une « kadarisation à froid », ce qui mit fin aux espérances des Polonais. Il était néanmoins censé procéder à une libéralisation ; de sorte que le deuxième foyer put continuer à couver sous la cendre.

En 1968, à Prague, le mouvement populaire qui se développa avec la victoire de Dubcek prit une ampleur si gigantesque qu'il déborda l'action réformiste née au sommet, la fourvoya et, Dubcek vaincu, il survécut même à l'intervention militaire avant de s'ensevelir à son tour.

En Pologne 1980-1982, différence essentielle avec Budapest, Poznan, Prague, le mouvement ne doit rien au Parti ; il s'enracine totalement dans ce deuxième foyer, né en 1956, mais qui, depuis lors, a été en quelque sorte régénéré. Car depuis la répression de Prague et surtout la faillite de la deuxième promesse de libéralisation par Gierek en 1970, les illusions des Polonais sur l'hypothèse d'une réforme venue d'en haut sont bien mortes, mortes comme les victimes de la répression en 1970.

Que s'est-il passé en Pologne?

Pour le mesurer, rappelons qu'en Russie comme en Europe, depuis le début du siècle, les partis révolutionnaires ont toujours voulu mettre la main sur les syndicats, leur imposer un mode de représentation par tendances, de sorte qu'au Bureau règne le parti « majoritaire ». Ils ont réussi également à faire admettre qu'il leur revenait de délimiter et de définir la fonction de ces syndicats (alors que ce pourrait être l'inverse). Puis, depuis Octobre 1917, de façon irréversible, l'un de ces partis, le Parti communiste, a conquis la direction du syndicat, la gardant soit par la voie démocratique, soit par la colonisation des bureaux, soit par la violence ; ensuite, en 1919, les communistes des syndicats soviétiques ont décidé, unilatéralement, que ces syndicats devraient être subordonnés au Parti, sinon intégrés ; ainsi, ils ont fait triompher leur conception de syndicats « bien ficelés », puis ont subverti leurs fonctions et activités traditionnelles (défense des travailleurs, organisation de grèves, etc.) en les transformant en organes de co-gestion du Plan et en courroies de transmission de leur pouvoir.

Pour commencer, les Polonais ont décroché la courroie. Puis, ils ont élu eux-mêmes leurs délégués, institué leurs propres formes organisationnelles, nié enfin toute dépendance à l'égard du Parti. Ainsi est né *Solidarité* sur les décombres de l'ancienne centrale.

Les Polonais ont été ainsi plus loin que les Conseils ouvriers hongrois dont la création avait été en partie suscitée par la direction des syndicats, c'est-à-dire des syndicats domestiqués par le Parti. En ce sens, bien que dénommé « syndicat », par ses formes organisationnelles, *Solidarité* évoque, à la veille du coup de force du 13 décembre 1981 le Conseil pan-russe des comités d'usine (en 1918) plus que le syndicat centralisé ou même que les sovicts de députés dont le mode de représentation était lié, lui aussi, à des appartenances de parti, ce qui permettait à ces derniers d'en contrôler, bureaucratiquement, le comité exécutif.

Sur le plan de la compétence, *Solidarité* ne visait pas, à la façon des comités d'usine en Russie ou, plus récemment en Hongrie, à instituer une quelconque forme d'autogestion ou de co-gestion des entreprises. Toutefois, *Solidarité* tendait à une extension verticale de sa compétence : sans se présenter comme un contre-pouvoir, ses membres mettait en cause certains aspects du fonctionnement de l'État : sa justice, sa police, le contrôle de l'information surtout, etc. Prenant en quelque sorte la relève de l'Église, voire des intellectuels, *Solidarité* prenait en compte les revendications de la société globale. Horizontalement, *Solidarité* étendait sa compétence en donnant son appui à d'autres « syndicats » libres en voie de formation ; de la même façon qu'à Kronstadt en 1921, la Commune y fut solidaire des Communes paysannes, toute appartenance idéologique mise de côté, puisqu'à Kronstadt comme dans ces communes rurales on rencontrait des communistes, des chrétiens, des anarchistes.

La reconnaissance du droit des petits paysans à constituer un syndicat, — et pas seulement une Association, témoigne du lent démantèlement, non seulement de tout un système, mais de ses fondements théoriques, qui se délitent pan par pan, puisque, depuis Gomulka déjà, le principe de la collectivisation forcée avait été abandonné. D'où la réaction, globale, aussi du pouvoir.

L'U.R.S.S. et le monde.

Les rapports de l'U.R.S.S. avec les États-Unis et le reste du monde ont paru se modifier radicalement à l'ère brejnevienne, les années 1972-1975 marquant l'apogée de ce changement, associé éventuellement à un grand rapprochement entre les deux super-puissances.

Jusque-là, les dirigeants soviétiques pouvaient considérer que les événements survenus depuis la fin de la Deuxième Guerre mondiale allaient bien dans « le sens de l'histoire » : le passage de la Chine au communisme, l'émancipation des peuples colonisés, y compris la victoire du Vietnam sur les Américains, le discours plus ou moins socialiste d'un certain nombre de dirigeants de ces nations émancipées, l'extension de ce mouvement à l'Afrique portugaise et, au travers de Cuba, à quelques pays d'Amérique latine, autant de signes encourageants pour Moscou, même si, dans le même temps, les soubresauts des pays de l'Est nécessitaient plusieurs interventions des forces militaires soviétiques.

Or, en quelques années, la situation se dégrade et se retourne. Dans le monde arabe, la victoire d'Israël durant la Guerre des Six-Jours (1967) se traduit d'abord par un effondrement de l'influence soviétique, l'U.R.S.S. n'ayant pas été capable, comme lors de la Crise de Suez en 1956, de soutenir réellement ses amis. Bientôt, l'Égypte, puis l'Algérie, se détachent à la fois de l'U.R.S.S. et de son modèle — même s'il demeure quelque trace de l'implantation soviétique au Moyen-Orient.

Surtout, la Chine rompt avec l'Union Soviétique. Mao-Tse-Toung a la conviction, acquise durant la guerre du Vietnam, que l'U.R.S.S., en guise d'aide, cherche à contrôler la Chine populaire plus qu'à la laisser s'émanciper réellement. Les incidents frontaliers, qui se multiplient depuis 1964, témoignent de la gravité du contentieux qu'avivent les revendications territoriales de la Chine dans la région du fleuve Amour. Alliés, en principe, face aux Américains lors de la guerre du Vietnam, les deux puissances parviennent aux limites du conflit, par allié interposé, lors de l'invasion du Cambodge par le Vietnam, quelques années plus tard.

Le retournement de la Chine se traduit par une ouverture vers les U.S.A., l'U.R.S.S. devenant pour Pékin l'ennemi principal maintenant que les Américains n'ont plus de positions effectives au voisinage même du territoire national.

Pour prévenir les suites inéluctables d'un tel changement, qu'illustra le voyage de Nixon à Pékin en février 1972, Moscou retourna sa position et se déclara prêt à substituer à la confrontation une « coexistence dans la collaboration ». Dès lors, à partir du sommet de Moscou en mai 1972, un « déluge » d'accords de concertation et de coopération soviéto-américains donna substance à la politique de détente. Cette politique comprenait un double volet :

— celui des accords économiques, dont la valeur quintupla entre 1971 et 1976, ce qui devait avoir pour effet d'amarrer l'U.R.S.S. et les pays de l'Est à l'économie mondiale ; ainsi, pensaient les Américains, l'U.R.S.S. ne serait plus tout à fait l'U.R.S.S. et les libertés politiques découleraient normalement de la détente économique ;

— celui des accords de limitation des armes nucléaires, S.A.L.T., (Strategic Arms Limitation Talks), que l'U.R.S.S. souhaite conclure pour que souffle son économie et que les populations de l'Est connaissent un mieux-être dans la distribution des biens de consommation. Ils reconnaissent, en quelque sorte, le droit de l'U.R.S.S. à la parité avec les U.S.A., tant en ce qui concerne les missiles intercontinentaux (I.C.B.M.), les missiles lancés à partir d'un sous-marin (S.L.B.M.), les superbombardiers, que les têtes nucléaires sur missiles (M.I.R.V.). En fait, dans la course aux armements qui s'institue dans le cadre de ces accords et qui a pour objet, au moins, d'empêcher les deux super-grands de se détruire mutuellement, l'U.R.S.S. s'équipe plus vite en M.I.R.V. et les U.S.A. en missiles.

Toutefois, l'installation en Europe orientale de missiles SS. 20 à moyenne portée (et ainsi exclus des accords S.A.L.T.), et la volonté affirmée par les U.S.A. d'y répondre par l'installation en Europe occidentale de missiles Pershing et autres missiles dits « de croisière », témoignent d'une rapide perte de confiance réciproque, si tant est qu'elle eût jamais existé.

Les rapports U.R.S.S.-U.S.A. reposent en effet sur un profond malentendu. Pour les Américains, les accords sur le désarmement doivent s'accompagner de la détente sur tous les fronts, chaque super-puissance demeurant, en quelque sorte, à sa place : par exemple, les U.S.A., donnant à Yalta une interprétation restrictive, ne chercheraient plus à susciter d'élections libres et autres formes de démocratisation jadis promises et à peine respectées ; tout au plus, à la conférence d'Helsinki en 1975-1976 demandent-ils qu'à l'Est soient respectés les Droits de l'Homme. En échange, ils comptent que l'U.R.S.S. ne participera pas à la déstabilisation du reste du monde. Pour les Soviétiques, au contraire, le maintien du statu quo signifie seulement que l'U.R.S.S. n'interviendra pas activement hors de sa zone, au moins au travers de l'action des partis communistes. Elle le manifeste en montrant sa sympathie pour Giscard d'Estaing, en 1974 ; en abandonnant à leur sort les partis euro-communistes. Mais cela ne signifiera pas qu'elle freinera le « cours de l'histoire ». Lorsque avec la crise du pétrole, elle sent le terrain se dérober sous le monde occidental, elle laisse volontiers Cuba soutenir les pro-communistes d'Angola ; aide elle-même le F.RE.LI.MO. du Mozambique et intervient, dans la Corne de l'Afrique, d'abord aux côtés de la Somalie ; puis, après les difficultés rencontrées dans le monde arabe, elle retourne son alliance et soutient l'Ethiopie d'après Haïlé Selassié, dans sa guerre de l'Ogaden

Au lendemain de la chute du Chah, de la crise iranienne où les Américains deviennent l'objet principal de la haine et de la colère populaires, les Soviétiques jugent que le moment est opportun pour envahir militairement (en décembre 1980) l'Afghanistan, proie convoitée depuis longtemps et qu'ils contrôlaient déjà plus ou moins, au travers des luttes de tendances du P.C. afghan qui avaient suivi le renversement de la dynastie en 1973. Cette occupation, qui ne veut pas se dire conquête sous prétexte qu'elle répondit à l'appel de Taraki, l'un des deux leaders du P.C. afghan, s'ajoute aux deux autres interventions des armées soviétiques au-delà de ses frontières. Sans parler des annexions opérées depuis 1939 et, en Europe de l'Est, de la présence contraignante des forces armées du Pacte de Varsovie.

L'annexion des Pays Baltes (en 1939), Budapest, Prague, Kaboul, la pression sur la Pologne, autant d'actes qui, dissemblables certes, vont dans le même sens et ne sauraient créer un climat de confiance — pas plus, de l'autre côté, que les interventions des États-Unis au Vietnam, au Chili ou en Amérique Centrale.

Permanences et novations de la politique extérieure soviétique.

Trois jalons définissent la zone à l'intérieur de laquelle se meuvent les dirigeants soviétiques. En premier lieu, une conception de la sécurité et de la prévention qui doit éviter que, sous une forme ou sous une autre, et dans les modalités de l'état des armements nucléaires actuels, une situation comparable à juin 1941 puisse se reproduire. Les forces soviétiques étaient alors organisées pour se battre sur trois ou quatre fronts simultanément, une simultanéité similaire (U.S.A. + Chine + Japon) fait partie des cas de figure imaginés ; et pour chacun sont prévues aussi toutes les combinatoires selon les modalités et le degré d'intervention des forces dites conventionnelles et dites nucléaires, dites offensives et dites défensives. Dans tous ces cas, l'U.R.S.S. entend être à même de pouvoir agir préventivement grâce à sa conception de la parité; ce qui ne signifie pas qu'elle le souhaite, elle viserait plutôt à pouvoir l'emporter sans même avoir à agir militairement, tellement grande serait sa supériorité ; elle vise plus à paralyser qu'à intervenir. Le deuxième jalon a été défini par Kuznetsov en personne lorsque, tirant la leçon de la crise de Cuba, d'où, sur la pression des U.S.A., l'U.R.S.S. avait du retirer ses missiles, il avait déclaré : « Que jamais plus les Soviétiques ne laisseraient une situation similaire se reproduire ». Il y avait eu « aventurisme » à placer des missiles là où il n'était pas possible de les maintenir ; étant entendu que les progrès stratégiques, comme l'histoire, doivent être irréversibles ; alors que les déconvenues ultérieures, en Afrique noire et dans le monde arabe constituent plutôt l'aspect négatif d'une politique qui a souvent réussi et qui viserait à éprouver l'Occident, mais par régime interposé, plus qu'à l'affronter directement comme à Cuba. C'est le recul dans l'épreuve de force directe avec l'Ouest qui ne doit plus se répéter. La politique des « petits pas » loin de l'U.R.S.S. s'accommode néanmoins des « gros coups » près de l'U.R.S.S., comme en témoigne l'absorption de l'Afghanistan. La troisième délimitation est fournie par le refus, après un moment d'hésitation, lors des accords d'Helsinki, de lier un accord stratégique, par exemple sur les missiles, à des conventions définies, en U.R.S.S., comme « une grossière ingérence dans les affaires intérieures du camp socialiste » : qu'il s'agisse des libertés en U.R.S.S., — ou en Pologne. Par contre, l'intervention soviétique en Afghanistan est posée, à Moscou, comme un exemple d'une politique qui témoigne « que l'U.R.S.S. est le noyau central des forces qui font agir l'histoire et qu'elle s'élève au-dessus de ses propres intérêts d'État-nation (...) pour aider le prolétariat des autres pays à vaincre l'ennemi de classe », ici la féodalité.

Dans ce cadre, il fallait avoir l'ignorance naïve du président Carter pour pouvoir espérer que « les Soviétiques allaient l'aider à rendre le monde stable ». Les Soviétiques n'entendent le « stabiliser » qu'à l'intérieur de l'aire qu'ils ont « normalisée », pas à l'extérieur, évidemment.

Ces trois jalons définissent les axes de la stratégie soviétique, où le politique et le militaire sont indissociables, où stratégie, relations internationales et problèmes intérieurs interfèrent — pas seulement au travers de l'action des partis communistes non soviétiques (ceux-ci peuvent à l'occasion se dresser contre Moscou, comme en Finlande naguère ; ou bien être jugés « assister directement l'impérialisme », tel aujourd'hui le P.C. italien) — mais au travers de l'action des relations « de classe » avec les nations « en lutte contre l'impérialisme » : ainsi en Angola et en Éthiopie où les Soviétiques ont réussi à éviter la confrontation directe avec l'Occident. De sorte qu'arrimés à leur vision traditionnelle de l'histoire des relations internationales, à leurs concepts hérités d'une expérience où affaires civiles et affaires militaires sont dissociées, les Occidentaux ne parviennent pas à comprendre que certains couples, ou notions, tels que stabilité/déstabilisation, ingérence/non-ingérence, armes nucléaires et armes conventionnelles, guerre/paix, ne fonctionnent pas de la même façon à l'Ouest et à Moscou ; comme en témoigne le terme d' « état de guerre » utilisé en Pologne après le 13 décembre 1981. Car le langage soviétique sur la guerre ne commence pas avec une rupture du statu-quo pour finir avec une défaite militaire, — ce qui est la vision occidentale — ; mais il commence avec l'exaspération de la guerre des classes pour finir par la transformation de la société. Amenés, par facilité et héritage culturel, à ne pas prendre en compte chacune des spécialités du système soviétique, à vouloir les plaquer sur leurs catégories, les dirigeants occidentaux, civils ou militaires, ne manquent pas de commettre des erreurs d'appréciation très graves, jusqu'au niveau technique. Par exemple, est irréelle la notion de parité. Portant sur les armes nucléaires, elle est d'origine U.S., certes, mais le point important est qu'elle a été forgée par des civils alors qu'en U.R.S.S. elle est appliquée par des militaires qui gèrent à leur guise tout un secteur, non seulement de l'utilisation des moyens militaires, mais de leur fabrication dans toute sa verticalité, — bref des secteurs entiers de la production.

Du même coup apparaît aberrante la manie des spécialistes occidentaux de calculer les coûts, les budgets militaires soviétiques, la « part » de leurs dépenses d'armement ; que le calcul soit effectué en dollars, en roubles convertis ou de quelque autre manière ; puisque la notion de coût n'a pas de sens ; et que la notion de part du budget encore moins, vu cette autonomie relative du complexe militaro-industriel en U.R.S.S. qui contrôle jusqu'à une part horaire, — négociée avec les autres ministères, du réseau ferré. Aberrante est aussi une idée plus ancienne, dont la survivance est attestée par la « surprise » de Mc Namara devant les « progrès » de la puissance nucléaire soviétique : cette croyance en l'incapacité chronique des Russes, des Soviétiques à rattraper, à dépasser l'Occident dans le domaine technologique « si celui-ci voulait vraiment s'y mettre ». Faut-il rappeler que, contrairement à une légende bien enracinée, la technologie *militaire* russe a toujours « surpris » les Occidentaux, les étrangers : rappelons la première utilisation d'obus explosifs pendant la guerre de Crimée (1853-1856), les navires-torpilles pendant la guerre de 1877, le Putilov 76, supérieur au 75 français et au 77 allemands en 1914-18 le T-34 et la défense aérienne soviétique pendant la Deuxième Guerre mondiale, le premier *Spoutnik*, etc.

Cela ne signifie pas que la puissante armée dicte la stratégie, mais avec le renforcement de la force militaire, une nouvelle donnée de la statégie pourrait apparaître. En témoigne le développement de la puissance navale.

Considérée comme puissance terrienne, l'U.R.S.S. se veut désormais puissance maritime et mondiale puisque sa vocation « historique » est planétaire. L'amiral Gortchkov a été le premier à en tirer les conséquences stratégiques en justifiant la nouvelle fonction des forces navales soviétiques. Dans ce contexte, le concept de « puissance navale », jusque-là rejeté, a été introduit dans le panthéon marxiste-soviétique. Désormais, les flottes soviétiques n'ont plus la fonction limitée d'assurer la défense des côtes et du territoire soviétique, des mers avoisinant le pays ; elles n'ont plus à être seulement dans la dépendance d'une stratégie essentiellement terrienne ou nucléaire ; au contraire, ces flottes ont pour rôle, elles aussi, d'exercer une fonction *politique* outremer. Les aspects non militaires de la puissance navale ont ainsi été pris en compte, ce qui dépasse la question traditionnelle posée par les Occidentaux, sur les « besoins soviétiques ». Que la flotte soviétique, désormais si puissante, n'ait pas seulement pour fonction d'assurer l'équilibre nucléaire, de couper les systèmes de communications adverses, etc., voilà qui explique une politique de lente ingérence dans la domination des mers. A vrai dire, cette fonction n'est pas nouvelle puisque dès le début du 19e siècle, la flotte russe entendait contrôler politiquement la mer Adriatique ; sauf aujourd'hui, toute équivalence se situe à l'échelle planétaire : gigantisme des installations en Somalie — il y a quelques années —, à Gwadar ; utilisation inédite, parce que russe, de la flotte, en 1973, avec le transport des troupes marocaines au Proche-Orient, etc. Éprouver la résistance et la réponse des autres États et nations à cette extension, par exemple en Océan Indien, établir des précédents, tel est bien le trait permanent de cette politique navale outremer, de cette stratégie ; des exemples passés (Chine, Égypte, etc.) témoignent néanmoins que bien qu'elle prétende incarner le sens de l'histoire, cette politique, — l'histoire — n'est pas tout à fait irréversible.

11.

Gorbatchev et la perestroïka

UNE NOUVELLE POLITIQUE EXTÉRIEURE ?

Bilan d'une politique 1982-1985

« Notre ancienne politique étrangère n'a pas échappé au dogmatisme et au subjectivisme, elle était en retard par rapport aux changements fondamentaux qui se produisaient dans le monde et a raté les occasions de réduire les tensions internationales et de renforcer la compréhension entre les nations. Dans nos efforts pour atteindre la parité militaro-stratégique, nous n'avons parfois pas su utiliser les occasions qui s'offraient d'assurer notre sécurité par des moyens politiques ; en conséquence nous nous sommes laissés tenter par la course aux armements ce qui n'a pu qu'affecter notre progrès économique et social et notre prestige sur la scène internationale. » (Mai 1988.) Cette analyse proposée par la direction gorbatchévienne comme la 10e thèse à faire adopter par la conférence du parti de juin 1988, résonne comme un constat d'échec grave pour la politique extérieure brejnevienne. Pendant cette période, l'U.R.S.S. n'a-t-elle pas finalement enregistré plus d'échecs que de succés ?

Un rapide bilan de la politique extérieure menée par L. Brejnev et A. Gromyko (celui-ci, entré au Politburo en 1973, a joué un rôle essentiel dans l'élaboration et la conduite des affaires étrangères jusqu'en 1985) peut expliquer le jugement négatif cité précédemment.

On avait montré dans le précédent chapitre les fondement de cette politique. En tant que puissance mondiale, leader du monde « socialiste », l'U.R.S.S. se devait d'obtenir ou de maintenir une parité de ses forces militaires avec les États-Unis, autre puissance mondiale, leader du monde « impérialiste ». Mais afin de déboucher sur un dialogue, elle devait aussi en profitant de la détente, des mouvements de libération et des révolutions dans le Tiers monde, de l'unité du camp socialiste, faire avancer «la marche de l'histoire vers le socialisme », c'est-à-dire élargir la zone liée au camp « délivré de la lutte de classes ».

Or, au milieu des années 80, les résultats sont minces. Tout d'abord, la détente a vécu, surtout depuis l'invasion de l'Afghanistan et devant l'installation des missiles SS20 en Europe. L'élection de R. Reagan à la présidence des États-Unis en 1980 a clairement ouvert une période de défiance (pour ne pas écrire de défi) entre les deux super-puissances. Pendant plus de quatre années (1980 à 1984 inclus), les relations soviéto-américaines sont marquées par de constants affrontements verbaux et par toute une symbolique qui noircit à dessein l'adversaire (« l'empire du mal » = l'U.R.S.S. pour Reagan, le refus des Soviétiques de participer aux jeux Olympiques de Los Angeles en mai 1984). De part et d'autre, on est beaucoup plus tenté d'exhiber sa force ou d'entretenir l'idée que l'adversaire (on n'ose pas encore écrire « l'ennemi ») continue de se renforcer militairement plutôt que de rechercher vraiment des solutions négociées. Si les offres de désarmement demeurent (telle « l'option zéro » de Reagan en novembre 1981 ou les propositions d'Andropov de réduction des missiles à moyenne portée en décembre 1982), elles semblent moins significatives que certaines actions ou déclarations. En septembre 1981, le Pentagone publie une brochure claire, détaillée sur « la puissance militaire soviétique » ; celle-ci tend à démontrer l'augmentation des risques de périls pour l'Ouest devant le renforcement des forces militaires soviétiques ; désormais, régulièrement des mises à jour de même provenance (une septième édition a été publiée en avril 1988), soulignent les impératifs de la « balance stratégique » entre les deux camps. En réalité, comme l'a bien montré Jacques Sapir (dans *Le système militaire soviétique*), tout calcul sur un équilibre des forces conventionnelles et nucléaires entre les deux géants fait intervenir un tel nombre de variables que chaque camp peut s'estimer inférieur à l'autre, donc menacé.

La priorité doit du coup aller au domaine militaire. C'est « le temps des stratèges » (G. Sokoloff), le moment où certains n'hésitent pas à présenter l'U.R.S.S. comme une société dominée entièrement par sa société militaire. Il est vrai que la violence de certaines réactions telle la destruction d'un Boeing sud-coréen en août 1983 (faisant 269 victimes), peut laisser à entendre que la confrontation est proche et que la hiérarchie militaire pèse lourdement dans la stratégie externe soviétique. En face, l'intervention militaire américaine à Grenade, île indépendante dans les Antilles, est tenue pour la preuve de l'agressivité croissante de l'Autre : « Jamais encore, depuis la fin de la Seconde Guerre mondiale, la situation dans l'arène mondiale n'a été aussi tendue qu'aujourd'hui » déclare un dirigeant soviétique (fin octobre 1983). Pour beaucoup d'observateurs on est revenu à un climat de guerre froide. Sans vouloir établir une responsabilité de la détérioration des rapports Est-Ouest, force est de constater que la relation, fondamentale, U.R.S.S.-U.S.A., est alors dans une impasse.

La stratégie soviétique vis-à-vis du Tiers monde ne vaut alors guère mieux. Vers la fin des années 70, la politique extérieure soviétique, tirant la leçon des échecs subis auprès d'anciens amis telle l'Égypte (le successeur de Sadate, H. Moubarak, soutient les « rebelles » d'Afghanistan) ou la Somalie passée à l'Ouest à cause d'un conflit régional sur l'Ogaden avec l'Éthiopie, décide de considérer comme ses seuls alliés ceux qui sont dirigés par des partis d'avant-garde marxistes-léninistes parmi les États du Tiers monde nouvellement indépendants. L'U.R.S.S. réduit ainsi la zone où des prêts, des armes, des techniciens marqueront une présence soviétique renforcée. Cuba, le Nicaragua, l'Afghanistan, le Viêt-nam, le Yémen, l'Angola, l'Éthiopie, le Congo-Brazzaville, le Mozambique semblent promus à une destinée particulière, « œuvrer consciemment en faveur de l'expansion du « socialisme ». Avec l'appui logistique de certaines démocraties populaires (R.D.A. notamment), l'aide humaine des Cubains, une politique active paraît pouvoir se développer dans le Tiers monde.

En fait, les résultats obtenus vers 1982 sont fort ténus. En Amérique latine, Grenade a été reprise par les Marines, le régime sandiniste est en difficulté, le soutien économique à Fidel Castro est un lourd fardeau. Le nationalisme violent des Vietnamiens face à la Chine et au Cambodge et leurs échecs économiques, offrent peu de perspectives d'avenir dans un continent asiatique où l'orientation du voisin chinois reste encore incertaine, tandis que les réussites économiques sont le fait d'adeptes du capitalisme, Japon et nouveaux dragons (Taïwan, Corée du Sud, etc.). En Afrique, le désastre économique de l'Éthiopie, l'insécurité grandissante dans les anciennes colonies portugaises sont autant de désillusions. En pays musulmans faut-il se féliciter de la montée de l'intégrisme religieux, notamment en Iran, alors que les Républiques soviétiques de l'Asie centrale sont des peuples eux-mêmes islamisés ? Surtout le choix d'intervenir militairement en Afghanistan n'est-il pas l'exemple de l'erreur politique ? Non seulement, vers 1984-1985, le maintien d'un corps expéditionnaire important (estimé entre 120 et 200 000 hommes) coûte cher sans aboutir à briser la résistance afghane, mais bon nombre d'États du Tiers monde ont désaprouvé l'attitude soviétique (en janvier 1980, à l'O.N.U., seuls six États du Tiers monde non communiste avaient refusé de voter une résolution réclamant le retrait des troupes soviétiques). Tout comme les États-Unis au Viêt-nam, vingt ans plus tôt, l'U.R.S.S. est enlisée en Afghanistan ; son « image » en souffre auprès des leaders et des peuples du Tiers monde. Les engagements pris par les Soviétiques étaient-ils les bons ? Dès 1982-1983, Y. Andropov, G. Aliev et certains spécialistes soviétiques de ces questions marquent leurs réserves et les limites supportables de ces engagements.

Par comparaison, la politique soviétique vis-à-vis de l'Europe occidentale pourrait apparaître comme mieux venue. La caractéristique fondamentale de cette politique consiste à essayer de détendre, voire d'éliminer, les liens étroits entre les États-Unis et ses alliés occidentaux : tactique dite du découpage. Plus l'Europe occidentale sera autonome, plus des accords pourront être conclus avec elle.

Un exemple significatif peut illustrer cette tactique : l'affaire du gazoduc sibérien en 1988. Depuis plusieurs années, des contrats entre l'U.R.S.S. et des pays européens occidentaux ont permis aux premiers d'obtenir crédits et équipements (tubes surtout) et aux seconds des promesses de fortes ventes de gaz naturel à un bon prix. En 1981, les Soviétiques qui ont joué de la concurrence inter-européenne pour obtenir des avantages signalés, sont prêts à signer des contrats considérables de fournitures de gaz, lorsque survient « l'état de guerre en Pologne ». Du coup, le gouvernement américain décrète l'embargo sur tout le matériel destiné au transport et à la transformation d'énergie en U.R.S.S. ; cette décision touche bon nombre d'entreprises européennes travaillant sous licence américaine. Les Européens vont-ils se plier aux volontés américaines ? Les Français, les premiers (janvier 1982), les Allemands, les Britanniques ensuite, passent outre ; les affaires sont les affaires. Le président Reagan menace de représailles ; la tension franco-américaine est vive, mais finalement en novembre 1982, l'administration américaine cède. Après tout, les Américains n'avaient-ils pas donné l'exemple dès avril 1982 en levant l'embargo céréalier décrété par le président Carter après l'invasion de l'Afghanistan, afin de satisfaire leurs agriculteurs des Grandes Plaines ? Le réalisme prévalait chez les hommes d'affaires, suivis par les politiques.

Au début des années 80, les dirigeants soviétiques estimaient en outre pouvoir user du pacifisme dans l'opinion publique occidentale pour élargir les différences entre Reagan et ses alliés. En décembre 1979, quelques jours avant l'intervention soviétique en Afghanistan, les membres de l'O.T.A.N. avaient adopté une « double décision », continuer les négociations sur les SALT [1], mais en cas d'échec de celles-ci, installer en Europe avant la fin 1983, des missiles de croisière Cruise et des fusées Pershing, en réponse à l'augmentation des SS 20 pointés vers l'Europe. L'application d'une telle décision signifiait naturellement un renforcement de la tension militaire en Europe et des risques accrus d'une guerre nucléaire frappant l'Europe.

1. Cf. chapitre précédent, p. 222.

Un peu partout en Europe, notamment en Allemagne occidentale, les pacifistes se déclaraient décidés à contrer cette décision. De fait, à plusieurs reprises, des foules considérables se rassemblaient en R.F.A. (octobre 1981, avril et octobre 1983), en Grande-Bretagne, en Suède, aux Pays-Bas, mais cette pression de l'opinion publique pour gênante qu'elle fût, était insuffisante pour obliger les gouvernements à modifier leur politique [1]. À partir de 1984, les fusées Pershing commencèrent à être installées en Europe occidentale.

En vérité, l'impuissance relative du gouvernement soviétique à tirer parti du mouvement pacifiste découle d'une autre donnée : la large réprobation des mêmes milieux devant l'évolution de la situation en Pologne. Sans doute les troupes soviétiques ne sont pas intervenues sur le territoire polonais, mais la « normalisation » menée par le général Jaruzelski, la répression de Solidarnosc, sont portées au passif de l'U.R.S.S. L'image de l'U.R.S.S. dans les milieux de gauche, pacifistes, « verts » en R.F.A., syndicalistes, se dégrade encore, après avoir précédemment subi les effets de la lutte menée par le KGB contre les « dissidents », coupables de réclamer l'application des droits de l'homme en U.R.S.S. Une véritable symbolique est attachée à cette répression par l'opinion publique européenne ; on en a la preuve dans les troubles et les réactions variables des P.C. occidentaux et dans le discrédit qui frappe la crédibilité envers l'Union soviétique dans les milieux habituellement les mieux disposés à son égard. Puissance militaire impérialiste aux mains d'une gérontocratie sclérosée, telle paraît être l'U.R.S.S. aux yeux des Européens occidentaux (en février 1984 après la mort d'Andropov, l'élection de Tchernienko, âgé de 73 ans, contribue à conforter cette vision). Sans doute pour une puissance militaire une mauvaise image à l'extérieur peut-elle apparaître comme secondaire, tant on a pris l'habitude de compter et recompter le nombre de missiles, sous-marins, divisions, tanks, etc. qui sont en sa possession, pour évaluer « l'U.R.S.S. en cage » (T. Garcin) ; pourtant si l'on admet que la stratégie fondamentale, à long terme, de l'U.R.S.S. est d'obtenir la disparition finale du capitalisme, n'est-il pas inquiétant pour elle de constater l'affaiblissement, voire l'effondrement du capital de sympathie qu'elle pouvait avoir acquis parmi les populations des pays européens développés (d'autant que les sentiments portés à l'égard du « grand frère » dans les populations est-orientales sont alors marquées par une animosité à peine voilée) ?

Ne peut-on conclure ce bilan en citant cette appréciation d'un responsable soviétique, devant les cadres de la diplomatie soviétique : « Au-delà des frontières de l'Union soviétique, vous et moi représentons un grand pays qui dans les 15 dernières années a de plus en plus perdu sa position comme l'un des leaders des nations industrielles développées » (juin 87).

Reconstruire la politique extérieure ?

La précédente citation émane d'Ed. Chevardnadzé, actuel ministre des Affaires étrangères soviétique, un des principaux responsables de la nouvelle orientation de la politique extérieure soviétique. Comme dans le domaine de la politique intérieure, l'urgence de sortir l'U.R.S.S. de son impasse en politique extérieure était apparue aux responsables soviétiques ; mais comment modifier *la* ligne lorsque les mêmes hommes sont au pouvoir ? La mort de C. Tchernienko, suivie de l'élection de M. Gorbatchev au Secrétariat

1. En France, gouvernement et opinion publique veulent conserver la force de frappe nucléaire indépendante, d'où un mouvement pacifiste beaucoup plus limité.

général, en mars 1985, facilita les transformations. En avril 1985, un large débat au Comité Central dressant l'inventaire de la situation initia le commencement du changement. Comme souvent en pareil cas, les mutations parmi les responsables, accomplies par des déplacements progressifs mais réguliers, marquèrent la « restructuration ».

Premier départ, très symbolique, celui d'A. Gromyko, l'intangible, « promu » au rôle honorifique de chef de l'État, remplacé par un membre du Politburo, le Géorgien Ed. Chevarnadzé, 57 ans, connu pour son efficacité en Géorgie, mais considéré comme non-spécialiste des questions internationales ; celui-ci allait se révéler un négociateur habile et plus encore devenir un courtier adroit, capable dans ses voyages à l'étranger de donner une nouvelle image de la diplomatie soviétique. Dans les mois qui suivirent et surtout à partir du début de l'année 1986, le renouvellement des responsables de ce secteur fut rapide et large : 10 des 12 vice-ministres du ministère des Affaires étrangères furent changés et surtout A. Dobrynine, ex-ambassadeur de 1962 à 1986 à Washington, devint, en mars 1986, le second de Chevarnadzé, en charge notamment du secteur international du Secrétariat auprès du Comité Central. Il introduisit à ses côtés bon nombre d'anciens ambassadeurs en poste à l'étranger, tel Y. Vorontsov ex-ambassadeur en Inde et en France, aux dépens de théoriciens-idéologues du Parti. Le réalisme devait désormais prévaloir, en suivant les analyses menées depuis longtemps par les « experts » de différents Instituts spécialisés, comme l'Institut d'Économie Mondiale et de Relations Internationales (IMEMO).

Ce ne fut donc pas par hasard si un autre personnage occupa bientôt une place importante dans l'organigramme de la diplomatie soviétique : Alexandre Iakolev, ex-ambassadeur au Canada, ex-directeur de l'IMEMO, d'abord chef de la Propagande et de la Culture au sein du secrétariat du Comité Central (1985) devint suppléant au Politburo en janvier 1987, puis membre à part entière en juin de la même année, cumulant désormais la responsabilité de l'idéologie à l'intérieur et l'autorité sur les deux secrétaires du C.C. dont dépendent les relations extérieures, A. Dobrynine, déjà cité et V. Medvedev en charge des États « socialistes ». Très proche de M. Gorbatchev, on peut penser que Iakolev joue un rôle primordial auprès du Secrétaire général.

Cependant, le Secrétaire général semble bien être le véritable « patron » de cette nouvelle politique. Poursuivant la tradition de ses prédécesseurs, M. Gorbatchev est apparu dès 1985 comme un Président en exercice lorsqu'il se déplace à l'étranger. Les rencontres au sommet avec le président R. Reagan, les discussions avec les autres chefs d'État ne laissent en effet aucun doute sur son pouvoir personnel de décision, même si le Politburo est capable d'intervenir dans l'élaboration de la stratégie. Patron incontesté du Secrétariat du C.C., qui semble avoir repris un rôle fondamental, il est capable d'imposer un brutal remaniement au sommet de la hiérarchie militaire à l'occasion de « l'incident M. Rust [1] » prouvant s'il en est besoin, que cette hiérarchie est bien soumise au pouvoir civil. D'autres changements à la tête de l'appareil militaire « régional » le confirment. En quelques années, le jeune Secrétaire général impose sa personnalité sur la scène internationale. Lors de ses rencontres avec le Président des États-Unis, il semble être fort à l'aise ; il est capable d'user avec brio des interviews accordées à la presse occidentale pour donner une vision nettement améliorée de l'U.R.S.S. Dans ses voyages à l'étranger, que ce soit en Europe, occidentale ou orientale, en Asie (aux Indes en particulier) il apparaît

1. Un jeune aviateur ouest-allemand pose tranquillement son appareil sur la place Rouge - 28 mai 1987.

comme un homme décidé, souriant, compréhensif, tacticien soucieux de trouver des solutions négociées, observateur attentif. L'homme sait jouer de réelles qualités personnelles pour incarner une nouvelle donne dans la diplomatie de son pays.

Comment caractériser cette nouvelle orientation ? L'ouvrage de M. Gorbatchev publié en 1987, *Perestroïka, vues neuves sur notre pays et le monde*, permet de dégager quelques points essentiels. Les trois mondes, capitaliste, socialiste, Tiers mondiste, sont interdépendants, intégrés dans un monde unique ; nul ne peut dans ce monde l'emporter sur autrui par des moyens militaires. L'affirmation classique de Clausevitz selon laquelle la guerre est une continuation de la politique par d'autres moyens est aujourd'hui insoutenable, car la guerre nucléaire détruirait toute l'humanité et même la guerre conventionnelle serait inutilement suicidaire. Il convient donc de coopérer sur les plans économique, politique, écologique[1]. Cette coopération sera possible en suivant une diplomatie de dialogue, ouverte, interpellant l'opinion publique, sans *a priori* ; un style nouveau de relation internationale doit-être employé. A partir de ces principes suivent des implications concrètes que l'on peut condenser en trois points majeurs : l'atténuation de la tension militaire par un désarmement négocié par les U.S.A. et par une diminution des conflits régionaux, l'intensification des échanges économiques soit intérieurs au « camp socialiste » soit avec les pays développés, la reconnaissance du statuquo territorial du monde entier. En fait, comme on peut aisément s'en rendre compte, la politique extérieure de Gorbatchev est inspirée par le besoin pressant de donner la priorité au développement intérieur, à la croissance « vraie » dans une perspective sociale interne, aux dépens d'une course aux armements onéreuse car indéfinie et insupportable dans un système économique peu efficace (quasi-stagnation économique entre 1978 et 1983). Il est grand temps de souffler à l'extérieur pour reconstituer l'intérieur. En termes simplistes, on pourrait dire que les impératifs de la politique intérieure ont pris le pas sur les ambitions externes. Pause, répit ou tendance à long terme ? Il est trop tôt pour en juger.

Quoi qu'il en soit, en trois années, des modifications sensibles sont intervenues sur les différents terrains de confrontation. Deux accords internationaux symbolisent les effets positifs du nouveau cours de la diplomatie soviétique : le 8 décembre 1987, les deux super-puissances signent un accord sur le démantèlement des missiles nucléaires intermédiaires ; le 14 avril 1988, un accord entre le Pakistan, l'Afghanistan et les deux Grands, après une médiation du Secrétaire général de l'O.N.U., consacre le retrait progressif des troupes soviétiques hors d'Afghanistan (en principe il doit s'effectuer complètement en neuf mois à compter du 15 mai 1988). Sans doute une certaine méfiance demeure entre les partenaires, mais des progrès ont été accomplis. Tout d'abord les deux responsables des deux super-puissances ont pris l'habitude de se rencontrer et font du dialogue (même « franc », c'est-à-dire difficile) un moyen nécessaire pour obtenir des résultats concrets : à Genève en novembre 1985, à Reykjavik en octobre 1986 (marqué par un échec mais sans rupture), à Washington en décembre 1987, à Moscou en juin 1988, M. Gorbatchev et R. Reagan ont conforté les persistantes négociations de leurs ministres des Affaires étrangères (Chevarnadzé-Shultz). L'accord sur le démantèlement des missiles intermédiaires (Fusées Nucléaires Intermédiaires) signé en décembre 1987 est complété, en juin 1988, concrètement par un minutieux système de contrôle ; les Soviétiques s'engagent à détruire 1 752 missiles, les Américains 869 missiles, la destruction devant se faire en

1. La catastrophe de Tchernobyl survenue fin avril 1986 peut expliquer ce dernier aspect.

trois années, tandis que la vérification pourra se poursuivre pendant treize années. Il s'agit donc d'un réel désarmement et non plus seulement d'une limitation des futurs armements comme dans les accords SALT des années 70.

Le retrait des troupes soviétiques hors de l'Afghanistan présente peut-être encore plus d'intérêt, car il devrait permettre à l'U.R.S.S. d'améliorer sa situation internationale sur deux registres complémentaires (outre les avantages de sortir d'un conflit humainement coûteux, donc fort impopulaire à l'intérieur de l'U.R.S.S.) vis-à-vis du Tiers monde et vis-à-vis de la Chine. Le processus a été rapidement mené. En mai 1986, B. Karmal, leader communiste afghan, qui avait appelé l'allié soviétique à son secours en décembre 1979, est remplacé et en octobre 1986, les troupes soviétiques commencent à être retirées : surtout en février 1988 M. Gorbatchev annonce un retrait unilatéral des troupes.

En fait, des commentateurs soviétiques ne manquent pas de souligner l'erreur que L. Brejnev et les partisans de la manière forte en 1979 avaient accomplie en se lançant dans une politique militariste. On tourne le dos à la période précédente. Ce renversement d'attitude lève une hypothèque sur les relations entre l'U.R.S.S. et les États musulmans (où la guerre d'Afghanistan était jugée négativement) et surtout entre l'U.R.S.S. et la Chine qui avait fait de ce retrait l'une des trois conditions d'une normalisation des relations entre les deux puissances communistes.

Pékin avait en effet avancé trois préalables avant toute reprise de négociations à un niveau élevé : la réduction des troupes soviétiques sur la frontière commune, le retrait d'Afghanistan, une pression sur l'allié vietnamien pour que celui-ci se retire du Cambodge. Dans un discours prononcé à Vladivostock, fin juillet 1986, M. Gorbatchev avait marqué la bonne volonté soviétique et souhaité une amélioration sensible des relations économiques avec la Chine. Ce vœu rencontrait la tendance nouvelle des Chinois d'éviter l'inflation et une dette extérieure excessive par des achats massifs en Occident. Cependant les deux premiers préalables étant amorcés (l'U.R.S.S. s'affirme prête à faire rentrer une partie de ses troupes implantées en Mongolie extérieure) le côté soviétique estime au printemps 1988 qu'une rencontre sino-soviétique au sommet est réalisable. De leur côté, les dirigeants chinois paraissent davantage enclins à normaliser leurs relations politiques avec l'U.R.S.S. afin d'élargir leur marge de manœuvre vis-à-vis des autres puissances, U.S.A., Japon, Inde, etc. La guerre idéologique est enterrée ; on s'avance vers une relation politique de tolérance réciproque. Il n'est plus question pour l'U.R.S.S. d'imposer une politique « dominante » en Asie, ni à la Chine de vouloir incarner un mouvement révolutionnaire à l'échelle mondiale. Des convergences d'intérêts peuvent exister entre ces deux États, telle une commune méfiance vis-à-vis du Japon, un commun désengagement dans la péninsule indochinoise, un commun intérêt pour le futur dans la zone Pacifique, si importante aux yeux de tous les acteurs.

Au fond, la politique soviétique vis-à-vis de la Chine s'inscrit dans la perspective générale de la nouvelle stratégie soviétique : l'idéologie doit être subordonnée aux conditions réelles de l'environnement mondial. Dans le monde coexistent des États dont le niveau de développement varie, mais qui cherchent à mener une politique d'intérêts nationaux, y compris parmi les États capitalistes nouveaux ; l'U.R.S.S. doit avoir des relations avec tous, sans privilégier désormais les États marxistes-léninistes, en fonction d'un objectif majeur, éviter l'exaspération des conflits régionaux susceptibles de dérives dangereuses.

Du coup, « l'aggiornamento », déjà constaté vis-à-vis de la Chine, s'étend à presque tout le monde. Les diplomates soviétiques cherchent à développer de bonnes relations avec les grands États des continents asiatique et latino-américain, tels que l'Inde (les relations avec Rajiv Gandhi sont étroites, y compris pour les ventes d'armes, jusqu'au sous-marin nucléaire), le Mexique, le Brésil, l'Argentine, souvent afin de pouvoir diversifier les sources d'achats (cf. céréales). Dans les zones de conflits, la tendance à l'apaisement domine la tactique soviétique, comme en Afrique australe, dans la zone du golfe Persique, voire même dans le conflit Israéliens-Palestiniens de l'O.L.P., allant jusqu'à freiner les ardeurs nationalistes des Vietnamiens, ou les volontés révolutionnaires de Fidel Castro et des sandinistes au Nicaragua. L'U.R.S.S. qui a consacré depuis des années environ 10 à 13 % de son P.N.B. à sa défense militaire (chiffres retenus par les experts occidentaux), a besoin pour réussir sa transformation économique intérieure de diminuer ses charges extérieures donc d'éviter de nouvelles aventures en Afrique ou en Asie.

En Europe, la situation est quelque peu différente. Les risques de difficultés pour l'U.R.S.S. proviennent plus des crises internes dans les États d'Europe orientale que de menaces venues de l'Occident. La tactique conséquente de l'U.R.S.S. est évidente : essayer de consolider le « camp socialiste » européen sans intervenir directement, tout en insistant sur la solidarité inter-européenne, Est-Ouest, pour conserver la paix en Europe. Avec les partenaires Est européens, il faut, à la fois accélérer les échanges économiques, alors que le processus d'intégration au sein du Comecon se heurte aux difficultés de l'endettement des démocraties populaires, et favoriser politiquement le renouvellement des cadres dirigeants dans un sens favorable à la perestroïka soviétique. Tâches difficiles alors que les intérêts de ces partenaires sont souvents différents, pour ne pas dire divergents (cf. les tensions roumano-hongroises). Paradoxalement les populations de l'est-européen sont davantage intéressées par les transformations conduites par Gorbatchev que ne le sont leurs dirigeants, inquiets devant toute « révolution » intérieure. Avec l'Europe occidentale, si, là aussi, l'image personnelle de M. Gorbatchev est jugée positive et si la crainte de l'U.R.S.S. diminue, les déclarations du leader politique selon lesquelles tous les Européens, Soviétiques compris, habitent « dans une maison commune » se heurtent au scepticisme occidental ; jusqu'à présent, ce sont des discussions directes U.S.A.-U.R.S.S. qui ont déterminé l'évolution des relations Est-Ouest. Sans doute les progrès sur le désarmement, les offres de participations communes dans des entreprises en U.R.S.S., les discussions sur les droits de l'homme intéressent les Européens de l'Ouest, notamment les Allemands de l'Ouest, mais cette « détente » est-elle seulement conjonctuelle, passagère ou durable ? N'est-elle pas en définitive étroitement dépendante des résultats obtenus, à l'intérieur, par la perestroïka ? Ceci peut expliquer la prudence européenne actuelle.

LA PERESTROÏKA

A la mort de Brejnev, un des traits qui caractérisaient le régime soviétique était son aptitude à identifier son action au sens de l'Histoire, comme si l'appareil qui le dirige, éduqué et formé par le « marxisme scientifique », incarnait le Savoir dans toute sa certitude ; comme si ses éventuelles erreurs, passées ou présentes, n'étaient qu'accidentelles et dues à la faillibilité bien humaine de quelques-uns de ses praticiens.

Dans cette perspective, critiquer le régime n'avait pas plus de sens que s'opposer à la Science, au Progrès ; elle enracinait cette affirmation de Staline, au début des années cinquante, que bientôt « ce pays ne comprendrait plus d'opposants, qu'il n'y aurait plus besoin de prisons ». Appréhendé de cette façon, la contestation, évidemment, était « insensée », et ceux qui la pratiquaient étaient enfermés comme fous, dans des asiles, et traités comme tels. Wladimir Boukovski et le général Grigorenko, qui ont analysé les mécanismes de leur enfermement, ont bien montré que les psychiatres, domestiqués par le régime, avaient même fini par déceler en eux les signes cliniques de la folie.

Pourtant, les opposants ne manquent pas en U.R.S.S., qui s'assument ou non, le dédoublement de la conscience sociale et individuelle étant une pratique de sauvegarde qui est étendue à une bonne partie de la société. Alexandre Zinoviev l'a montré ; il a analysé des mécanismes dont Soljenitsyne avait décrit la genèse dans l'œuvre gigantesque de l'*Archipel du Goulag*. Son talent a rendu crédible ce que bien des témoins, des hommes politiques et des historiens n'avaient cessé d'affirmer depuis 1920 ; mais pendant longtemps on n'avait pas voulu les croire parce que l'imaginaire social exigeait que se perpétue le mythe d'un Paradis des soviets, où se construisait l'avenir du monde.

Et depuis, cette exigence a moins de raisons d'être. Au temps de Brejnev, l'U.R.S.S. n'était plus un modèle, pas même un exemple, seulement un cas.

Il reste que l'écart qui apparaît au travers de l'œuvre des contestataires entre le discours du pouvoir et la réalité soviétique était tel qu'il ne rendait pas compte d'un phénomène pourtant évident, le *consensus*. Or, celui-ci existait bien : qu'il ait puisé au foyer du patriotisme soviétique, de l'idéal national chez les Russes ou chez les non-Russes, ou qu'il ait traduit simplement une satisfaction intériorisée des citoyens qui mesuraient la distance parcourue par rapport au temps du moujik et de la prison des peuples.

Le problème qui s'est posé à la mort de Brejnev et à l'« avènement » d'Andropov était de savoir si les forces qui poussaient à l'expansionnisme l'emporteraient sur celles qui visaient à la normalisation et à la consolidation du système. On se demandait aussi si l'*Homme Soviétique*, qui était en train de se forger, correspondrait un jour à l'*Homme Nouveau* que glorifiaient les chantres du socialisme.

Or, en quelques années, le paysage politique s'est transfiguré, une métamorphose que la plupart des commentateurs, occidentaux ou dissidents, se sont refusés à voir, n'admettant pas que le système puisse changer et prophétisant en tout état de cause son inéluctable faillite.

Six ans après la mort de Brejnev — décédé en 1982 — cette transformation (perestroïka [1]) s'identifie à la personne de Gorbatchev. On observe pourtant qu'elle s'annonçait dès l'époque d'Andropov : si cet ancien dirigeant du KGB avait dû son ascension à sa « victoire sur la dissidence », il n'en préconisait pas moins, *désormais*, une régénération des institutions soviétiques — ce qui revenait à dessaisir quelque peu le Parti de ses pouvoirs absolutistes — parce que, selon lui, celles-ci incarnaient la société nouvelle sécrétée par le régime, dorénavant assez éduquée et adulte pour se normaliser toute seule sans avoir besoin, comme naguère, de faire appel à des mesures en marge de la légalité socialiste. Le choix du vieux Tchernenko, comme successeur d'Andropov, témoigna d'une résistance au changement : ne déclarait-il pas en 1984 qu'il y avait « trop de démocratie en U.R.S.S. » ? Propos apparemment paradoxal mais qui signifiait que le régime et la société se transformaient dans leurs profondeurs, même si cela n'était pas encore visible.

1. Perestroïka : « reconstruction » ne convient pas parce que ce terme n'implique pas le changement ; « réaménagement » évoque mieux l'esprit de la perestroïka mais en français, le terme manque de force.

Ainsi ce fut Gorbatchev (1985), disciple d'Andropov, vingt ans plus jeune, qui incarna à la fois ce changement de société et cette volonté de transformer le système. En lançant un nouveau mot d'ordre « glasnost » — transparence, publicité des décisions, fin du secret —, il libérait des forces longtemps contenues et qui depuis une décennie au moins visaient à conquérir des espaces de liberté. Ce sont les intellectuels, artistes, journalistes et autres cadres, aussi bien de l'administration et du Parti, qui constituent ce mouvement contre les conservateurs.

La perestroïka s'est manifestée dans trois domaines, mais avec des succès inégaux.

Elle est visible dans le domaine de la liberté d'expression. Il est clair qu'aujourd'hui, en U.R.S.S., plusieurs discours sont possibles, simultanément, et que le pouvoir y encourage... Certes, dans plusieurs domaines, il existait déjà une certaine pluralité de points de vue : sur la réforme en économie, par exemple, ou sur d'autres terrains, tel celui de la religion, d'autres encore... Mais ce qui n'était que tolérance est aujourd'hui encouragé. Surtout, toute parole du pouvoir n'est plus présentée comme l'expression d'une vérité scientifiquement irréfutable, mais comme une simple opinion susceptible d'être contestée, mise en cause : chacun peut parler en son nom, dire « je pense que », alors que depuis des décennies, seul le Parti était l'instance de réflexion et l'organe d'expression uniques de la société — sinon la voix de l'Histoire : il était censé détenir le monopole de la vérité ; affirmait la légitimité de son pouvoir au nom de cette vérité qui se confondait, dont le Parti était l'incarnation. On ne pouvait avoir raison contre le Parti.

Aujourd'hui, les instances du Parti font appel aux analyses de tous, indépendamment de l'appartenance de chacun au Parti : en ce sens, il y a bien une révolution, au moins théorique, puisque les fondements de la légitimité du pouvoir, des décisions qu'il prend, peuvent ainsi se modifier.

La multiplicité des opinions gagne plusieurs sphères de la société. Pour s'en convaincre, il suffit de regarder certaines émissions de la télévision soviétique... et de vérifier ainsi que les citoyens — au reste, les jeunes davantage que leurs aînés — ne se privent pas d'élargir cette brèche. Certaines de ces émissions sont ainsi devenues des *aires d'autonomie* au sein même du système. Or, tel est le mode de recrutement des journalistes — par concours, par spécialité — qu'on voit mal comment ils ne pourraient pas constituer une sorte de « pouvoir parallèle », contribuant à révéler l'existence d'un véritable pluralisme des opinions.

Cette aire d'autonomie s'ajoute à quelques autres : le cinéma, d'abord, qui depuis longtemps témoigne qu'il était possible, sinon de distribuer les films contestataires, du moins de les réaliser : ce qui est plus difficile que de rédiger, seul, un *Samizdat*, puisque des dizaines ou des centaines de personnes sont concernées ! Or, depuis une quinzaine d'années, on ne compte plus les films qui ont pu ainsi être montés administrativement et financièrement, puis tournés, enfin réalisés, de *Rublev* au *Repentir*.

Le théâtre était devenu à son tour une aire d'autonomie, puisque, selon l'administrateur de la Taganka, il existait, en 1987, 80 théâtres expérimentaux où les œuvres ne sont plus soumises à l'autorisation préalable. « Qu'est-ce que le théâtre peut bien, désormais, révéler — s'interroge cet homme — puisque tout se dit dorénavant dans les journaux ? »

Ainsi, ces changements se télescopent les uns les autres, dans la presse notamment, et leur mouvement finit par atteindre le cœur même des instances de légitimation du pouvoir du Parti : la science historique, actuellement objet de vifs débats — on discute de la nature de ses pratiques passées, de la fonction de l'histoire également. Certes, la réhabilitation de Boukharine, ou de quelques autres leaders, ne s'accompagne pas de celle des autres révolutionnaires exécutés sous Staline, mais pour la première fois, un historien, V. Medvedev, a pu suggérer que bien des excès de l'époque dite stalinienne avaient leurs racines qui plongeaient dans le régime institué... auparavant.

De sorte qu'un certain pluralisme des opinions commence à se manifester. Mais ceci n'a guère de rapports avec le pluralisme à l'occidentale, car, sans parler même de l'existence de plusieurs partis politiques, il ne saurait s'y constituer — au moins actuellement — même une « majorité d'idées »... A ce jour, pour l'essentiel, le régime politique traditionnel est toujours en place avec son cortège d'interdits, de lois répressives, etc.

Pourtant, dans le domaine politique, il est possible de percevoir une autre transformation, de caractère institutionnel. Certes, le Parti, en tant qu'instance de pouvoir, tient toujours *par en haut*. En témoigne, s'il était besoin, cette réponse d'un dirigeant local contesté, citée dans la *Pravda* : « Vous ne pouvez rien contre moi... Je dépends du Comité régional ; c'est lui qui s'occupe de moi. » En témoigne plus encore la façon dont la « rénovation » s'est décidée, par en haut, après le « nettoyage » du Bureau Politique et la colonisation des instances dirigeantes par Gorbatchev et les siens [1].

Qu'il s'agisse là de centralisme « démocratique » ou de colonisation bureaucratique, ce contrôle par en-haut est bien, ici encore, à l'opposé de ce qu'en Occident, on appelle la démocratie — le pouvoir par en bas — mais à l'opposé *aussi* du discours et des actes actuels du pouvoir : « Il n'y a pas assez de démocratie et nous en voulons davantage », répète Gorbatchev qui ajoute : « Tout se passe comme si nous étions retournés à l'école de la démocratie. » Et pour l'expliquer, il définit le sens qu'il donne à ce concept en jugeant qu'« une collectivité de travail doit avoir le droit d'élire son directeur ». Ce type d'élection, à candidature multiple et à laquelle peuvent participer des sans-Parti, vient d'être introduit dans quelques-uns des secteurs de la vie publique, dans les soviets notamment... C'est bien une première manifestation de démocratie par en bas.

Ces traits se rejoignent lorsque la « contagion » démocratique atteint le système institutionnel dans ses activités proprement administratives, sociales et politiques, car les « aires d'autonomie » n'existent pas seulement dans le champ culturel : on peut citer notamment la gestion municipale, qui constitue une des activités des soviets. Les élus locaux, subissant la pression de leurs mandants, sont bien contraints de trouver des moyens pour paver les rues ou équiper les écoles...

Ils ne cessent de transmettre leurs doléances à la fois aux soviets de région et aux organes du Parti qui les ont présélectionnés... De 1917 jusqu'aux années 70, les soviets n'avaient pas cessé de perdre leur vigueur, leur capacité d'agir. Le retournement de tendance date ici de la fin de l'époque Brejnev, où les encouragements à l'autonomisation de l'action des soviets se sont multipliés. Aujourd'hui, le diagnostic de Gorbatchev est sans appel : « Les soviets ont été mis sur la touche... Il y a eu, dès lors, ralentissement de la démocratie... Les principes de la révolution socialiste furent ainsi remis en question. » Surtout, il ajoute : « Il convient d'accroître le rôle des soviets, de surmonter l'habitude d'en référer à quelqu'un d'autre, à des ordres venus d'en haut. » Et pour que le sens de ce jugement ne fasse pas de doute, il précise : « Il y a eu *remplacement* des activités gouvernementales et administratives par le Parti. »

1. Voir tableau p. 241.

Le cas des syndicats est révélateur du processus de démocratisation et de ses limites. En leur sein, la gestion de la sécurité sociale était devenue une aire autonome des plus complexes. Sur l'essentiel, pourtant, les syndicats étaient demeurés dans la dépendance bureaucratique du Parti et la courroie de transmission du gouvernement. Or, on observe un changement dans la définition de la *nature* des activités du syndicat. Ses membres avaient toujours eu pour fonction, certes, de défendre les travailleurs, mais depuis 1919, ils devaient être *d'abord* au service du Parti, et leurs activités au service de la production et de l'État. Encore en 1982, à leur 17e Congrès, Brejnev rappelait cette hiérarchie : « Les syndicats sont appelés avant tout à défendre les droits et les intérêts des travailleurs, (...) mais (ce « mais » est savoureux [1]) ils ne pourraient pas faire grand-chose si la discipline du travail ne se renforçait pas, si la production ne progressait pas. »

Avec Gorbatchev, le changement de ton est complet : il définit les dirigeants syndicaux comme les « valets » des directeurs d'usine ; « ils devraient prendre carrément le parti des travailleurs, avoir des dents » ; « de mauvaises conditions de travail, un service de santé médiocre, des salles de repos dans un état déplorable... On dirait que les syndicats trouvent cela normal ».

Le point important est que le régime entend restituer au syndicat non pas sa liberté, mais sa fonction originelle. Or, le détournement de la fonction des différentes institutions sociales, la subversion du rôle qu'elles jouent traditionnellement dans la société, tel avait bien été, depuis l'époque de Lénine, puis de Staline, un des traits du régime soviétique.

Gorbatchev vient de le mettre en cause : mais s'il entend restituer aux institutions leur fonction originelle, cela ne touche pas à l'autonomie du pouvoir du syndicat qui, lui, — et à la différence de certaines zones autonomes — demeure directement greffé sur le sommet du pouvoir. Ainsi ce que Gorbatchev dit de l'évolution à venir des syndicats est sans rapport avec la revendication fondamentale de *Solidarnocz*, l'autonomie.

Au reste, dans son ouvrage *Perestroïka*, Gorbatchev répète que les activités du Parti ne sauraient être mises en cause. Mais les propos qui le concernent sont toujours restrictifs : le Parti met « trop de temps à assimiler les idées nouvelles » ; (...) « Ses activités se sont substituées à celles du gouvernement et de l'administration », etc. Par contre, Gorbatchev ne dit rien de la nature du Parti qui, pourtant s'est transformée depuis les années 60, puisque s'y trouve désormais transcrite la concurrence entre les intérêts particuliers de telle ou telle institution, ou branche d'institution, et les intérêts généraux de l'U.R.S.S. Dans la terminologie soviétique, il s'y développe des « contradictions non antagoniques ».

La perestroïka n'en sécrète pas moins des résistances, des contradictions aussi. Le régime tient par en haut, a-t-on dit ; or, toute une partie du sommet de l'appareil, même si son personnel a été renouvelé, peut protester et résister à ces changements, réels ou virtuels. Ajoutons que la perestroïka concerne peu les milieux populaires, pour qui les difficultés de la vie quotidienne demeurent, — notamment dans l'alimentation. Leur taux de participation aux activités de gestion et d'administration est de plus en plus faible, aussi sont-ils indifférents à ces réformes — à moins que ces changements ne les atteignent en les privant de leurs activités parallèles... Auxquel cas, ils peuvent y devenir hostiles.

Car la perestroïka économique — dont la nécessité était urgente — n'en est qu'au stade du laboratoire : certes des coopératives de production et de distribution peuvent

1. Réflexion de l'auteur.

désormais se constituer librement, même à la campagne où les paysans pourraient redevenir fermiers, mais les effets de ces mesures sont encore insignifiants et, globalement, le ravitaillement en biens de consommation reste aussi déficitaire qu'auparavant, sauf dans quelques républiques du Caucase.

On peut ainsi estimer que, pour toute une partie de la population, ces réformes sont sans effet, pas « adaptées ». L'autre partie, par ailleurs, qui en jouit goulûment, — et qui est composée d'intellectuels, d'artistes, de cadres, de jeunes, etc. — est par nature divisée, individualiste, peu homogène, structurellement inconsistante, — sauf peut-être le courant religieux. A moins qu'il ne s'agisse de minorités parfaitement « adaptées », elles, mais désirant aller plus loin ou exprimer leurs protestation avec plus de force : les Lettons aujourd'hui, les Arméniens ou encore les pays d'Europe centrale. Ceux-ci et ceux-là, si on y joint d'autres mécontents — les refuzniks par exemple — peuvent parfaitement, demain, exposer plus fort leur mécontentement, et peuvent ainsi se constituer des alliances de circonstance. Le régime sait bien que le bât blesse du côté des nationalités aussi, et il se dit prêt à encourager une plus grande autonomie des régions, voire des États, dans les pays Baltes notamment. Plus qu'ailleurs, il y encourage le développement de la vie démocratique par en bas, en laissant se constituer, dans chaque République, ou cité, un « Front populaire », qui joue le rôle d'une tendance et jusqu'au sein du Parti.

Le régime nouveau voudrait prévenir un processus qui, en usant de la liberté retrouvée, pourrait conduire à un éclatement de l'Union, ou à une explosion dans les démocraties populaires. Les difficultés de la vie économique, l'incapacité du régime à assurer une distribution convenable des biens de consommation constituent, avec la dérive nationaliste, les deux dangers qui menacent la perestroïka.

ANNEXE I

L'ORGANISATION ACTUELLE DU PARTI COMMUNISTE DE L'U.R.S.S.[1]

17 480 000 Membres du Parti en 1981 et 19 003 700 en 1987.
(15 638 000) Adhérents de cellules locales ou d'entreprises.

⇓

regroupés dans 414.000 organisations primaires

qui dépendent de

Raikom

862 (832) Com. de Parti urbains

616 (594) Com. de district urbain

2868 (2876) Com. de district ruraux

dirigés eux-mêmes par

165 (149) Com. régionaux *Obkom*

aboutissant à 14 Comités nationaux et 6 Comités de territoires

LA DIRECTION ACTUELLE DU P.C. DE L'U.R.S.S.[1]

Congrès du Parti

élit

Comité Central

319 titulaires (287) 151 suppléants en 1981 (139)
307 titulaires 170 suppléants en 1986
(11 sessions entre mars 1976 et mars 1981, soit 2 par an)

élit → **Bureau Politique**

13 titulaires
9 suppléants
(237 réunions entre mars 1976 et mars 1981 soit en moyenne 1 fois par semaine)

élit → **Secrétariat**

1 secrétaire général → **dirige** **25 Départements spécialisés**
9 membres
(250 réunions entre mars 1976 et mars 1981 soit 1 fois par semaine en moyenne)

(1) Entre parenthèses les chiffres correspondants pour le XXVe Congrès (1976). Les chiffres cités sont ceux du XXVIe Congrès (1981).

LA DIRECTION POLITIQUE DE L'U.R.S.S. 1982-1988

Le bureau politique

— Les membres titulaires

1982 1983 1984 1985 1986 1987 1988

L'équipe de L. Brejnev au début 1982

Brejnev (1906-1957) S.G. —— nov. 82 (Décès)

Andropov (1914-1973) —— S.G. févr. 84 (Décès)

Tchernienko (1905-1978) —— S.G. mars 85 (Décès)

Gorbatchev (1931-1980) —— S.G. —→

Kirilenko (1906-1966) écarté oct. 82

Pelche (1899-1966) —— décédé 83

Chtcherbinski (1918-1971) ——→

Grichine (1914-1971) —— écarté en févr. 86

Kounaev (1912-1971) —— écarté en janv. 87

Gromyko (1909-1973) —— écarté en sept. 88

Oustinov (1908-1976) —— décédé en 84

Romanov (1923-1976) —— écarté en juil. 85

Tikhonov (1905-1979) —— écarté en oct. 85

Aliev (1923-1982) —— écarté en oct. 87

Dolguikh (1924-1982) —— écarté en sept. 88

La transition 1983-1985

Solomentsev (1913-1983) suppléant ······ —— écarté en sept. 88

Vorotnikov (1931-1983) ——→

Ligatchev (1928-1985) S——→

Chevarnadzé (1928-1985) suppléant ······ ——→

Tchebrikov (1923-1985) S——→

Rijkov (1929-1985) ——→

L'équipe de Mikhaïl Gorbatchev

Zaïkov (1932-1986) S——→

Slioukov (1929-1987) S——→

Iakovlev (1923-1987) S——→

Nikonov (1934-1987) S——→

Medvedev (1928-1988) S—→

A noter : les dates indiquées entre parenthèses sont celles de la naissance et de l'entrée au bureau politique des personnalités citées. Les lettres S.G. désignent le Secrétaire général et la lettre S, les membres du Secrétariat.

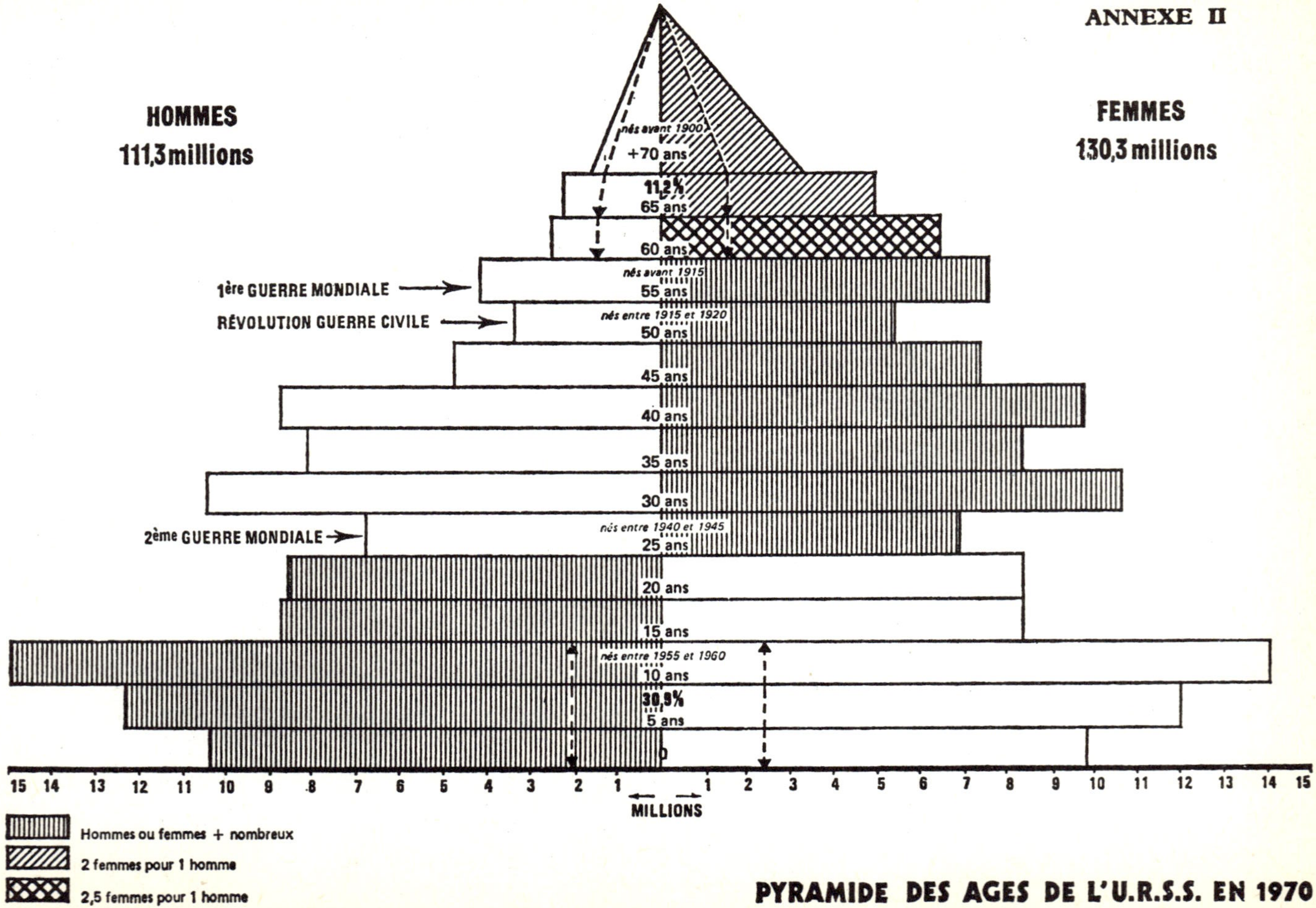

PYRAMIDE DES AGES DE L'U.R.S.S. EN 1970

ANNEXE III

L'AUGMENTATION RÉGIONALE DE LA POPULATION SOVIÉTIQUE ENTRE 1959 ET 1979

	Pourcentage d'augmentation entre 1959 et 1970	Pourcentage d'augmentation entre 1970 et 1979
U.R.S.S.	+ 16 %	+ 9 %
Rép. Fédér. Russe	+ 11 %	+ 6 %
dont Sibérie orientale		+ 18 %
Ukraine	+ 13 %	+ 6 %
Biélorussie	+ 12 %	+ 6 %
Moldavie	+ 24 %	+ 11 %
États baltes	+ 14 %	+ 8 %
Géorgie	+ 16 %	+ 7 %
Arménie	+ 41 %	+ 22 %
Azerbaïdjan	+ 38 %	+ 18 %
Kazakhstan	+ 40 %	+ 14 %
Ouzbekistan	+ 45 %	+ 29 %
Kirghizie	+ 42 %	+ 20 %
Turkménie	+ 42 %	+ 28 %

BIBLIOGRAPHIE

Cette bibliographie sélective est limitée pour l'essentiel aux ouvrages en langue française, avec quelques références à des livres en anglais lorsque ceux-ci n'ont pas d'équivalent en français. Bien entendu, pour les étudiants lisant le russe, la bibliographie serait beaucoup plus considérable. On trouve une mise au point commode du point de vue soviétique actuel dans *Kratkaïa Istoria SSSR*, en deux volumes, 2e édition, Léningrad 1972, avec bibliographie à jour, ouvrage collectif dirigé par N. Nosov (tome 1) et A. Samsonov (tome 2). La grande *Histoire de l'U.R.S.S. des temps anciens à nos jours (Istoria SSSR s drevneichikh vremen do nachikh dneï)*, en 12 volumes, s'arrête actuellement au tome 9 (directeur du collège rédactionnel : B. Ponomarev; abondantes bibliographies des travaux historiques en russe).

Ouvrages généraux :

H. Carrère d'Encausse, *L'U.R.S.S. de 1917 à 1953*, Paris, 1973.
J. Elleinstein, *Histoire de l'U.R.S.S.*, 4 volumes, Paris, 1972-1975.
M. Heller & A. Nekritch, *L'Utopie au pouvoir, Histoire de l'U.R.S.S. de 1917 à nos jours*, Paris, 1982
P. Kovalevsky, *Histoire de Russie et d'U.R.S.S.*, Paris, 1970.
P. Pascal, *Histoire de Russie*, Paris, 1961.
R. Portal, *Les Slaves, peuples et nations*, Paris, 1965.
P. Sorlin, *La Société soviétique*, Paris 1964.
Histoire de l'U.R.S.S. (ouvrage collectif), Éditions de Moscou, 2 volumes, 1977.
R. Auty, D. Obolensky, *An introduction to Russian History*, Cambridge, 1976.
C. Black (Ed.), *The Transformation of Russian Society*, Harvard, 1967.
H. Seton-Watson, *The Russian Empire*, 1801-1917, Oxford, 1967.
J. N. Westwood, *Endurance and Endeavour, Russian History 1812-1980*, Oxford, 2nd éd., 1981.
The Cambridge Encyclopedia of Russia and the Soviet Union, Cambridge, 1982.
P. Lyashchenko, *History of the National Economy of Russia*, 1949.
M. Laran et J.-L. van Regemorter, *Russie-U.R.S.S., 1870-1984*, Paris, 1985.
J. Levesque, *L'U.R.S.S. et sa politique internationale de Lénine à Gorbatchev*, Paris, 1988.

Ouvrages sur la période 1850-1914.

Témoignages :

En dehors des œuvres complètes de Lénine, il existe peu de textes des contemporains traduits en français (C. Pobedonostsev, *Correspondance et documents*, Paris, 1927). A retenir : A. Leroy-Beaulieu, *l'Empire des tsars et les Russes*, 3 volumes, Paris, 1881-1889.

Des œuvres littéraires sont à utiliser, comme par exemple : N. Gogol, *Les Ames mortes*; I. Tourgueniev, *Les récits d'un chasseur*; Tolstoï, *Anna Karénine* ou *La Mort d'Ivan Ilitch*; Gontcharov, *Oblomov*; Dostoievski, *Les Possédés* ou *Crime et Châtiment*; Tchekhov, *La Cerisaie* ou *Les trois sœurs*; M. Gorki, *La Mère* ou *Foma Gordeev*.

Travaux historiques :

J. Baynac, *Les socialistes révolutionnaires*, Paris, 1979.
S. Bensidoun, *L'agitation paysanne en Russie de 1887 à 1902*, Paris, 1975.
C. de Grunwald, *Le tsar Alexandre II et son temps*, Paris, 1963 et du même auteur, *Nicolas II*, Paris, 1966.
R. Philippot, *La modernisation inachevée, 1855-1900*, Paris, 1974.
R. Portal et divers, *Le Statut des paysans libérés du servage*, Paris, 1963.
H. Troyat, *La vie quotidienne en Russie au temps du dernier Tsar*, Paris, 1959.

Y. Barrel, *Le développement économique de la Russie tsariste*, Paris, 1968.
F.-X. Coquin, *La Sibérie, peuplement et immigration paysanne au XIXe siècle*, Paris, 1969.
R. Girault, *Emprunts russes et investissements français en Russie*, Paris, 1973.
N. Berdiaiev, *Les sources et le sens du communisme russe*, Paris, 1951.
C. de Grunwald, *Société et civilisation russes au XIXe siècle*, Paris, 1975.
R. Hingley, *Les écrivains russes et la société, 1825-1904*, Paris, 1966.
P. Pascal, *Civilisation paysanne en Russie*, Paris, 1970.
I. Sokoloff, *Le folklore russe*, Paris, 1945.
T. Szamuely, *La tradition russe*, Paris, 1976.
F. Venturi, *Les intellectuels, les peuples et la révolution*, Paris, 1972, 2 vol.

J. Blum, *Lord and peasant in Russia from the 12 to the Century*, New York, 1950.
R.A. Pierce, *Russian Central Asia* (1867-1917).
G.T. Robinson, *Rural Russia under the Old Regime*, New York, 1950.
M. Szeftel, *The Russian Constitution of April 1906*, Bruxelles, 1976.
M. Von Laue, *S. Witte and the industrialization of Russia*, Columbia, 1963.

Ouvrages sur la période révolutionnaire.

Témoignages :

J. Reed, *Dix jours qui ébranlèrent le monde.*
J. Sadoul, *Lettres sur la révolution*, réédition, 1971.
N. Soukhanov, *Notes sur la révolution.*
A. Kerensky, *La Russie au tournant de l'histoire.*
Voline, *La Révolution inconnue, Russie 1917-1921.*
V. Serge, *L'An I de la révolution russe.*
G. Walter, *La Révolution russe* (coll. Le mémorial des siècles, choix des textes), Paris, 1972.
J.-J. Marie, *Les Paroles qui ébranlèrent le monde*, Paris, 1967 (choix de textes).
S. Cl. Ingerflom, *Le citoyen impossible, les racines russes du léninisme*, Paris, 1988.

On utilisera évidemment les œuvres de Lénine, Trotsky, Boukharine, Staline, publiées en français.

Des romans, comme *Le Don paisible*, de M. Cholokhov, *Et l'acier fut trempé*, de N. Ostrovski, *Cavalerie rouge*, de Babel, *Les Poésies* de V. Maiakovski, sont à connaître comme sources littéraires sur cette période.

Travaux historiques :

O. Anweiler, *Les soviets en Russie, 1905-1921*, Paris, 1972.
G. Boffa, *Les bolchéviks et la révolution d'octobre*, Paris, 1969.
E.-H. Carr, *The bolshevik revolution* (trad. en français sous le titre *La Formation de l'Union Soviétique*). Paris, 1969.
F.-X. Coquin, *La révolution russe* (Que Sais-je ?), Paris, 1962.
M. Ferro, *La révolution de 1917*, 2 volumes, Paris, 1967 et 1976, du même auteur, *L'Occident devant la révolution soviétique, 1917-1980*, Bruxelles, 1981.
M. Liebman, *La révolution russe*, Bruxelles, 1967.
M. Malia, *Comprendre la révolution russe*, Paris, 1980.
Trotsky, *Histoire de la révolution russe*, 2 vol., rééd., Paris, 1966.
G. Walter, *Histoire de la révolution russe*, Paris, 1963.
F.-X. Coquin et Gervais, *1905 : La première révolution russe*, Paris, 1986.
D. Colas, *Lénine et le Léninisme*, Paris, 1987.

Bibliographies :

Sur Lénine, J. Bruhat, Fisher, D. Shub, G. Walter ; sur sa pensée, H. Lefebvre, Lukacs. Sur Trotsky, I. Deutscher (3 vol.). Sur Staline, I. Deutscher, M. Djilas, J.-J. Marie,

B. SOUVARINE. Sur les 3, B. WOLFE. Sur les autres dirigeants bolchéviks C. HAUPT et J.-J. MARIE, *Les Bolchéviks par eux-mêmes*, Paris, 1968.
Sur Trotsky, P. BROUÉ, Paris, 1988.
Sur Khrouchtchev, R. MEDVEDEV, Oxford, 1982.

Sur la période 1918-1928.

Témoignages :

A. ROSMER, *Moscou sous Lénine.*
V. SERGE, *Le Tournant obscur.*

Travaux historiques :

P. AVRICH, *The Russian anarchists*, New York, 1967 ; du même, *Cronstadt, 1921*, New York, 1972.
G. BETTELHEIM, *Les luttes de classes en U.R.S.S.*, 2 volumes, Paris, 1974 et 1977.
P. BROUE, *Le parti bolchévik*, Paris, 1963.
H. CHAMBERLIN, *The Russian Revolution, 1917-1921*, Londres, 1968.
M. FERRO, *Des soviets au communisme bureaucratique*, Paris, 1980.
M. LEWIN, *La paysannerie et le pouvoir soviétique, 1928-1930*, Paris, 1965.
M. LEWIN, *Le dernier combat de Lénine*, Paris, 1967.
I. et P. SORLIN, *Lénine, Trotsky, Staline, 1921-1927*, Paris, 1961.
L. SHAPIRO, *Les Bolchéviks et l'opposition (1917-1922)*, Paris, 1957.
Du même auteur, *De Lénine à Staline, histoire du parti communiste de l'U.R.S.S.*, Paris, 1967 (utile pour toute la période 1900-1960).

Sur la période 1928 à nos jours.

Témoignages :

La sérénité est absente de la plus grande partie des témoignages, soit qu'ils portent la trace du moment où ils ont été écrits (stalinisme ou déstalinisation), soit qu'ils aient été composés par des spectateurs peu au fait des réalités russes (nombre de récits de voyage sont dus à des journalistes ou hommes politiques ignorant la langue russe ou séjournant seulement dans les capitales). Les « mémoires » des personnalités soviétiques ne sont pas exempts d'approximations ou de silences, sans compter les discussions sur l'authenticité des textes édités en Occident (cf. *Souvenirs* de N. KHROUCHTCHEV, Paris, 1971). Une lecture attentive de romans soviétiques récents permet une meilleure compréhension de cette période, que ce soit par exemple AJAIEV, FEDINE, GLADKOV, SIMONOV ou DOUDINTSEV, NEKRASSOV, PAOUSTOVSKI, SOLJENITSYNE, PASTERNAK, EVTOUTCHENKO, BOUKOVSKI. De même, le cinéma soviétique est significatif.

Ouvrages sur la période 1928-1953 :

Travaux historiques :

P. BROUE, *Les procès de Moscou*, Paris, 1964.
C. BETTELHEIM, *Les luttes de classes en U.R.S.S., les dominés, 1930-1941*, Paris, 1982.
F. CONTE, *Un révolutionnaire-diplomate : Christian Rakovski*, Paris, 1978.
R. CONQUEST, *La grande terreur*, Paris, 1970.
M. FAINSOD, *Smolensk à l'heure de Staline*, Paris, 1967.
F. KUPFERMAN, *Au pays des Soviets*, Paris, 1979.
L. MARCOU, *Les Staline vus par les hôtes du Kremlin*, Paris, 1979.
R. MEDVEDEV, *Le Stalinisme*, Paris, 1972.
R. ROBIN, *Le réalisme socialiste*, Paris, 1986.
J.A. GETY, *Origins of the Great Purges, the Soviet Party Reconsidered, 1933-1938*, Cambridge, 1985.
A. NEKRITCH, *L'armée rouge assassinée, 22 juin 1941*, Paris, 1968.
A. SOLJENITSYNE, *L'archipel du Goulag*, 3 volumes, Paris, 1974-1976.
A. WERTH, *La Russie en guerre*, 2 vol., Paris, 1964.
Histoire de la grande guerre patriotique, ouvrage collectif, Moscou, 6 vol.

Ouvrages sur la période de 1953 à nos jours :

Vie politique :

G. BOFFA, *Le grand tournant (de Staline à Khrouchtchev)*, Paris, 1960.
H. CARRÈRE D'ENCAUSSE, *L'Empire éclaté*, Paris, 1980; du même auteur, *Le pouvoir confisqué, Gouvernants et gouvernés en U.R.S.S.*, Paris, 1980.
B. FERON, *L'U.R.S.S. sans idoles*, Paris, 1966.
M. LESAGE, *Les régimes politiques de l'U.R.S.S. et de l'Europe de l'Est*, Paris, 1971.
L. MARCOU, Paris, 1977, *Le Kominform*, du même auteur, *L'Internationale après Staline*, Paris, 1979.
P. NICOLAIEVSKI, *Les dirigeants soviétiques et la lutte pour le pouvoir*, Paris, 1969.
M. TATU, *Le pouvoir en U.R.S.S.*, Paris, 1967.

Sur l'économie soviétique :

P. BERNARD, *Destin de la planification soviétique*, Paris, 1963.
C. BETTELHEIM, *La Planification soviétique*, Paris, 1945.
C. BOBROVSKI, *La Formation du système soviétique de planification*, Paris, 1956.
H. CHAMBRE, *Union soviétique et développement économique*, Paris, 1967.
M. DOBB, *Soviet economic development since 1917*, London, 1966.
R. DUMONT, *Sovkhoz, kolkhoz ou la problématique soviétique*, Paris, 1964.
N. JASNY, *The socialized agriculture of the SSSR*, Stanford, 1949.
Du même, *Soviet industrialization, 1928-1952*, Chicago, 1961.
M. KASER, *La Vie économique en U.R.S.S.*, Paris, 1970.
B. KERBLAY, *Les Marchés paysans en U.R.S.S.*, Paris, 1969.
M. LAVIGNE, *Les Économies socialistes soviétiques et européenne*, Paris, 1970.
A. NOVE, *L'Économie soviétique*, Paris, 1963.
S. PROKOPOVICB, *Histoire économique de l'U.R.S.S.*, Paris, 1952.
E. ZALESKI, *Planification de la croissance et fluctuations économiques en U.R.S.S.*, Paris, 1962.

Sur la société soviétique :

P. GELARD, *Les organisations de masse en U.R.S.S. Syndicats et komsomols*, Paris, 1965.
Du même auteur, *L'administration locale en U.R.S.S.*, Paris, 1972.
B. KERBLAY, *La société soviétique contemporaine*, Paris, 1977.
A. INKELES, *L'opinion publique en Russie soviétique*, Paris, 1956.
T. LOWIT, *Le syndicalisme de type soviétique*, Paris, 1971.
V. MONTEIL, *Les musulmans soviétiques*, Paris, 1982.
N. et J. KEHAYAN, *La rue du prolétaire rouge*, Paris, 1980.
G. DEDEYAN & P. WOLFF, *Histoire de l'Arménie*, Toulouse, 1982.
R. PORTAL, *Russes et Ukrainiens*, Paris, 1970.
T. SAMIZDAT, *La Voix de l'opposition communiste en U.R.S.S.*, Paris, 1969.
N. STRUVE, *Les Chrétiens en U.R.S.S.*, Paris, 1963.
A. WERTH, *Espoirs et craintes*, Paris, 1969.
E. ZALESKI — J.-P. KOZLOWKI, *La Politique de la science en U.R.S.S.*, Paris, 1969.

Sur l'U.R.S.S. contemporaine, on se reportera utilement aux diverses publications de la *Documentation française*.

Pour une critique d'ensemble de la bureaucratie soviétique et du stalinisme :
David ROUSSET, *La Société éclatée*, 1973.
CASTORIADIS, *La Société bureaucratique*, Paris, 1973.

L'U.R.S.S. actuelle

J. SAPIR, *Le système militaire soviétique*, Paris, 1988.
G. SOKOLOFF, *L'économie de la détente, l'U.R.S.S. et le capital occidental*, Paris, 1983.
G. SOKOLOFF, *La drôle de crise, de Kaboul à Genève, 1979-1985*, Paris, 1986.

H. CARRÈRE D'ENCAUSSE, *Le Grand Frère*, Paris, 1983.
H. CARRÈRE D'ENCAUSSE, *Le pouvoir confisqué*, Paris, 1985.
M. TATU, *Eux et nous : les relations Est-Ouest entre deux détentes*, Paris, 1985.
M. TATU, *Gorbatchev, l'U.R.S.S. peut-elle changer?* Paris, 1987.
A. DE TINGUY, *Les relations soviéto-américaines*, Paris, 1987.
A. DE TINGUY, *U.S.A.-U.R.S.S., la détente, 1972*, Bruxelles, 1985.
Z. LAIDI, *Les contraites d'une rivalité. Les superpuissances et l'Afrique, 1960-1985*, Paris, 1986.
M. LAVIGNE, *Économie internationale des pays socialistes*, Paris, 1985.
M. GORBATCHEV, *Perestroïka, vues nèuves sur notre pays et le monde*, Paris, 1988.
G. DUCHÊNE, *L'économie de l'U.R.S.S.*, Paris, 1987.
J. RADVANYI, *L'U.R.S.S. en révolution*, Paris, 1987.
M. LEWIN, *The Gorbatchev Phenomenon*, Berkeley, 1988.

Filmographie historique

Sur le cinéma soviétique, lire :

Le cinéma russe et soviétique, sous la direction de J.L. PASSEK, l'Équerre, Centre Pompidou, 1981.
L'histoire et ses représentations, 1 *Film et Histoire*, 2 *Culture et révolution*, sous la direction de Marc FERRO, éd. de l'École des Hautes Études en Sciences Sociales (E.H.E.S.S.), 1985, 1988. Articles sur la culture et le cinéma, de F. NAVAILH, S. SHERRER, R. ROBIN, H. PUISEUX, etc.

FILMOGRAPHIE HISTORIQUE

Nous indiquons principalement les films portant sur la Russie et accessibles par un circuit de ciné-clubs (Fédération Jean-Vigo, Uroleis, etc.) en précisant qu'ils existent en 16 mm et en 35 mm. Par exception, nous indiquons quelques films anciens qu'il est bon d'aller voir à la cinémathèque (C) ou à la cinémathèque de Bruxelles (CB).

Cohabitation, d'A. LUNACARSKIJ, 1918 (CB); le partage des appartements entre bourgeois et ouvriers.
Polikuchka, de SANIN (d'après Tolstoï) 1920 (CB); la campagne russe, maîtres et serviteurs.
Kino-Pravda, actualités DZIGA VERTOV (C, CB) 1920.
MR West au pays des Bolchéviks, KOULECHOV, 1924 (C, CB); parodie de la critique de l'U.R.S.S.
La grève.
Cuirassé Potemkine, deux classiques d'EISENSTEIN (1925) — (16,35).
La Mère, POUDOVKINE, 1926 (16,35).
Trois dans un sous-sol, A. ROOM, 1926 (CB); l'émancipation de la femme à l'époque de la Nep.
Les Bonnes Femmes de Rjazan, PREOBRAZENSKAJA, 1927 (CB); le mariage et la famille dans l'ancienne Russie.
La jeune fille au carton à chapeaux, BARNETT, 1927 (CB); la Nep.
La fin de Saint-Pétersbourg, POUDOVKINE, 1927 (35); un paysan à Petrograd pendant la Révolution.
L'Express bleu, TRAUBERG, 1928 (C); l'aide de l'U.R.S.S. à la lutte des peuples coloniaux pour leur indépendance.
Octobre, EISENSTEIN, 1929 (16,35); la collectivisation.
L'Homme à la caméra, D. VERTOV, 1929 (C); la Russie en 1929.
L'Homme qui a perdu la mémoire, ERMLER, 1929 (C, CB); les transformations de la Russie en dix ans.
Le miracle de Saint-Georges, PROTOZANOV, 1930 (16,35); farce antireligieuse.
Le chemin de la vie, N. EKK, 1931 (C); la jeunesse dévoyée et la rééducation.
Le Déserteur, POUDOVKINE, 1933 (C); solidarité des communistes russes et allemands lors de la montée du nazisme.
Le Bonheur, MEDEVKINE, 1934 (16,35); paysans et kolkhoziens.
Trois chants sur Lénine, DOVJENKO VERTOV, 1934 (C).
Tchapaiev, VASSILIEV, 1934 (16,35); Rouges et Blancs pendant la guerre civile, chefs partisans et commissaires politiques.
La Terre, DOVJENKO, 1936 (16,35); un secrétaire de kolkhoze tué par un koulak.
Au loin, une voile, LEOGTCHINE, 1937 (16,35); aspects de la révolution de 1905.
Trilogie des Gorki, de M. DONSKOÏ, 1938 (16,35); reconstitution de la vie en Russie à la fin du XIXe siècle.
Alexandre Nevski, EINSENSTEIN, 1938 (16,35).
Arc-en-ciel, M. DONSKOÏ, 1944 (16,35); guerre et occupation.
La quarante et unième, TCHOUKRAÏ, 1956 (16,35); idylle entre une jeune femme partisan et un officier Blanc. A comparer avec le même sujet, par PROTOZANOV, 1927 (C, CB).
Quand passent les cigognes, KALATOZOV, 1957 (16,35); l'arrière pendant la guerre de 1941-45.
Destin d'un homme, BONDARCHOUK, 1959 (16,35); le retour du prisonnier, suspect et abandonné.
Ciel pur, TCHOUKRAÏ, 1960 (16,35); la guerre et ses suites vues à travers la déstalinisation.
Enfance d'Ivan, TARKOVSKI, 1962 (16,35); la guerre à travers le regard d'un enfant.
Soyez les bienvenus, KLIMOV, 1964 (16,35); critique de la bureaucratie soviétique.
Andrei Roublev, A. TARKOVSKI, 1965 (35); reconstitution du Moyen Age.
Premier Maître, KOUCHALOVSKIJ, 1966 (16,35); un jeune instituteur bolchévik chez les Kazakhes en 1923.

Je demande la parole, de PANFILOV ; une femme, maire d'une grande cité ; cette réussite est le révélateur de la faillite d'un système.
Pastorale, O. IOSSELANI, 1978 ; dans un petit village de Géorgie, la réalité du socialisme quotidien.
Le repentir, ABULADZE, 1985.

Parmi les films de montage réalisés en France :

Révolution d'Octobre, F. ROSSIF, 1967 (C).
Lénine par Lénine (P. SAMSON, M. FERRO), 1970 (16, Pathé).
La Bataille de Moscou (H. DE TURENNE, COSTELLE), 1969 (16, Pathé).
La Bataille de Stalingrad (H. DE TURENNE et COSTELLE), 1972 (Pathé).

INDEX

GLOSSAIRE

Abréviations usuelles soviétiques :

C.C. : comité central (en russe *Tsik*).

Gensek : Secrétaire général.

Gosplan : organisme dirigeant du plan d'État.

G.K.O. : comité d'État de la défense (gossoudarstvennii komitet oboroni).

G.P.U. : direction centrale de la police (Glavnoe polititcheskoe oupravlenie).

M.V.D. ou **N.K.V.D.** : ministère de l'Intérieur (ministerstvo vnoutrennikh del).

M.T.S. : station de machines et tracteurs (machino-traktornaja stantsia).

N.E.P. : nouvelle politique économique (novaja ekonomitcheskaja politika).

V.S.N.K. : conseil suprême de l'économie nationale (vyssii soviet narodnogo khozjajstva).

Tchéka : commission extraordinaire (*tche*rezvytchainaja *k*omissij*a*) de défense contre les contre-révolutionnaires et les saboteurs.

Apparatchik : membre de l'appareil du P.C. soviétique.

Barchtchina : redevance en nature payée par le serf à son propriétaire.

Barine : seigneur ou propriétaire russe.

Batiouchka-tsar : « tsar petit-père », terme afférent au pouvoir de protection du tsar sur ses sujets.

Combinat : réunion d'usines complémentaires pour une même production (exemple : fer de l'Oural et charbon du Kouzbass pour l'acier).

Déciatine : mesure de surface = 1,09 hectare.

Doukhobors : secte de dissidents religieux orthodoxes (doukh = esprit).

Douma : assemblée (douma = pensée).

Dvor : famille paysanne comparable au « feu » dans la nomenclature de l'ancien régime français (dvor = cour).

Groupes sociaux paysans : *batrak*, ouvrier agricole, *biedniak*, paysan pauvre, *kholop*, paysan, *koulak*, paysan riche, *seriedniak*, paysan moyen.

Groupes sociaux urbains : *koupets*, riche marchand, *koustar*, artisan, *mechtchanin*, catégorie intermédiaire marchand-artisan.

Intelligentsia : intellectuels engagés politiquement (*intelligent*) pour désigner un membre de cette catégorie).

Isba : maison paysanne en bois.

Khata : maison paysanne en pisé et torchis.

Kolkhoze : entreprise agricole collective (*kol*lektivnoe *khoz*iaïstvo).

Komsomols : organisation de la jeunesse communiste (*kom*mounistitcheskii *so*ïouz *mol*odioji).

Mir : direction de la communauté villageoise, par extension la communauté elle-même (mir = terre, ou paix).

Nadel : lot de terre pour le paysan.

Nepmen : profiteurs de la N.E.P.

Obrok : redevance en argent due par le paysan à son maître.

Obchtchina : communauté agraire (obchtchii = commun).

Okhrana : police politique tsariste (okhrana = défense).

Oudarnik : ouvrier de choc — (oudar = coup).

Oulojénié : code des lois russes.

Oussadba : enclos paysan avec bâtiments d'exploitation et logement.

Partis et groupes politiques en Russie :

Bund :	parti social-démocrate ouvrier juif.
Cent-Noirs :	extrême-droite (terme provenant de la sotnia cosaque, groupe militaire).
K.D. :	constitutionnels-démocrates.

narodniki : populistes (narod = peuple).

octobristes : modérés, partisans de la charte d'octobre 1905.

S.D. : socialistes-démocrates (membres du P.O.S.D.R., parti ouvrier socialiste-démocrate russe), divisés en Bolchéviks et Menchéviks depuis 1903.

S.R. : sociaux-révolutionnaires.

troudoviki : groupe du travail à la Douma.

Zemlia i volia : groupe terroriste issu des narodniki.

Piatilietka : plan quinquennal.

Politburo : bureau politique (s'est appelé aussi *Praesidium*).

Pomeschtchik : propriétaire terrien (pomiestie = domaine).

Poud : mesure de poids = 16,38 kg.

Raskolniki : schismatiques de l'église orthodoxe (raskol = schisme).

Raspoutitsa : absence de routes à la fonte des neiges.

Sokha : charrue en bois (*ploug* : charrue en fer).

Soviet : conseil.

Sovkhoze : ferme d'État (*sov*etskoe *khoz*ïaïstvo).

Sovnarkhoze : conseil économique régional.

Stakhanovisme : mouvement d'émulation du travail commencé en 1935.

Starosta : maire de village.

Tchernoziom : région des terres noires.

Tchin : table des rangs dans laquelle tous les fonctionnaires tsaristes étaient classés (*tchinovniki* = fonctionnaires, péjoratif).

Tchistka : purge.

Unités administratives russes : *goubernija*, gouvernement ; *ouezd*, district ; *volost*, canton.

Unités administratives soviétiques : *oblast*, arrondissement ; *rajon*, district.

Verste : unité de mesure = 1,067 km.

Zemskii Sobor : États-Généraux dans l'ancienne Russie.

Zemstvo : assemblée régionale.

Table des matières

3e PARTIE : LE MONDE SOVIÉTIQUE

Aubin Imprimeur
LIGUGÉ, POITIERS

Achevé d'imprimer en novembre 1989
N° d'édition S 51644 III (Nord.VII) A / N° d'impression L 32077
Dépôt légal novembre 1989 / Imprimé en France